思想的・睿智的・獨見的

經典名著文庫

學術評議

丘為君　吳惠林　宋鎮照　林玉体　邱燮友
洪漢鼎　孫效智　秦夢群　高明士　高宣揚
張光宇　張炳陽　陳秀蓉　陳思賢　陳清秀
陳鼓應　曾永義　黃光國　黃光雄　黃昆輝
黃政傑　楊維哲　葉海煙　葉國良　廖達琪
劉滄龍　黎建球　盧美貴　薛化元　謝宗林
簡成熙　顏厥安（以姓氏筆畫排序）

策劃　楊榮川

五南圖書出版公司 印行

經典名著文庫

學術評議者簡介（依姓氏筆畫排序）

- 丘為君　美國俄亥俄州立大學歷史研究所博士
- 吳惠林　美國芝加哥大學經濟系訪問研究、臺灣大學經濟系博士
- 宋鎮照　美國佛羅里達大學社會學博士
- 林玉体　美國愛荷華大學哲學博士
- 邱燮友　國立臺灣師範大學國文研究所文學碩士
- 洪漢鼎　德國杜塞爾多夫大學榮譽博士
- 孫效智　德國慕尼黑哲學院哲學博士
- 秦夢群　美國麥迪遜威斯康辛大學博士
- 高明士　日本東京大學歷史學博士
- 高宣揚　巴黎第一大學哲學系博士
- 張光宇　美國加州大學柏克萊校區語言學博士
- 張炳陽　國立臺灣大學哲學研究所博士
- 陳秀蓉　國立臺灣大學理學院心理學研究所臨床心理學組博士
- 陳思賢　美國約翰霍普金斯大學政治學博士
- 陳清秀　美國喬治城大學訪問研究、臺灣大學法學博士
- 陳鼓應　國立臺灣大學哲學研究所
- 曾永義　國家文學博士、中央研究院院士
- 黃光國　美國夏威夷大學社會心理學博士
- 黃光雄　國家教育學博士
- 黃昆輝　美國北科羅拉多州立大學博士
- 黃政傑　美國麥迪遜威斯康辛大學博士
- 楊維哲　美國普林斯頓大學數學博士
- 葉海煙　私立輔仁大學哲學研究所博士
- 葉國良　國立臺灣大學中文所博士
- 廖達琪　美國密西根大學政治學博士
- 劉滄龍　德國柏林洪堡大學哲學博士
- 黎建球　私立輔仁大學哲學研究所博士
- 盧美貴　國立臺灣師範大學教育學博士
- 薛化元　國立臺灣大學歷史學系博士
- 謝宗林　美國聖路易華盛頓大學經濟研究所博士候選人
- 簡成熙　國立高雄師範大學教育研究所博士
- 顏厥安　德國慕尼黑大學法學博士

經典名著文庫061

雅典政制
Athenaion Politeia

亞里斯多德 著
(Aristotle)
馮金朋 譯注

經典永恆・名著常在

五十週年的獻禮・「經典名著文庫」出版緣起

總策劃 楊榮川

五南，五十年了。半個世紀，人生旅程的一大半，我們走過來了。不敢說有多大成就，至少沒有凋零。

五南忝爲學術出版的一員，在大專教材、學術專著、知識讀本出版已逾壹萬參仟種之後，面對著當今圖書界媚俗的追逐、淺碟化的內容以及碎片化的資訊圖景當中，我們思索著：邁向百年的未來歷程裡，我們能爲知識界、文化學術界做些什麼？在速食文化的生態下，有什麼值得讓人雋永品味的？

歷代經典・當今名著，經過時間的洗禮，千錘百鍊，流傳至今，光芒耀人；不僅使我們能領悟前人的智慧，同時也增深加廣我們思考的深度與視野。十九世紀唯意志論開創者叔本華，在其〈論閱讀和書籍〉文中指出：「對任何時代所謂的暢銷書要持謹慎的態度。」他覺得讀書應該精挑細選，把時間用來閱讀那些「古今中外的偉大人物的著作」，閱讀那些「站在人類之巔的著作及享受不朽聲譽的人們的作品」。閱讀就要「讀原著」，是他的體悟。他甚至認爲，閱讀經典原著，勝過於親炙教誨。他說：

> 「一個人的著作是這個人的思想菁華。所以，儘管一個人具有偉大的思想能力，但閱讀這個人的著作總會比與這個人的交往獲得更多的內容。就最重要的方面而言，閱讀這些著作的確可以取代，甚至遠遠超過與這個人的近身交往。」

爲什麼？原因正在於這些著作正是他思想的完整呈現，是他所有的思考、研究和學習的結果；而與這個人的交往卻是片斷的、支離的、隨機的。何況，想與之交談，如今時空，只能徒呼負負，空留神往而已。

　　三十歲就當芝加哥大學校長、四十六歲榮任名譽校長的赫欽斯（Robert M. Hutchins, 1899-1977），是力倡人文教育的大師。「教育要教眞理」，是其名言，強調「經典就是人文教育最佳的方式」。他認爲：

> 「西方學術思想傳遞下來的永恆學識，即那些不因時代變遷而有所減損其價值

的古代經典及現代名著，乃是眞正的文化菁華所在。」

這些經典在一定程度上代表西方文明發展的軌跡，故而他爲大學擬訂了從柏拉圖的《理想國》，以至愛因斯坦的《相對論》，構成著名的「大學百本經典名著課程」。成爲大學通識教育課程的典範。

歷代經典．當今名著，超越了時空，價值永恆。五南跟業界一樣，過去已偶有引進，但都未系統化的完整舖陳。我們決心投入巨資，有計畫的系統梳選，成立「經典名著文庫」，希望收入古今中外思想性的、充滿睿智與獨見的經典、名著，包括：

- 歷經千百年的時間洗禮，依然耀明的著作。遠溯二千三百年前，亞里斯多德的《尼各馬科倫理學》、柏拉圖的《理想國》，還有奧古斯丁的《懺悔錄》。
- 聲震寰宇、澤流遐裔的著作。西方哲學不用說，東方哲學中，我國的孔孟、老莊哲學，古印度毗耶娑（Vyāsa）的《薄伽梵歌》、日本鈴木大拙的《禪與心理分析》，都不缺漏。
- 成就一家之言，獨領風騷之名著。諸如伽森狄（Pierre Gassendi）與笛卡兒論戰的《對笛卡兒沉思錄的詰難》、達爾文（Darwin）的《物種起源》、米塞斯（Mises）的《人的行爲》，以至當今印度獲得諾貝爾經濟學獎阿馬蒂亞·

森（Amartya Sen）的《貧困與饑荒》，及法國當代的哲學家及漢學家余蓮（François Jullien）的《功效論》。

梳選的書目已超過七百種，初期計劃首爲三百種。先從思想性的經典開始，漸次及於專業性的論著。「江山代有才人出，各領風騷數百年」，這是一項理想性的、永續性的巨大出版工程。不在意讀者的眾寡，只考慮它的學術價值，力求完整展現先哲思想的軌跡。雖然不符合商業經營模式的考量，但只要能爲知識界開啓一片智慧之窗，營造一座百花綻放的世界文明公園，任君遨遊、取菁吸蜜、嘉惠學子，於願足矣！

最後，要感謝學界的支持與熱心參與。擔任「學術評議」的專家，義務的提供建言；各書「導讀」的撰寫者，不計代價地導引讀者進入堂奧；而著譯者日以繼夜，伏案疾書，更是辛苦，感謝你們。也期待熱心文化傳承的智者參與耕耘，共同經營這座「世界文明公園」。如能得到廣大讀者的共鳴與滋潤，那麼經典永恆，名著常在。就不是夢想了！

二〇一七年八月一日　於

五南圖書出版公司

導讀

臺灣大學政治學系陳思賢教授

一、古典時代的光芒

只要說到人類古代歷史，就會先想到世界四大古文明：埃及、兩河流域、印度與中國文明。而古希臘文明正好是承接了前二者的遺緒，加上自身之創發而成，待其豐碩輝煌後又直接影響了古羅馬文明；最後，希臘羅馬乃成爲今日歐洲文明的前驅，也成就了我們所習知的「古典時代的光芒」。當然，古典時代之文化有諸多的特色，但其中最重要的就是「人本主義」的精神。所謂「人本」，是相對於西元四世紀開始橫掃歐洲的「基督教文明」而言：在西元三八〇年左右，基督教成爲羅馬帝國的官方宗教，於是聖經的教誨取代了古典典籍的文采，基督信仰取代了理性的哲學思辨。這種古典的「人本主義」始於希臘，終於羅馬帝國時期，約莫近一千年光景，它留下了許多精彩的文獻，從文學、哲學到歷史、政治等，不一而足；有些雖然不齊備而以斷簡殘編呈現，但我們現代人已經能夠從中得知當時人的思想與生活狀態，並可以學習到他們如何以今日看來素樸的智慧來面對宇宙萬有，勇敢地生活著！

這段古典「人本主義」時代，有關政治與政治思想方面流傳下來的文獻不能算多，大多歸功於史家，例如希羅多德、修昔提底斯、普魯塔克、波里庇烏斯、塔西圖斯與李維等人；但也有兩三位思想家居功厥偉，例如柏拉圖、亞里斯多德與西賽羅。而對於希臘當時政治思想與政治制度的記載保留以傳遞於後世，亞里斯多德大概是貢獻最大的一位；在歐洲中世紀與近代，他的《政治學》與《雅典政制》的陸續出土，讓我們不至於失去與寶貴的古希臘政治傳統對話的機會，更從中讓某種沉睡已久的政治想像復甦。相較於《政治學》，《雅典政制》一書在十九世紀末從歐洲歷史中神奇地失而復得，更有曲折玄奇的經過（請參閱譯序），也彷彿是冥冥中上天有意讓世人瞭解與珍視這個寶貴的民主傳統。

總的來說，《政治學》是理論的建構與評估，而《雅典政制》則是政治生活實況的記載。兩者的意義都很重大，因爲我們一方面需要知道雅典人自己認爲民主政治的價值何在，另一方面也要清楚他們如何在實踐層面上克服諸多困難。雅典人在兩千多年前就開始了一場驚天動地的政治實驗，他們讓平民、一般百姓參與國家的治理。這個理由很簡單：平時社會生計靠百工各業平民在各自崗位上的努力，而戰時又靠平民執干戈保衛社稷——國家不能沒有平民，平民撐起了國家也是構成國家的主要部分。因此雅典人（至少雅典百姓）興起了如是的想法：國家的治理平民不能缺席。像古代雅典這樣一種由公民完全參政的黃金時段，爲時雖然不長，甚至在整個歐洲文藝復興前的兩千年歷史中只占短短一兩百年，可是卻在西方政治史上成爲光芒四射的典範，後人憧憬嚮往之。理由安在？因爲它同時是階級枷鎖的解放與個人能力的釋放，爭勝式民主（agonistic democracy）帶來了新氣象，政治成爲才藝的展示場，人們從民主生活中找尋到存在感。

二、雅典民主化的過程

《雅典政制》記錄了若干極寶貴的資訊：雅典民主體制逐漸形成的眞實過程，與其日常實踐的細部方式。看了這些記載，我們對於兩千多年前人類出現的第一個民主政治就會有直接而清晰的認識，而不必出於想像臆測，這就是《雅典政制》這部曾經長期失落的書終於出土的最大意義。

一如任何人類古代文明，雅典起先也是行王制與寡頭制，貴族和平民之間的衝突不斷。根據本書所載，雅典早期歷史中平民（demos）沒有財產（就是土地），都以佃農身分耕租富人的地，若是荒年繳不起地租，就落得賣身爲奴（這在人類初始社會中常見，例如古代中國亦然）。貴族專制迄「執政官」（Archons）德古拉（Draco）時，進入了成文「法典」時代，平民地位受到歧視與嚴刑峻法的壓迫（他頒布的所謂 Draconian Laws 後來就成爲苛法的代稱），這不啻是少數人刻薄地統治多數人的狀況，因此平民對貴族持續地激烈抗爭。到了梭倫（Solon）當執政官時，開始變法，企圖調停衝突，終於獲致成功。這是因爲他出身貧富間的中間階級但威望顯赫，能獲得雙方的信任。梭倫最主要的政績是廢止德古拉法典、立法提升了平民的地位，確立了民主政體的雛形。而梭倫之後又經歷了克里斯提尼（Cleisthenes）的憲政改造，雅典的民主更向前邁進，而到了著名的大將軍伯里克里斯（Pericles）時期已達到高峰。

根據亞里斯多德的記述，雅典的政治發展並非是一路平順前進的，總共歷經十一次變革後，民主才獲得鞏固。德拉古推行的嚴刑峻法雖然對平民不友善，但是他將雅典法制化，「確立了政體」；到了內戰之後的梭倫時代，「民主政治由此興起」；推翻僭主之後的克里斯提尼政體，「較之梭倫政體具有更強的民主性質」。而在這三人之間，則是屢屢穿插了僭主與威權專政體制。所以可以這樣說，亞里斯多德當時觀察的結論是，雅典的民主化過程是曲折前進的，有進有退，到了西元前第五世紀初時，人民才「牢固掌握國家政權，制訂了沿用至今的憲法」。皮索多羅斯（Pythodorus）任執政官時（403B.C.），「人民掌握最高權力似乎已成爲天經地義之事，因爲這是他們透過自身努力獲得的回報」。亞里斯多德並且特別記載道：當時的雅典民眾被分爲十個「部落」（*demos*），各「部落」選派代表廣泛參與城邦重要事務，而所有公民也形成「公民大會」（*ecclesia*）：「民眾的力量持續增強，人民主宰著所有事務，並在掌握最高權力的公民大會和民眾法庭上透過投票來進行管理」。

雅典人這種公民普遍參與政治的體制叫做*Isonomia*，也就是「平等互治」的意思。每一位公民同時可以「治人」（ruling）與「治於人」（being ruled），也就是大家輪流「作莊」的一種參與式民主。它在實施上，有一些特色，也有一些技巧，我們可以分述如下：

第一種特色是「輪流」與「選賢與能」並用。前者乃是出任公職或某種任務是經由眾人共同分攤責任的輪值式，即是以抽籤決定（by lot）；後者則是指「選舉推派」（by vote）。我們以行政、立法、司法來分別看。一般而言，政治性與一般性的行政官職，是經由抽籤決定，甚至最高行政長官，也就是整個雅典城邦的九位「執政官」，也是經由抽籤決定：「各個部落透過抽籤選出十位候選人，各部落的這十個人隨後再進行抽籤」以選出雅典的九位不同性質的執政官。但是特殊性質、需要特殊知識的官員，可能就不是抽籤，而是由選舉決定。例如將軍、軍事官員、財政官員和所謂的供水監察官等。

而在立法上，最高機構是「戰神山議事會」（*Areopagus*），即是後來所謂的「五百人議事會」（council of five hundred），十個部落中每個部落抽籤選出五十人共同組成，而「主席團職務由每個部落輪流擔任，其次序由抽籤決定」。城邦最高的權力機構，也就是任何立法的最後裁定者（但議案需經由五百人議事會議決後送交），乃是公民大會，這就是全體具資格的公民的集合了。至於司法的陪審團，當然就是由抽籤來決定，而亞里斯多德花了很多篇幅介紹抽籤的用具與過程設計，饒具趣味。

雅典式民主的另外一個特色，就是男子到了十八歲成年要入籍成爲公民前需有一個「養成考察期」，即爲時兩年的「兵役訓練」，可見他們如何重視公民身分的給予，這與我們今日只要條件符合就是公民在精神上是不同的。這段軍事訓練期的男子稱爲「埃菲比」，但即使欲成爲「埃菲比」也需兩種資格，一是親生父母皆爲公民（其實婦女無法是公民，此指其爲血統純粹雅典人），二是需爲自由民（經濟上是可以獨立的）。公民是國家主權的分享者，雅典的重視與珍惜公民身分是我們今日可以爲鑑的。

在亞里斯多德的記載中我們發現，當時實施民主政治時，的確也有一些技巧在內。例如爲了鼓勵公民們踴躍參與公民大會，甚至在會期間每日發給每人一筆金額。而參與耗時甚長的陪審團工作也是有報酬的，雖然不算多；至於輪流出任各種公職者，當然也有對於他們無法工作謀生的適當補償。雅典的議事會或是陪審團都是人數眾多，公民大會更不用說，這些都顯示出想要鼓勵與激發民眾參與的熱情與積極性。而在實務上，這種人數設計也有其特殊目的。一個組織人數太少時，容易被富人收買或是有權勢者影響操控，但是充滿了數量眾多的「庶民」時，共識的力量就會是主導。而主事者的任期制與抽籤輪任，更防杜了把持操弄。總而言之，雅典在發展民主政制的路上，的確在制度設計與價值精神之培養兩方面皆值得後世仿效，無怪乎千百年來世人莫不嚮往之。

亞里斯多德的這本《雅典政制》中，翔實的敘述與中肯的評論，讓久遠之後世得以進入雅典人的思想與實際生活中，讓古代的雅典不再是個謎，也讓我們知道民主不是天上掉下來的，它需要努力爭取與用心呵護。

圖 1　亞里斯多德（雕像）

圖2　亞里斯多德《雅典政制》抄本片段

序

亞里斯多德（*Αριστοτέλης*, Aristotle, 384-322B.C.）《雅典政制》（*Athēnaion politeia*, *Constitution of the Athenians*，又譯爲《雅典憲法》）自成稿之日起，便顯示出不容低估的學術價値。亞里斯多德在寫作《政治學》（*Πολιτικά*, *Politics*）的過程中，《雅典政制》是他的重要參考資料；四百年後，蒲魯塔克（*Πλούταρχος*, Plutarch, 46-120）在寫作《希臘羅馬名人傳》（*Βίοι παράλληλοι*, *Vitae parallelae*）中的〈特修斯傳〉、〈梭倫傳〉、〈西蒙傳〉、〈伯里克里斯傳〉和〈尼奇亞斯傳〉時，曾直接或間接引用了亞里斯多德《雅典政制》中的篇章，尤其是關於梭倫（*Σόλων*, Solon, 638-558B.C.）的部分；兩千多年後，當其抄本在一八九一年重見天日時，學界普遍認爲它將會引領西方古典學進入一個新紀元[1]，僅當年便出現了三種英文譯本、三種德文譯本、兩種法文譯本、一種義大利文譯本及俄文譯本等[2]。倘若恩格斯（Friedrich Engels, 1820-1895）讀了這本《雅典政制》（我們不能絕對肯定他沒有讀過），他會不會修正在《家庭、私有制和國家的起源》（*Der Ursprung der Familie, des Privateigenthums und des Staats*）中的論述，我們無法確知[3]；但可以確知的是，它的確是閱讀《家庭、私有制和國家的起源》一書的重要參考資料，也同樣是瞭解和研究古希臘政治制度——尤其是雅典民主政治——的必備史籍。

一、《雅典政制》的流傳、散失與重現

亞里斯多德在《尼各馬科倫理學》（*Ἠθικὰ Νικομάχεια, Nicomachean Ethics*）的篇尾講道，爲了使《政治學》能夠變成一部培養優秀政治家的經典，他蒐集了許多國家與地區的政治制度並進行了比較和分析，以便闡明「什麼是最好的政體，它應該如何設置；制定何種法制，才能使它在最佳狀態下發揮作用」。[4]第歐根尼．拉爾修（*Διογένης Λαέρτιος*, Diogenes Laërtius，活躍於西元三世紀）在記錄亞里斯多德的作品時，稱他蒐集了一百五十八個國家和地區的政治制度[5]，這個數字普遍被學界認可；不過，烏賽比（Usaibia）認爲它應該是一百七十一個[6]；據桑迪斯（John Edwin Sandys, 1844-1922）考證，其中有九十九個國家和地區的名字有案可稽[7]。可惜的是，亞里斯多德爲寫《政治學》所參考的這些史料後來全部遺失；幸運的是，其中最重要的史料《雅典政制》卻在近兩千年之後又被重新發現。

最初，《雅典政制》可能不是一部獨立的作品，而是「政制彙編（the vast collection of *Πολιτεῖαι*）的一個篇章，古代作家幾乎一致認爲這個彙編出自亞里斯多德之手」。[8]這部「政制彙編」在《政治學》完成之後，被存入了萊西姆（Lyceum，又譯呂克昂）學院的圖書館裡；西元前三二二年，亞里斯多德將萊西姆學院交給了他的得意門生提奧夫拉斯托斯（*Θεόφραστος*, Theophrastus, 371-287B.C.）掌管，當然亞里斯多德的所有著作也包括在內；提奧夫拉斯托斯又在西元前二八七年將亞里斯多德和他本人的著作傳給了自己的學生納流斯（Neleus），後者將導師所

圖 3　亞里斯多德在教導年幼的亞歷山大大帝[9]

贈之物帶到了小亞細亞地區。從此，亞里斯多德連同提奧夫拉斯托斯的這批手稿開始經歷輾轉與流失的命運。納流斯把它們留傳給子孫，而這些子孫們既無良好的文化水準又無強烈的哲學品味；在提奧夫拉斯托斯死後三、四十年，這批手稿被賣給了帕伽馬王國（*Πέργαμος*, Pergamos）的國王們，送進了王室圖書館的地窖裡，經受潮濕的侵蝕和蛀蟲的啃噬。大約在西元前一三三年，它們又被提奧斯人阿佩利孔（*Ἀπελλικῶν*, Apellicon of Teos, ?-84B.C.）取得，此人是亞里斯多德主義的信奉者。阿佩利孔發現其中有許多萊西姆學院未收藏的作品，他便將它們公布於眾。西元前八十六年，雅典被攻占後，阿佩利孔的藏書又被送到羅馬，它們在那裡受到了禮遇，最後輾轉到了羅德斯人安德羅尼庫斯（*Ἀνδρόνικος ὁ Ῥόδιος*, Andronicus of Rhodes）手中，他將它們按照不同主題分類編纂成套。[10]不幸的是，安德羅尼庫斯編纂的這套亞里斯多德文集在西元二世紀之後便遺失了。在安德羅尼庫斯之前，生活在西元前三世紀晚期的亞歷山大學派學者赫爾米普斯（*Ἕρμιππος*, Hermippus）也曾對亞里斯多德的作品進行過編目，赫爾米普斯的目錄被第歐根尼·拉爾修保存了下來，它是按照字母先後順序排列的。第歐根尼·拉爾修提到，包括「一百五十八個城邦的政制：對民主制、寡頭制、貴族制和僭主制的一般或具體分析」在內的近四百個篇目都是出自亞里斯多德之手。[11]

「政制彙編」，尤其是其中的《雅典政制》，雖在影響上不及《政治學》，但是它在成稿之後仍然在一定範圍內爲人知曉和引用。西元前三〇六年，阿提卡（*Ἀττική*, Attica）編年史家斐洛科魯斯（*Φιλόχορος ὁ Ἀθηναῖος*, Philochorus, 340-261B.C.）在爲亞里斯多芬（*Ἀριστοφάνης*, Aristophanes, 446-386B.C.）的《馬蜂》（*Σφῆκες Sphēkes, The Wasps*）作注時，曾引用過《雅典政制》，並將其歸名於亞里斯多德。[12]其後的提邁烏斯（*Τίμαιος*, Timaeus）、斐洛斯特法諾斯（Philostephanus）、老普林尼（Pliny the Elder, 23-79）、西塞羅（Marcus Tullius Cicero, 106-43B.C.）、斯特拉波（*Στράβων*, Strabo, 63B.C.-A.D.24）、蒲魯塔克、阿特那俄斯（*Ἀθήναιος*, Athenaeus）、阿爾波克拉提昂（*Οὐαλέριος*, Harpocration）[13]、赫拉克里德斯（*Ἡρακλείδης Λέμβος*, Heraclides Lembus）等數十位對後世有影響的希臘、羅馬作家都曾經引用過「政制彙編」的內容。其中，蒲魯塔克、阿爾波克拉提昂和赫拉克里德斯都曾大量引用或摘錄了《雅典政制》，阿爾波克拉提昂的摘引文字更多達五十段。阿爾波克拉提昂是亞歷山大的希臘文法學者，大概生活在西元二世紀；《雅典政制》或許在他之後便不見於世，後世學者只能透過先前這些作家的摘引來瞭解《雅典政制》。

進入十九世紀，西方學者掀起了蒐集亞里斯多德作品殘篇的熱潮，蒐集《雅典政制》殘篇是其中的一項重要工作。一八二七年，紐曼（C. F. Neumann）在慕尼黑出版了《亞里斯多德政體論殘篇》（*Aristotelis Rerumpublicarum Reliquiae*），其中收錄了五十九段《雅典政制》殘篇；一八四八年，卡爾・繆勒（Carl Müller）在巴黎出版的《希臘歷史殘篇》（*Fragmanta Historicorum Graecorum*），收錄了七十四段《雅典政制》殘篇；瓦倫丁・羅斯（Valentine Rose）在《亞里斯多德偽書》（*Aristotles Pseudepigraphus*）的不同版本中，將這個數目從一八六三年的八十九段提高到一八八六年的九十一段。

在瓦倫丁・羅斯努力蒐集《雅典政制》殘篇的過程中，相關的考古發現也取得了重大成果。一八八〇年，在埃及法尤姆（Faiyum）地區阿爾西諾城附近出土的兩片紙草文書，被收藏在柏林的埃及博物館中，它們記載了梭倫改革和克里斯提尼（Κλεισθένης, Cleisthenes, 600-570B.C.）改革及其後的情況。更大的考古發現是在十年之後取得的，一八九一年一月十九日，《泰晤士報》刊登了一篇爆炸性新聞，大英博物館蒐集到了一份亞里斯多德《雅典政制》的紙草抄本，它也是從埃及出土而來的；僅在十一天之後，一月三十日，該圖書館管理員肯揚（F. G. Kenyon, 1863-1952）編輯整理的希臘文本公開發表了。大英博物館收藏的這份紙草抄本並未完整抄錄《雅典政制》，它沒有開篇文字，最後一部分嚴重破損，大約有六十三章的內容可以被學者輕鬆識讀。

二、現代學者對《雅典政制》的注疏、修補與研究

肯揚整理的文本一經刊出，歐美各國的古典學者紛紛對其進行注疏、翻譯、復原和研究。雖然認爲《雅典政制》的出土將西方古典學帶入了一個新紀元的觀點有誇張之嫌，但可以完全肯定，它的確將雅典憲政史的研究提升到一個更高的階段。十九世紀的那些雅典憲政史著作在當時學界無論閃耀出何等光芒，都在《雅典政制》出土之後，尤其是希格內特《雅典憲政史》出版之後，變得極爲黯淡；對當代學界而言，它們只剩下學術史梳理上的價值。

就英語學界而言，肯揚和桑迪斯兩位古典學者在《雅典政制》的注疏和復原上面作出了重要貢獻。在一八九一年，肯揚不僅對《雅典政制》抄本的六十三章的內容進行了編輯出版，還隨後出版了第一個注疏本和英文譯本，第二年又出版了一個修訂版的注疏本。肯揚的這些工作爲日後的《雅

典政制》研究奠定了最初的基礎。緊隨肯揚之後的是桑迪斯，他的重要貢獻也在於對《雅典政制》的注疏。桑迪斯分別在一八九三年和一九一二年出版了一個注疏本及其修訂本，他整理的希臘文本在細節部分與肯揚的有所不同，並且引用了更爲豐富的學術著述來輔助對《雅典政制》原文的閱讀。同時，桑迪斯的另一大貢獻是他對抄本的殘缺部分進行了修復，使第六十四至六十九章的絕大部分內容可以爲人識讀。

最後剩下的極爲殘缺的第六十七章第四節至第六十八章第一節的內容，後來又被柯林（G. Colin）和霍默爾（H. Homel）兩位學者復原，他們的勞動得到了羅德斯（P. J. Rhodes）的尊重，這在他一九八四年出版的《亞里斯多德「雅典政制」》譯本中得到了體現，它是迄今最爲完整的英譯本。同時，羅德斯還在注疏方面作出了傑出貢獻，他在一九八一年出版了《亞里斯多德「雅典政制」注疏》，全書近八百頁，正文分爲序言和注疏。在序言中，作者分析了《雅典政制》的考古發現，它的篇章結構、行文風格、成稿與修改以及亞里斯多德和《雅典政制》的關係等；在注疏中，作者吸收了一九八一年以前的學術研究和考古發現成果，彌補了肯揚和桑迪斯注疏本中的不足，並糾正了先前學者對文中某些篇章或術語的錯誤理解。總而言之，羅德斯在亞里斯多德《雅典政制》學術史上又樹立了另一座里程碑。

經過一個多世紀的研究，我們發現比《雅典政制》文本更難復原的是歷史眞相，這集中在作者身分和成書年代上。

儘管西元前一世紀的伊比鳩魯學派學者菲洛德穆斯（*Φιλόδημος ὁ Γαδαρεύς*, Philodemus, 110-

40 or 38B.C.）指出，有一部分「政制彙編」並非出自亞里斯多德之手，但他未具體列出這些篇章的名稱。[14]除了這個不能確定的質疑之外，古代作家都認爲亞里斯多德是《雅典政制》的作者，直至近代學者蒐集其殘篇的過程中，這一質疑又被重新提出。羅斯在《亞里斯多德僞書》中寫道，亞里斯多德「既沒有寫這些作品，也沒有寫這些作品的意圖」；同時，它也不是泰奧弗拉斯托斯（*Θεόφραστος*, Theophrastus）所寫，而是由某個不著名的逍遙派學者完成的，這個人可能是提彌特羅（*Δημήτριος Φαληρεύς*, Demetrius Phalereus, 350-280B.C.）或狄卡俄庫斯（*Δικαίαρχος Dikaiarkhos*, Dicaearchus, 350-285B.C.）。[15]在大英博物館收藏的抄本出版之後，關於作者身分的問題也成爲了一個學界長期熱議的話題。學界逐漸偏向於認爲《雅典政制》不是亞里斯多德的作品，並在作者是「亞里斯多德的某個不知名學生」（an anonymous pupil of Aristotle）[16]上達成共識；並且，它極有可能是在亞里斯多德指導下完成的，因爲《雅典政制》和《政治學》都明顯表現出對貴族統治或菁英政治的偏愛。但是，對於它具體出自何人之手，至今仍無一個權威結論。

關於《雅典政制》是何時寫成或編成的，現代學界一直存在爭論，但普遍認爲：它是在西元前三三二年至前三二二年的某個時期內完成的，或許前後進行過修改。[17]《雅典政制》第五十四章第七節提到科斐梭芬（Cephisophon）擔任執政官，這一年是西元前三二九年或前三二八年；第四十六章第一節提到了四列槳艦（*τετρήρης*, *tetreres* or *quadrireme*）而未提到五列槳艦（*πεντήρης*, *penteres* or *quinquereme*），五列槳艦是在西元前三二五年或前三二四年首次成爲雅典海軍戰艦的。由此可知，《雅典政制》一定是在西元前三二九年或前三二八年之後，或許是在西元前三二五年或前三二四年之前完稿或修訂的。另一個可能的時間下限是西元前三二二年。雅典在這一年失去了對提洛島（*Δήλος*, Delos）的控制，無權再向該地派駐官員。[18]同時，亞里斯多德也在這一年被迫離開雅典，並很快去世。他的《政治學》最終也未能完成，而他的弟子也沒有對其進行續寫。由此可見，蒐集和整理不同國家和地區的政治制度史料的工作也就此終止。[19]羅德斯還進一步認爲，《雅典政制》在完稿過程中經過修訂，例如：第四章所講的德拉古（*Δράκων*, Drakon or Draco，或譯爲「德拉孔」，650-600B.C.）改革便是後來增添到初稿中的內容。[20]從行文邏輯上判斷，第二章和第五章之間有著明顯的承接關係，而第三章和第四章的存在卻割裂了兩者之間的邏輯聯繫。

三、對《雅典政制》重新翻譯和注釋的意義

相對西方學界而言，華文學界對亞里斯多德《雅典政制》的研究取得的最大成績是出版了兩個頗具影響的中譯本。日知、力野兩位先生早在一九五七年將「洛布古典叢書」（Loeb Classical Library）的《雅典政制》翻譯成了中文，由北京三聯出版社出版；顏一先生後來又根據同一版本將《雅典政制》重新翻譯成中文，其譯文被編輯到了中國人民大學出版社一九九七年出版的《亞里斯多德全集》（第十卷）。[21]

這兩個分別來自歷史學界和哲學界的中譯本都產生了廣泛影響，它們的影響力使得本書的出版面臨著狗尾續貂的尷尬境地，但它畢竟也有自身的價值。不管是從譯文還是從注釋來看，本書都有

其獨特之處。

第一，本書參考了多家希臘文校注本和英譯本，盡可能準確地轉述亞里斯多德《雅典政制》，使讀者瞭解《雅典政制》到底寫了什麼。筆者以肯揚一八九二年版、桑迪斯一九一二年版、拉克漢一九三八年版和羅德斯一九八一年版四個希臘文校注本爲基本依據，並以肯揚一九二八年牛津[22]、拉克漢一九三八年「洛布古典叢書」版、摩爾一九七五年加利福尼亞大學版和羅德斯一九八四年企鵝版的英譯本爲重要參考，進行比較綜合之後，才完成了本書的譯文[23]。

第二，本書將《雅典政制》中表述簡略或模糊以及應寫而未寫的內容，以注釋形式進行補充，適時地輔助讀者閱讀。筆者將古典文獻與現代研究成果相結合，以《雅典政制》的行文爲主線輔以適當的注釋文字，使讀者對雅典的政治制度演變歷程、雅典民主制在西元前五和前四世紀的運行情況、古希臘政治格局及其演變歷程、古希臘人的政治觀念等都有一些瞭解；這些背景知識，反過來或許有助於讀者更透徹地研讀《雅典政制》。

第三，本書盡可能地對《雅典政制》中錯誤的記載和有爭議的文字進行辨析，使讀者閱讀時能去僞存眞、去粗取精，獲得來自《雅典政制》卻又超越《雅典政制》的知識。「《雅典政制》不是一部傑作，它出自平庸之手」[24]，這一評價確不爲過。儘管這部作品歷經修改並可能單獨成書，但它始終未能改變史料彙編的性質，並且仍然是一部文史混雜、未經精心考證的史料彙編。例如：第二十四章第三節所述觀點「來自盟邦的盟金、稅收和捐獻，能夠維持超過兩萬人的生活」，有待進一步商榷；筆者以注釋形式對作者所列資料逐一進行溯源和分析，來說明它們的不可靠或不準確，以供讀者參考和選擇。

第四，在完成本書的過程中，筆者蒐集、閱讀了部分相關的古今文獻[25]，並將其融匯到本書的注釋中。如果您閱讀本書時對其中的某個具體面向感興趣，或許筆者所引用或參考的文獻能夠爲您的延伸閱讀提供線索。

最後，本文還收錄了色諾芬〈雅典政制〉。一方面，它的出現有助於更好地閱讀《亞里斯多德「雅典政制」》；另一方面，將兩部著作放在一起閱讀，或許更有助於讀者進一步認識雅典城邦的憲政沿革。

總而言之，筆者完成本書的最終目的是，使它既可以成爲古希臘政治史——特別是雅典城邦憲政史愛好者——的一本入門讀物，又能夠成爲相關研究人員可資借鑑的參考書。然而，筆者畢竟學力淺薄、見識鄙陋，文中所述必有謬誤。懇請讀者以懷疑和批判的眼光來閱讀本書的譯文和注釋，更懇請方家不吝賜教，以使本書進一步完善。

◆註解◆

[1] John J. Keaney, *The Composition of Aristotle's Athenaion Politeia*, Oxford: Oxford University Press, 1992, p. 5.

[2] J. E. Sandys, *Aristotle's Constution of Athens*, London: Macmillan and Co., 1912, p.lxxxi.

[3] 吳恩裕曾在簡體中文商務版《雅典政制》的序言中認為，即便恩格斯看到了這本書，他也不會改變《家庭、私有制和國家的起源》中的基本觀點（參見：〔古希臘〕亞里斯多德，《雅典政制》，日知、力野譯，北京：商務印書館，一九九九年，第iv頁）。

【4】Aristotle, *Nicomachean Ethics*, 1180 a 20-1181 b 24.

【5】Diogenes Laertius, *Lives*, v. 27.

【6】P. J. Rhodes, *A commentary on the Aristotelian Athenaion politeia*, New York: Oxford University Press, 1981, pp. 1-2.

【7】J. E. Sandys, *Aristotle's Constution of Athens*, London: Macmillan and Co., 1912, p.xxxvi.

【8】Sandys, p. xxiii.

【9】亞里斯多德，西元前三八四年出生於哈基迪西（*Χαλκιδική*, Chalcidice）半島的史達吉拉（*Στάγειρα or Στάγειρος*, Stageira），父親是馬其頓國王的私人醫生。十八歲時，亞里斯多德來到雅典，在柏拉圖學院求學，師從柏拉圖二十載，並在柏拉圖去世前後（西元前三四八年或前三四七年）離開雅典。西元前三四三年，他接受馬其頓國王腓力二世（*Φίλιππος Β΄ ὁ Μακεδών*, Philip II of Macedon, 382-336B.C.）的聘請，成為亞歷山大（*Αλέξανδρος Γ΄ ὁ Μακεδών*, Alexander III of Macedon，即亞歷山大大帝〔Alexander the Great〕，336-323B.C.）的家庭教師。他的政治思想對亞歷山大產生了重大影響。西元前三三四年，亞歷山大率領三萬五千人東征，不到十年光景，便建立了一個史無前例的大帝國，幾乎將希臘、兩河流域、埃及和印度等四大古代文明全部囊括在自己的統治之下。

【10】Plutarch, *Sulla*, 26.1.

【11】Diogenes Laertius, *Lives*, v. 27, 34.

【12】Sandys, p. xxviii-xxix.

【13】阿爾波克拉提昂，亞歷山大的希臘文法學者，大概生活在西元前一世紀。

【14】Cicero, *De Finibus Bonorum et Malorum*, 2. 35.

【15】Sandys, p. li.

【16】C. Hignett, *A History of the Athenian Constitution to the End of the Fifth Century B.C.*, Oxford: Clarendon, 1952, p. 29; Aristotle, *The Athenian Constitution*, trans., by P. J. Rhodes, London: Penguin Books, 1984, p. 9.

【17】Aristotle, *The Athenian Constitution*, trans., by P. J. Rhodes, London: Penguin Books, 1984, p. 32.

【18】參見：Aristotle, *Athenian Politeia*, 62.2。

【19】摩爾認為，《雅典政制》的成稿有雙重目的，它既是為寫作《政治學》作準備，又有日後獨立成書的意圖（J.

M. Moore, *Aristotle and Xenophon on Democracy and Oligarchy*, Berkeley: University of California Press, 1975, p. 144）。

[20] P. J. Rhodes, *A Commentary on the Aristotelian Athenaion Politeia*, New York : Oxford University Press, 1981, pp. 52-57.

[21] 日知（即中國大陸史學大家林志純，一九一〇—二〇〇七）、力野所譯的《雅典政制》，最初以《亞里斯多德的「雅典政制」》為題發表於《東北師範大學科學集刊》一九五七年第二期，同年由生活・讀書・新知三聯書店刊出單行本，此單行本一九五九年又被商務印書館收錄於「漢譯世界學術名著叢書」刊印，並於一九九九年再版，上海世紀出版集團・上海人民出版社於二〇一一年一月又再一次再版：本書所引日知、力野的譯文來自一九九九年簡體中文商務版（〔古希臘〕亞里斯多德，《雅典政制》，日知、力野譯，北京：商務印書館，一九九九年），並將其簡稱為「簡體中文商務版」。顏一（學者，一九六四—二〇〇四）的譯本又被收錄在人民大學出版社一九九九年出版的《亞里斯多德選集》（政治學卷），本書對顏一譯文的引用皆來自《亞里斯多德全集》（第十卷），並將其簡稱為「顏一版」。兩種譯本皆是以哈佛大學出版社「洛布古典叢書」中的拉克漢希英對照本（H. Rackham, "*The Athenian constitution*", *Aristotle*, XX, Cambridge Mass.,: Harvard University Press, 1935）為母本翻譯而成。除了這兩個譯本的作者之外，黃松英在《雅典政制》的介紹方面做出了貢獻，他所撰寫的小冊子《亞里斯多德的「雅典政制」》在一九八三年四月由廈門大學歷史系以油印本形式發行，後來的兩篇文章〈亞里斯多德與《雅典政制》〉和〈雅典政制〉分別被劉明翰主編的《外國史學名著選介》（第一卷）（山東教育出版社一九八六年版）和《外國史學名著評介》（第一卷）（山東教育出版社一九九四年版）收錄。

[22] 本文所引肯揚譯文皆出自：F. G. Kenyon, *Atheniesium Respbulica* (in The Works of Aristotle, vol. 10, translated into English under the editorship of W. D. Ross), Oxford: Oxford University Press, 1928，所引肯揚注文若無特別注出，皆來自：F. G. Kenyon, *Aristotle on the Athenian Constitution*, Oxford: Clarendon Press, 1892，該書在本文被縮寫為「Kenyon」。

[23] 就當前兩個中譯本而言，由於時代的局限和其他原因，譯文中出現不下百處錯誤（何元國，〈亞里斯多德《雅典政制》漢譯舉誤〉，《安徽史學》，二〇一一年第六期，第六十九頁）。

[24] Aristotle, *The Athenian Constitution*, trans., by P. J. Rhodes, London: Penguin Books, 1984, p. 33.

[25] 筆者只能用「部分」一詞來形容本文所引文獻，《雅典政制》相關的文獻，尤其是現代研究成果，每年都會成批出現：在本文的寫作過程中，筆者不斷地蒐集資料，但「雖鞭之長，不及馬腹」，無法將所有相關文獻全部蒐集，更無力將其全部閱讀和吸收。

目次

插圖目錄

一　殘篇

殘篇一

最初，雅典人採用的是王政。[1]當伊翁（Ἴων, Ion，又譯爲「伊安」）[2]來此與他們生活在一起時，他們才第一次被稱爲愛奧尼亞人（Ἴωνες, Iones or Ionians）。[3]（摘錄於阿爾波克拉提昂的《祖神阿波羅》〔Ἀπόλλων Πατρῷος, Apollo Patrius〕。）

正如亞里斯多德所說，當他定居阿提卡時，雅典人才被稱爲愛奧尼亞人，而阿波羅被稱爲他們的祖神。[4]

雅典人之所以尊奉阿波羅爲祖先，是因爲他們的軍事獨裁官伊翁[5]是由阿波羅（Ἀπόλλων, Apollo）與克蘇托斯之女[6]克瑞烏薩所生。

（摘錄於亞里斯多芬《鳥》第一五三七行注釋。）

◆註解◆

[1] 關於雅典最初的政體是君主制的觀點已是學界共識，它也得到了現代考古的支持。早在青銅器時代晚期（即邁錫尼時代，約西元前一六〇〇–前一一五〇年），阿提卡地區便存在著許多小王國，雅典（即後來的雅典衛城及其附近地區）很可能是其中勢力最強大的王國；不過，隨著海上霸主克里特國王米諾斯（Μίνως, Minos）的崛起，這些小王國都相對衰落，似乎成了米諾斯勢力範圍內的藩屬。古典時期的歷史典籍甚至神話傳說，保存了這些古希臘人的古代記憶，其中包含了或多或少的歷史成分。

【2】伊翁，古希臘神話傳說中的人物，被奉為愛奧尼亞人的名祖。傳說，他是來自伯羅奔尼撒的國王克蘇托斯（*Ξοῦθος*, Xuthus）和雅典公主酷露莎（*Κρέουσα*, Creusa）之子，即雅典國王艾瑞克提雅斯（*Ἐρεχθεύς*, Erechtheus）的外孫。克蘇托斯娶了酷露莎之後，便生活在雅典；但在艾瑞克提雅斯死後，他們一家人遭到了驅逐。然而，當雅典人在與艾盧西斯人（*Ἐλευσίς*, Eleusis）和色薩利人（*Θεσσαλία*, Thessaly or Thessalia）的戰爭中不能取勝之時，他們便邀請伊翁返回雅典，擔任軍事獨裁官；伊翁領導雅典人取得了戰爭的勝利，他最後終老阿提卡並葬於此地。

【3】愛奧尼亞人，希臘四大方言族群之一，分布在阿提卡半島、尤比亞島（Euboea，詳見第二部第三十三章注釋）、愛琴海中部的基克拉哲斯群島（the Cyclades island group）和小亞細亞沿岸地區。據傳說，在邁錫尼王權衰落後，多利安人大規模侵入希臘大陸，各地的原住民佩拉斯吉人（*Πελασγοί*, Pelasgians）紛紛湧向阿提卡，又從此地逃散到小亞細亞（參見：H. i. 145-147, viii. 44, ix. 106; Th. i. 2-12, ii. 15）。希羅多德記載，雅典人是佩拉斯吉人的一支，最初被稱為克拉諾伊人（*Κραναοί*, Kranaoi or Cranai，意為「高地居民」）；在科克洛普斯（*Κέκροψ*, Cecrops，傳說中的第一位雅典國王）統治期間，他們被稱為科克洛普斯人（*Κεκροπίδαι*, Kecropidai or Cecropidae，意為「科克洛普斯的子孫」）；當俄瑞克透斯（*Ἐρεχθέος*, Erechtheos or Erechtheus）繼承統治之後，他們才被稱為雅典人；在伊翁回到雅典之後，雅典人又開始被稱為愛奧尼亞人（H. viii. 44）。儘管這種說法想像成分遠遠多於歷史，但其核心觀點在現代考古學上已得到了一定的支持。不過，雅典人因為伊翁而被稱為愛奧尼亞人的傳說，很可能是雅典人有意杜撰的，借此樹立雅典人在愛奧尼亞人當中的母邦地位。在西元前四七八年或前四七七年提洛同盟（the Delian League）成立後，雅典人作為愛奧尼亞人領袖的神話主題，成為維護其提洛同盟盟主地位的輿論宣傳資料，而被雅典人不斷重複加工，尤里皮底斯（*Εὐριπίδης*, Euripides, 480-406B.C.）的《伊翁》便是其中的代表作。

【4】古希臘神話，尤其是雅典的神話，將伊翁塑造成了阿波羅神之子，阿波羅神因此成為雅典人的祖神；阿波羅神之所以會成為雅典人的祖神，從根本上講是雅典人附會神話的結果，其目的在於突出雅典人與愛奧尼亞人的同祖同宗以及雅典是愛奧尼亞人的母邦的地位。赫西俄德的殘篇曾記載伊翁為希臘人始祖希倫（*Ἕλλην*, Hellen）之子克蘇托斯和俄瑞克透斯之女酷露莎的兒子。然而，在此後不到一百年裡，伊翁便演化成了阿波羅神之子；並且，很有可能在梭倫時期，雅典人已經賦予了阿波羅神以祖神的地位（*The Classical Quarterly*, 38. 3/4. 1944, pp. 72-73）。伊翁被雅典人賦予神統、成為阿波羅神之子，這一點在尤里皮底斯的戲劇《伊翁》裡面得到了充分體現；並且，這種說法逐漸成為後世傳說中的主流觀點。

[5] 儘管伊翁在神話傳說中被賦予極高的地位——愛奧尼亞人和雅典人的祖先，但由於他本人有外邦人的血統，而非純正的雅典人，以致雅典的神話譜系編造者在編排王表時，並未讓伊翁占有一席之地。但同時，又由於伊翁作為全體愛奧尼亞人祖先的地位有助於雅典人團結其他愛奧尼亞人並突出雅典作為愛奧尼亞人母邦的地位，所以他在神話譜系中的地位又不能被過分削弱；於是，伊翁雖然沒有成為國王，但獲得了與國王相當的地位，成為剝奪雅典國王軍事統帥權的第一任軍事獨裁官（參見第三章第三節）。從另一個角度來看，使伊翁從克蘇托斯之子轉變成阿波羅神之子，這也是雅典人弱化其外邦人身分的結果。同時，賦予伊翁以神統也是為了證明雅典優於其他愛奧尼亞人，而愛奧尼亞人又優於其他希臘人（*O.C.D.* 763）。根據希臘人的神話譜系來看，希臘人的始祖希倫生有三子——伊奧魯斯（*Αἴολος*, Aeolus）、多魯斯（*Δῶρος*, Dorus）和克蘇托斯，前兩者與凡間女子結婚生下的後代分別被稱為愛奧里亞人（*Αἰολεῖς*, the Aeolians）和多利安人（*Δωριεῖς*, the Dorians），克蘇托斯和妻子酷露莎所生之子阿基阿斯（*Ἀχαιός*, Achaeus）成為了亞該亞人（*Ἀχαιοί*, the Achaeans）的祖先，而唯有愛奧尼亞人的祖先是酷露莎和太陽神阿波羅所生之子。

[6] 希臘文本中或許有脫損，它應為「克蘇托斯之妻」——若非如此，此文本確實故意對這一神話傳說進行了改動（Rackham, 9）。

殘篇二

從俄瑞克透斯[1]那裡繼承王位的潘迪昂（*Πανδίων*, Pandion）[2]，他將王國分給了他的兒子們，「衛城及其鄰近地區分給了埃勾斯（*Αἰγεύς*, Aigeus or Aegeus；另一種拼法是 *Αιγέας*, Aigeas）[3]，山丘地區分給了利卡斯（Lycus）[4]，濱海地區分給了波臘（Palas）[5]，美加拉（*Μέγαρα*, Megara）地區分給了尼蘇斯（*Νίσου*, Nisus）[6]。」[7]（摘錄於亞里斯多芬《馬蜂》第一二二三行注釋。）

◆ 註解 ◆

[1] 俄瑞克透斯，神話傳說中的雅典國王，其在位時間為西元前一三九七年—前一三四七年；同時，他經常被混淆為另一位神話傳說中的雅典國王艾力克托尼奧斯（*Ἐριχθόνιος*, Erichthonius）。俄瑞克透斯在雅典人心目中有極高的地位，雅典人自稱為「俄瑞克透斯的子孫」（Euripides, *Medea*, 824），並且在衛城上為俄瑞克透斯修建了一座神廟；克里斯提尼改革設立的十個新部落中，第一個部落也是以俄瑞克透斯來命名的（H. v. 66.2）。在俄瑞克透斯執政期間，雅典與艾盧西斯發生戰爭，俄瑞克透斯將艾盧西斯軍隊的統帥歐摩爾波斯（*Εὔμολπος*, Eumolpus or Eumolpos，詳見第一部第三十九章注釋）殺死；歐摩爾波斯是海神波賽頓（*Ποσειδῶν*, Poseidon）的兒子，波賽頓為兒子報仇，將俄瑞克透斯擊殺（Euripides, *Ion*, 282）。

[2] 即潘迪昂二世（*Πανδίων*, Pandion II），他從俄瑞克透斯那裡繼承了雅典王位。在古希臘神話傳說中，關於潘迪昂二世最流行的故事是，潘迪昂二世繼承王位後，墨提昂（*Μητίων*, Metion）的兒子們將其驅逐出了雅典；他便來到美加拉，娶了國王派拉斯（Pylas）的女兒，進而從派拉斯那裡繼承了美加拉的王位。當其死後，他的四個兒子返回雅典，同樣將墨提昂家族驅逐出了雅典，並且將整個王國一分為四，各自統治其一。（Apoll. iii. 205-206; Pasus. i. 5. 3-4.）顯然，殘篇中的說法與這個流行的故事有所出入，這種說法似乎認為潘迪昂二世同時統治

圖 4　特修斯殺死米諾斯之牛（雕像）

著雅典和美加拉。

[3] 埃勾斯是潘迪昂二世的長子、特修斯（*Θησεύς*, Theseus，或譯「忒修斯」、「提秀斯」）之父，他繼承了王位，成為其他三個兄弟名義上的國王。在他執政期間，雅典與克里特島的國王米諾斯發生衝突，被迫臣服，每九年向米諾斯進獻七名童男童女給米諾斯之牛做祭品，這一問題直到後來特修斯殺死米諾斯之牛才得以解決。

[4] 利卡斯在與他的兄長埃勾斯發生衝突時被後者驅逐出了雅典，他逃到了小亞細亞的米利阿斯（*Μιλυάς*, Milyas），此地因他而逐漸得名為利西亞（*Λυκία*, Lycia），他也因此成為利西亞人（the Lycians）的名祖（參見：H. i. 173; vii. 92; Paus. i. 19. 3）。

[5] 在特修斯被宣布為王位繼承人之後，波臘的兒子們認為埃勾斯是潘迪昂二世的養子，毫無俄瑞克透斯家族的血緣，並且痛恨特修斯這個「外來人」來統治他們。波臘在其子鼓動下進攻雅典，企圖將祖宗的基業從特修斯手中奪回；結果，波臘被特修斯打敗，阿提卡地區由此再次獲得統一（Pl. *Thes*. 13）。

[6] 後來，克里特國王米諾斯為了給兒子安德羅格烏斯（*Ἀνδρόγεως*, Androgeos，被埃勾斯謀殺）報仇，進攻雅典，占領了美加拉，並殺死尼蘇斯（Apoll. iii. 7-8）。

[7] 由此看來，在古希臘人的觀念裡，雅典最初便是一個統一的政治實體，傳說中特修斯的改革只是對雅典的再統一。他們的這一觀念很顯然是不符合歷史事實的。在追述阿提卡地區各個政治實體統一為雅典城邦之時，歷史學家修昔底德（*Θουκυδίδης*, Thucydides, 460-400B.C.）的觀點應該是正確的。他寫道：「從科克洛普斯和最初諸王的時代一直到特修斯時代，阿提卡被分為多個互不隸屬的市鎮，每個市鎮都有自己的市政廳和政府；並且，它們在和平時期從不聚集在一起與國王議事，而是自決自治。……但在特修斯成為國王時，他十分強硬且又謹小慎微，不僅重劃了國家疆域，且取消了那些小市鎮的議事會和政府，將它們的所有居民與今天的城市（即當時的雅典——譯者按）聯合起來，建立一個單一的議事會和市政廳；並且，在允許他們像先前一樣生活在各自的土地上的同時，他強令他們必須視雅典為獨一無二的首府。」（Th. ii. 15. 1-2.）經過特修斯改革後，阿提卡被統一成為雅典城邦，而先前作為政治實體的雅典則變成阿提卡獨一無二的政治中心——「雅典城」；特修斯改革標誌著雅典城邦的建立，同時「雅典」一詞開始具有雙重涵義，既指稱阿提卡地區，又指稱阿提卡的首府雅典城。不過，作為政治實體，「雅典」的內涵並未就此停止變化。在西元前六百年前後從美加拉手中奪得薩拉米（斯）島（*Σαλαμίνα*, Salamina，即今 Salamis Island）後，雅典城邦的統治疆域開始超越了阿提卡地

區。在西元前四七八和前四七七年建立提洛同盟之後，雅典又試圖將提洛同盟從國際組織強化為國家實體；但是，這一強化進程最終隨著伯羅奔尼撒戰爭的爆發和雅典的戰敗而終止。關於阿提卡何時變成一個統一的國家這一問題，學界存在著兩種流行觀點：一種是阿提卡在邁錫尼時代便已基本完成統一，但對艾盧西斯的統一是相對晚近完成的；另一種是阿提卡在邁錫尼時代便已完成了最終的統一。不過，考古資料偏向於支持第一種觀點。同時，這裡的「統一」，是對古希臘語 *συνοικισμός*（synoikismos）的引申，其字面涵義為「聚居」或「居住在一起」（living together）（*G.E.L.* 1722）；特修斯所謂的統一，其實只是政治上的統一，並未實現人口的聚居——大部分雅典人通常習慣居住在農村地區（Th. ii. 14.2）。但是，不可否認，阿提卡在統一過程中必定會出現某種程度上的人口聚居現象。

殘篇三

然而，這些地區不斷發生衝突，特修斯[1]宣布並且根據平等公平原則[2]將它們統一起來。「他以平等的條款召集了所有人，據說在特修斯設立全民大會（General assembly）之時，做出的宣言是：『到這裡來，你們所有人』[3]。」（摘錄於普魯塔克《特修斯傳》第二十五章。）

◆註解◆

[1] 特修斯，神話傳說中的雅典國王，名為雅典國王埃勾斯和王后埃特拉（*Aἴθρα*, Aethra）的兒子，實為後者與海神波賽頓所生。特修斯的著名功績有殺死克里特迷宮中的米諾斯之牛、統一阿提卡、為雅典確立民主制、設立泛雅典娜祭（*Παναθήναια*, Panathenaic Games）等，他被雅典人視為本地最偉大的文化英雄，其偉大程度可與大英雄海克力士（*Ἡρακλῆς*, Heracles）相媲美，他的事蹟成為後世作家不斷演繹的主題，其中最為著名的作品是普魯塔克的《特修斯傳》。其實，特修斯變得如此偉大，完全是為雅典的崛起和雅典民主制的發展服務的結果；關於特修斯神話的歷史分析，參見：王以欣，《神話與歷史》，商務印書館，二〇〇六年，第四四五—四六九頁。

[2] 即全體阿提卡居民都是雅典人。

[3] 拉克漢認為，這句話是派往各地的傳令員宣布召開公民大會（*ἐκκλησία*, *ekklēsiā* or *ecclesia*）時的程序化語言；雅克比（Jacoby）推測，這一宣言都是為此次聯合運動（synoecism）發布的（Rackham, 10; Rhodes, 74）。

殘篇四

如亞里斯多德所言，特修斯首先聽取民眾的意見，廢除了王政；甚至荷馬，他在船表中僅用「人民」一詞來修飾雅典人[1]，它似乎爲此提供了證據。（摘錄於普魯塔克《特修斯傳》第二十五章。）

◆註解◆

[1] Homer, *Illiad*, ii. 547.

殘篇五

……如亞里斯多德在《雅典政制》中所述，其文字如下：「效法一年四季的劃分，他們被分爲四個部落[1]，每個部落[2]又被分爲三個分區，以便總數達到十二分區，如一年的十二個月，它們被稱爲三一區[3]和胞族[4]；並且，每個胞族又被分爲三十個氏族[5]，如一月的三十天，而每個氏族又包含三十個人。」（摘錄於《狄摩西尼辭類彙編》（*Lexicon Demosthenicum Patmium*）[6]第一五二頁。）

◆註解◆

[1] 這個說法與第四十一章第二節「在這時（即伊翁時代——引者按），人民第一次被分成四個部落」的觀點有衝突，同時也與希羅多德的觀點有衝突。參見第四十一章第二節注釋。

[2] 部落（*φυλή*, Phyle，或可稱為氏族，其複數形為 *φυλάι*, phylai），古希臘的部落不同於其他被稱為「（原始）部落」的血緣組織，它是公民團體，但沒有徹底擺脫血緣組織的特徵。至於古希臘部落的起源，尚不清楚；不過，它在西元前八世紀已經出現（*O.C.D.* 1178）。最初，雅典人和其他愛奧尼亞人普遍被分為四個部落，每個部落都設有一個首領，他被稱為部落王（參見第八章第三節及注釋）。在雅典，克里斯提尼改革廢除了四個傳統部落，設立十個新部落，才徹底擺脫雅典部落的血緣組織特徵。

[3] 三一區（*τριττύς*, trittys，其複數形式為 *τριττύες*, trittyes，本義為「三分之一」），是規模比部落小的公民團體；雅典人使用 *τριττύς* 一詞時，似乎表示部落的三分之一。克里斯提尼改革設立的十部落制中，每個部落都由三個三一區（第二十一章第四節）組成，儘管根據類似詞語可推知 *τριττύς* 應該指的是本身被分為三分之一的事物，

但並沒有證據證明一套舊的三一區體系或新的三一區體系是如此設置的。

【4】胞族（*φρατρίας*, Phratries or Brotherhoods），是古希臘世界普遍存在的血緣組織，但它長期扮演著廣泛的社會政治角色，是世家貴族維繫權勢的社會基礎。在雅典，歷經克里斯提尼改革的沉重打擊之後，它依然頑強地殘存了下來，似乎在獲得公民權、繼承財產等世襲問題上發揮重要作用。直至西元前二世紀之時，仍能看到它存在的跡象。同時，胞族是一個變動性比較大的組織，它不像家族（dēmos）那樣固定不變；迫於社會或人口壓力、有時也會是政治因素，它會被分開或合併。在雅典歷史上，大概至少存在過三十個胞族，其中至少有九個胞族的名稱已被人知曉（*O.C.D.* 1176）。我們應該明白，將三一區等同於胞族是錯誤的；除了這一殘篇外，我們再也找不到能證明二者為同一事物的直接證據（*Rhodes*, 69）。

【5】氏族（*γένος*, genos），透過血緣關係結合在一起的族群，是早期社會經濟組織的基本單位，產生於舊石器時代晚期，先後經歷了母系氏族社會和父系氏族社會兩個階段。進入階級社會，尤其是國家建立之後，氏族分化瓦解，它的社會經濟職能逐漸被更小的血緣組織——家族——所取代。

【6】在西元前五〇八年克里斯提尼改革後，雅典出現十個部落，每個部落被分為三個三一區以及十個或十多個家族；每個家族又被細分為若干胞族（數目不詳），這些胞族或許又被分為若干氏族。胞族不能等同於三一區，但很有可能同一胞族的成員屬於同一部落；氏族不是胞族的分支，它們之間很可能是一對一（有時也有可能是二對一或三對一）的關係；並且，一些胞族成員不隸屬於任何氏族。三一區和胞族之間的關係最難確定：部落和三一區，部落、胞族和氏族，它們似乎是兩套制度，卻被人為地合併成一個單一的系統。這些組織都是根據想像中的神話遠古中共同祖先而劃分的。作為一種更小且更真正的血緣組織 *oikia*，即泛義上的家族，是我們應該注意到的：一個氏族由幾個 *oikia* 構成（Rackham, 11; Rhodes, 69-70）。或許，*oikia* 所包含的意義，恰恰是西方家族的起源。在西方家族的譜系中，父母兩套譜系是可以合而為一的，例如：伯里克里斯（*Περικλῆς*, Pericles or Perikles, 495-429B.C.，字面意思為「榮光環繞」，詳見第一部第二十六章注釋）是阿爾克邁昂家族（*Ἀλκμαιωνίδαι*, Alcmaeonidae）的女兒阿佳里斯特（*Ἀγαρίστη*, Agariste）的兒子，他也被視為阿爾克邁昂家族的成員；亞歷山大大帝認為自己具有雙重身分，透過父親腓力二世而成為神話傳說中大英雄海克力士的後裔，透過母親奧林匹婭斯（*Ὀλυμπιάς*, Olympias, 375-316B.C.）而成為另一位大英雄阿基里斯（*Ἀχιλλεύς*, Achilles，又譯「阿喀琉斯」）的子嗣；英王愛德華三世（Edward III of England, 1312-1377）在一三二八年曾以法王腓力

四世（Philip IV of France, 1268-1314）外孫的身分要求繼承法蘭西的王位。不過，隨著父權觀念的強化，西方家族觀念中也逐漸出現了排斥女兒及其子嗣的傾向，這也是愛德華三世未能成功繼承法王王位的重要原因；但是，西方社會的這種排斥傾向遠遠未達到傳統中國的程度。在中國古代社會，家族譜系長期以來是嚴格按照父系這條單一譜系延續的，女兒及其子嗣是外姓人，根本不允許擁有對父親或外祖父家族的繼承權。同時，在古希臘，*oikia* 是貴族專有的血緣、經濟、社會組織，平民們不屬於任何 *oikia* 的成員；在克里斯提尼改革之前，不同的 *oikia* 可以透過姻親關係結盟，進而形成一個政治集團。

[7] 《狄摩西尼辭類彙編》是一部修辭學辭典，由一位名叫狄摩西尼的帕特莫斯學者（Demosthenes of Patmos）編纂而成，後遺失。一八六四年，薩克利溫（M. Sakkelion）在帕特莫斯島發現其殘篇，經整理後於一八七七年出版。

殘篇六

他到了史基洛斯（*Σκύρος*, Scyros）[1]「或許去視察那裡，因爲他與埃勾斯有親屬關係[2]（摘錄於尤里皮底斯《希波拉特斯》〔*Ἱππόλυτος*, *Hippolytos* or *Hippolytus*〕[3]梵蒂岡注本第十一行注釋），在那裡遇害；呂克密狄斯[4]擔心他覬覦這個海島，便將他從懸崖上推下去。但後來，雅典人在波希戰爭後將他的屍骨運了回來。「在波希戰爭之後，雅典人遵照神諭的指示，找到他的屍骨，並將其安葬。」（摘錄出處同上。）[5]

◆註解◆

[1] 關於史基洛斯的情況，請參見第六十二章第二節注釋。

[2] 根據普魯塔克的記載，特修斯晚年，墨涅斯透斯（*Μενεσθεύς*, Menestheus）竊取雅典的統治權：由於父親在史基洛斯島為他留下一份財產，特修斯被迫流亡該島，結果遇害（Pl. *Thes.* 32-35）。這個神話傳說幫雅典人解決了兩個問題：第一，使雅典人對自身政體演變有一個「連貫性」的認識：特修斯確立民主制、王政復辟、寡頭制取代王政、民主制取代寡頭制；同時，它也賦予了雅典民主制以歷史合法性（Arist. *A.P.* 41.2）。第二，為雅典征伐史基洛斯島製造輿論合法性，史基洛斯島民自古便有殺人越貨的傳統，剷除他們為正義之舉，既為特修斯報仇，也為往來該島的希臘人提供安全保障（Pl. *Thes.* 36.1-3, *Cim.* 8.3-7; Th. i. 98.2）。

[3] 希波拉特斯，古希臘神話傳說人物，雅典國王特修斯之子，狩獵女神阿提密斯（*Ἄρτεμις τῇ ἀγροτέρα*, Artemis the Huntress）的凡間密友。希波拉特斯因拒絕後母費德拉（*Φαίδρα*, Phaedra）的勾引而遭後者誣告，特修斯祈求海神波賽頓為其報仇。後來，希波拉特斯被波賽頓殺死，但又被醫神阿斯克勒庇俄斯（*Ἀσκληπιός*, Asklepios or

Asclepius）救活。尤里皮底斯以這個故事創作了一部同名悲劇，並在西元前四三八年的悲劇演出比賽中獲得一等獎。

【4】希臘神話傳說中史基洛斯島的國王。

【5】此事發生在西元前四七六年或前四七五年，它是在西蒙（*Κίμων*, Kimon or Cimon, 510-450B.C.，詳見第二部第二十六章注釋）主導下完成的。

殘篇七

王不再從科德羅斯家族（*Κόδρος*, Codrus）[1]選出，因爲雅典人認爲他們生活奢華且變得軟弱。但是科德羅斯家族成員希波墨涅斯（*Ἱππομένης*, Hippomenes）[2]希望擊碎這一誹謗；他抓到一個與他的女兒蕾蒙妮通姦的男人，將這個男人和他的牲畜一起綁到他的戰車，並將此人殺死；將他的女兒和一匹馬綁在一起，直到她被拖拉致死。[3]

◆註解◆

[1] 科德羅斯，雅典的最後一任國王；根據神話紀年計算，他於西元前一〇八九年即位，死於西元前一〇六八年。

[2] 希波墨涅斯，最後一位出身於王族的十年執政官。

[3] 此事發生於西元前七二二年，阿提卡貴族作為懲罰而將其廢黜（Rackham,12）。貴族（the Eupatrids）將其廢黜後，將執政官的選任向全體貴族開放，從而在事實上廢除了王權（D.S. viii. 22）。這裡所說的貴族指的不是一般意義的社會上層，它指的是社會上層中的上層，即那少數幾個掌握著最重要城邦權力的家族；在後來的梭倫改革，或早至德拉古改革中，這個階層被擴大，改革規定的前兩個等級都被劃歸這個階層。

殘篇八

庫隆（Κύλων, Kylon or Cylon）[1]集團圖謀建立僭主政治[2]，他們在雅典娜祭壇尋求避難時被墨迦克勒斯（Μεγακλῆς, Megakles or Megacles）[3]黨派殺死。結果，殺人者因背負詛咒而遭到放逐。[4]

◆註解◆

[1] 庫隆集團圖謀建立僭主政治的具體年代尚有爭議，現代學界認為它可能發生在西元前六三二、前六二八年或前六二四年；不管哪種觀點更正確，學者普遍肯定這次政變發生在德拉古改革之前；不過，十九世紀的學者更多的是認為該事件發生在德拉古改革之後（Sandys, 2-3）。庫隆，雅典貴族，曾在西元前六四〇年的奧林匹亞賽會上獲得過冠軍，並且娶了美加拉僭主德亞更（Θεαγένης, Theagenes, the tyrant of Megara）的女兒為妻；所以，他在雅典的名望甚高。在岳父的支持下，庫隆糾集了一批支持者，企圖武裝奪取雅典政權，建立僭政。根據神諭，在祭祀宙斯的節慶活動中，他們發動襲擊，占領了雅典衛城。但是，他們的行動並沒有得到民眾的支持，很快便被包圍在衛城裡的雅典娜祭壇上，而庫隆卻得以逃脫。最後，經過多日的圍困，被圍困者與圍困者之間達成和解；但是，當被圍困者走下祭壇之後，便被圍困者殺死。這場屠殺是身為執政官的阿爾克邁昂家族成員墨迦克勒斯授意的，從而使阿爾克邁昂家族開始因殺人而背負汙染（見第五十七章第二節注十一）之名。在阿爾克邁昂家族成員克里斯提尼主政期間，斯巴達以此為藉口出兵干涉雅典內政；在伯羅奔尼撒戰爭爆發前夕，斯巴達又以此為藉口，要求以雅典放逐伯里克里斯為條件來實現和談（參見：H. v. 71-74；Th. i. 126-127）。

[2] 至於庫隆為何要謀求推翻雅典貴族統治而建立僭主政治，包括亞里斯多德在內的古典作家都傾向於將其理解為庫隆是為了追求個人權力，但希臘僭主政治的建立，往往不是個人行為，而是某個社會群體意願的表達，在這些通常是從事工商業的新富階層政治訴求的表達中，庫隆事件並非例外；但是，它的失敗反映出，雅典當時的社會矛盾尚未激化到必須透過暴力革命來改變現有政體的程度。

[3] 墨迦克勒斯，生活在西元前七世紀中後期，他是阿爾克邁昂家族第一個有案可稽的歷史人物：在庫隆發動政變那一年，墨迦克勒斯擔任雅典的執政官，對庫隆政變進行了鎮壓。阿爾克邁昂家族似乎是從他開始在政治上崛起的，此後的兩百年裡，其家族成員在雅典政壇上扮演著重要角色，如梭倫改革後的海岸派領袖墨迦克勒斯、西元前五〇八年進行民主改革的克里斯提尼、西元前五世紀中後期將雅典民主推向輝煌頂點的伯里克里斯等（Davies, 368-385）。

[4] 此事可能指的是第一章中所說的那次放逐。儘管阿爾克邁昂家族被人稱為瀆神者，但是真正受到審判並被判以放逐是在一代人之後發生的（參見：Pl. *Sol.* 12.1-3）。

二　抄本

第一章

1.……〔他們[1]被審判，〕陪審團成員皆從世家貴族中選出，並面對著獻祭的犧牲起誓。起訴人是邁倫（*Μύρωνος*, Myronos or Myron，或譯「米隆」）[2]。法庭裁定他們犯有瀆神罪，死者被掘墓拋屍[3]，他們的家族也被判處永世放逐。[4]爲了滌除他們的罪行，克里特人艾皮曼尼德斯（*Ἐπιμενίδης*, Epimenides）[5]在雅典城舉行了淨化儀式。[6]

◆註解◆

[1] 即阿爾克邁昂家族成員。

[2] 邁倫，來自弗呂亞（Phlya, *Φλύα* or *Φλυά*）德莫（*δῆμοι*, *demoi* or *demes*，見注釋8），西元前五世紀的著名政治家狄密斯托克利斯（*Θεμιστοκλῆς*, Themistocles, 524-459B.C.）也是來自這個德莫；阿爾克邁昂家族的勒奧伯提斯（Leobotis）以顛覆民主罪對狄密斯托克利斯提出指控，或許這是出於報復邁倫對阿爾克邁昂家族的指控（Pl. *Sol.* 12.3, *Them.* 23.1; Sandys, 1）。

[3] 死者也像生者一樣被判處流放之刑，他們的屍骨被從墳墓中挖掘出來，投到雅典國境之外（Pl. *Sol.* 12.3）。

[4] 此事發生於西元前六〇〇年左右。

[5] 據傳說，艾皮曼尼德斯生於克里特島，是一位生活在西元前七世紀晚期的祭司兼詩人，許多早期的希臘史詩都被歸到他的名下，其作品曾在《新約》中的〈使徒行傳〉（17:28）和〈提多書〉（1:12）被引用過兩次。柏拉圖卻認為他生活在西元前六世紀（Plat. *Leg.* 642 d）；第歐根尼．拉爾修記載，他活了一百五十七歲或二百九十九歲才去世（D.L. i. 109）。由於古希臘人缺乏足夠的歷史意識，後世對他的神話和誇張描寫使我們無法復原他的歷史原貌。

【6】此事大約發生於西元前五九七年或前五九六年。關於文中提到的審判和淨化之事，普魯塔克敘述得更為詳細，他或參考《雅典政制》的早期版本，或與後者參考了同樣的資料。儘管庫隆的支持者在政變失敗後遭到嚴重屠殺，但是庫隆的餘黨又很快恢復了力量，並與阿爾克邁昂家族爭執不休，雅典人也隨著分為兩派，即平民派和貴族派；後來，雙方接受梭倫的勸誡，由三百名貴族組成法庭對阿爾克邁昂家族進行審判；又後來，美加拉從雅典手中奪回尼西亞（*Νίσαια*, Nisaea）和薩拉米（*Σαλαμίς*, Salamis），而雅典城出現了恐怖的離奇景象，占卜師認為有瀆神和汙穢之事需要救贖和淨化（Pl. *Sol.* 12）。

第二章

1. 這次事件[1]後，貴族和平民（*πλῆθος, plethos*）[2]之間的衝突[3]持續了很長一段時間。

2. 從各方面看，這個時期的政體都是寡頭制；不僅如此，貧民（不管是男人、女人還是孩子）都受富人的奴役。他們被稱爲依附民（*πελάτης, pelates*）[4]和六一漢（*ἐκτήμοροι, Hectemori*）[5]（因爲，他們租種富人的土地，按照此詞的字面涵義繳納地租。整個國家〔*πόλις, polis*〕[6]爲一小撮人操控），而如果這些租戶沒有能力償付他們的租金，那麼他們以及他們的孩子都很可能被強行變賣爲奴；因爲，所有借貸都以債務人的人身爲擔保。這一習俗一直流行到梭倫時代。梭倫是成爲人民領袖（*δῆμου προστάτης, demou prostates*）[7]的第一人[8]。

3. 在人民看來，憲法（*πολιτεία, politeia*）[9]中最殘酷不堪的部分是，規定他們爲被奴役者。不僅如此，他們對自身命運的其他方面也甚感不滿；因爲，總的說來，他們處在任人宰割的地位[10]。

◆註解◆

[1] 此指庫隆事件。

[2] 平民，*πολύς*（*polys*）是其同義詞，也指「平民」；*πένης*（*penes*）是其近義詞，即「貧民」，它是梭倫所規定的第四等級公民雇工（*θής, thes*，其複數形式為 *θήτης, thetes*）的同義詞，即「雇工」。*δῆμος*（*demos*）是用於指稱「人民」最常見的詞彙。同時，*δῆμος* 又是一個多義詞，以單數形式使用時，通常有三個涵義：公民集體、相對於統治者而言的平民、相對於富人而言的窮人或貧民，它們都可以等同於「人民」；並且，在政治

學語境中，尤其是公民大會法令中，此詞往往指稱作為「人民」象徵的公民大會。δῆμος 以複數形式（δῆμοι, *demoi or demes*）出現時，它更多的是專指雅典的基本行政單位「德莫」，或譯「村社」；不過，有時也以單數形式出現，指稱具體的某個德莫（Arist. *A.P.* 14.4）。

[3] 從此處和後來的一些用詞裡，我們可以發現，本文作者基本上是將雅典人劃分為兩個階層：貴族和平民，或富人和窮人；即便德拉古改革和梭倫改革將民眾分為四個等級，也同樣是將前三個等級視為貴族和富人，而將第四等級視為平民或窮人。同時，作者幾乎是將兩個階層之間的衝突視為一條紅線，來講述雅典政體演變歷程的，參見第二十八章。其實，作者在此書中簡化了當時社會衝突的複雜狀況，將三個階層（傳統貴族、新富階層和貧民）、三種矛盾（貴族和新富、貴族和貧民，以及新富和貧民之間的矛盾）簡化為了兩個階級（貴族和平民）和一種矛盾（貴族和平民之間的矛盾），他顯然是將新富階層等同於貴族。這一時期的主要矛盾是平民要求改善其不堪承受的經濟地位、新富階層要求與傳統貴族分享政治權力，庫隆政變和德拉古改革都主要是針對後者出現的，而梭倫改革則更多的是針對前者提出的。

[4] 依附民，其本義為靠近他人的人，在韻文中僅指鄰居，而在散文中則指依附他人或為他人工作的人。後來的作家將 *πελάτης* 視為拉丁語 *cliens* 的同義詞，辭典編纂者則將其與 *θής* 的涵義等同起來。*θής* 指的是為他人工作的人，作為自由人（或其依附程度不及 *δμώς* 或 *δοῦλος*），他們一般都能從勞動中獲取固定的薪酬；在梭倫劃分的四個等級中，該名詞用作指稱其中的最低等級（Rhodes, 90）。

[5] 「六一漢」的希臘文字面意思為「六分之一者」，即將收成的六分之一繳納給地主的佃農。但是，也有學者主張，六一漢將收成的六分之五作為地租上繳，而自留其六分之一。現代學者對六一漢的身分有四種觀點：一、所有農田都是貴族階層的世襲財產，六一漢是依附於他們並為他們務農的奴隸，身分世代承襲；二、最初，農民是擁有並能支配其土地的小農，但當他們以土地為抵押借債並無力償還時，債權人仍允許他們耕種原先的土地，此時他們便變成了六一漢；三、農民擁有土地但不能販售，由於無權轉讓，當他們無力償還債務時，便停留在這片土地上成為六一漢；四、最初的時候，阿提卡的土地由私人田地、神廟田地和公共田地組成，富人們不斷侵吞窮人田地使其失去賴以謀生的手段，窮人由此變成佃農而成為六一漢。六一漢也有可能被債權人用於管理橄欖樹或葡萄園，而不僅限於農田（Rhodes, 92-93）。

[6] 國家，該詞通常會被譯為「城邦」。*polis* 在古希臘語中經歷過從「城堡」、「城市」到「國家」的演變：在古

典時期，「城市」和「國家」是其最主要的兩種涵義，英語學者通常將該詞翻譯為 city、state 或 city-state。古希臘國家通常是由一個中心城市及其周邊農村地區組成，作為城邦的核心部分和最顯著的外部特徵，城市實際上成為了國家，也即城邦的代稱，這也是 *polis*. 兼有「城市」和「國家」之義的原因。在本書譯文中，譯者普遍採用「國家」，但也有一些地方根據習慣用法採用「城邦」。

[7] 人民領袖，其同義詞有 *προστάτης τοῦ δήμου* 和 *δημαγωγός*。其中，*δημαγωγός*（*demagogos*，其複數形式為 *δημαγωγοί*, *demagogoi*）最為世人熟知，它是英語詞彙 demagogue（煽動家、群眾領袖）的詞源。最初，*δημαγωγός* 和 *δῆμου προστάτης*、*προστάτης τοῦ δήμου* 都用來指稱保護平民利益的政治活動家，屬於褒義詞，梭倫、佩希斯特拉特斯（*Πεισίστρατος*, Peisistratoslas/us, 600?-528/718B.C.）、克里斯提尼、伯里克里斯等人便被視為「人民領袖」。但是，在伯里克里斯之後，雅典政治家陷入了私利的衝突之中；隨之，*δημαγωγός* 便開始具有了貶義色彩，亞里斯多芬在《蛙》（*Βάτραχοι*, *The Frogs*）中首次賦予此詞貶義，從而使它獲得了「煽動家」的新內涵，指稱那些為一己私利而迎合民意並煽動人民做出錯誤決策的政治家；但是，它作為中性詞，仍保留著「人民領袖」這個最初涵義，修昔底德和亞里斯多德都曾嚴謹地使用過這一詞語（Th. IV. 21.3, VIII. 65. 2; Arist. *Pol.* 1274 a 29, 1315 b 29）。本文中，普遍採用的是前兩個詞，而第三個詞 *δημαγωγός* 則很少出現（參見：Arist. *A.P.* 22.3, 26.1, 27.1, 28.1, 28.4）；並且，這三個詞都是作為可以相互替代的中性詞來使用的，既可以指稱為人愛戴的民主派政治家梭倫、伯里克里斯等人，也可以指稱遭人唾棄的煽動家克里昂（*Κλέων*, Cleon, ?-422B.C.，詳見第二十八章注釋）、克里奧芬（*Κλεοφῶν*, Cleophon，詳見第二十三章注釋）等人。

[8] 顯而易見，它似乎成為了官職名稱，參見第二十八章（Rackham, 14）。但是，當時梭倫擔任了執政官一職，按照當時雅典的法律規定，他不可能同時再擔任另一官職；並且，在這部《雅典政制》中，作者並未將「人民領袖」作為官職看待；從第二十八章的內容看，人民領袖只是下層民眾在政治上的代言人。在文中，尤其是第二十九章中，「人民領袖」與「貴族（派）領袖」是一組對應詞，反覆並列出現。梭倫之所以會被視為第一位人民領袖，是因為他的立法保護了下層民眾的權益，而限制了社會上層對下層民眾的剝削和奴役——儘管他以溫和與中庸著稱。

[9] 憲法，*πολιτεία* 本身並非僅此一義，其通常使用的涵義還有政權、政體和政治（學）等，有時也作「公民權」使用（見第四章第二節）；「政制」一詞能將其常見的涵義概括，但「政制」在中文的具體使用語境中卻不太適

用，譯者根據具體情況而將 *πολιτεία* 分別譯為「憲法」、「政體」等不同的詞語。在簡體中文商務版中，譯者便是將 *πολιτεία* 翻譯成「政制」和「政體」兩個不同的詞彙：因為「統一很不易，不如兩譯」（見簡體中文商務版譯後記）。原文 *κατὰ τὴν πολιτείαν* 由於 *πολιτείαν* 即 *πολιτεία* 的雙重內涵，它既可以被理解為「在憲法上或內」，又可以被理解為「在城邦或政權裡」。何元國則主張翻譯為「在城邦生活的方方面面」（何元國，〈亞里斯多德《雅典政制》漢譯舉誤〉，《安徽史學》，二〇一一年第六期，第七〇頁）。

【10】即他們在政治上受到貴族的壓迫，在經濟上受到新富的剝削。

第三章

1.德拉古之前的古代政制，其情況如下[1]。官員[2]是根據門第和財富資格選舉產生的。最初，他們終身任職，但後來被改爲十年一任[3]。從時間上和地位上講，首要的官員依次是王（*βασιλεὺς*, *Basileus*）[4]、軍事獨裁官和執政官（*ἄρχων*, *archon*，其複數形式爲 *ἄρχοντες*, *archontes*）[5]。

2.這些職務中，王最爲古老，它早在遠古便已存在。後來，針對王而增設了軍事獨裁官（*πολέμαρχος*, *Polemarchos* or *Polemarch*）一職[6]；因爲，一些王在戰爭中表現得怯懦無能。正是由於這個原因，雅典人才在一次危機事件[7]中召喚伊翁來協助他們[8]。

3.在這三個職務中，執政官出現的時間最晚[9]，大多數權威人士認爲它是在墨冬（*Μέδων*, Medon，西元前一〇六八年至前一〇四八年在任）[10]時代出現的。另一些人則認爲它出現在阿卡斯托斯（*Ἄκαστος*, Acastus，西元前一〇四八年至前一〇一二年在任）[11]時代，他們援引以下事實爲證。九位執政官宣誓時，他們會說：踐行（先輩）[12]在阿卡斯托斯時代立下的誓言[13]；這似乎表明，在他那個時代，科德羅斯的子嗣便已經放棄王位，並以此換取了執政官所享有的種種特權[14]。不管哪種說法正確，它們所確定的日期卻是相差無幾[15]。在這些職務中，執政官是最後產生的，有一個事實可以證明；執政官不像王和軍事獨裁官那樣能夠主持從祖先那裡流傳下來的獻祭儀式，而只能專門主持那些在較晚時期才出現的獻祭儀式[16]。由此可知，由於被賦予了新的職權，執政官一職在相當晚近的時代[17]才變得至關重要。

4.許多年之後，當這些職務變爲每年一選時[18]，法律官（*θεσμοθέται, thesmothetai* or *thesmothetae*，其單數形式爲 *θεσμοθέτης, thesmothetes*）[19]才開始透過選舉產生；設置這一官職的目的，是讓他們來公開記錄所有法令，並監督這些法令在各種訟案裁決中的應用[20]。根據他們的職司所在，在上面所提到的職務當中，只有這一職務的任期從未超過一年。

5.以上所述便是這些官職產生的時間先後順序。曩昔，九位執政官並沒有在一起[21]。王者執政官的住所在市政廳（*πρυτανεῖον*, Prytaneion or Prytaneum，又音譯爲「布列塔尼昂」）[22]附近，它以柏庫里翁（*Βουκόλιον*, Boucolion or Boculium）[23]爲名；正如所見，甚至直到今天，王者執政官的妻子與酒神戴奧尼索斯（*Διόνυσος*, Dionysus）的婚配儀式[24]也仍在那裡舉行。執政官住在市政廳，軍事獨裁官住在伊比萊西姆（*Ἐπιλύκειον*, Epilykeion or Epilyceum）。後者先前被稱爲軍事獨裁官官邸，但後來，伊比呂庫斯（*Ἐπίλυκος*, Epilycos or Epilycus）在擔任軍事獨裁官期間將其改建並添置了各種器具；爲了紀念伊比呂庫斯，從那以後，它便被稱爲伊比萊西姆[25]。法律官住在法律官官邸（*θεσμοθετεῖον*, Thesmotheteion or Thesmotheteum）[26]。然而，到了梭倫時代，他們這些人都一同住在了法律官官邸。九位執政官有權力作出最終判決，而不像現在僅有預審的權力。這些官職的設置情況便是這樣的。

6.戰神山議事會（The Council of Areopagus）[27]保護法律，這是憲法賦予它的職責。但事實上，它管理著城邦政府中大部分且最爲重要的事務；有權直接對行爲不軌者進行刑事處罰和經濟處罰，而無須上報[28]。這是下述事實自然而然的後果[29]。執政官是根據出身和財富資格選舉產生的，

圖 5　雅典衛城和戰神山的復原圖（*Ideale Ansicht der Akropolis und des Areopag in Athen*）[31]

而戰神山議事會成員是由卸任的執政官構成的；基於後者，直到現在，戰神山議事會成員仍然是唯一一項任期爲終身的職務[30]。

◆註解◆

【1】這一章中對雅典德拉古改革以前政治情況的追溯，與其說是對歷史的描述，毋寧說是對完整譜系的迷戀和構建。包括雅典人在內的希臘人，有著強烈的譜系觀念；但是，他們在編排譜系時往往缺乏足夠的歷史意識，以至於為了追求譜系的完整和連貫而無視歷史的真實。古希臘人為我們保留下來的有關其早期歷史的記述多為「以今視昔」的產物，少有歷史核心包含在其中，這一章便是如此。

【2】拉克漢譯文為「最高官職」（the supreme offices）。

【3】從西元前七五三年或前七五二年，即卡洛普斯（*Χαρόποιό*, Charops）擔任執政官開始，王者執政官、軍事執政官和執政官的任期為十年；在希波墨涅斯（在西元前七二三年或前七二二—前七一四年或前七一三年擔任王者執政官）之後，王者執政官開始從全體貴族中選出（D.S. viii. 22）。《雅典政制》認為新增官職最初都是終身任職，後來，這三個官職的任期都改為十年；我們可以猜測，更有可能是新增官職一開始便被限定為十年任期；並且，或許稍後一段時間，王變成了一個與他們處於同級的官職。但是，除了雅典人後來所相信的，我們無任何證據可循（Rhodes, 98）。

【4】「王」或「國王」是對希臘語 *βασιλεὺς*（*Basileus*）的意譯，其詞源可以追溯到邁錫尼時代的線形文字B中 qa-si-re-u，此詞原本指的是某種宮廷官員或地方首領，而非真正的國王。基於此，中國大陸的古典學者傾向於將 *Basileus* 音譯為「巴西勒斯」、「巴塞勒斯」等，而不是「王」或「國王」。從權威上看，在 *Basileus* 之上還存在著 *ἄναξ*（*Anax* or *Wanax*），Wanax 是統領眾多 *Basileus* 的最高統治者或霸主，傳說中的愛琴海霸主米諾斯和統領希臘聯軍遠征特洛伊的邁錫尼國王阿伽門農（*Ἀγαμέμνων*, Agamemnon）便扮演著這一角色；所以，前者比後者更適合翻譯為「王」或「國王」。不過，在希臘歷史進入荷馬時代之後，隨著各地的原始部落逐漸演變為相互獨立的國家——城邦，*Basileus* 開始具有了「王」或「國王」的內涵。但是，*Basileus* 的最高權威並未長久維持，在希臘城邦形成之後，絕大部分地區實行的是貴族制和民主制，而非君主制；不過，在斯巴達（*Σπάρτη*, Sparta）、敘拉古（*Συράκουσαι*, Syracuse，又譯「夕拉庫沙」）、昔蘭尼（*Κυρήνη*, Cyrene）、馬其頓（*Μακεδονία*, Macedon）等地，*Basileus* 仍然長期是這些國家的最高名譽或實際首領，且仍由某一或某幾個家族世襲。隨著馬其頓國王腓力二世和亞歷山大三世的崛起，以及亞歷山大的「世界帝國」的建立，*Basileus* 開

始毫無爭議地成為名副其實的「王」或「國王」，並且一直延用至今。在雅典的歷史上，*Basileus* 作為王的權威也同樣是被逐漸削弱的，自從傳說中的墨冬（*Μέδων*, Medon，詳見注26）或阿卡斯托斯（*Ἄκαστος*, Acastus，詳見注27）時代開始，他不再具有獨一無二的權威，而淪為城邦最高官員——執政官中的一員。並且，在希波墨涅斯之後，雅典的王族繼承王者執政官的特權被剝奪，王者執政官開始從全體貴族群體中選出；可以說，*Basileus* 作為王的特質從此消失。西元前四五七年雅典城邦允許第三等級參選執政官，此後，*Basileus* 一職在實際上被徹底平民化。

[5] 執政官，它的字面涵義為「統治者」，泛指城邦中的行政官員。但是，這個詞通常具有特殊涵義，僅指最高層的行政官員——執政官。執政官一職，不僅存在於雅典，在中部希臘的多數城邦中都有此職；這些城邦是由雅典扶植建立民主政體的，它們仿照雅典設立了執政官。

[6] 軍事獨裁官，即軍事執政官。由這段文字可知，軍事獨裁官的設立，剝奪了王的軍事領導權。不過，軍事獨裁官的權力在後來又逐漸被將軍們（*στραταγός*, *Strategoi*）削弱，他最終成為了名義上的軍事領袖；至於何時完成了這一轉變，尚不能確定。根據本文記載，克里斯提尼改革後，軍事獨裁官是十將軍的首領（Arist. *A.P.* 22.2）；根據希羅多德記載，在西元前四九〇年，當時的軍事獨裁官卡利馬庫斯（*Καλλίμαχος*, Callimachus, 310/305-240B.C.）仍掌握著實權，但僅與將軍們擁有了同等的決定權（H. vi. 109-110）。但是，自西元前四八七年或前四八六年規定九執政官由抽籤（Sortition）選出後，軍事執政官便逐漸喪失他的軍事領導職能；可能經過伊菲爾提斯（*Ἐφιάλτης*, Ephialtes, ?-461B.C.）改革之後，其軍事職能被徹底剝奪。西元前四世紀，軍事獨裁官的主要職能是主持審理僑居民（*μέτοικος*, *metoikos*，即 metic，其複數形式為 *μέτοικοι*, *metoikoi*，即 metics，詳見第五十七章第三節注釋）的案件、主持某些祭祀活動和安排陣亡將士的葬禮。

[7] 此指雅典在與艾盧西斯人和色薩利人的戰爭中不能取勝一事。

[8] 此句為拉克漢譯文，羅德斯譯文與此同，而肯尼譯文為「正是由於這個原因，伊翁才在危難之際被邀請接受這一職位」。前兩者較符合原文，而後者更易於理解。

[9] 執政官的設立，用於分割王的內政權力（civil power，指維持治安的力量），它應該早於而非晚於軍事獨裁官的設立。根據第五十七章第一節，只有王者執政官一人，而非王者執政官和軍事執政官共同負責傳統節慶，這似乎更符合歷史事實。

【10】墨冬，古希臘神話傳說人物，雅典最後一位國王科德羅斯的兒子。

【11】此處的阿卡斯托斯，並未給後世留下更多的資訊，但他並非古希臘神話傳說中的那個英雄人物。在古希臘神話傳說中，那位阿卡斯托斯是伊奧卡斯（*Ἰωλκός*, Iolcus）國王珀利阿斯（*Πελίας*, Pelias）之子、傑生（*Ἰάσων*, Jason）的堂兄弟；在傑生和美蒂亞（*Μήδεια*, Medea）謀殺了珀利阿斯之後，他繼承了王位。

【12】括弧內文字為譯者所加。

【13】儘管希格內特（C. Hignett）像確信阿卡斯托斯的歷史真實性那樣認可了這個短句，但是，羅德斯認為此處提到的阿卡斯托斯可能不是墨冬之子，而是一個不著名的人物，他在西元前七年或前六世紀曾擔任過執政官一職；因為，這個名字不是歷史上雅典人的名字（Hignett, 40; Rhodes, 69-70）。不過，從保留下來的雅典執政官名單中，並未發現有阿卡斯托斯的名字；但是，這並不能排除他存在於缺損的名單中。

【14】根據桑迪斯注本，「並以此換取了執政官所享有的種種特權」應該為「並把相應的種種特權賦予執政官」（Sandys, 7）。桑迪斯的校對文字似乎更符合邏輯。

【15】作者的看法是正確的，從兩種觀點中取其一沒有太大的年代意義。因為，按照神話譜系推算，阿卡斯托斯是墨冬的兒子；對於六七百年後的作者來講，二十年的差距的確不算大。並且，這一爭論並不是因其歷史本身而起，而是因不同的編年史家編排了不同的譜系導致的；這一所謂的歷史本身是子虛烏有之事，純屬後世編年史家杜撰而成。

【16】事實上，《雅典政制》中歸名年執政官（the *eponymous archon*）主持的節慶，多是相當晚近的時期授予名年執政官的；據說，軍事執政官也同樣是如此（Rhodes, 101）。

【17】或許指的是從梭倫擔任執政官開始。梭倫改革遏制了戰神山議事會（*Ἄρειος Πάγος*, Areopagus，詳見第二部注43）的權力，從而使執政官成為最有權力的官職，並且各個政治集團曾為執政官的選任發生了激烈的爭執，參見第十三章第一、二節。

【18】學界普遍認為這一年為西元前六八三年或前六八二年。不過，有些學者對此也有不同看法，例如：羅伯特・德夫林認為應為「西元前六八四年或前六八三年」（Robert Develin, *Athenian Officials 684-321 B.C.*, Cambridge: Cambridge University Press, 2003, p. 27），約翰・費恩認為應該為「西元前六八二年或前六八一年」（John V. A. Fine, *The Ancient Greeks: A Critical History*, Cambridge Mass.: Harvard University Press, 1983, p. 181）。

[19] 法律官由六個次級執政官（junior *Archons*）組成。在德拉古或梭倫時代，法律官獲得了與王、軍事獨裁官和執政官同等的地位，共同構成了九執政官（the nine *Archons*）的職位。與此同時，後三者的名稱也在中文語境中發生了變化，分別改稱為王者執政官（the *archon basileus*）、軍事執政官（the *archon polemarchos*）和名年執政官（the *eponymous archon*）：有時，法律官也被稱為法律執政官。

[20] 如果這句話是可靠的話，我們可以從中推斷出，雅典有可能在德拉古改革之前便已經出現了成文法。羅德斯認為：「如果，德拉古為雅典制定了第一部成文法，且法律官（如果不能確定便是有可能）先於德拉古法典存在；那麼，即便我們根據他們的名稱來推測他們的職責就是此處講述的，但這不可能是他們的職責。或許，他們是司法官員（judicial officers）。」（參見：Aristotle, *The Athenian Constitution*, trans., by P. J. Rhodes, London: Penguin Books, 1984, p. 120。）在這裡需要澄清的是，在雅典，立法權和司法權長期以來都有很大的重複性，例如：西元前五世紀的公民大會、民眾法庭以及此前的戰神山議事會，便是既擁有立法權又同時擁有司法權；直至西元前四〇三年成立立法委員會（*nomothetai*）這一專職的立法機構之後，雅典的立法權和司法權才相對分離。根據本文的觀點，當時的法律官既有權立法又有權司法；而根據羅德斯的假設，他們只有司法權而無立法權。但是，西元前四〇三年或前三五〇年之後，法律官便在某種程度上兼有司法權和立法權。他們不僅總攬民眾法庭的各項議程，並負責向法庭提交各類訴訟案件；同時還參與到了法律的廢除和修改程序中，負責審查和提交違法法律，最後由公民大會和立法委員會決定它們的存廢與修訂。

[21] 即他們的官邸和政廳不在同一處（Rackham, 17）。

[22] 市政廳，所在地點已不可考：波桑尼阿斯（*Πλειστοάναξ*, Pleistoanax, ?-470B.C.）所記載的市政廳位於衛城北部（Paus. i.18.3），靠近已經被確認的阿格勞露絲（*Ἄγλαυρος*, Aglaurus）神廟。市政廳被普遍視為希臘城邦的中心和政權標誌，它在雅典的歷史上曾發生過角色轉變。修昔底德提到，特修斯在統一阿提卡時曾取消各市鎮的議事會和政府而建立單一的議事會和市政廳（Th. 2. 15. 1-2）。古典時期，市政廳仍然是雅典城邦名義上的首腦和中心，在那裡有常年不息的聖火；當雅典人建立殖民地時便在這裡點燃火種，將其帶到殖民地。但是，此時的市政廳所具有的政治意義遠遠小於其宗教意義：事實上，圓頂廳（*θόλος*, Tholus）才是雅典城邦的政治中心，五百人議事會輪值主席團在這裡開會、就餐（Arist. *A.P.* 43.2-44.1）。

[23] 柏庫里翁，此處所指的地點已不可考。古典時期，王者執政官的政廳移至了市場西北角的王者柱廊，它修建於

西元前五世紀早期。

[24] 這是雅典紀念戴奧尼索斯神的年慶儀式，被稱為安提斯特里亞節（the Anthesteria），在阿提卡曆第八月安提斯特里翁月（*Ἀνθεστηριών*, the Anthesterion，位於西曆的二、三月間）的第十一、十二和十三日舉行。在這個節慶的第二天，酒神戴奧尼索斯由一個選出來的雅典公民扮演，而王者執政官的妻子則扮演酒神妻子的角色，兩人舉行一場「聖婚」的宗教儀式。

[25] 軍事獨裁官官邸（*πολεμαρχεῖον*, Polemarcheion or Polemarcheum）位於衛城東邊，與衛城東北部的萊西姆（Lyceum，用作軍事訓練場的體育館）靠近。軍事獨裁官官邸之所以會被稱為伊比萊西姆，是源自地名萊西姆而非人名伊比呂庫斯，文中提到的這段故事或為後世訛傳（Kenyon, 9; Rhodes, 105）。

[26] 法律官官邸地點已不可考。據推測，修建於西元前五世紀晚期的市場南柱廊（the South Stoa in the Agora）可能曾作為法律官官邸（Rhodes, 106）。

[27] 戰神山議事會，簡體中文商務版為「阿勒俄琶菊斯議事會」，簡體中文顏一本為「最高法庭議事會」。最初，戰神山議事會只是被稱為「議事會」（the boule or the council），它歷史悠久，似乎可以追溯到神話傳說中的特修斯時代（Pl, *Thes.* 27）。戰神山（*Ἄρειος Πάγος*, Areios Pagos or Areopagus, the Hill of Ares），位於雅典衛城的西北方向，議事會的會場設在山的東北部斜坡上。由於梭倫設立了一個四百人議事會，為了使兩者有所區別，原來的議事會便因會場所在地而得名為「戰神山議事會」。在西元前四六二年以前，戰神山議事會一直是雅典城邦中掌握最重要權力的政治機構；但經過伊菲爾提斯改革之後，它只剩下審判謀殺雅典公民案件這一項基本權力。西元前四五七年，雅典公民中的第三階層軛牲階級（*ζευγῖται*, zeugitai，又譯「雙牛者」，指擁有牲畜的階級）也有資格選任執政官，進而改變了戰神山議事會的成員組織，最終使其平民化。但總的說來，在雅典的整個歷史上，戰神山議事會都帶有濃厚的貴族色彩。自從西元前四〇三年以來，雅典開始追求溫和的「祖宗法制」（*Πατριός Πολιτεία*, Ancient Constitution），戰神山議事會的地位逐漸上升，在古典時代即將結束之時，它已經獲得了相當大的政治實權；在希臘化時代和羅馬時代，它進一步成為雅典最重要的權力機關，甚至超過了公民大會的地位。據說，在西元前四世紀晚期，美麗的妓女芙麗涅（*Φρύνη*, Phryne）因瀆神罪而遭到戰神山議事會的審判；但是，法庭憐惜芙麗涅的極致之美而將她無罪釋放（參見：Ath. 590-591）。

[28] 在阿提卡編年史家（Atthidographers, *Ἀτθιδογράφος*，為阿提卡地區編撰編年史的作家，他們活躍於西元前五、

前四世紀。——引者按）看來，戰神山議事會是雅典早期的最高法庭，它的判決是最高判決（Rhodes, 108）。

【29】下文中給出的原因並不全面。戰神山議事會之所以會成為最高的權力機構，有雙重原因：其一，執政官是當時雅典城邦的最高官員，執政官卸任而成為戰神山議事會成員，並非放棄權力，而是政治角色的轉換甚或是一種提升，其整體權力不可能被削弱；其二，戰神山議事會成為最高權力機構，是對執政官任期由終身制和十年制變為一年制的補償，使這些「最優秀」的政治家能夠在卸任之後繼續發揮作用，同時也對現任執政官的權力形成制衡。

【30】至於最初戰神山議事會成員的來源與任期，尚未有史料提供資訊；同樣，其他古典文獻也未曾解釋過戰神山議事會成員為何成為唯一終身任職的職務。

【31】德國建築師李奧・馮・克倫澤（Leo von Klenze, 1784-1864）繪於一八四六年，現藏於慕尼黑新藝術館（Neue Pinakothek），居中為雅典衛城、底部為戰神山議事會會場。

第四章

1.最初的憲法大致如此[1]。此[2]後不久，即阿里斯泰啓穆斯（Aristaichmus）擔任執政官之時，德拉古制定了法律[3]。他的憲法，由以下內容構成[4]。公民權授予所有能夠獨立裝備武器的人[5]。

2.九位執政官和財務官[6]從擁有不少於十米那（*μνᾶ, mna* or *mina*，其複數形式爲*μναι, minai* or *minae*）[7]資產且無欠債的階層中選舉產生；下級官員則從能夠獨立配備武器裝備的階層中選舉產生，將軍（*στρατηγός, Strategos*）[8]和騎兵統領則從擁有不少於一百米那資產、無欠債且有十歲以上的合法婚生子女（*παῖς, pais*）[9]的階層中選舉產生；並且，必須在前任主席（*πρυτάνεις, prytaneis*，其單數形式爲*πρύτανις, prytanis*）[10]、將軍和騎兵統領經過離職審查（*εὔθυνα, euthyna*）[11]後，且有四位與將軍和騎兵統領處於同一階層的公民出面擔保的情況下[12]，這些官員方可上任就職[13]。

3.設立議事會，由四百零一名成員組成，他們是從所有擁有公民權者中間抽籤選出[14]。不僅議事會成員的選任如此，其他官員[15]也同樣是在年滿三十周歲[16]者中間抽籤選出；並且，直到所有人擔任過一次官職之後，才允許人們重新抽籤再次選任官職。任何議事會成員若應該出席而未能出席議事會或公民大會[17]，他將被課以罰金；五百斗者出身的議事會成員罰三德拉克瑪，騎士出身的議事會成員罰兩德拉克瑪，軛牲階級出身的議事會成員罰一德拉克瑪[18]。

4.戰神山議事會是法律監護人，監察官員是否依法辦事。任何人感覺受了冤屈，他都可以向戰神山議事會提出控告，訴說何人對其犯了何罪[19]。

圖 6　古希臘重裝步兵（陶瓶畫）[20]

5.但是，如前所言，借貸是以債務人的人身作爲擔保的，且土地也掌握在少數人手中[21]。

◆註解◆

[1] 此句在羅布本中，被拉克漢歸到了第三章的第六節。

[2] 「此」指代不明，既可以將「此」視為庫隆事件，也可以視為對第三章的承接。

[3] 西元前六二一年或前六二〇年。阿里斯泰啓穆斯是這一年的名年執政官，德拉古則可能是當年九位執政官當中的一位法律官。關於德拉古的立法，亞里斯多德在《政治學》（1274 b 16-17）中認為，德拉古的立法是對現行憲法的補充。不過，關於德拉古改革的歷史真實性受到了一部分學者的懷疑，並且，有學者甚至認為文中關於德拉古改革的章節也不屬於真實的原著文字。羅德斯認為：「關於這一『憲法』的資料必定不可靠：它是在西元前五世紀晚期或西元前四世紀的杜撰，似乎二者都有可能。」（Rhodes, 85.）桑迪斯、希格內特等人認為，所謂的德拉古改革是西元前五世紀晚期雅典寡頭派杜撰的結果，將其宣傳為「祖宗法制」，來為顛覆民主制、建立寡頭制造勢（Sandys, 13; Hignett, 5-7）。

[4] 對德拉古改革，學界大致有四種觀點：第一，德拉古改革根本就不是歷史事實，而是後人杜撰而成；第二，德拉古僅就殺人案件頒布過一項立法，其餘立法皆屬虛構；第三，德拉古的確頒布過法典，但它只是對過去的未成文法和判例法的總結和彙編，並不構成改革；第四，德拉古改革及其憲法確實存在（Sandys, 13; Hignett, 307-308; Rhodes, 110-112）。最後一種觀點，仍是當前學界最為流行的觀點。之所以如此，是因為這樣做可以使雅典的早期歷史「連貫」起來。

[5] 它和西元前四一二年或前四一一年四百人專政所規定的公民資格如出一轍（參見：Th.viii. 65.3, 97.1）。

[6] 即雅典娜財務官。「國之大事，惟祀與戎」，是古代國家普遍存在的現象，包括雅典在內的古希臘城邦也同樣如此。祭祀事務的重要性必然導致管理神廟事務，尤其是神廟資產的官員變得非常重要，所以《雅典政制》的作者在為官職排序時，財務官便被排在了前列；同時，當雅典法律逐漸規定其他所有官職都向下層公民開放的時候，財務官的官職一直被規定只能從五百斗者（*πεντακοσιομεδιμνους*，詳見第七章第四節）等級中選出，這又

反映出雅典人對該官職的重視。

[7] 米那，是古希臘的一種貨幣單位，一米那的銀幣約重四百三十三克，它等於一百德拉克瑪（δραχμή, drachma or drachma，其複數形式為 δραχμές, drachmes 或 drachmas，符號為 Ꭰρ、Δρχ 或 Δρ）和六十分之一塔蘭特（τάλαντον, Talent，又譯「他連得」）。參見第十章第二節注釋。

[8] 此處的「將軍」是專有名詞，表示職務時通常以複數形式（στρατηγοί, *strategoi* or *strategi*）出現。將軍一職起源於何時，已無從考證：由此段文字可知，將軍一職在德拉古改革之前便已存在，並且已是非常重要的職務，但其具體情況卻無從詳考。至於後來的十將軍制，則是在西元前五〇一年或前五〇〇年設立：從此時起，十個將軍，職司有別但地位平等，分別從每個部落中透過投票表決選出一人，且任期為一年。在這一時期，將軍們與軍事執政官如何分配軍事領導權，也難以確定：不過，像狄密斯托克利斯和亞里士泰迪斯（Ἀριστείδης, Aristides, 530-468B.C.）等著名的政治家，既擔任過將軍又擔任過執政官。但是，將軍的地位卻逐漸超越了軍事執政官以及其他執政官，其權力從軍事領域拓展到了政治司法領域：從西蒙和伯里克里斯開始，著名的政治家普遍熱衷於擔任將軍，不再對擔任執政官感興趣。西元前五世紀，十將軍的具體職司分配尚不清楚：他們不僅負責戰場上指揮作戰，也負責徵召公民和僑居民服兵役、組建和管理海軍等事宜，同時也有權提起訴訟並主持審判。十將軍的選舉原則也在逐漸變化，以部落為選舉單位的原則在伯里克里斯時代便已遭到明顯的破壞：到了西元前四世紀，十位將軍的名額不再平均分配給各個部落，而是從整個公民當中公開選舉產生：並且，此時十位將軍的職司分配已十分明確（詳見第六十一章）。在西元前三二二年或前三二一年雅典民主政治終結，即雅典變成馬其頓的附庸城邦之後，十將軍制仍繼續存在。

[9] 子女，即「孩子，男孩或女孩」（*G.E.L.* 1289）：英譯者普遍譯為「子女」，而羅德斯獨譯為「兒子」。

[10] 主席，該詞在梭倫時代之前大概指的是執政官（Rackham, 12）。

[11] 離職審查的準確翻譯為「職司審查」，官員們在每個主席團任期內和卸任時都要接受審查，文中強調的是卸任時的審查。從內容上看，職司審查分為帳目審查和任務審查。參見第四十八章第二、三節和第五十四章第二節及其注釋。

[12] 奇怪的是，前半句中有主席、將軍和騎兵統領，且後半句中有將軍和騎兵統領，整句話中卻無執政官和財務官：但是，任何校訂的努力都更有可能是對原文的修改而非復原（Rhodes, 115）。

【13】從這句話可以看出，這段文字是在偽造歷史。其證據有三：其一，梭倫在進行改革之時尚以土地產出量來劃分公民等級，而比此早二十七年的德拉古改革卻以貨幣財富來劃分等級，這似乎不太符合歷史發展趨勢；其二，選任將軍和騎兵統領的財產資格遠遠高於執政官和財務官的資格，並且前兩者比後兩者扮演著更為重要的角色，這顯然與第三章所講述的內容相違而更符合西元前五、前四世紀的情形；其三，主席一職很明顯是虛構出來的，它作為一個重要的職位不可能在追溯政體歷史的過程中不被提及，並且其職司情況也不會無半點透露，最有可能的是這章文字的編造者根本不瞭解這一職務產生於何時及其最初的職司情況。

【14】梭倫設立了一個四百人議事會（或議會），克里斯提尼為了配合部落數目的變化而設立了一個五百人議事會，西元前四一一年的極端寡頭制政權是基於一個四百人議事會建立的。德拉古的議事會很有可能是這個集團杜撰的，他們或多或少地嚴肅思考過 *πάτριος πολιτεία*（祖先的政制，普遍譯為「祖宗法制」）；在德拉古時代，雅典在戰神山議事會之外還存在著一個議事會，這是不可信的。選擇「四〇一」這個數字而非「四百」，是對 *δικαστήρια*（courts，指「（諸）法庭」）的追憶；在西元前四世紀末，昔蘭尼存在著一個一百零一人的元老院（*Γερουσία, gerousia*）（Rhodes, 115）。

【15】這不意味著，這一時期所有的官員都是透過抽籤選出的，事實上並不是這種情況，無論如何都應該把將軍和騎兵統領排除在外；因為，雅典人始終認為，軍事官員需要具有專門的能力，不能透過抽籤來任命他們（Kenyon, 15; Sandys, 17; Rhodes, 116）。「其他官員」指的是那些不掌握重要國家權力的一般官員。

【16】在古典時期，年滿三十周歲是希臘城邦公民參政的一個普遍年齡要求；不過，在雅典，年滿十八或二十歲的公民可以參加公民大會，但是他只有到三十歲之後才能參加民眾法庭或選任城邦公職，並且只有在第五十九周歲這一年才有資格擔任仲裁人。從《雅典政制》對雅典公職人員的年齡結構的描述可以看出，它符合亞里斯多德對理想政體的構想：青年人擁有力量，老年人富於見識；由是，青年人應該保衛國家，而老年人應該治理國家（Arist. *Pol.* 1329 a 15, 1332 b 35-41）。

【17】公民大會，它是從原始公社氏族成員大會演變而來，是希臘城邦的人民主權原則的最顯著象徵；不管城邦選擇任何政治模式，它都擁有（象徵性或實質性的）最高權力。在雅典民主時代，凡是年滿十八或二十歲的成年男性公民都有權利參加公民大會。作為城邦的最高權力機構，雅典公民大會的權力逐漸從象徵性的轉變為實質性的。在梭倫改革之前，雅典的公民大會一直都是一個象徵性的權力機構，城邦的最高權力實際上掌握在戰神山

議事會手中；直到克里斯提尼改革，公民大會才開始逐漸超越戰神山議事會成為實質性的最高權力機構，成為雅典西元前五、前四世紀最重要的政治活動場所。西元前四〇四年雅典在伯羅奔尼撒戰爭戰敗後，它的權力受到民眾法庭的制約，其最顯著表現是違法法令訴訟的頻繁援用；違法法令訴訟是專門針對公民大會的法令或法案制定的法律程序，它是在民眾法庭上進行裁決的，其投票結果具有絕對權威，公民大會必須服從。

[18] 參見第三十章第六節。事實上，從未有證據證明如此罰款的做法在雅典歷史上存在過。對缺席者處以罰金是公認的寡頭制規定，民主政治則代之以為出席者提供報酬（*μισθοφόρος, misthophoros*）（Rhodes, 117）。

[19] 這一程序似乎是根據後來公民大會設立的陳情會議（參見第四十三章第六節）的史實杜撰出來的。

[20] 在實行非民主制的城邦，公民權授予所有能夠獨立裝備武器的人。

[21] 從這一章的記述可以看出，德拉古改革使新富階層得以分享城邦政治權力，與傳統貴族共同壟斷所有重要官職；有公民權資格的普通雅典人雖然有權參加議事會和公民大會，但這兩個機構的話語權很可能仍像斯巴達的公民大會那樣由富人和貴族掌控；無公民權資格的雅典人則生活在最底層，遭受著富人和貴族的雙重壓迫。

第五章

1.當時憲法的情況便是如此，多數人被少數人奴役；因此，人民便起來反抗貴族[1]。

2.衝突非常激烈，很長時間裡，兩派相互敵對；直到最後，他們都同意指定梭倫爲調停人和執政官，將整個憲法都交到他一個人手中[2]。梭倫得到任命後不久，便作了一首詩，其開篇是：

我舉目四望，滿懷悲傷地看著，
愛奧尼亞人最古老的家園[3]被蹂躪得毫無生機。

在這首詩裡，他站在每個派別的立場上攻擊和指責另一派別，並在最後勸說他們達成協議，結束他們之間存在已久的紛爭。

3.像通常認爲的那樣，論出身和威望，梭倫都是當時最顯赫的人物之一；論財產和地位，他處在中間階層[4]。這的確能夠從他的詩裡找到證據來證明，他在詩裡勸告富人切莫貪婪：

你們這些倉廩實、心意滿的人們，
收斂起你們膨脹的靈魂吧，使其安靜和謙遜。
讓你們的內心得到薰陶，以便保持低調，

你們休要爲所欲爲，我們不會永遠溫順。

的確，他經常責備富人挑起爭端。梭倫在詩的開頭寫道，他害怕「貪婪財富和狂妄自大」；很明顯，他在暗示，衝突的根源便在於此。

◆ 註解 ◆

[1] 從行文邏輯上講，這句話和第二章的聯繫比和第四章的聯繫更緊密，第三章和第四章很可能是竄入第二章和第五章之間的內容；並且，第四章的內容存在著嚴重的錯誤，在很大程度上重複了第二章的內容。

[2] 梭倫在西元前五九四年或前五九三年擔任執政官，學界基本上已經不存在爭議；但是，梭倫改革何時進行，卻是說法不一。學界大致存在三種觀點：西元前五九四年或前五九三年、西元前五九三年或前五九二年和西元前六世紀七〇年代的晚期。同時，改革的時長也不僅限於一年，它應該持續了更長的時間（Rhodes, 120-123）。

[3] 即阿提卡，參見殘篇一及注釋。

[4] 參見：Pl. *Sol.* 1-3。普遍認為，梭倫的父親埃克塞克斯提德（Execestides）經濟中等、聲望一般，但身世高貴，是雅典王族——即科德羅斯——的後裔；並且，他一向積極參與雅典城邦的種種公益事業，最終致使家財散盡。在這種情況下，梭倫不得不遠遊海外，一邊經商致富、一邊遊學求知，不僅成為巨富之人，同時也成為最智慧之人。遠遊或許並非象徵著他家道的衰落，更可能如韓菲瑞斯（S. C. Humphreys, 1934-）在《人類學和希臘人》（*Anthropology and the Greeks*）中指出的那樣，在年輕時期進行尋求財富的遠遊是古希臘時期希臘貴族和農民子弟的標準生活的一部分（S. C. Humphreys, *Anthropology and the Greeks*, London: Routledge, 2004, pp. 165-168）。

第六章

1. 一經走馬上任，梭倫便決然地解放了人民；他禁止所有以人身爲抵押的借貸[1]，還另外頒布法律，取消所有公私債務[2]。這一措施通常被稱爲「解負令」（*σεισάχθεια*, *Seisachtheia*，或稱「解除債務案」）[3]，因爲人民由此擺脫了加在他們身上的負擔[4]。

2. 一些人便就此事誹謗梭倫的人品。事情是這樣的，當準備頒布解負令時，他事先將他的意圖告訴了一些上層人士。如同民主派的支持者所講的那樣，他的朋友欺騙了他。然而，那些攻擊他人品的人卻宣稱，他也親自參與了詐騙活動。因爲，這些人借了錢，購買了大量的田產；不久之後，所有的債務都取消了，他們就這樣變成了富人。據說，那些看上去像是從遠古時代便非常富有的家族[5]便是因此發跡的。

3. 然而，民主派的說法極有可能是眞實的[6]。一個人在其他行爲上是如此中庸和具有公益精神，他不可能在如此微不足道且又人見人知的騙人把戲上玷汙自己的人格。當有權力將同胞們踩在腳下、成爲僭主之時，他卻寧可招來兩派的敵視，也不願意爲增加個人權勢而將他的榮譽和全體人民的福祉棄之不顧。首先，國家的危機狀態表明，他能夠獲得這樣的絕對權力[7]；其次，他在詩中反覆提及他能夠如此做，這也是公認的。因此，將這種譴責視爲捕風捉影的中傷，我們義不容辭。

◆註解◆

【1】事實上，雖然在梭倫改革後，借債不再以人身作為抵押已成為廣泛承認的事實，但是仍有跡象表明後來的雅典不可能完全不存在債務奴隸（Rhodes, 126）。

【2】取消所有債務更值得懷疑。它需要運用幾分智慧來想像一下，在一個尚未使用貨幣的社會裡，其債務能涉及什麼領域：可能是，一個人在糧食吃完後，便借糧食來供養他本人和他的家人，他將會在下個收穫季節到來時償還所負擔的債務；比較難相信的是，一個人在緊要關頭從鄰居家借來鋤頭，他透過歸還鋤頭來償還所負擔的債務（Rhodes, 126-127）。

【3】除了本節記載之外，關於解負令的詳細內容，沒有留下可參考的細節資料。

【4】如學者經常強調的那樣，梭倫沒有任何辦法來從經濟上使難以維持的土地分配制度變得切實可行；甚至，他或許使某些貧民的生活變得更加艱難，因為他們可能會發現改革後比改革前更難借貸（Rhodes, 128）。

【5】很顯然，這裡所指的家族主要是科儂（*Κόνων*, Conon or Konon, 444-394B.C.）、阿爾西比亞德（*Ἀλκιβιάδης*, Alcibiades, 450-404B.C.）和卡利亞斯（*Καλλίας*, Kallias，西元前五世紀）等人的家族，他們都是伯羅奔尼撒戰爭（西元前四三一至前四〇四年）前後的顯赫人物。普魯塔克在〈梭倫傳〉（15.6-7）中記載，這些人的祖先便是梭倫的好友，梭倫將頒布解負令的想法事先告訴了他們。他們便借了大量債務，因而暴富。

【6】即梭倫本人也參與詐騙活動的說法是不可靠的。從這段文字可以看出，在亞里斯多德時代，人們已對這一謠言提出了質疑和批駁。而普魯塔克則在三百年後舉出證據，梭倫在頒布解負令一事上損失了五或十五塔蘭特來證明這一謠言不可信（參見：Pl. *Sol.* 15.7）。不過，現代學者考證，兩種說法都是無中生有的杜撰，它們出現於西元前五世紀；因為，梭倫時代，雅典尚未流行貨幣，人們不可能迅速舉借大量貸款和土地（參見：Davies, 12, 255, 403, 506）。

【7】社會嚴重對立、階級矛盾尖銳，是引發政變、建立僭主統治的條件，如科林斯（*Κόρινθος*, Corinth）的庫普塞羅斯（*Κύψελος*, Cypselus, 657-627B.C.）、雅典的佩希斯特拉特斯、薩摩斯（*Σάμος*, Samos）的波利克拉特斯（*Πολυκράτης*, Polycrates, 574-522B.C.）、納克索斯（*Νάξος*, Naxos）的呂戈達米斯（*Λύγδαμις*, Lygdamis）等人便是利用這一條件成為僭主的。

第七章

1.接下來，梭倫確立了政體[1]，並頒布了新的法律；除了與謀殺相關的條文，德拉古法典被全數廢止[2]。法律條文被刻在柱（*κύρβεις, kyrbeis*，又音譯爲「庫爾貝斯」或「基爾卑斯」）[3]上，豎立在王者柱廊（*βασίλειος στοά* or *βασιλική στοά*，也即 Basileios Stoa 或 Basilike Stoa）[4]裡，所有人都宣誓遵守它[5]；九執政官面向那塊石頭（*λίθος, lithos*）[6]宣誓，如果他們違反其中的任何一條，將奉獻一尊金質塑像[7]。因此之故，時至今日這一誓言仍被沿用[8]。

2.梭倫批准他的立法百年不變。他制定的憲法的具體內容如後。

3.與過去的做法一樣[9]，他根據財產的多寡，將人口分爲四個等級，即：五百斗者、騎士、軛牲階級和雇工。各種官職，即九執政官、財務官[10]、公產交易官（*πωλῆται, Poletae* or *Poletai*，其單數形式爲 *πωλητής, poletes*）[11]、警吏（*ἕνδεκα, éndeka* or *hendeka*）[12]和司庫員（*κωλακρέτας, kolakretas* or *colacretes*，複數形式爲 *κωλακρέται, Colacretae* or *Kolakretai*，它的另一種拼法是 *κωλαγρέται, kolagretai*）[13]，被分配給五百斗者、騎士、軛牲階級三個等級，每個等級按可估價財產的價值擔任相應的職務[14]。屬於雇工[15]等級的公民只能出席公民大會和擔任民眾法庭（*Ἡλιαία, Heliaia* or *Heliaea*）[16]成員，而沒有被分配其他官職。

4.一個人，如果能從所擁有的土地上收穫五百斗（*Pentacosiomedimnus*，其複數形式是 *Pentacosiomedimni* or *Pentacosiome dimnoi*）[17]固體或流質的物產，他將被列爲五百斗者。那些被列

圖 7　獻給美神和美惠三女神的祭壇

圖 8　駕雙牛耕地的農夫（雕像）[18]

爲騎士等級的人，能夠產出三百斗；或者按照一些人的說法，他能夠餵養一匹馬。爲了支持後一種解釋，他們便舉例證明這一等級的名稱；此名稱，或許來源於這一事實，並且也來源於某些古時候的還願祭禮。因爲，在衛城裡保存著一件還願祭品——狄費洛斯（Διφιλος, Diphilus）[19]的雕像，上面刻著獻詞：

狄費洛斯之子，名叫安提米翁（Anthemion）[20]，
從雇工等級躋身於了騎士行列，
獻上這尊戰馬雕塑，
作爲對神恩的感謝。[21]

那匹馬站立在人的身邊，這明顯在暗示著，騎士等級應該擁有什麼樣的財產。同時，像五百斗者一樣，劃分此等級也同樣是根據一定的財產收入標準，這種推測一定是合理的。那些被劃歸軛牲階級的人，擁有兩百斗的固體或流質的財產；其餘的人被劃歸雇工，他們沒有資格擔任任何公職[22]。基於此種原因，甚至到現在，任何公職的候選人被問及他是何出身時，他不願意回答來自雇工階級。[23]

◆ 註解 ◆

[1] 此次政治改革尚未達到確立新政體的程度，但一些學者不恰當地誇大它的貢獻：它的確標誌著政體發展中的一個新階段的開始，如果有任何憲法條款在德拉古法典中出現過，它們將被梭倫的新法所取代，以至於他完成他的工作之時，他的意志將成為唯一通用的、合法的憲法（Rhodes, 130）。

[2] 普魯塔克也認為梭倫只保留了德拉古法典中有關謀殺的條文，並且，他記載德拉古立法以殘酷著稱於世：幾乎所有違法行為都應該被判處死刑，甚至懶惰的人也應如此，以至於有人評論「德拉古的法典不是用墨汁而是用鮮血寫成的」（Pl. *Sol.* 17）。據說，梭倫和佩希斯特拉特斯也曾就懲罰懶惰進行了立法（Pl. *Sol.* 31.5）。

[3] 梭倫立法最初可能立於雅典衛城，在西元前四六二年或前四六一年被伊菲爾提斯移至王者柱廊；並且，在西元前四世紀初被修訂過的法典豎立在王者柱廊之後，它便又被移至市政廳（Rhodes, 131-133）。「柱」（*κύρβεις*），是可以圍繞中軸旋轉的木製（或有可能是石質的）三面體（或有可能是四面體），用於公布法典（Sandys, 24; *Rackham*, 26）。普魯塔克還記載了另一種說法，梭倫立法被刻在了「軸法」（ἄξουες, *axones*, Axones，又音譯為「阿克桑」、「阿克索尼斯」）上面：柱和軸法的材質相同，但記錄的文獻性質相異，「嚴格說來，柱一詞用於指稱與神聖儀式和祭祀相關的刻寫板，其餘的刻寫板則被稱為軸法」（Pl. *Sol.* 25.1-2）。

[4] 王者柱廊，西元前五世紀修建於市場的西北角；它既是王者執政官的政廳，也兼作戰神山議事會會場之用。王者柱廊前面豎立著一尊正義女神特彌斯（*Θέμις*, Themis）的雕像，蘇格拉底（*Σωκρἄτης*, Socrates, 470-399B.C.）被審判前曾在這裡遇到了歐蒂弗羅（*Εὐθύφρων*, Euthyphro），兩人探討了虔誠和敬神的問題（Plato, *Euthyphro*, 271 a-307 c）。

[5] 希羅多德對「所有人都宣誓遵守」梭倫立法的背景給出了另一種說法，梭倫為了防止他的立法被雅典人取消，而使他們發誓必須在十年內遵守他的立法，並透過遠遊海外的方式來迫使雅典人踐行誓言（H. i. 29.2-3）。本文第十一章也有類似描寫。

[6] 這塊石頭特指市場上的祭壇。九位執政官在宣誓就職前，先在其上擺設犧牲進行獻祭，然後面向祭壇進行宣誓（參見第五十五章第五節）。普魯塔克提到，這個祭壇又被稱為傳令官石（the herald's stone）：顧名思義，這

塊石頭是傳令官用來發布公告的（Pl. *Sol.* 25.2）。拉克漢推測，該石頭或許指的是市場之神宙斯的祭壇（Zeus Agoraios）（Rackham, 27）（編按：此處市場之神應有誤。市場之神為宙斯之子赫爾姆斯〔Hermes〕）。同時，一九七〇年在市場發掘出了一座祭壇，它是一塊長二點九五米、寬零點九五米的條石（*Hesperia*, vol. 40, 1971, 259-260）：經證實，它是西元前一九四年或前一九三年被雕刻成放置在市場的，此祭壇是雅典議事會獻給美神阿佛迪芯（*Αφροδίτη*, Aphrodite）和美惠三女神（*Χάρις*, Charites）的（Jon D. Mikalson, *Ancient Greek Religion*, Oxford: Blachwell Publishing Ltd, 2005, p. 6）。

[7] 普魯塔克記載，所有議事會成員集體宣誓、法律官單個宣誓批准梭倫立法，如果有人對它做了任何形式的違背，他須向德爾菲（*Δελφοί*, Delphoi or Delphi）阿波羅神廟奉獻一尊與自身等重的金像（Pl. *Sol.* 25.2）。

[8] 參見第五十五章第五節。

[9] 關於將雅典人分為四個等級的做法，大部分學者認為是梭倫的首創，他在原來的三個等級上增加了一個五百斗者的等級；不過，也有學者認為在此之前便已存在四個等級的劃分（Rhodes, 137-138）。至於此前是如何劃分等級的，至今仍無確鑿史料可考。據普魯塔克記載，雅典統一阿提卡之初，特修斯根據職業分工將雅典人分為三個等級：貴族、農民和手工業者（Pl, *Thes*, 24-25）；不過，普魯塔克又在其他地方提出雅典最初存在著四個等級：戰士、手工業者、農民和畜牧民（Pl. *Sol.* 23.4）。然而，普魯塔克這則將神話和歷史糅雜在一起的證據並不可靠。從本章內容和普魯塔克的記載看，在希臘人的觀念中，公民等級不僅是根據經濟地位來劃分的，同時也基本上遵循了按職業分工的原則：不管是本文作者的四個等級還是普魯塔克的三個等級，都能從各個等級身上找出他們的職業特徵。同時，像希波達摩斯（*Ἱππόδαμος ὁ Μιλήσιος*, Hippodamus of Miletus, 498-408B.C.）和柏拉圖等思想家的理想國中的公民等級也是根據職業分工來劃分的。（參見：Arist. *Pol.* 1267 b 22-1269 a 28; Plat. *Rep.* 441 c-d。）在現實中，公民等級的劃分更多的是根據軍事服務並根據其能力來享有相應的政治權利，例如：騎士、軛牲階級和雇工階級的劃分便是如此；然而，經濟實力又決定著公民提供軍事服務的能力，進而決定著公民享有政治權利的多少。所以，在古希臘，劃分公民等級之時，經濟實力是其基本判斷標準。如此劃分等級，也有利於各等級的公民能夠人盡其力，來承擔與其經濟實力相匹配的義務；否則，他將無法享受到相當的權利。

[10] 即雅典娜財務官。

[11] 公產交易官，雅典官職，設立時間尚不清楚，但在梭倫時代便已存在。在亞里斯多德時代，此職由十人擔任，每年透過抽籤從十個部落裡選出。他們主管國家財產，尤其是充公財產的出售或出租。他們有權將未能繳納僑居稅的僑居民變賣為奴，也有權出售礦山開採權、包稅權和公共工程營造權。在議事會監督下，用拍賣的方式來完成交易；然後，他們將購買者和承租者的應付款項登記造冊；充公財產出售和礦場出租的交易也被記錄在石板上，許多相關殘片已被發現（*D.G.R.A.* 929; *O.C.D.* 1204）。

[12] 警吏，字面意思為「十一」，即這個職務由十一人共同擔任。「警吏」為簡體中文商務版譯法，顏一將其譯為「十一人」；羅念生採取了另外一種譯法，為「刑事官」，並且認為該機構中的十人為正式的警吏，另外一人為書記（參見：〔古希臘〕亞里斯多芬著，《雲・馬蜂》，羅念生譯注，上海：上海人民出版社，二〇〇六年，第一九五頁、第二三八頁，一八八注；*D.G.R.A.* 593）。警吏的主要職責是負責拘捕、收押犯人和處死死刑犯、為充公財產編目以及檢舉瀆職官員等事宜（參見第二十九章和第五十二章）。警吏配有助手，他們通常是由奴隸或僑居民組成；這些助手負責具體工作如拘捕、看押和行刑等，而警吏本人則只負責領導這些工作。在早期，警吏是透過投票方式選出的；在古典時期，他們由抽籤選出。至於此職何時設立、為何由十一個人共同擔任且克里斯提尼改革後仍然維持十一人的數目，這些問題都不得而詳。（其具體情況請參見：Ar. *Vesp.* 1108; Antiphon, *On the Murder of Herodes*, 70; Lys. 14.17; Plat. *Phaed.* 59 e 等。）在西元前三二二年雅典民主政治被推翻之後，警吏的名稱由「十一人」被法勒蘭的提彌特羅（Demetrius of Phalerum, 350-280B.C.）改稱為了「法律護衛」（*νομοφύλακες*, *nomophylakes*, guardians of the laws）（該事參見：Poll. viii. 102）。

[13] 司庫員。它是一個古老的官職，王政時期，司庫員掌管著所有財政事務，梭倫改革時並未對這一官職的職權進行調整。但是，克里斯提尼改革時卻剝奪了他們的財政權，將其賦予出納員；並且，這一官職的成員很有可能在此時增至十人，分別來自十個部落。此後，司庫員只負責市政廳的餐飲供給事務；後來，雅典經伯里克里斯提議設立報酬制時，司庫員又獲得向陪審員（詳見第四十章第一節注釋）發放報酬的職能。在大約西元前四一一年雅典財政在伯羅奔尼撒戰爭期間處於危急之時，這一官職被取消，一個擴大化的希臘財務官委員會（an enlarged board of Hellenotamiae）掌管著城邦財政和提洛同盟財政（參見第三十章第二節）；西元前四世紀，雅典人不再設立中央金庫，而是把財政收入分配給不同的機構管理（參見第四十八章第二節）。（參見：Ar. *Vesp.* 696,724; Arist. *A.P.* 30.2, 48.2; *D.G.R.A.* 310; Rhodes, 139; *O.C.D.* 808。）

【14】此處文字未能清楚地說明官員選任的資格限制。例如：對九位執政官的選任資格進行具體說明，現存的其他史料也同樣是如此：第三等級軛牲階級尚無資格參選執政官，他們直到西元前四五七年或前四五六年才獲得這項資格（第二十六章第二節），很有可能只有前兩個等級有資格參選（第四章第二節）。從其他章節中，我們獲知財務官只從五百斗者中間選出。至於公產交易官、警吏和司庫員的選任資格，整篇文章都未給以具體說明；根據本節和第四節的內容來判斷，所有官員的選任都被限制在了前三個等級。

【15】這裡所說的「雇工」，不具有現代意義，不等同於現代的無產階級或工人階級；他們屬於貧民階層或者平民階層，相對於沒有公民權的奴隸和僑居民而言，他們本質上仍是擁有政治特權的小私有者，只是僅憑本身所擁有的生產資料無法維持自身或家庭的生活，必須出賣自己的勞動。雇工階級儘管在後來享受到了與前三個等級幾乎相等的政治特權，但是他們仍恥於自己的最低出身而不願暴露；從本節最後一句話可以推知，安提米翁的獻詞或許不是他本意的表達，似乎是他人後來添加上的（Kenyon, 25）。

【16】民眾法庭，本義為「會場」（hall），是雅典的最高法院（*G.E.L.* 768）。有些學者也將其譯為「陪審法庭」，它是支撐雅典民主政治的基石之一。至於雅典民眾法庭的起源，至今尚無定論。從第一章和本章看，它似乎在梭倫改革之前便已存在，只是被貴族階級壟斷；經過梭倫改革，它才變為真正意義上的民眾法庭，並且在法理上具有了最高法庭的地位，但這一地位直到西元前四〇四年之後才在實踐中牢固確立。從此節看，梭倫時期的民眾法庭似乎是獨立於公民大會之外的機構，但認為公民大會代行民眾法庭職能的觀點在學界更為流行。到了西元前五世紀，民眾法庭由一增為多，其名稱也開始從 *Ἡλιαία* 轉變為 *δικαστήριον*（*Dikasterion* or *Dikasteria*），但雅典人仍將它們視為一個整體。

【17】五百斗，顯然不是一個很恰當的譯法；因為，*medimnos* 與「斗」並不等值。但是，在中文中並無一個恰當的對應詞，為了避免譯文過於歐化，譯者遵循了簡體中文商務版的譯法，涉及類似問題，全部翻譯為「斗」。1 *medimnos* 約等於五十二公升，即五點二斗。同時，*medimnos* 是一個量度單位，同等 *medimnos* 的橄欖油、葡萄酒、小麥和大麥的價值是不相等的，此處文字並未告知我們梭倫是以哪種 *medimnos* 作為衡量標準來進行估價的。

【18】西元前七世紀陶製品，收藏於羅浮宮。

【19】默雷（A. S. Murry）先生指出，這必定是一個錯誤，或者是亞里斯多德的，或者更有可能是抄寫者的。安提米

翁所樹立的雕像必定是他本人的而非他父親的，因為，如銘文所證實的那樣，後者僅是雇工階級中的一員，他和一匹馬站在一起將不能被恰當解釋。因此，我們應該將此讀作「狄費洛斯之子安提米翁的雕像」（Kenyon, 24-25）。幾乎可以確定，這尊雕像是在西元前四八〇年至前四七九年波斯洗劫後雅典人回歸雅典之後雕刻的（Rhodes, 144）。

[20] 這個名叫安提米翁的人或許是活躍於西元前五世紀末期的雅典政治家安尼特（Ἄνυτος, Anytus）的父親。安尼特將在後文出現，參見第二十七章第五節、第三十四章第三節。

[21] 這一獻詞證明，校倫所確立的身分等級似乎不具有世襲效力，各個等級之間是可以相互流動的：安提米翁從雇工等級升為騎士等級，從另一方面說明五百斗者、騎士或軛牲階級等級的成員也有可能被降級為雇工等級。但是，雅典城邦是否設有專門的財產評估機構、是否存在著定期或不定期的財產評估制度，尚無相關史料給以確切證據。

[22] 在《雅典政制》的作者眼中，出席公民大會或民眾法庭似乎不屬於擔任官職的行為，僅能算作公民身分的基本體現，只有那些有任職期限並對專門事務負責的公民才被視為官員。

[23] 從這裡可以看出，在亞里斯多德時代，雅典城邦選任官職的財產資格限制雖然未被正式取消，但是在實踐上已經是廢而不用。至於這一規定何時開始不起作用，尚不能確定，大概是從西元前五世紀中後期雅典貧民透過參與海軍建設獲得政治話語權之時開始，但這一時間不會早於西元前四五七年或前四五六年：這一年，雅典城邦才放鬆了參選公職的資格限制，如軛牲階級等級獲得參選執政官的資格，這說明財產資格限制在當時仍受到重視。

第八章

1.梭倫立法規定，由各個部落推選出的候選人，透過抽籤選任各種官職。以九位執政官的選任爲例，每個部落推選十人作爲候選人，然後再從他們當中進行抽籤。[1]這一做法至今仍然流行，各個部落透過抽籤選出十位候選人，這十個人隨後再進行抽籤。梭倫根據財產資格選任公職的規定，在法律上仍然有效；這可以在財務官的選任上面能找到證據，他立法規定，財務官應該從五百斗者中間選出。[2]

2.這便是梭倫關於九位執政官的立法。然而，先前的做法則是，戰神山議事會根據自己的判斷選出合適人選來擔任這一年的職務。[3]

3.如同從前一樣，四個部落和四個部落王[4]仍然存在。每一個部落分爲三個三一區[5]和十二個艦區（*ναυκραρία, naucraria* or *naucrary*, 其複數形式爲 *ναυκραρίαι, naucrariai*）[6]。每一個艦區都有自己的長官，被稱爲艦區長，他們的職責是主管資金的收支。因此，在如今已經被廢置的梭倫法律中，我們會發現，其中有頻繁地寫著：艦區長接收和支出艦區資金……[7]

4.梭倫還設置了一個四百人議事會[8]，每個部落有一百人參加；但是，他授予戰神山議事會監督法律的職權，它像先前一樣，仍然是法律監護人。它監督著大部分較重要的國家事務，並有全權對違法者進行經濟或刑事處罰。無須任何理由，它便可以實施經濟處罰，並將罰金存入衛城。[9]它也審判企圖顛覆民主[10]的密謀者，雖然梭倫針對此類違法者制定了一套檢舉程序。[11]

5.另外，由於他看到國家經常陷於內部紛爭之中，而許多公民對此無動於衷，並對任何結果都聽之任之；於是，他便針對這些人制定了一項法律，規定：在國內發生衝突時，任何不拿起武器支持其中一方的人，都將失去作爲公民所擁有的權利，而不再是城邦的一份子。[12][13]

◆註解◆

[1] 即整個城邦在四十個候選人當中抽選出九個執政官。有學者對此提出異議，他們認為雅典不可能在如此早的時代便採用了抽籤制度，也找不到梭倫將它引入執政官選任制度的理由（Rhodes, 147-148）。這些學者的質疑是有道理的。首先，作為城邦最高級的官職，執政官似乎不應該透過抽籤選出，當將軍一職成為雅典最高官職之時，它便是透過投票選舉產生的；似乎可以由此推測，當時執政官的選任不大可能是透過抽籤來決定的。其次，如果抽籤選任執政官的規定確實存在的話，在梭倫改革之後雅典各派或許就不會在執政官選任的問題上發生衝突，以至於無法選出執政官（Arist *A.P.*13.1-2）。至於他們是在執政官選任的哪個階段發生衝突的，尚不能確定。如果各個部落在推選執政官候選人之時發生衝突，這一證據便不會支持學者的質疑；如果是在從候選人中選任執政官之時發生衝突，它則可以成為充足的證據。最後，亞里斯多德在《政治學》（1274 a 1）中提到梭倫對官員選任的立法因襲了舊制而沒有創新，他否認了執政官選任制度的變化。但是，從前後文來看，本文的記述更有可能是正確的。第二十三章第五節的內容暗示，佩希斯特拉特斯僭政時期，執政官是透過投票選舉產生的，本章也明確指出梭倫對執政官選任制度的改革。本文前後敘述的連貫性比《政治學》中孤立無證的觀點更可信。

[2] 這一法律條文也在後來的具體操作中被忽略，例如：第四十七章第一節所言，「按照仍有效力的梭倫立法，他們必須從五百斗者當中選出；但事實上，抽中簽的人，即便非常貧窮，也仍然可以出任此職」。

[3] 這一記載很重要，因為在梭倫之前，執政官和其他官員是如何選任的，未有史料保存下來。由戰神山議事會選任官員的制度，或許可以追溯到科德羅斯的最初幾個繼承者那裡，並且似乎是持續到德拉古改革之時；透過此

次改革，公民權授予了所有能夠獨立裝備武器的人，或許官員也由此開始在公民大會（the general *Ecclesia* or Assembly）上選舉產生（Kenyon, 28）。從第一節和第二節的內容可以看出，在梭倫之前，執政官的選任是透過戰神山議事會選舉產生的；而經由梭倫改革之後，它的選任方式改為抽籤，從而打破了戰神山議事會對城邦最高級官員選任的壟斷。進一步引申，梭倫透過改革執政官的選任方式，不僅限制了戰神山議事會的權力，同時也開啓了戰神山議事會的蛻變歷程；因為，一些出身上層的民主派領袖可以透過抽籤當選執政官，他們的加入便使戰神山議事會作為貴族利益代言人的性質有所減弱，被視為民主派領袖的狄密斯托克利斯便是其中的明證。儘管戰神山議事會不斷被平民化，但是在古典時期雅典人的眼中，它仍然多多少少地被視為代表貴族利益的政治機構。

[4] 有關部落王職司的史料十分匱乏，本文第四十一章第二節提到它是由伊翁設立的，第五十七章第四節提到部落王也參與非人為罪行的審理。

[5] 三一區，在雅典被分為四個部落之時便已存在，在雅典被克里斯提尼改革分為十個部落之後也繼續存在。不過，舊時三一區的情況幾無資訊可循。古代作家認為，它們等同於胞族，這似乎是謬見；每個三一區包括四個艦區，這似乎有可能，但遠不能確定。在克里斯提尼改革中，每個部落也被分為了三個三一區；但是，每個三一區是如《雅典政制》第二十一章第四節所述的那樣完全位於三個不同的地區，還是轄區標準有所修正以便使每個三一區的規模大致相當，學界對此有爭議。每個三一區包括一個或多個通常是但不必定是相鄰的德莫。作為行政單位，三一區的活躍程度不及部落或德莫，但在組建海軍和任命某些大型委員會上面發揮著作用，可能在組建步兵時也是如此（*O.C.D.* 1554）。

[6] 艦區是雅典城邦對國土進行劃分以便徵稅的四十八個行政區，每區負責籌建一艘戰艦。各區的首長是艦區長（*ναύκραρος*, *naucraros*）。每四個艦區組成一個三一區。詞源學上看，「艦區長」的涵義應該是「艦長」（ship-chief，或譯為「船長」）：該詞及其同源詞只與雅典城邦的機構相關。艦區何時開始出現的，其具體時間已不可考。後人將它的設置歸功於特修斯（Arist. *A.P.* fr. 5），顯然不足為憑：希羅多德記載，它在庫隆政變之前便已存在（H. v. 71.2）。西元前七世紀末期，雅典先後與愛吉納（*Αἴγῑνα*, Aegina）、與美加拉為爭奪薩拉米島以及與密提林（*Μυτιλήνη*, Mytilene）為爭奪西格翁（*Σίγειον*, Sigeum）而發生多次海戰（H. v. 82-8; Pl. *Sol.* 8-10, 12; H. ii. 95, v. 94）。雅典城邦需要其公民為建造海軍提供捐助，所以，艦區的設置與劃分必定是梭倫改

革之前產生的，而梭倫只是將其進一步制度化和規範化。

[7] 「……」表示資金的數額。在梭倫擔任執政官及其稍後的時期，雅典尚未使用貨幣，此處的「資金」應為未鑄成貨幣的白銀（Rhodes, 152）。

[8] 在普魯塔克看來，梭倫設立四百人議事會是為了滿足平民的參政意願，而戰神山議事會和四百人議事會的並存有利於城邦的穩定（Pl. *Sol.* 19.1-2）。事實上，設置四百人議事會的目的無他，唯在分割戰神山議事會和執政官的權力，使較低等級的公民能夠更多地分享政權。關於這一機構的情況，未保留下更多的史料；但可以確信的是，四百人議事會是指導公民大會召開的預備會議（Pl. *Sol.* 19.1）和五百人議事會的前身，儘管其地位不及戰神山議事會，但必定發揮著重要的作用。例如：在西元前五〇八年或前五〇七年斯巴達國王克利曼尼（*Κλεομένης*, Cleomenes, 519-490B.C.）企圖扶植伊薩格拉（*Ἰσαγόρας*, Isagoras）等人建立寡頭政治之時，雅典人在四百人議事會領導下粉碎了他的企圖，參見第二十章第三節。

[9] 拉克漢譯文為「它又可以將罰金用於補償衛城的開支，而無須報告開支的理由」。「存入衛城」，準確來講，指的是存入帕德嫩神廟（*Παρθενών*, Parthenon）的後殿，它是雅典城邦的金庫。

[10] 肯尼譯文為「顛覆國家」，原文為「公民集體」（*δήμου*，它是 *δῆμος* 的屬格），它既不是「國家」也不是「民主」（*δημοκρατία, demokratia* or *democracy*）。英譯者普遍將其翻譯為「民主」，這體現了現代學者對梭倫改革民主性質的認同。嚴格說來，梭倫改革所確立的政體不屬於民主政體，它不符合古希臘人的民主概念；同時，本文第九章第一節和第十章第一節也都認為梭倫憲法已具有明顯的民主特徵，這表明本文作者也承認梭倫創造了民主政體。但是，一般來講，希臘人眼中的「民主」應該是「人民當家做主」的簡稱，其實質內涵為「所有公民無論貴賤貧富皆有平等管理國家事務的權利」；如伯里克里斯西元前四三一年國葬演說中所言：「我們的制度之所以被稱為民主政治，是因為政權為多數人而非少數人掌握。解決私人糾紛時，我們在法律面前一律平等；選任公共職務時，依據的是真才實幹而反門第出身。一個人只要有能力為國家服務，他絕不會因為自身貧窮而被排斥在政治之外。」（Th. 2.37.1.）希羅多德在《歷史》（iii. 80-82）中透過三個波斯貴族之口分別將君主制、寡頭制、民主制定義為一個人的獨裁統治、少數菁英的統治和人民大眾的統治，並且探討了三種政體的優劣：在提到民主制時，他列舉了民主制的兩個基本特徵：法律面前人人平等、所有官職皆由抽籤決定且一切事宜皆由人民大眾決策。色諾芬（*Ξενοφῶν*, Xenophon, 430-354B.C.）在《回憶錄》（*Xenphon, Memorabilia,*

iv.6.12）中記載：「在他看來，君主制和僭主制都是政體形式：但他又認為，二者是不一樣的。根據人民意志和城邦法律進行治理的政權，為君主制：違反民意且不受法律約束而根據統治者意志進行統治的政體，為僭主制。並且，如果官員是從施行法治的人當中選出的話，其政體則為貴族制：如果根據財富選任官員的話，它便是金權政治（plutocracy，或譯為財閥政治）：如果所有人都有資格當選官員的話，它將是民主制。」柏拉圖在《理想國》（544 b-579 d）中認為政治體制存在六種，兩種是由作為理性和智慧代表的哲學家執政的完美政體，它們分別是一人統治的君主制和數人統治的貴族政體：其餘四種政體則代表著政治的衰落，它們分別為金權政體或榮譽政體（timocracy）、寡頭政體（oligarchy）、民主政體和僭主政體。柏拉圖認為，民主政體下，所有公民「平等享有公民權和參政的權利，並透過抽籤的方式來選任公職」，並且平民最有權勢（Plat. *Rep.* 557 a-c）。亞里斯多德也認為城邦體制存在六種，並且根據正義原則，即城邦政權是否為全體公民服務的原則，將政體分為三類常態政體：君主制（kingship）、貴族制（aristocracy）和平民處於領導地位的憲法政體（constitutional government）或共和制：三種變態政體：僭主制（tyranny）、寡頭制（oligarchy）和平民政體或民主制（democracy）：進言之，平民占據統治主體地位的政體分為兩種：一種是以整個城邦的利益為施政根本的共和制，一種是以平民階層利益為施政根本的平民政體（Arist. *Pol.* 1278 b 5-1280 a 1）。根據這些經典觀點來判斷，梭倫改革所確立的政體顯然不是民主制。不過，若根據亞里斯多德關於城邦的定義「公民團體實際上就是城邦制度」（Arist. *Pol.* 1278 b 10，引文來自吳壽彭譯本）來判斷，任何常態政體都是（或至少在一定程度上是）民主制：轉言之，顛覆城邦（制度）即顛覆民主制。依此判斷，多位英譯者的翻譯也是恰當的：不過，肯尼的翻譯或許更可取一些。

[11] 由此可見，戰神山議事會不再是獨一無二的「憲法監護人」，這一權力被民眾法庭或公民大會分割。

[12] 即失去公民權。在古希臘時期的雅典，被剝奪公民權者（the *ἄτιμος*）失去的不僅是作為公民的權利，並且是作為人的權利：任何個人可以對他進行傷害而不必承擔責任，公民集體則可以對其處以死刑或其他輕的懲罰（Rhodes, 163）。但在西元前五、前四世紀，對被剝奪公民權者的懲罰溫和了許多，只是失掉部分公民特權（參加民眾法庭、公民大會、官員選任等），而不再面臨死亡的危險。對剝奪公民權者的懲罰由嚴到輕，也反映出城邦和公民之間關係的由緊變鬆，城邦對公民的要求也由多變少、為公民提供的服務由少變多：一個未履行公民義務的人不再被強烈地視為對城邦的背叛，也不再遭受嚴厲的懲罰，而更多的是剝奪他享有的權利和福

利。

[13] 普魯塔克也有同樣的記述（Pl. *Sol.* 20.1），但這一立法的歷史真實性仍然值得懷疑，呂西阿斯（*Λυσίας*, Lysias, 445-380B.C.）曾批評過雅典不存在一個懲罰那些在危機中不積極捍衛城邦利益的行為的法律（Lys. 31. 27-28）；退而言之，即便梭倫的確頒布過這一立法，但它在現實中卻未發生過效力。在梭倫改革後的政治衝突中，民眾仍然是袖手旁觀；即便是梭倫本人對他們進行斥責和鼓勵，也同樣無濟於事（Arist. *A.P.* 14.2; Pl. *Sol.* 30）。不過，在西元前五世紀雅典人的公民精神被激發起來之後，對政治事務——尤其是政治紛爭——熟視無睹的話，將被視為恥辱；如伯里克里斯所言，「我們認為，一個不關心公共事務的人不是一個沒有抱負的人，而是一個無用的人」（Th. ii. 40.2）。而呂西阿斯則認為它是一種罪行，應當加以嚴懲。

第九章

1.這些是他關於官員任職的立法。在梭倫的憲法中，有三項最能體現它的民主特徵[1]：首先，且最爲重要的是，禁止以人身爲擔保的借貸；其次，如果被請求，每個人都有權利代替受害人要求賠償[2]；最後，向民眾法庭申訴的制度[3]。據說，尤其憑藉著最後一項立法，平民們才獲得了力量；因爲，當平民擁有投票權時，他們便成爲國家的主人[4]。

2.此外，由於這些律法並不是用簡單明確的條文擬定而成（但是，關於財產繼承和女繼承人〔*ἐπίκληρος, epikleros*, heiress，其複數形式爲 *ἐπίκληροι, epikleroi*〕[5]的條文則不然）；由是，爭端會不可避免地發生；無論公私爭端，都不得不在法庭上裁決。事實上，有些人認爲，梭倫特意將法律變得含混不清，以使最終的裁決權能夠掌握在人民手中。[6]然而，這是不可能的；其緣由無疑是，一般來講不可能制定一套面面俱到、盡善盡美的法律。[7]以今天的實際結果來判斷他當日的意圖，這是不公平的：人們應該根據他的其餘政治方案來判斷。[8]

◆註解◆

[1] 雅典人的民主觀念並非固定不變的。在西元前五世紀，雅典人普遍認為民主制是在推翻佩希斯特拉特斯僭主政治之後建立的，克里斯提尼才是雅典民主的締造者。但是，經過伯羅奔尼撒戰爭中後期的政治混亂，雅典人尤其對伊菲爾提斯改革以來的民主政治產生了嚴重的厭惡情緒，普遍希望回到梭倫時代以及以前的所謂「黃金時

代」：並認為，那個時代便已體現出了人民當家做主的精神。於是，梭倫便開始被視為民主英雄，他締造了雅典民主政治。

[2] 這項立法並不適用於所有案件的起訴，它只適用於所有損害城邦利益的公共案件和那些受害人由於某種原因而不能為自己伸張正義的私人案件：一般情況，私人案件應由受害人本人親自提起控訴。普魯塔克認為，梭倫有意透過這項立法來培養雅典人的集體觀念和公民精神，使他們習慣於感受和同情他人所受的傷害；他還記載了一則故事：當梭倫被問及他認為哪個城邦是治理得最好的城邦之時，他回答道「它是這樣一個城邦，其中未曾受傷害的人完全像受害者一樣盡力去懲罰犯罪者」（Pl. *Sol.* 18.5）。

[3] 此項制度不適用於戰神山議事會的各項決議與法令，因為它當時是憲法監護人，具有最高的法律權威；不過，梭倫在戰神山議事會之外又樹立了一個最高法律權威，從而在一定程度上削弱了戰神山議事會的最高權威。即便是克里斯提尼改革之後，戰神山議事會雖然已不具有最高權威，其決議和法令仍不得被申訴；例如：伊菲爾提斯透過攻擊戰神山議事會成員個人瀆職，從而使整個戰神山議事會的傳統權威逐漸遭到質疑，雅典人最終剝奪了它的大部分權力，將其降為一個次要的權力機構。在伊菲爾提斯改革之後，此項制度才開始適用於戰神山議事會。

[4] 亞里斯多德在《政治學》中有同樣的看法，「至於梭倫，他被一些人視為好的立法者。因為，在寡頭制變得不合時宜之時，他將其廢除，並且將人民從奴隸制中解放出來；他透過巧妙的混合政體建立了我們民主政治的祖制：戰神山議事會是其寡頭制要素，投票選任官職是其貴族制要素，民眾法庭則是其民主制要素。……梭倫似乎沒有摧毀現有的制度，而是透過設立民眾法庭來建立民主制。就這一點而言，他的確被某些人詬病；因為，他透過設立由抽籤產生且有全權的民眾法庭，來廢除共同體中其他部分的權力。隨著民眾法庭逐漸強大，人們便像對待僭主那樣來向人民獻媚，從而造就了當前的民主政體」（Arist. *Pol.* 1273 b 35-1274 a 8）。

[5] 女繼承人，指的是沒有合法男性繼承人，即沒有婚生兒子的公民的婚生女兒。遠古的家族社會普遍存在著這種習俗，為了維護家族利益，女繼承人必須嫁給本家族內的法定監護人；如果這個監護人不能娶其為妻，他必須將其嫁給最近的親戚，以防本家族的財產外流。而普魯塔克認為這一習俗也是梭倫立法的內容（Pl. *Sol.* 20.2-4），或許，更有可能是梭倫將這一社會習俗加以法律化（相關注釋可見第四十二章）。

[6] 普魯塔克也提到了這種觀點（Pl. *Sol.* 18.3），不過，他又緊接著否定了這種觀點：儘管普魯塔克並未指出梭

倫所擬定的法律條文為何會「含混不清」，但他的觀點無疑是正確的。在從梭倫改革到亞里斯多德時代這段近三百年的歷史中，雅典的政治經濟社會經歷了巨大的發展；在社會經濟急遽變化了一、二百年之後，相對於更為複雜的情況而言，當年規定明確的法律條文也的確會顯得「含混不清」。

[7] 本句譯文是對原文 *διὰ τὸ μὴ δύνασθαι καθόλου περιλαβεῖν τὸ βέλτιστον* 的引申翻譯，它可以直譯為「因為一般不可能給最完美／理想進行定義」（because it is impossible to define what is best in general terms）。*καθόλου* 的基本意思是「總體來講、一般來講」（on the whole, in general）（*G.E.L* 855-856），而英譯者普遍將此次翻譯為 in general terms，而不是 in general；從 in...terms（用……措辭／言語）和英譯者的普遍處理來看，*καθόλου* 似乎還可以引申為「在一般的條文中」（簡體中文商務版）或「以籠統的措辭」，而這句話也可以進一步翻譯為「因為，用籠統的言語來擬定法律條文，不可能使其盡善盡美」。

[8] 此句為羅德斯譯文，肯尼譯文為「因為，我們要判斷他的意圖，必不能根據今天的實際結果，而應該根據他其餘立法的大意來判斷」。

第十章

1. 這些是其立法顯示出來的民主特徵；但此外，在立法之前，他先廢除了債務，然後提高了度量衡和貨幣的標準。[1]

2. 在他執政期間，量度標準大於斐冬（*Φειδων*, Pheidon）[2]制定的標準，先前一米那等於七十德拉克瑪，現在被提高到了一百德拉克瑪。[3]先前的本位幣是兩德拉克瑪。[4]與幣制對應，他又制定了衡制，六十三米那等於一塔蘭特；而斯塔特爾[5]和其他幣值也按照增加三米那的那個比例，分別有所增加。[6]

◆註解◆

[1] 作者在此處有意將梭倫的經濟改革與政治改革區分開來，普魯塔克也認為經濟改革，尤其是解負令頒布在先（Pl. *Sol.* 16-17）；從現代的眼光來看，這種做法很奇怪，因為梭倫改革的各項措施應該是一個有機的整體，不能將非政治改革排除在其立法之外。至於經濟改革和政治改革是否存在著時間上的先後

圖 9　雅典銀幣：四德拉克瑪[7]

之分，已經無從考證：從邏輯上講，應該是經濟改革在政治改革之前，因為梭倫改革是按照財富等級來有等差地分配政治權利與義務的。

【2】斐冬，阿各斯（*Ἄργος*, Argos）國王，後來成為僭主，生活在西元前七世紀初期：他在任之時，阿各斯國力強盛、經濟繁榮，對周邊地區頗具影響力。據傳說，他制定了一套度量衡和貨幣標準，並且在希臘大部分地區流行（Arist. *Pol* . 1310 b 26; H. vi.127）。

【3】這是一種稍顯博學的表達方式，它說出了梭倫以尤比亞（*Εὔβοια*, Euboia or Euboea）幣制代替愛吉納幣制的事實。以幣制標準本身來講，一米那等於一百德拉克瑪；但是，愛吉納幣制中一米那的重量僅等於尤比亞幣制中七十德拉克瑪的重量。此項改革的目的，旨在鼓勵與尤比亞島上諸發達商業城市以及科林斯之間的貿易（Kenyon, 33）。即，梭倫沒有改變「一米那等於一百德拉克瑪」的幣制標準，而是透過提高德拉克瑪的單位重量，使其在重量上符合尤比亞幣制，以便與尤比亞和科林斯擴大貿易。或許梭倫在度量衡方面制定了立法，但後世作家卻錯誤地推測梭倫改變了雅典的度量衡標準（Rhodes, 166-167）。

【4】梭倫不可能進行幣制改革，甚至將貨幣引進雅典。在梭倫時代，雅典尚未形成自己的貨幣制度，直到西元前六世紀中期才出現本位幣兩德拉克瑪，後來變為四德拉克瑪。著名的貓頭鷹幣（the well-known 'Owls'）是四德拉克瑪，在此之前的確存在著兩德拉克瑪的本位幣。克勞福（Crawford）認為，不僅是貨幣改革，這整章所記載的改革都是偽造的；但是，如此程度的質疑實為失當（Rhodes, 168）。

【5】一米那的重量等於五十斯塔特爾（stater）（Rackham, 34）。雅典最初鑄幣時，一斯塔特爾等於四德拉克瑪；而在其他地區或其他時期，一斯塔特爾等於二德拉克瑪，即拉克漢所注的五十分之一米那。

【6】也即：塔蘭特單位重量提高了二十分之一，一塔蘭特仍然等於六十米那，但它的重量卻等於過去六十三米那的重量；並且，諸如斯塔特爾（一斯塔特爾等於四德拉克瑪）這樣的小重量單位也得到了同等比例的提高（Kenyon, 34）。經過這次改革之後，一塔蘭特的銀幣重二十六公斤，一米那約等於四百三十三克，一德拉克瑪約重四點三克，一俄勃爾（*ὀβολός*, obolos or obolus，其複數形式為 *ὀβολοί*, oboloi or oboli，詳見第二十八章注釋）約等於零點七克。

【7】銀幣圖像的正反面分別刻有雅典娜頭像和貓頭鷹像。

第十一章

1.當梭倫按照上面描述的方式完成了制定憲法的工作[1]之後，他發現：人們不斷來找他，就他的立法來攪擾他，批評東、指責西，使他不勝其擾，直至他起程前往埃及；因爲，他既不願意更改已決之事，又不願意留在雅典成爲惡意攻擊的對象。[2]此行，出於商業和遊歷的雙重目的，並宣布他將十年不歸。[3]他認爲，他沒有義務親自解釋這些法律，而每個人都應該原封不動地遵守它們。[4]

2.另外，梭倫這個時期的處境也令他感到不快。由於他廢除了債務，許多社會上層成員對他產生了敵意；並且，由於對他仲裁的結果不滿，兩個派別也都疏遠了他。人民群眾期望他能將所有財產徹底重新分配[5]，社會上層則希望他能夠恢復他們從前的地位，或僅稍作調整即可。然而，梭倫頂住了來自兩個黨派的壓力。他本可以選擇其中一派支持他，使自己成爲僭主；但是，儘管要付出招致兩派都憎恨的代價，他還是更願意成爲國家的拯救者和理想的立法者。

◆註解◆

[1] 事實上，本文對梭倫改革的記述並不全面，普魯塔克在〈梭倫傳〉（15-24）提到了更多的改革措施。

[2] 希羅多德和普魯塔克都有類似記載（參見：H. i. 29.2-3; Pl. *Sol.* 16.1, 25.4-5）。普魯塔克記載，前來找他的人並非全部是來指責他的立法的，也有一些人對他提出了讚譽和善良的建議。

[3] 至於梭倫何時歸國，已無史料證明。梭倫此次遠遊的目的地不局限於埃及，希羅多德和普魯塔克都認為梭倫也遊歷了其他地區，尤其是在利底亞（*Λυδία*, Lydia）會見了其國王克洛伊索斯（*Κροῖσος*, Croesus, 595-547/546B.C.）（參見：H. i. 30-33; Pl. *Sol.* 26.1-28.4; D.S. ix. 2.1-2）。其中，普魯塔克給出了一個詳細的路線圖，梭倫首先到了埃及，從埃及祭司那裡獲知了亞特蘭提斯（*Ἀτλαντὶς νῆσος*, Atlantis）的故事並試圖用詩歌的形式將其介紹給希臘人；然後到了賽普勒斯，他在那裡幫助當地的一位國王斐洛庫普魯斯（Philocuprus）修建了一座以他命名的城市梭利（Soli）；最後，他在利底亞王國首都撒爾迪斯（*Σάρδεις*, Sardis）見到了國王克洛伊索斯和寓言家伊索（*Αἴσωπος*, Aesop, 620-564B.C.），並且向國王闡述了他的幸福觀：財富和權力不是衡量幸福的標準，一個人身體健康、心情愉快、家庭完整且能終以天年或者英勇戰死而獲得英名的人才算是幸福之人。他的幸福觀也在一定程度上促成了其改革的中庸原則，迫使上層放棄部分財富和權力，同時又禁止下層過分追求財富和權力。關於梭倫的遠遊以及與克洛伊索斯的會面，第歐根尼·拉爾修給出了另一個說法，他認為梭倫不願生活在佩希斯特拉特斯的僭政之下而決定遠遊（D.L. i. 49-54, 62），這和通常的觀點相矛盾。

[4] 參見：H. i. 29.2-3。

[5] 不僅如此，平民們還希望獲得與富人同等的權利和地位，希望梭倫像斯巴達改革家雷克格斯（*Λυκοῦργος*, Lycurgus）那樣創立一套社會制度，人們極為平等且整齊劃一地生活在其中；而來自兩派的不滿，在梭倫改革之初便已存在（Pl. *Sol.* 16.1）。

第十二章

1.上述梭倫政策的實際情況被普遍認可，他還在自己詩裡提到了當時的情況。其詩句如下：

我給予民眾如此的地位，以滿足他們的需要，
我既不剝奪他們的榮譽，又禁止他們貪婪；
然而，對待權貴和富人，
我也同樣不使不相稱之禮加諸其身；
所以，我手擎巨盾，庇護雙方，不使任何一方遭受不義的淩侵。[1]

2.他又宣講應當如何對待人民大眾：

賦予自由而不放縱，進行統治又不暴虐，
如此，人民才會對領袖言聽計從；
因爲，放任自流易滋生桀驁不馴，
財富過多則易令人貪婪不止。

3.他還在其他地方，論及希望重分配土地的人：

他們四處求索、貪欲無度，
每個人都渴望在這裡一夜暴富。
我語氣柔和，但意志堅定。
於是，他們黃粱美夢終成空；
如今，他們怒火中燒，
橫眉冷對，視我如仇。
此中，毫無公正可言；
我所允諾之事，憑諸神眷顧而全部完成。
此外之事，我絕不冒險蠻幹。我絕無意於愉悅己情
借僭主之強，使祖國的沃土
不能被富貴者和貧賤者平等共用。

圖10 〈克洛伊索斯會見梭倫〉[2]

4.他也談到過取消債務和那些以前受奴役而今因解負令獲得自由的人：

在我團結人民的所有目標中，
還有哪個沒有實現？
當時間老人執行他公正的審判之時，
啊，奧林匹斯山諸神的威嚴母親，
黑色的大地，您是最好的見證人，從您的胸膛上
我拔除了樹立在那裡的界碑[3]；
久被奴役的人們，我賦予了你們自由。
多少人被賣爲無家可歸的奴隸，遠離神賜的土地，
是我使他們重返雅典；並且，一些人
因爲繁重的債務不得不遠離故土，
再也不説親切的雅典話，
即便流浪到天涯海角，我都將其召回；[4]
那些在故國家園深受奴役之苦的人，
蜷縮在主人的淫威之下，我使他們得以自由。[5]
如是，權力與正義和諧並行，[6]

借助法律[7]的強力，我實現了目標，
也踐行了我的承諾。我雙手持平
公正對待惡人與善者，
以其所爲，回報其身。
但是，若另有心懷狡詐和貪欲、濫施詭計之人，
掌握權柄，
他絕不能使人民遠離衝突。
若我此時討好一方，
彼時又讓其對手獲得補償，
那麼，許多人在這個國度裡便早已無立足之地。
由是，我公正對待每一方，
像一隻立於一群獵狗中的狼，進退維谷。

5. 並且，他因雙方後來的抱怨[8]而指責他們[9]，其言如下：

不！如果有人難辭其咎的話，
那個人絕對不是我。人民從來

未將眼光放在夢寐以求的福祉上，
而地位高貴之人、倉廩充實之人則
應該讚揚我，將我視爲友。

他說：

若是另外一個人獲得他的高位，
他既不能駕馭人民，也不會自我約束，
直至他攫取了富人的財富。
但是，我卻在他們之間樹立了一個界碑，
阻止敵對者之間的爭鬥。

◆註解◆

[1] 此處詩句也被普魯塔克引用（*Pl. Sol.* 18.4）。

[2] 荷蘭畫家格里特・凡・洪特霍斯特（Gerard Van Honthorst, 1592-1656）繪於一六二四年，收藏於漢堡美術館。

[3] 這些界碑豎立在被抵押的土地上，以標明其債權事實（Kenyon, 39）。

[4] 梭倫的主張表達得十分清楚，但不清楚的是，他如何找回那些被賣到阿提卡之外做奴隸的人，或者如何勸說他們的主人釋放他們：事實上，必定存在著大量的奴隸，他未能將其贖回（Rhodes, 175）。

【5】此處詩句也被普魯塔克引用（Pl. *Sol.* 15.5）。

【6】此處詩句也被普魯塔克引用（Pl. *Sol.* 15.2）。

【7】後世作家提及德拉古立法習慣於稱之為 *θεσμοί*（*thesmoi*，其單數形式為 *θεσμός, thesmos*），而稱梭倫立法為 *νόμοι*（*nomoi*，其單數形式為*νόμος, nomos*）；但是，梭倫在這裡用 *θεσμός* 來指稱他的立法。奧斯特瓦特（Martin Ostwald, 1922-2010）對二者進行區分，將 *θεσμός* 視為外部權威強加的規定，將 *νόμος* 視為整個共同體接受的規範（Martin Ostwald, *Nomos and the Beginnings of the Athenian Democracy*, Westport, Conn.: Greenwood, 1979, pp. 9-56）；然而，誇斯（F. Quass）認為，*θεσμός* 幾乎和其他所有含有「法律」（law）意義的詞彙一樣，指的是立法機關的決議，不管這個機關是個人、議事會或公民大會，而 *νόμος* 僅指必須遵守的規範（Rhodes, 176-177）。

【8】參見第十一章第二節，即平民和貴族都因自己的利益沒有得到完全照顧而指責梭倫。

【9】普魯塔克提到梭倫對自己的立法非常自滿，當有人問他是否為雅典人制定了最好的法律之時，他的回答是：「那是他們願意接受的最好的法律」（Pl. *Sol.*15.2）。而本節所引用的兩段詩句則與普魯塔克的記述相呼應，它們表達了梭倫對雅典人不願遵守其法律的不滿，並告誡雅典人：只有他本人能夠兼顧各方利益進行改革，其他人都不能做到這一點，他們要麼是偏袒社會上層，這勢必會導致下層民眾的革命（如先前的德拉古）；要麼是取悅於下層民眾，出於對權力的貪婪而建立僭主政治（如後來的佩希斯特拉特斯）。

第十三章

1.這些是梭倫遠走海外的原因。當他隱退之後，這個城市仍然被黨派紛爭折騰得疲敝不堪。的確，他們在四年內相安無事；但在梭倫卸任的第五年[1]，他們因爲意見不一而未能選出執政官；又過了三年[2]，他們再次經歷了同樣的遭遇。[3][4]

2.接著，又過了同樣長的時間[5]，達瑪西阿斯（*Δαμασίας*, Damasias）當選執政官；但他執政了兩年又兩個月，直至被武力趕下臺。在此之後，他們達成協議，同意選舉十位執政官，五位來自貴族、三位來自農民、兩位來自手工業者[6]，他們在達瑪西阿斯之後的那一年任職[7]。從這一妥協可以明顯看出，執政官在當時擁有最大的權力，因爲紛爭常常因這一官職的選任引發。[8]

3.總而言之，他們處於內亂不斷的狀況中。有些人[9]在免除債務上面來爲他們的憤懣尋找原因和藉口，因爲它致使他們陷入貧窮[10]；而另一些人[11]不滿意這個政體，是因爲它發生了革命性的變革；此外，還有其他一些人[12]也在抱怨，這是出於他們的私人恩怨。

4.此時，黨派數目演變爲三個[13]。首先是海岸派（*παραλία*, paralia）[14]，由阿爾克邁昂（*Ἀλκμέων*, Alcmeon）[15]之子墨迦克勒斯[16]領導，他們的目標是建立一個中庸的政體；其次是平原派（*πεδίον*, pedion）[17]，他們渴望重建寡頭政治，由呂庫古斯（*Λυκοῦργος*, Lycourgos or Lycurgus, 390?-325?B.C.）[18]領導；最後是山地派（*Διακρία*, Diacria）[19]，其領袖是佩希斯特拉特斯[20]，他被視爲極端民主派人士。

5.最後一派的實力得到了增強，因爲，應有債權被剝奪[21]的那部分人出於貧窮而支援他們；並且，血統不純的那部分人[22]出於個人憂慮[23]也支持他們。有一事實可以爲此作證，在推翻僭主政治之後，公民冊被重修，這使許多非公民獲得了公民權。[24]各個黨派的名稱來自於他們各自所在的地區。[25]

◆註解◆

[1] 即西元前五九〇年或前五八九年。

[2] 即西元前五八六年或前五八五年。

[3] 遺憾的是，作者只給出了衝突的結果，卻未述及衝突的具體情況，這便為後世研究留下了一個難以解決的疑問。從第八章第一、二節可以看出，作者認為梭倫將執政官的選任方式由選舉改為抽籤。但是，作為神意的表達，希臘人還是普遍接受抽籤結果的；所以，抽籤選任執政官的方式不太可能引發紛爭。根據這一節記述來判斷，很有可能，此時執政官選任仍然延續了傳統的選舉方式，只是決定權從戰神山議事會轉移到了四百人議事會和公民大會那裡。

[4] 兩次「未選出」（*οὐ κατέστησαν ἄρχοντα*）的事件或許真實存在，執政官一職儘管保持空缺，或許有人代行了執政官的權力，但因為他的地位不合法而在後來的執政官年表中被除名；根據我們所知的達瑪西阿斯的故事來看，後一種的可能性較小。在雅典後來的歷史上，伊薩格拉作為西元前五〇八年或前五〇七年的執政官而名列其中，儘管他被武力驅逐；不過，儘管西元前四一一年或前四一〇年四百人專政垮臺之時，這一年的執政官被廢黜並被一個代理執政官（a suffect）取代，西元前四〇四年或前四〇三年三十人僭政集團任命了這一年的執政官，但它們都在後來被視為無執政官之年（a year of *ἀναρχία*）（Rhodes, 181-182）。

[5] 即到了西元前五八二年或前五八一年。

[6] 這十個人極有可能都是貴族出身，只是他們分別代表了貴族、農民和手工業者的利益而已，而非分別出身於貴

族、農民和手工業者。事實上，當時的政治衝突本質上是貴族階層出於不同的政治理念和權力欲望而進行的個人性質或家族性質的衝突，至多是小集團性質的衝突，而絕對不是民眾廣泛參與的階級衝突，例如：阿爾克邁昂家族先後與庫隆和佩希斯特拉特斯僭政支持者的衝突；所謂的廣大人民群眾其實是政治參與中的被動者，由於觀念、制度、經濟、教育等多重因素的限制，他們更多的是政治衝突的旁觀者，所謂的積極參與也不過是成為某個政治領袖的支持者，而絕對不會成為政治領袖。從最初的庫隆、墨迦克勒斯到最後的尼奇亞斯（*Nikias*, Nikias or Nicias，或譯「尼基阿斯」，470?-413?B.C.，詳見第二十八章注釋）和阿爾西比亞德，他們都是出身貴族，唯有克里昂等極少數政治家來自非貴族世家的富裕家庭。直到西元前五世紀中後期，由於民主制度的成熟、公民精神的覺醒和城邦對民眾參政的經濟補償，雅典人的參政熱情才被最終動員起來，從而使政治活動變成了群眾運動；在西元前五、前四世紀的雅典歷史上，再也沒有出現過某個人或某個家族憑藉其個人魅力或家族勢力及其影響力來奪取政權或顛覆政權，所有的政治家都似乎在一定程度上變成了整個公民集體利益的代言人，他們透過演講來說服公民大會進而使個人意志上升為城邦意志。這是西元前七、前六世紀與西元前五、前四世紀兩個時期政治活動的一個典型差別。

[7] 即西元前五八〇年或前五七九年，並且是達瑪西阿斯下臺之後的那十個月。同時，這十個人只是共同分享名年執政官一職的權力，而非九位執政官的權力。至於這個取得名年執政官的十人委員會是否成為定期選舉的職務，《雅典政制》和其他史料並未給我們留下更多線索：它似乎有可能成為一個定期選舉的職務，因為在佩希斯特拉特斯成為僭主前的近二十年是執政官年表中缺失最為嚴重的時期，僅有三個執政官的名字被流傳下來（參見附錄一：雅典諸王、執政官及大事年表）。

[8] 這一評注與《雅典政制》的特別關注點更有關聯，它是雅典政制史而不是雅典通史；並且，如果《雅典政制》關於執政官紛爭的資料來源是一部阿提卡編年史（an *Atthis*）的話，我們可以猜測這句話是本書作者自己加上的。到西元前五世紀中期，擔任執政官不再是政治生涯的頂峰甚或基本步驟；但作者正確地得出結論，在早些時候，執政官是城邦中最重要官職（Rhodes, 183）。

[9] 指的是先前的一部分富人，他們因解負令而損失了財富，第五節再次重述了他們的不滿。

[10] 這裡所謂的「貧窮」，只是相對的貧窮。

[11] 指的是一部分貴族，他們成為呂庫古斯的支持者，渴望重建寡頭制。

[12] 它可以指任何一類人，但或許尤指懷有個人野心的非貴族富人（rich non-Eupatrids）（Rhodes, 184）。

[13] 希羅多德記載，海岸派和平原派是先前就有的，而佩希斯特拉特斯領導的山地派是後來出現的，並且認為他糾集第三黨派的目的是建立僭主政治（H. i. 59.3）。

[14] 「海岸」或「濱海」基本上指的是從法勒蘭到蘇尼昂（*Σούνιον*, Sunium）之間的沿海地帶（Rhodes, 185）。

[15] 阿爾克邁昂，鎮壓庫隆政變的執政官墨迦克勒斯（參見殘篇八注釋）之子。為了爭奪對聖地德爾菲的控制權，西元前五九五年爆發了第一次聖戰，阿爾克邁昂曾率領雅典軍隊參戰；西元前五九二年前後，阿爾克邁昂或許在奧林匹亞賽會上獲得勝利，這為阿爾克邁昂家族在雅典政壇上再次崛起奠定了基礎（Pl. *Sol.* 10.2; H. vi.125.5; Iso. 16.25）。

[16] 墨迦克勒斯，阿爾克邁昂之子，梭倫改革後的海岸派領袖，主張建立溫和的貴族政體；在西元前五七五年前後，墨迦克勒斯娶西庫昂（*Σικυών*, Sicyon）僭主克里斯提尼的女兒阿佳里斯特為妻，這為阿爾克邁昂家族在國內進行政治衝突找到了外部支援。西元前五五六年前後，墨迦克勒斯與佩希斯特拉特斯聯合，協助後者第二次建立僭主政治，隨後又迫使後者流亡國外（H. vi. 126-130, i. 60.1-5; Arist. *A.P.* 14.4-15.1）。

[17] 「平原」或「內陸」指的是雅典的平原。

[18] 呂庫古斯，阿里斯托雷德斯（Aristolaides）之子，我們對他的瞭解僅限於此（H. i. 59.3; Pl. *Sol.* 29.1），其他文獻未能給我們提供更多的資訊。呂庫古斯家族在雅典的地位也同樣顯赫，西元前四世紀時，該家族成員呂庫古斯是雅典政壇上的一位重要領袖，精通經濟事務；他在西元前三三八年凱羅尼亞戰役（Battle of Chaeronea）之後成為雅典最具有影響力的政治家，在他的努力下，雅典財政收入從四百塔蘭特提升到一千兩百塔蘭特，明顯改善了雅典的財政狀況（Davies, 350-351; Hanson, 260; *O.C.D.* 897-898）。

[19] 「山地」作為指代阿提卡東北部山區的名稱被廣泛地使用，它至少包括東部海岸地區的一部分（Rhodes, 185）。

[20] 佩希斯特拉特斯，希波克拉底（*Ἱπποκράτης*, Hippocrates, 460-370B.C.）之子。關於佩希斯特拉特斯的出生，希羅多德留下了一個具有神異色彩的故事。希波克拉底在奧林匹亞獻祭之時，他附近一個大鍋裡的水在沒有用火燒的情況下便沸騰了起來，並溢出了鍋外；斯巴達人齊隆（*Χίλων*, Chilon）預言他的孩子是個不祥之物，勸他不要生孩子；但是，希波克拉底並沒有聽從齊隆的勸告，不久他的妻子便生下一個兒子；他以神話傳說中大英

雄涅斯托爾（*Νέστωρ*, Nestor）之子的名字來給為這個兒子取名為佩希斯特拉特斯（H. i. 59.1-3, v. 65.4）。

[21] 筆者所參考的幾個英譯本都將 *ἀφῃρημένοι τὰ χρέα* 翻譯為「應有債權被剝奪」（deprived of the debts due to them），並認為他們是透過梭倫立法中的解負令喪失了他們的債權（Sandys, 54; Rackham, 42; Rhodes, 187-188）。這可能是英譯者過分相信抄本所致，它是一個令人費解的表述。富人們因債權被剝奪而陷入貧困並因此支持極端民主制，在邏輯和事實上都是很難成立的，原因有四。首先，從邏輯上講，在一個商業和金融業尚未得到開發的社會，一個能夠放債的人絕對會身有餘財而不可能將所有的財產都用於放貸；所以，即便所有債權被剝奪，他也只會是陷入相對的貧困，其生活狀態不可能惡化到第四等級的狀態、靠出賣勞力為生。其次，作為改革的「受害者」，他們希望的不是再來一次新的改革，而是希望恢復到改革以前的狀態。再次，儘管我們已無從知曉解負令的具體內容，但是梭倫改革的中庸原則絕對不會採取極端政策使豪富之人陷入絕對貧困的狀態，而只是適量地剝奪其財富以便貧民和債務奴隸的生活處境獲得相對的改善。最後，佩希斯特拉特斯本質上是梭倫改革的支持者，在奪取政權後並未改變梭倫立法，這與那些因債權被剝奪而陷入「貧困」的人們所期望的結果相去甚遠。所以，對這一短語的正確理解應該是應負擔的「債務被免除」（been freed from debt）（參見：Rhodes, 188），筆者同意羅德斯的理解：因為，貧民和債務奴隸在被免除債務之後，也仍然會處於貧困狀態，它也是這些人對梭倫改革不滿意的原因，這又恰好被佩希斯特拉特斯利用。從整個句子的語義來看，「應負擔債務被免除的那部分人出於貧窮而支援他們」要比「應有債權被剝奪的那部分人出於貧窮而支援他們」更易於理解，也更符合歷史事實。

[22] 雖然沒有述及，但《雅典政制》的作者相信梭倫鼓勵遷徙的手藝人移居雅典，並且，或許他認為這些人和他們的後代尤其是後者中的一些人無疑是混合婚姻的產物。在佩希斯特拉特斯的支持者當中完全有可能存在著這類人，但他們在數量上具有重要性則是難以令人信服的（Rhodes, 188）。

[23] 即唯恐他們的公民權被剝奪，事實上，他們在佩希斯特拉特斯僭政倒臺後也有同樣的擔心（Kenyon, 45）。

[24] 《雅典政制》的作者或許相信，佩希斯特拉特斯僭政垮臺後，這類人被剝奪了公民權；但不久後，又被克里斯提尼重新賦予公民權（Rhodes, 188）。

[25] 希羅多德只是根據地域來劃分這三個黨派（H. i. 59.3），這似乎是一種籠統的做法；而本文作者並非如此，他還把各個派別所堅持的政治理念也予以考慮。當時的階級分布狀況和社會分工狀況並不具有明顯的地域特

徵：如羅德斯同意的說法那樣，三個地區的大部分居民仍然是農民，只是一部分人比另一部分人更為富裕而已（Rhodes,185）。所以，三種政治理念的支持者並不局限於三個不同的地區，而是遍布整個阿提卡地區：只是因為各個地區的居民組成比例不同而導致某個黨派在個別地區的支持者多一些（如山地地區有著眾多的雇工等級，他們是富人的死敵。參見：Pl. *Sol.* 29.1），以至於它成為了這個黨派的根據地和名稱來源。以地域來命名這三個黨派，還有另外一個重要原因，即這三個地區分別是三個黨派領袖家族的所在地。經學者們考證，阿爾克邁昂家族分布在雅典城和海岸之間三個德莫裡，呂庫古斯家族位於市場西邊的一個城區德莫裡，佩希斯特拉特斯家族則位於東部海岸的布勞倫（*Βραυρὸν*, Brauron）地區（參見：Rhodes, 186-187）。

第十四章

1.佩希斯特拉特斯是一個有聲望的極端民主派人士，並且，在與美加拉的戰爭[1]中聲望陡增。利用這些有利條件，他弄傷了自己，卻說是遭政敵所創；他透過阿里斯提翁（*Ἀριστίων*, Aristion, ?-86B.C.）[2]提議，說服人民[3]准許他擁有護衛。[4]有了這些被稱爲「持棒者」的護衛之後，他便與這些人一起反對人民，並占領了衛城。[5]此事發生在科墨阿斯擔任執政官之時，即梭倫立法後的三十一年[6]。

2.據說[7]，佩希斯特拉特斯請求配備護衛時，梭倫便持反對態度；並且宣稱：如此做，證明他比一些人明智、比另一些人勇敢[8]，即比那些沒有覺察到佩希斯特拉特斯會密謀成爲僭主的人明智、比那些覺察到這個陰謀卻保持沉默的人勇敢。但是，這些警告卻沒有起到作用；此時，他便找出自己的盔甲，豎立在門前，說：他已盡其所能爲國家效力了（因爲他已經垂垂老矣），並號召所有人如此做。[9]

3.梭倫的努力是徒勞無功的，佩希斯特拉特斯奪取了政權。他的施政不像是僭主統治，倒更像是憲法政治。但是，在他的權力牢固確立之前，墨迦克勒斯[10]和呂庫古斯的擁護者卻聯合了起來，將其驅逐出境。此事發生在赫格西阿斯擔任執政官之時，即他第一次建立統治的第五年[11]。

4.四年後[12]，墨迦克勒斯在黨派衝突[13]中陷入困境，便又與佩希斯特拉特斯開啓和談，建議後者娶他的女兒爲妻；以此爲條件，他設計了一個極爲老套且非常簡單的計策，將佩希斯特拉特斯接回雅典。首先，他四處散播謠言：雅典娜女神正帶領著佩希斯特拉特斯回來；然後，找到一個高大而又俊美的女人，名叫菲娥（*Φύη*, Phye）[14]（據希羅多德記載，她來自佩阿尼亞〔*Παιανια*, Paiania or Paeania〕[15]德莫，但另一些人卻說她是住在寇里圖斯〔*Κολλυτος*, Collytus〕[16]的色雷斯〔*Θράκη*, Thrace〕[17]賣花女），將其打扮得與女神相像[18]，帶著她和佩希斯特拉特斯一同進了城。[19]後者駕著一輛戰車，那個女人坐在他身邊；城裡的人們極爲敬畏，懷著崇敬之情迎接他。[20]

◆ 註解 ◆

[1] 或許指的是西元前五七〇年左右發生的戰爭，佩希斯特拉特斯在這場戰爭中領導雅典人奪取了尼西亞（H. i. 59.4）。不過，學界對此有爭議：有學者認為佩希斯特拉特斯是在爭奪薩拉米島的戰爭中建立了功勳，雅典人在梭倫領導下獲得的薩拉米島後來被愛吉納人奪回，而佩希斯特拉特斯領導雅典人又一次奪回該島（參見：*C.A.H.* iv. 82; Rhodes, 199-200）。

[2] 普魯塔克也提及阿里斯提翁這個人，並給出了護衛的具體數額——五十人，而這個人數在後來被允許無限擴大；但是，希羅多德卻未提到這兩點（Pl. *Sol.* 30.2-3; H. i. 59.5）。據學者考證，阿里斯提翁或許來自佩希斯特拉特斯家族所在地布勞倫（*C.A.H.* iv. 82）。

[3] 此處指的是公民大會。

[4] 希羅多德、普魯塔克、狄奧多魯斯（*Διόδωρος Σικελιώτης*, Diodorus Siculus, 90-30B.C.）等古典作家都記載了佩希斯特拉特斯第一次圖謀僭政的過程，只是細節稍有不同（H. i. 59.4-6; Pl. *Sol.* 30; D.S. ix. 4）。

[5] 獲得貼身護衛是圖謀建立僭主政治的慣用手段，先前的美加拉僭主德亞更（庫隆的岳父）、後來的敘拉古僭主狄奧尼修斯一世（*Διονύσιος ὁ Πρεσβύτερος,* Dionysius I of Syracuse, 432-367B.C.）等人也是如此（參見：Plat. *Rep*. 566 b 5-8; Arist. *Pol.* 1289 b 39-40, *Rhet*. 1357 b 30-36; D.S. xiii.95.3-4）。這些護衛的性質是私人雇傭軍，

城邦不為其承擔費用，他們是僭主奪取政權和維持統治的武力後盾。

[6] 西元前五六一年或前五六〇年，原文「梭倫立法後的三十一年」有誤，應為「三十三年」。

[7] 所據資料來源不明，希羅多德和修昔底德都未述及此事。關於梭倫反對庇西特拉圖（*Πεισίστρατος*, Peisistratos/us, ?-528/527B.C.）圖謀僭政一事，普魯塔克給出了最為詳細的敘述。在佩希斯特拉特斯請求配備護衛之前，梭倫已經發現他想要建立僭政的圖謀並盡力勸導他放棄這一念頭；在他弄傷自己並請求配備護衛之時，梭倫當場揭穿這是一場陰謀並勸說雅典人拒絕他的請求；在他占領衛城之時，梭倫便鼓勵民眾起來鎮壓他。然而，梭倫的所有努力都被證明是徒勞，佩希斯特拉特斯成功地控制了雅典政權（Pl. *Sol.* 29-30）。

[8] 此句肯尼譯文為「證明他比一半人明智、比另一半人勇敢」。

[9] 此時，梭倫已經年邁，無力親自披甲持矛、捍衛民主，只能將自己的盔甲拿出來，鼓勵年輕人來完成他的心願。普魯塔克有同樣的記述（Pl. *Sol.* 30.5），不過，他繼續寫道：由於佩希斯特拉特斯對梭倫改革大多數政策表示認同並且對梭倫本人倍加尊重和讚譽，梭倫後來轉變立場而支持佩希斯特拉特斯建立僭政（Pl. *Sol.* 31.1）。並且，梭倫在佩希斯特拉特斯成為僭主的第二年，即西元前五六〇年或前五五九年去世，而朋都斯的赫拉克里底（*Ἡρακλείδης*, Heraclides of Pontus, 387-312B.C.）認為梭倫又活了很長時間（Pl. *Sol.* 32.3）。或許，赫拉克里底是從希羅多德那裡（H. i. 29-30）得出自己的結論的：如果梭倫和利底亞國王克洛伊索斯真的見過面的話，那麼希羅多德一定是記錯了時間，這次會面不可能發生在梭倫改革後不久，而應該是在梭倫的晚年。

[10] 普魯塔克記載，在佩希斯特拉特斯奪取衛城之後，墨迦克勒斯及其家族成員逃離了雅典（Pl. *Sol.* 30.4）；但是，希羅多德和《雅典政制》都未曾記載此事。

[11] 西元前五五六年或前五五五年。

[12] 此句為羅德斯譯文，紙草原文為「十一年後」。「十一年後」本身是一個錯誤紀年，肯尼曾對此提出質疑和考辨，確定正確紀年為「四年後」，即西元前五五二年或前五五一年。拉克漢則認為抄本無誤，並遵循抄本紀年；然而羅德斯接受了肯尼的修正，並且將其在譯文中體現。但是，即便「西元前五五二年或前五五一年」這個年代的歷史真實性也是值得懷疑的，現代學者認為它應該是西元前五五七年或前五五六年，或前五五六年或前五五五年（Davies, 450; Rhodes, 198）。

[13] 儘管墨迦克勒斯和呂庫古斯在對抗僭政上面實現了聯合，但是這種聯合並不牢固：當共同的敵人僭主佩希斯特

拉特斯被驅逐之後，兩派的矛盾也隨之激化（H. i. 60.1）。

【14】希羅多德記載菲娥的身高約為一米九（H. i. 60.4），克雷德姆斯（*Κλείδημος*, Clidemus，活躍於西元前五或前四世紀）認為她是佩希斯特拉特斯之子希巴克斯（*Ἵππαρχος*, Hipparchos or Hipparchus, ?-514B.C.）的妻子（Athen. 609 c）。

【15】佩阿尼亞，雅典德莫之一，位於雅典東部希墨圖斯山（*Υμηττός*, Hymettus）東坡，此德莫屬於支援佩希斯特拉特斯的山地派根據地。

【16】寇里圖斯，位於衛城南邊。儘管菲娥完全可能來自該地，但那裡沒有明顯支持佩希斯特拉特斯的傾向，這一說法或許是用於向菲娥身上潑灑汙點（Rhodes, 205）。

【17】色雷斯，作為一個地理概念，它所指的區域經常變動，概指馬其頓以東、多瑙河以南的廣大地區；該地區與希臘保持著相對密切的聯繫，古希臘文獻經常會提到色雷斯人。

【18】即按照雅典娜女神的裝束進行打扮，戴著頭盔、穿著胸甲、右手持矛、左手持盾。

【19】希羅多德記載，墨迦克勒斯和佩希斯特拉特斯先找到菲娥，將其打扮成雅典娜女神的樣子後和佩希斯特拉特斯一起進城；這時，他們才開始在雅典城內外散播雅典娜護送庇西特拉圖回歸的謠言（H. i. 60.4-5）。

【20】城裡的人們誤以為真，視菲娥為雅典娜女神，也就歡迎佩希斯特拉特斯進城（H. i. 60.5）。

第十五章

1.他的第一次回歸便是透過這一途徑實現的。然而，他未能長久掌握權力，因爲，大約歸來六年後[1]，他再次被放逐。佩希斯特拉特斯拒絕把墨迦克勒斯的女兒當做妻子對待[2]，而且害怕兩個敵對黨派再次聯合；結果，他又一次選擇了離開雅典。

2.他最初到了薩爾馬克灣（*Θερμαϊκός Κόλπος*, Thermaic Gulf，又譯「塞爾邁灣」）[3]地區的一塊叫做賴克盧斯（*Ραίκηλος*, Rhaikelos or Rhaecelus）[4]的地方，建立了一個殖民地；然後，來到了潘基昂山（*Παγγαῖο*, Pangaion, Pangaeum or Pangaeus）[5]的鄰近地區。在這裡，他獲得了財富，並招募了一批雇傭軍；但是，直到十年後[6]，他才回到埃雷特里亞（*Ερέτρια*, Eretria）[7]，企圖以武力恢復統治。[8]這一次，他有了許多同盟者[9]的支持，尤其是底比斯（*Θῆβαι*, Thēbai or Thebes）[10]人[11]、納克索斯[12]的呂戈達米斯（*Λύγδαμις*,

圖 11 雅典衛城（復原模型）

Lygdamis）[13]和在埃雷特里亞政府中掌握最高權力的騎士們[14]。

3.在帕勒尼（*Παλλήνη*, Pallene or Pallinis）[15]戰役獲勝後，他占領了雅典城；解散人民的武裝之後，他確立了牢固的僭主統治。[16]並且，他奪取納克索斯，使呂戈達米斯成爲那裡的統治者。[17]

4.他透過下述方式，解除了人民的武裝[18]。他在特修斯廟（*Θησείον*, Theseion or Theseum, Temple of Hephaestus）[19]裡組織了一次閱兵[20]，然後向人民發表演說。他演說沒多久，人們便喊道聽不清他的講話[21]；於是，他吩咐他們進入衛城，以便更好地聽他演說。隨後，他向他們繼續演說，並盡可能地拖延時間；他刻意安排的人則將武器[22]收集起來，鎖進與特修斯廟相連的房間裡，然後回來暗示他：一切妥當。

5.因此，當佩希斯特拉特斯結束演說之後，他告訴人們他們的武器到哪裡去了。並且，他接著說，他們不必驚訝或警覺，只需回家照顧好個人私務，而他將會管理未來國家的全部事務。[23]

◆註解◆

[1] 西元前五四六年或前五四五年。

[2] 即不與墨迦克勒斯的女兒進行房事。希羅多德的記載與此稍異，他認為佩希斯特拉特斯只與她進行非正常性交以避免她懷孕；一方面因為佩希斯特拉特斯此時已經有長大成人的兒子，另一方面害怕阿爾克邁昂家族所背負的詛咒延禍於他的家族。墨迦克勒斯得知此事後非常惱怒，便又一次與先前的政敵握手言和，以圖再次驅逐僭主：在佩希斯特拉特斯發現他的圖謀之後，他選擇了主動離開。並且，很可能是在這次被驅逐之後，佩希斯特拉特斯的財產被充公：在拍賣時，它被仇視僭政的卡利亞斯（*Καλλίας*, Callias）買走（H. i. 61.1-2, vi. 121.2）。

[3] 薩爾馬克灣，位於愛琴海西北角，由馬其頓與哈基迪西（*Χαλκιδική*, Chalcidice）半島合圍而成，薩爾馬克灣地區物產豐富且處在希臘半島和黑海地區之間的交通樞紐之上，該地區在西元前五、前四世紀先後成為雅典和馬其頓擴張勢力的重要根據地。

[4] 賴克盧斯，位於下馬其頓，即馬其頓南部靠近艾尼亞（*Aἴνεια*, Aeneia or Aenea）的地方。

[5] 潘基昂，或譯「潘該烏斯」（簡體中文商務版譯法）、「旁加優斯」（顧准譯法）等。Pangaeus 是早期現代英語學者普遍採用的一種譯法，參見肯尼譯文與拉克漢譯文；不過，它在當代英語中不流行。潘基昂山位於下馬其頓，南臨愛琴海、北接腓力匹—德拉馬平原（the plains of Philippi-Drama）；該地區在古希臘時，既具有重要的交通地位，又盛產金銀，由此成為眾多有野心的城邦或個人覬覦的地點。最早是佩希斯特拉特斯在此處經營，後來雅典和腓力二世都曾先後直接控制過該地區。

[6] 西元前五三六年或前五三五年。據希羅多德的記載推測，此年應為西元前五四六年或前五四五年（參見：H. i. 62; v. 65.3）。在這兩個年代中，羅德斯偏向於希羅多德的記載（Rhodes, 198）。

[7] 埃雷特里亞，位於尤比亞島西岸的一個城邦，與阿提卡相隔一條狹長的海灣。在西元前九、前八世紀，埃雷特里亞曾是尤比亞島的重要城邦，《伊利亞德》（*Ἰλιάς, Iliad*，又譯《伊里亞德》）（ii. 537）曾記載它派兵參加了特洛伊戰爭；由於埃雷特里亞人是愛奧尼亞人的一支，它便成為雅典的天然盟友，例如：在西元前五百年小亞細亞的愛奧尼亞人反叛波斯時，它曾跟隨雅典派出了援軍；西元前四九〇年馬拉松戰役（*Μάχη τοῦ Μαραθῶνος*, Battle of Marathon）前夕，被波斯王大流士一世（Darius the Great, 550-486B.C.）摧毀，隨後復國；並且，在後來參加了雅典領導的提洛同盟。

[8] 希羅多德記載，這是佩希斯特拉特斯在徵求了兒子希皮亞斯（*Ἱππίας*, Hippias, 570-490B.C.）之後作出的決定（H. i. 61.2）。

[9] 在這些同盟者當中，希羅多德還特別提到了一支由阿各斯人組成的雇傭軍，但他沒有指明同盟者中有埃雷特里亞的騎士（H. i. 61.4）。不過，本文作者在第十七章第三、四節提到阿各斯也是佩希斯特拉特斯的重要盟友。

[10] 底比斯，它是位於希臘中部波也奧西亞（*Βοιωτία*, Boeotia）地區十個或十二個城邦中的大邦，在古希臘歷史上，尤其是波也奧西亞歷史上扮演著重要角色。底比斯從西元前六世紀開始領導波也奧西亞的聯合運動，但由於色薩利和雅典的阻撓，波也奧西亞並未完成最終統一；在後來的希波戰爭中，底比斯投靠了波斯帝國，成為

希臘解放事業的叛徒；西元前四三一年，底比斯再一次試圖吞併普拉提亞（*Πλάταια* or *Πλαταιαί*, Plataea）進而導致伯羅奔尼撒戰爭最終爆發；戰爭結束後，底比斯因分贓不均而糾合科林斯、雅典等城邦反抗斯巴達的霸權統治，並在西元前三八七年因《大王和約》（*King's Peace*，又稱《安達西德條約》〔*Peace of Antalcidas*〕）而淪為斯巴達的附庸；不過，在斯派洛皮達斯（*Πελοπίδας*, Pelopida, ?-364B.C.，又譯「佩洛披達斯」）和伊帕米儂達（*Επαμεινώνδας*, Epameinondas, ?-362B.C.）的領導下，底比斯不僅解放了自己，還推翻並最終結束了斯巴達的希臘霸主地位，但底比斯因兩位卓越的政治家先後死亡而未能維持長久的霸權；隨著馬其頓的崛起，底比斯和雅典再次聯合，但在三三八年的凱羅尼亞戰役中被腓力二世徹底擊潰，並在西元前三三五年被亞歷山大大帝毀城而滅亡；儘管在西元前三一六年復國，但是底比斯再也未能走進希臘歷史舞臺的中心。

【11】底比斯和佩希斯特拉特斯保持著非常友好的關係，它是佩希斯特拉特斯恢復政權的最重要盟友之一；不過，這種同盟關係被斯巴達國王克利曼尼透過外交手段予以徹底摧毀。西元前五一九年，底比斯想透過武力迫使普拉提亞以附庸身分加入波也奧西亞同盟，普拉提亞便向當時的希臘霸主斯巴達求助；而斯巴達國王則建議普拉提亞向雅典求助，因為雅典比斯巴達更具有地理之便，普拉提亞最後在雅典的支持下成功地維持了自身的獨立。因為支持普拉提亞，雅典和底比斯陷入一百多年的敵對狀態，先後發生多次戰爭（H. vi. 108, v. 74-81）。

【12】納克索斯，它是愛琴海南部基克拉哲斯群島中的第一大島；傳說，它是酒神戴奧尼索斯的誕生地。納克索斯活躍於古希臘時期，並在推翻呂戈達米斯的僭政之後達到巔峰；當時的納克索斯擁有一支八千人的軍隊和一支龐大的艦隊，牢固地控制著整個基克拉哲斯群島；甚至在西元前五百年，納克索斯還成功地抵禦了波斯人的圍攻。但是，它在西元前四九〇年被波斯人毀城滅國，其海軍被收編入波斯海軍之中；在西元前四八〇年的薩拉米海戰中，納克索斯海軍倒戈，協助希臘同盟海軍打敗了波斯海軍（H. viii. 85-90）。西元前四七八年或前四七七年，納克索斯成為提洛同盟中的平權同盟者；在西元前四六七年反叛時，被雅典剝奪獨立權利而變成納貢的依附盟邦；五〇年代時，又被雅典派駐軍事殖民者（Th. i. 98）。

【13】呂戈達米斯是納克索斯一位傑出的民眾領袖，他領導當地平民反抗貴族統治並取得勝利，從而成為當地的僭主；當他離開納克索斯協助佩希斯特拉特斯第三次建立僭政期間，貴族派又一次掌握政權。西元前五四〇年，佩希斯特拉特斯又幫助呂戈達米斯恢復了他在當地的統治，同時還將雅典的貴族人質交由後者看管。據說，呂戈達米斯又在西元前五三二年幫助波利克拉特斯在薩摩斯建立僭政；而他本人的僭政又在西元前五二五

或前五一七年被斯巴達人推翻，未再恢復（參見：H. i. 61.4, 64.2; Ath. viii. p. 348; Polyaen. i. 23.2; Plutarch, *Apophthegmata Laconica*, 64 or 236 c-d; *De Herodoti malignitate*, 859 d）。

【14】埃雷特里亞此時實行的是寡頭制，並以騎兵作戰聞名。（參見：H. vi.100-101; Arist. *Pol.* 1289 b 35-40）。

【15】帕勒尼，雅典城邦的一個德莫，位於雅典城的正東北方向，它被獻給了雅典娜・帕勒尼斯（Athena Pallenis）（Rackham, 47）。帕勒尼和雅典娜・帕勒尼斯的神廟位於希墨圖斯山和潘特利孔山（*Πεντέλη*, Pentelicon, Mount Pentelicus or Pentelikon）之間的隘口處，由此連接馬拉松和雅典城的道路雖長了一些，但方便行走（Rhodes, 209）。在希臘神話傳說中，雅典因保護海克力士的子孫而與梯林斯（*Τίρυνς*, Tiryns）國王歐律斯透斯（*Εὐρυσθεύς*, Eurystheus）發生的戰爭，以及特修斯和波臘之間發生的戰爭，也在該地進行（參見：Apoll. iii. 8.1; D.S. iv.57; Paus. i. 44.10; Strab. vii. 6.19; Pl. *Thes.* 13）。

【16】關於第三次奪取政權的戰爭過程，希羅多德有較為詳細的敘述。佩希斯特拉特斯從馬拉松登陸，一方面因為馬拉松離埃雷特里亞較近，另一方面因為這裡是山地派的根據地，如希羅多德所言，這裡的雅典人「愛僭主政治甚於愛自由」；在佩希斯特拉特斯率領支持者從馬拉松向雅典城進發時，雅典城內的人們才注意到此事，便匆忙組織一支由公民組成的軍隊來迎擊，並在帕勒尼被佩希斯特拉特斯擊潰；就這樣，佩希斯特拉特斯順利入主雅典城，第三次建立僭主統治（H. i. 62-64）。

【17】參見：H. i. 62-64.2。

【18】關於解除武裝一事，修昔底德的記述（Th. vi. 56-58）與此不同。他認為此事發生在西元前五一四年或前五一三年哈爾莫狄烏斯（*Ἁρμοδίος*, Harmodios or Harmodius, ?-514/513B.C.）和阿里斯托基冬（*Ἀριστογείτων*, Aristogiton, ?-514B.C.）行刺之後，事件的主角也由佩希斯特拉特斯換為希皮亞斯，此計策的目的也由解除人民武裝轉變為查找參與行刺的同謀者。很顯然，本書作者直接否定了修昔底德的觀點，至於他的資料來源已無從考證，希羅多德並未提及此事。亞里斯多德在《政治學》（1311 a 12-13）中提到，解除人民武裝是僭主或寡頭們維持統治的一種慣用伎倆：西元前四二八年或前四二七年密提林的寡頭們曾經解除過人民的武裝（Th. iii. 27.2），西元前四〇四年或前四〇三年雅典的三十僭主也曾解除過非特權公民的武裝（X. *H.* ii. 3.20; Arist. *A.P.* 37.2）。西元二世紀的馬其頓作家波律埃努斯（*Πολύαινος*. Polyaenus）在寫作《戰爭策略》（*Στρατηγήματα*, *Strategemata* or *Stratagems in War*）時接受了本書作者的觀點，而否定了修昔底德的觀點（參見：Polyaen. i.

21.2）。

[19] 特修斯廟，又譯為「特修昂」或「特修斯祠」。特修斯廟並非如普魯塔克所言（Pl. *Thes*. 36.1-3; *Cim*. 8.3-7）是供奉神話英雄特修斯的神廟，而是供奉工匠神赫淮斯托斯（*Ἥφαιστος*, Hephaestus）和雅典娜・俄爾加涅（Athena Ergane）的神廟；其正確名稱為「赫淮斯托斯神廟」（*Ἡφαιστεῖον*, Hephaisteion or Hephaesteum），它是現代人對特修斯廟的通用名稱。特修斯廟位於雅典市場的西北側，修建於西元前五世紀中期，是唯一一座完整保存下來的古希臘神廟建築；據考古資料證明，在此之前，此地並沒有修建過神廟。據此可以推論，本文關於佩希斯特拉特斯解除人民武裝的記述肯定存在著謬誤之處。

[20] 波律埃努斯認為，此次閱兵是在阿那西昂（the Anaceum）舉行的，後來演講的地點是衛城門廊（*Προπύλαια*, propylaea, propylea or propylaia），武器被收藏於阿格勞露絲祠（Shrine of Aglaurus）（Polyaen. i. 21.2）。阿那西昂是供奉宙斯孿生子狄奧斯庫洛伊兄弟（*Διόσκουροι*, Dioscuri，即 Castor and Pollux）的神廟，它位於雅典市場特修斯廟附近，（參見：Paus. i. 18.1-2）。阿格勞露絲是神話傳說中的人物，為了使雅典取得一場保衛戰的勝利，她根據神諭的指示奉獻出了自己生命；雅典人感激她的義勇，便在衛城的北側為她修建了一座聖堂；並且，有一個德莫也是以她命名的。波桑尼阿斯記載，阿那西昂是一個古老的神廟（Paus. i. 18.1）；修昔底德記載，此地也作召集會議之用（Th. viii. 93.1）。在本文和波律埃努斯的記述當中，羅德斯認為後者更為可取（Rhodes, 211）。

[21] 波律埃努斯認為，這是佩希斯特拉特斯故意低聲演講而導致聽眾聽不清的（Polyaen.i. 21.2）。

[22] 在佩希斯特拉特斯開始演說時，公民們便已經將他們的武器擺放在一起；並且，他們走上衛城時，並未將它們隨身帶走。修昔底德認為雅典人在泛雅典娜節遊行時是可以攜帶武器的，不過這些武器只能是矛和盾（Th. vi. 56.2, 58）。

[23] 希羅多德記載，佩希斯特拉特斯是在帕勒尼戰役取勝後，勸告雅典人不要驚慌，各自回家安心生活即可（H. i. 63.2-64.1）。

第十六章

1.佩希斯特拉特斯的僭主政治便是如此建立和興衰的。

2.如前所述，其統治中庸適度，像是憲法政治而非僭主統治。[1]他在各方面都做得非常人道、溫和，並且樂意寬恕那些曾經冒犯過他的人[2]；不僅如此，他還貸款給窮人，幫助他們進行生產勞動，從而使他們能夠依靠務農來謀生。

3.他這樣做，有兩個目的：第一，他們或許不會在城裡消磨時光，而會散布在農村的各個角落裡；第二，由於財富適中並忙於個人事務，他們便會既沒有心思又沒有時間來關注公共事務。[3]

4.與此同時，他的財政收入也依靠國家農業的發展而獲得增長，因爲，他對所有的農產品都課以什一稅[4]。

5.出於同樣的原因[5]，他設立了地方法庭[6]，並經常親自在全國各地巡遊，進行視察和處理糾紛；如此一來，他們便不必前往城市而荒廢農事。

6.據說[7]，在其中的一次巡視中，佩希斯特拉特斯在希墨圖斯山碰巧遇到了一個人，此人耕種的田地後來被人稱爲「免稅田」。他看到一個人在一塊盡是石塊的土地上勞作，感到非常驚訝，便派隨從問他想從這一小塊土地上收穫什麼。「疼痛不已和疲勞不堪，還有辛辛苦苦之後給佩希斯特拉特斯繳納的什一稅。」那個人回答道。他說話時，不知道詢問者是誰。但是，佩希斯特拉特斯喜歡他言語直率和踏實肯幹，以至於赦免了他的所有賦稅。

7.總的說來，他盡力使自己的統治能給人民帶來盡可能少的負擔；並且，總是營造和平環境[8]，以使他們全部安居樂業[9]。因此，佩希斯特拉特斯的僭主政治經常被作爲「黃金時代」[10]談及；因爲，當他的兒子們即位之後，他們的統治便變得非常暴吝[11]。

8.在各個方面中最重要的一點是，他具有天下爲公和與人爲善的品格。無論何事，他都習慣於遵守法律，沒有給自己保留任何特權。[12]曾經有一次，他因殺人罪被傳喚到戰神山議事會，並親自出庭進行辯護；然而，那個起訴人卻害怕親自到場，便放棄了起訴。[13]

9.正是由於這些原因，他才長期保有權力；並且，無論何時被放逐，他都能很容易地重新掌權。社會上層和人民大眾的大部分人都同樣愛戴他，他透過社交贏得前者的支持，透過幫其致富贏得後者的信賴；並且，他的稟性也使他能夠贏得雙方的好感。

10.另外，在僭主統治時期，雅典實行的法律非常寬鬆[14]，尤其是關於對建立僭主政治進行懲罰的這一條。這一法律條文如下：「這是雅典人的祖制[15]：如果有人試圖建立僭主統治或參與其中，他本人及其家人將被褫奪公民權[16]。」[17]

◆註解◆

[1] 參見第十四章第三節。對佩希斯特拉特斯的僭主政治，後世給予普遍的讚譽。本文的觀點或許來源於希羅多德（H. i. 59.6），他認為佩希斯特拉特斯「絲毫沒有打亂官職序列和修改法律，而是根據既定的制度治理城邦，並把所有交易處理得公平妥帖」。普魯塔克也認為佩希斯特拉特斯原封不動地保存了梭倫的立法，不僅自己遵

守，也要求他的朋友們遵守（參見：Pl. *Sol.* 31.1）。第歐根尼也有同樣的記述，他筆下的佩希斯特拉特斯這樣講道，「在其他一切事務上，我都不敢冒犯人神，我讓雅典人按照您的立法來處理他們的事務。他們比在民主制度下受到了更好的治理，因為我不允許任何人比別人多一分權利；我也不會因為不恰當的威望和榮譽而驕傲，儘管我是僭主」（D.L. i. 53）。

[2] 這一評論過於以偏概全。佩希斯特拉特斯在對待政敵的問題上顯然不能完全用「樂意寬恕」來形容，他將政敵的兒子們軟禁在納克索斯島作為人質的做法明顯表現出了不放心的態度；不過，在其他方面，尤其是小問題上面，佩希斯特拉特斯是樂意表現他的寬宏大量的。例如：他的女兒在參加泛雅典娜節（*Παναθήναια*, Panathenaia or Panathenaea，詳見第四十三章注釋）遊行過程中被一個年輕人非禮，他的兒子們要求對此人進行嚴懲，而他本人則將其無罪釋放（參見：D.S. ix. 37.1）。然而，這些做法很大程度上是作秀而已，以便換到「仁政」的好名聲，從而達到長久維持統治的最終目的。

[3] 僭主和寡頭們共同採用過這樣的政策，亞里斯多德在《政治學》（1311 a 13, 1318 b 6-1320 b 7）中對此進行過論述。斯巴達在占領麥西尼亞（*Μεσσηνία*, Messenia，又譯「美塞尼亞」）之後曾將未被貶為黑勞士（*εἵλωτες*, Helots，又譯「希洛特人」，為斯巴達的奴隸階級）的自由人驅逐到周邊地區居住，這些人便成為後世所說的邊區民（*Περίοικος*, perioeci or perioikoi，詳見附篇〈色諾芬雅典政制〉第三章第十一節注釋）；敘拉古的僭主蓋倫曾將成批的平民賣到其他地區做奴隸，以減少他們在本地的影響力（H. vii.156）；雅典的三十僭主也曾把城內平民驅逐到雅典城之外的農村地區和皮雷埃夫斯港（Port of Piraeus）（X. *H.* ii. 4.1）。

[4] 這一點也得到了希羅多德和修昔底德的證實。修昔底德記載佩希斯特拉特斯的兒子希皮亞斯和希巴克斯對農產品徵收的是百分之五的稅，這個數字或許從最初的百分之十降低而來（Th. vi. 54.5）。希羅多德似乎認為佩希斯特拉特斯對所有的商品都徵收賦稅，並且其收入的另一部分來自潘基昂山的私產經營（H. i. 64.1）。不過，這些稅收並沒有變為佩希斯特拉特斯本人或其家族的私財，而是收歸國庫用於公共支出（D.L. i. 53）。

[5] 即避免各地居民到雅典城去。

[6] 從第二十六章第三節和第五十三章第一節可以得知，地方法庭最初為三十人，很可能在推翻僭政之後被廢除，但在西元前四五三年或前四五二年被重新設立，並在西元前四〇四年或前四〇三年增至四十人。不過，此處所謂的地方法庭並不是固定在各個地區的法庭，而是城邦派往阿提卡各地的巡迴法庭（travelling justice），之所

以稱之為地方法庭，是因為它不在政治中心雅典城，而是在各個德莫進行流動審案的巡迴法庭。地方法庭最初應該有較大的審判權，它的權力很可能在重建後被削減，這部分權力轉移到仲裁人身上，而他們則只能審理一些小案件，如涉案金額不能超過十德拉克瑪；同時，地方法庭的巡迴法庭功能在伯羅奔尼撒戰爭期間逐漸消失，變成了固定審案的法庭。

【7】狄奧多魯斯也記載了此事（D.S. ix. 37.2-3）。這個故事似乎來源於埃福魯斯（*Ἔφορος*, Ephorus, 400-330B.C.）（Rhodes, 216）。

【8】這並不意味著佩希斯特拉特斯統治時期雅典沒有戰爭，而是他使雅典人本身避免戰爭，即便他沒有解除人民武裝，也不使用公民兵，而是使用雇傭軍來進行戰爭（Th. vi .54.5; H. i. 64.1）；例如：雅典這一時期從密提林手中奪取了位於小亞細亞沿岸與特洛伊臨近的西格翁，並因此陷入斷斷續續的戰爭（H. v. 94）。同時，使用雇傭軍而非公民兵有利於佩希斯特拉特斯維持其僭主統治。

【9】佩希斯特拉特斯家族還透過修建公共工程來增加雅典人的就業機會，如修繕衛城上的雅典娜・波里婭斯（Athena Polias，即雅典娜）神廟、修建十二天神的祭壇、修建艾盧西斯的祕儀大廳（*Τελεστήριον*, Telesterion）；創辦節日慶典如泛雅典娜節，來愉悅雅典人的心情，增加對僭政的認同感。

【10】佩希斯特拉特斯僭政最初是被西元前五世紀晚期的寡頭們如此描繪的，但這些寡頭們宣稱，他們的理想是恢復民主制的早期形式，並不可能羨慕佩希斯特拉特斯僭政（Rhodes, 218）。該詞原文為「克洛諾斯時代」（*Κρόνου βίος*），而克洛諾斯時代則被希臘人視為人類的黃金時代：如赫西俄德（*Ἡσίοδος*, Hesiod, 750-?B.C.）在〈工作與時日〉（*Ἔργα καὶ Ἡμέραι*, *Works and Days*，又譯〈勞動與時令〉、〈田功農時〉）中所言，生活在那個時期的人類富足安定、無憂無慮、無勞而食、整日宴飲，連死亡也是一件幸福之事，如熟睡一樣安詳（Hesiod, *Works and Days*, 110-120）。希臘神話傳說中，克洛諾斯是天界的第二任神王，其父烏拉諾斯（*Οὐρανός*, Uranus）是第一任神王，其子宙斯是第三任也即最後一任神王。

【11】這是僭主政治演變的一個普遍現象，第一代僭主比較謹慎仁慈，能夠贏得人民的擁戴；第二代僭主則開始傲慢暴戾，逐漸失去民心，便遭遇革命，或被推翻或再殘存一代。希臘的僭主政治多數是僭主本人在位期間便被推翻，如薩摩斯的波利克拉特斯、納克索斯的呂戈達米斯以及波斯扶植的那些僭主等；二世而亡的例子已屬少數，如雅典的佩希斯特拉特斯僭政、敘拉古的蓋倫僭政等；三世而亡的例子更是罕見，其中科林斯的庫普塞

羅斯僭政便是如此，它歷經庫普塞羅斯、佩里安達（*Περίανδρος*, Periander, 635?-585B.C.）和庫普塞羅斯二世（Cypselus II）三代七十四年；像西庫昂的奧薩格拉（Orthagoras）僭政，竟然出現了五位僭主、延續了百餘年時間，這是希臘歷史上絕無僅有的事情（參見：Arist. *Pol.* 1315 b 11-39; D.S. xi. 67.2-6）。

【12】這一描述過於完美以至於顯得不真實，在這方面，修昔底德給出了客觀的描述，「在其他事務上，城邦完全按照原有法律進行治理，除了小心謹慎地確保其家族中的某個人總能掌握政權」（Th. vi. 54.6）。

【13】亞里斯多德和普魯塔克都記載了這一件事（Arist. *Pol.* 1315 b 21-23; Pl. *Sol.*31.3）。將此事作為佩希斯特拉特斯尊重法律的證據，似乎有點天真；不過，從此事也的確能夠看出，佩希斯特拉特斯至少在程序上是尊重法律的，「佩希斯特拉特斯意識到如此做能夠達到他所希望的結果」（Rhodes, 219）。

【14】溫和的法律使得佩希斯特拉特斯更容易獲得並保有權力。

【15】所謂的「祖制」，實為政治宣傳之詞，以便提高這項法律的公信度，以防自身失勢時遭到嚴懲。

【16】此處所說的「褫奪公民權」僅指剝奪公民身分，而不具有可以被任意傷害或處死的懲罰（參見第八章第五節注釋）。但是，後來的德謨芬圖斯（Demophantus）法令和優克拉底（Eucrates）法律明確規定，顛覆政權者將被判喪失公民權，不再受任何法律保護，任何人將其殺死都是合法的（Rhodes, 222）。

【17】第十節的真實性，值得懷疑（Rackham, 53）。

第十七章

1. 由是，佩希斯特拉特斯得以在當權之時逐漸變老，並在費羅尼烏斯（Philoneus）擔任執政官之時[1]即他第一次建立僭主統治之後的三十三年壽終正寢[2]；其中，他掌權十九年[3]，其餘的時間則是在放逐中度過的。

2. 有一個故事講道，佩希斯特拉特斯年輕時，與梭倫是忘年之交[4]，並且指揮了從麥加把手中奪回薩拉米的戰爭[5]；很顯然，它純屬無稽之談。這與兩個人的年齡不符合，只要計算一下兩個人的生辰與死期，便可知曉。[6]

3. 佩希斯特拉特斯死後，他的兒子們當政，所做的只能是蕭規曹隨。佩希斯特拉特斯和妻子[7]生了兩個兒子，分別是希皮亞斯[8]和希巴克斯[9]；和阿各斯（Ἄργος, Argos）配偶生了兩個兒子，分別爲伊奧豐（Ἰοφῶν, Iophon）[10]和赫基西斯特拉圖（Ἡγησίστρατος, Hegesistratus）[11]，後者有個綽號叫色薩魯斯（Θέτταλος, Thessalus or Thettalus）[12]。

4. 因爲，佩希斯特拉特斯娶的阿各斯妻子名叫提謨娜薩，是阿各斯人高爾吉魯斯的女兒，她先前是安布拉西亞（Ἀμπρακία, Ambrakia or Ambracia，或譯爲「安布拉基亞」）[13]人阿爾基努斯（Ἀρχῖνος, Archinos or Archinus）的妻子，阿爾基努斯是庫普塞羅斯（Κύψελος, Cypselus, 670?-627B.C.）[14]的後代。這是他和阿各斯人之間友誼的起源，因爲赫基西斯特拉圖率領一千名阿各斯人與他在帕勒尼戰役中並肩作戰[15]。一些權威人士稱，這次婚姻是他在第一次被驅逐出雅典之後結成的；另一些人則說，他是在當政期間結了這次婚[16]。[17]

◆註解◆

【1】西元前五二八年或前五二七年。

【2】該詞的拉克漢譯文為「抱病身亡」。

【3】亞里斯多德在《政治學》（1315 b 31）中認為該數字為「十七年」。

【4】即兩人是同性戀。同性戀在古希臘世界是普遍存在和被認可的現象，老少結合的同性戀要比同齡人間的同性戀更為普遍。並且，老少結合的同性戀通常是一種變相的教育方式（Xen. *L.P.* 2.12-13）。例如：著名的哲學家蘇格拉底和雅典將軍阿爾西比亞德等多人既是同性戀關係又是師徒關係；不過，柏拉圖卻盛讚這種「同性戀關係」是精神之愛、純潔之愛，而非肉欲之愛。此外，底比斯的軍事政治家伊帕米儂達甚至組織過一支同性戀軍隊，並憑藉它打敗了強大的斯巴達重裝步兵。古希臘著名的同性戀夥伴還有神話人物阿基里斯與帕特羅克里斯（*Πάτροκλος*, Patroclus），以及歷史人物亞歷山大大帝與赫菲斯提昂（*Ἡφαιστίων*, Hephaestion, 356-324B.C.）。不過，不同地區對同性戀的態度也不大相同；在一些地區，同性戀者會受到社會習俗或法律的約束而被禁止參加一些公共活動。

【5】此為訛傳，大概指的是第十四章中所講的那場戰爭。關於雅典和美加拉對薩拉米島的爭奪，普魯塔克在〈梭倫傳〉（8-11）中進行了較為詳細的敘述。雅典從麥加手中奪取薩拉米島，經歷了一個漫長的過程；其間，雅典人曾一度失望，並禁止任何人提及奪取薩拉米島之事，而梭倫則透過詩歌形式巧妙地激發了雅典人奪取薩拉米島的熱情，並在他的指揮下奪得了該島。最後，經過斯巴達的仲裁，薩拉米島被判給了雅典，從而使該島成為雅典正式且合法的領土。梭倫本人也因此事而聲望大振，為他後來成為雅典政治的調停人和執政官做了鋪墊。薩拉米島很有可能在後來又被美加拉奪走，從而引發了更大的戰爭；兩個城邦不僅為了爭奪薩拉米島，同時也為了爭奪尼西亞發生了一系列衝突，而佩希斯特拉特斯領導雅典人在這場戰爭中取得了勝利（H. i. 59.4）。後世作家誤將兩場戰爭合二為一，從而延伸出佩希斯特拉特斯與梭倫並肩戰鬥的錯誤觀點。

[6] 作者的觀點是正確的。梭倫大概出生於西元前六三八年，而佩希斯特拉特斯大概出生於西元前七世紀末，梭倫收復薩拉米島的時候，佩希斯特拉特斯還尚未達到服兵役的年齡，兩個人不可能並肩作戰。

[7] 佩希斯特拉特斯在西元前六世紀七〇年代中期或晚期第一次結婚（Davies, 446）。

[8] 希皮亞斯，佩希斯特拉特斯的長子，於西元前五七〇年出生，有智謀，曾策劃和參與了佩希斯特拉特斯第三次奪權的活動（H. i. 61.2）。西元前五二八年或前五二七年繼位成第二代僭主，繼承其父的溫和統治傳統；但在西元前五一四年希巴克斯被刺後，便執行殘暴的統治政策；西元前五一一年或前五一〇年，其統治被推翻，希皮亞斯投奔波斯，試圖借助波斯帝國的勢力恢復他在雅典的統治，但最終失敗；最後，稍晚於西元前四九〇年逝世（H. vi. 107-108）。

[9] 希巴克斯，生性儒雅，喜愛文學藝術，結交了不少文人雅士，並且重新組織了泛雅典娜節上的音樂比賽，西元前五一四年被刺身亡；偽柏拉圖（Pseudo-Plato）曾以他為名寫了一篇對話〈希巴克斯篇〉（*Hipparchus*），文章對他談論頗多，並且認為他是佩希斯特拉特斯的長子（Plat. *Hipp*. 228 b）。

[10] 伊奧豐，僅存其名，其生平事蹟已無可考（Davies, 449）。

[11] 赫基西斯特拉圖，出生於西元前六世紀五〇年代或更早（Davies, 450）。他是佩希斯特拉特斯較為器重的兩個孩子之一，曾派他到新奪取之地西格翁做僭主，西格翁後來成為希皮亞斯流亡在外的一個避難所（H. v. 65.3, 91.1, 94; Th. vi. 59.4）。

[12] 本文作者在這裡誤將赫基西斯特拉圖與色薩魯斯視為同一個人。據大衛斯（J. K. Davies）考證，佩希斯特拉特斯共有五個兒子，他的雅典妻子生有三子：希皮亞斯、希巴克斯和色薩魯斯，他的阿各斯妻子生有二子：伊奧豐和赫基西斯特拉圖（Davies, 445-500）。色薩魯斯的得名很可能是佩希斯特拉特斯為了紀念他與色薩利的結盟（H. v. 63.3）。

[13] 安布拉西亞，科林斯人的殖民地，位於希臘半島西南海岸的地區，面向安布拉西亞灣。

[14] 庫普塞羅斯，科林斯僭主，主要活躍於西元前七世紀後半期，其在位時間長達六十年；他本人或他的繼承者在安布拉西亞建立殖民地（參見：Strab. vii. 7.6, x. 2.8）。

[15] 希羅多德在描述這場戰役時，只是籠統地提到了佩希斯特拉特斯的兒子們也參與其中，並有可能是騎兵統領，赫基西斯特拉圖也很可能是其中一位（H. i. 62-63）。

【16】此句的羅德斯譯文為「他是在第一次當政期間結了這次婚」。據推測，文中的「當政」指的便是他第一次掌權。

【17】拉克漢合併了第二節和第三節，將本章分為三節。

第十八章

1. 希皮亞斯和希巴克斯共同掌握政權[1]，因爲他們的出身和年齡都相仿；但是，希皮亞斯天生具有政治家的氣質和精明性格，他實際上是政權的首領。希巴克斯無心立業、生性風流且愛好文學，正是他邀請安那克瑞翁（*Ανακρέων*, Anacreon, 570?-488?B.C.）[2]、西摩尼德斯（*Σιμωνίδης*, Simonides, 556?-468B.C.）[3]和其他詩人來到雅典的。[4]

2. 色薩魯斯則年輕了許多，他行爲粗暴且傲慢無禮。整個家族的厄運便是根源於他的性格。[5]他喜歡上了哈爾莫狄烏斯，卻未能贏得對方的愛意，他便暴怒起來。色薩魯斯透過不同途徑來發洩自己的憤怒，最後，他阻止哈爾莫狄烏斯的妹妹成爲泛雅典娜節遊行的持籃少女（*Κανηφόρος*, Kanephoros or Basket Bearer）[6]，所宣稱的理由是哈爾莫狄烏斯生活不檢點[7]。因此，出於激憤[8]，哈爾莫狄烏斯和阿里斯托基冬集合他們的許多摯友[9]，來共同做一件彪炳史冊的大事。[10]

3. 在泛雅典娜節[11]上，他們埋伏在衛城，等待希皮亞斯出現（此時，希皮亞斯正在等候遊行隊伍的到來，而希巴克斯正在組織隊伍出發）之時；但是，他們看到一個參與密謀的人卻正在與他[12]親密交談。他們以爲此人正在洩密，便希望在被捕之前有所作爲；所以，這些人衝了下去，不等其他同伴趕到便發起進攻。他們在勒奧斯三女祠（*Λεωκόρειον*, Leocoreum or Leokoreion）[13]附近成功地殺死了當時正在安排遊行的希巴克斯，卻毀掉了整個計畫。[14]

4. 兩個領袖中的哈爾莫狄烏斯被衛兵當場殺死，阿里斯托基冬則被生擒，在遭受長時間拷問之後被處死。[15]在拷問之下，他供出了許多出身極爲顯貴的人，並且是僭主們私交甚厚的朋友。最初，僭主未能找到與陰謀有關的任何線索。根據流行的故事[16]所講，希皮亞斯命令參加遊行的所有人放下武器，然後搜查那些私帶短刀的人。然而，這種故事不可能是眞的；因爲，在當時，遊行隊伍是不攜帶武器的，這一習俗在後來民主政治時期設立。[17]

5.根據民主派的說法，阿里斯托基冬故意指控僭主的朋友以使他們的行爲不潔，並同時透過使僭主殺害他們這些無辜的朋友來削弱他們自身的力量；然而，另一些人則認爲，他沒有說謊，所供出來的都是眞正的同案犯。[18]

6.最後，當他所做的一切不能使其免於一死的時候，他許諾會進一步供認其他人。並且，他勸說希皮亞斯和他握手，以表誠

圖 12　刺殺僭主（陶瓶畫）

意；但是，一握住他的手，阿里斯托基冬便辱罵希皮亞斯與謀殺兄弟的人握手。就這樣，希皮亞斯出於憤怒而不能自控，拔出短刀將其殺死。

◆註解◆

[1] 本文作者似乎並不同意希羅多德和修昔底德對雅典人錯誤觀點的糾正（H. v. 62.2; Th. i. 20.2, vi. 55.1），仍然堅持認為希皮亞斯和希巴克斯共同執政，而非「佩希斯特拉特斯諸子中最長者希皮亞斯為統治者」；並且，共同執政的看法仍然繼續流行，狄奧多魯斯也持有此種觀點（D.S. x. 17.1）。羅德斯認為，兩人共同執政的觀點來自埃福魯斯（Rhodes, 225）。

[2] 安那克瑞翁，古希臘著名遊吟詩人，提奧斯人，他的詩篇在希臘人的宴飲（*συμπόσιον*, Symposia）上經常被傳唱和模仿。在受希巴克斯邀請之前，他曾是薩摩斯波利克拉特斯的座上客；在離開雅典之後，他去了色薩利；據說，雅典人曾為其樹立了一尊雕像（參見：H. iii. 121.1; Strab. xiv. 1.16; Paus. i. 25.1）。

[3] 西摩尼德斯，古希臘著名遊吟詩人，刻俄斯（*Κέως*，即今 Kea，希臘巧思斯島）人。他以歌頌希臘人反抗波斯入侵而著名，被視為西元前五世紀宣揚泛希臘主義的代表人物。

[4] 偽柏拉圖也認為他與安那克瑞翁和西摩尼德斯等詩人交好（Ps. Plat. *Hipp*. 228 c）。

[5] 修昔底德認為是希巴克斯，而非色薩魯斯鍾情於哈爾莫狄烏斯，進而給佩希斯特拉特斯家族造成了災難（Th. vi. 54.3-4），這一觀點得到了狄奧多魯斯的支持，「佩希斯特拉特斯之子色薩魯斯足夠明智，以至於與僭主政治斷絕關係；他致力於平等事業，從而受到了雅典公民的極大擁戴。但是，他的另外兩個兒子希巴克斯和希皮亞斯則是粗暴苛刻之人，維持著對城邦的僭主統治。他們對雅典人施以種種惡行，並且，希巴克斯癡迷於一個極為漂亮的年輕人，由此陷入了危險境地」（D.S. x. 17.1）。筆者傾向於修昔底德的觀點，之所以「禍首」會從希巴克斯轉變為色薩魯斯，是因為記載往事的作家更大程度上是文學家而非歷史學家，而希巴克斯常常是文藝的贊助者，本身也有一定的造詣，惺惺相惜之情使得作家們不願意承認他會因同性戀引來殺身之禍的齷齪之事是真的，而更願意為他開脫，並最終選中了色薩魯斯做替身。在偽柏拉圖的〈希巴克斯篇〉中，作者把希巴克斯

描寫為儒雅高尚、學識淵博的教育者，哈爾莫狄烏斯深深地被他吸引，阿里斯托基冬出於嫉妒而將他刺殺（Ps. Plat. *Hipp.* 229 c-d）。但是，在本文中，色薩魯斯便成為「替罪羊」，被刻畫成一個反面人物，使希巴克斯之死變成了一場「悲劇」。然而，這種「篡改」招來了極端的反感，狄奧多魯斯乾脆將兩個人重新置換，使色薩魯斯與希皮亞斯、希巴克斯兩人形成鮮明的善惡對比：儘管狄奧多魯斯的文字過於矯枉過正，但是其核心事實是不能否認的。

【6】持籃少女只有門第高貴且年齡在十一歲至十五歲之間的少女有資格擔任，籃中放著泛雅典娜節用於祭祀的物品：持籃少女不僅出現在泛雅典娜節上，也出現在戴奧尼索斯酒神節（*Διονύσια*, Dionysia，詳見第五十四章第八節注釋）、地母節（Thesmophoria）等宗教慶典上。

【7】指的是哈爾莫狄烏斯和阿里斯托基冬兩人是同性戀。希羅多德敘述刺殺事件時並未提及兩人是同性戀（H. v. 55-57），而修昔底德和本文作者都刻意強調了他們的這種關係。也有學者指出，哈爾莫狄烏斯的妹妹被取消持籃少女資格的原因可能是她已非處子之身，而處子之身恰恰是對持籃少女的一項嚴格規定（參見：G. R. Stanton, *Athenian Politics c. 800-500 BC*, London: Routledge, 1990, p. 79）。這項規定是為了確保向雅典娜女神的獻祭能夠成功，因為雅典娜本身是貞女之神。「生活不檢點」的原文是 *μαλακίν*，該詞的基本意思是「柔軟的／柔弱的」（soft），可以引申為「缺乏道德、自制力不強」（morally meak, lacking in self-control）等（G.E.L. 1076-1077）。

【8】哈爾莫狄烏斯因為妹妹被無理剝奪持籃少女資格而憤怒，阿里斯托基冬則因為希巴克斯搶奪哈爾莫狄烏斯而憤怒（Th. vi. 56.2）。

【9】修昔底德認為參加密謀的人數不多，人多則易走漏風聲（Th. vi. 56.3）。

【10】修昔底德認為他們沒有這麼高尚的動機，其目的只是解決私人恩怨而非推翻僭主政治（Th. vi. 54.1, 57.2-3, 59.1）；但是，這又與他認為刺殺對象是僭主希皮亞斯而非希巴克斯的觀點有衝突（Th. 54.3）。很顯然，這次刺殺行動將私利和公義緊密地混合在一起，試圖將二者分開或偏向一方都是不恰當的。

【11】西元前五一四年或前五一三年的泛雅典娜節，即哈爾莫狄烏斯的妹妹未能擔任持籃少女的那次泛雅典娜節。

【12】指的是希皮亞斯，參見：Th. vi. 57.1。

【13】勒奧斯三女祠，為紀念勒奧斯的三個女兒而修建的聖堂，該建築位於市場西北角王者柱廊前面、泛雅典娜大道

旁邊。在神話傳說中，她們遵照神諭的指示，在戰鬥中衝向敵人陣營，為國捐軀，從而使雅典人贏得了這場戰鬥的勝利。

[14] 此句被拉克漢歸到了第四節。

[15] 此句的羅德斯譯文為「哈爾莫狄烏斯直接被衛兵殺死。阿里斯托基冬隨後被捕，並遭受了長時間的拷問」。它似乎與原文有較大的出入。除了在「禍首」問題上有分歧之外，修昔底德和本文作者對整個事件程序的描述則是大同小異（參見：Th. vi. 53.3-59.4）。在僭主政治被推翻後，作為推翻僭政的英雄，至少是首先對僭政發難的英雄，哈爾莫狄烏斯和阿里斯托基冬被樹立了雕像。兩人的地位之所以被抬高，首先是因為雅典人的自尊，他們不願承認在倒僭過程中斯巴達人功不可沒；其次是阿爾克邁昂家族政敵的助推，藉以貶低他們的不懈努力和重大貢獻。在這個問題上，希羅多德、修昔底德和本文作者有著相同的觀點，認為阿爾克邁昂家族為推翻僭政作出了最大貢獻，而不是出於私人恩怨來行刺僭主的哈爾莫狄烏斯和阿里斯托基冬。

[16] 文中引用的是修昔底德的敘述（Th. vi. 58），作者有意用它來暗示修昔底德在刺殺事件上存在錯誤敘述。

[17] 從這句話可以看出，作者對何為民主政治並未有一個統一的概念。在他看來，梭倫改革和克里斯提尼改革所確立的政體都是民主制，克里斯提尼的民主制比梭倫的民主制更為民主（參見第九章和第二十二章及其注釋）。

[18] 關於阿里斯托基冬在嚴刑拷問下招供一事，修昔底德並未提及；不過，其他古典作家也記載了同樣的故事。一些作家堅持前一種的觀點，認為阿里斯托基冬供出來的是假名單（D.S. x. 17.2-3; Polyaen. i. 22; Just. ii. 9. 2-6）；另外一些作家則認可後一種說法，認為阿里斯托基冬的確供出了事實（Ath. xii. 602 b; Plutarch, *De garrulitate*, 505 d; D.L. ix. 26-27）。

第十九章

1.這次事件之後，僭主統治變得非常暴虐。爲了給兄弟報仇，希皮亞斯處死並放逐了許多人[1]，結果導致他變成了一個多疑[2]而又痛苦的人。

2.希巴克斯死後大約三年[3]，他發現在雅典城的地位已經不穩固，便開始在穆尼客阿（*Μουνιχία*, Munichia）[4]修築要塞，以圖在那裡鞏固自己的權力。然而，當他還在致力於此事之時，卻被斯巴達國王克利曼尼（*Κλεομένης*, Kleomones or Cleomenes, ?-490B.C.）[5]驅逐出境，因爲神諭不斷煽動斯巴達人來推翻了佩希斯特拉特斯家族的僭主政治。這些神諭是透過以下方式獲得的。

3.以阿爾克邁昂家族爲首[6]的雅典流亡者[7]，僅憑自身實力不能返回雅典城，他們在嘗試中連續遭到失敗。在另一些失敗中，還包括利普敘德里溫（*Λειψύδριον*, Leipsidrion or Lipsydrium）[8]的失守。他們曾經修築了位於阿提卡[9]帕恩斯山（Mt. Parnes，即 *Πάρνης*, Mount Parnitha）的據點利普敘德里溫，其他一些人也加入了其中；但是，僭主們圍攻了那裡，並迫使他們投降。後來，這次災難在那首廣受喜愛的飲酒歌中被吟唱：

啊！利普敘德里溫，不忠的朋友！
多少英雄在這裡送命，
他們生得偉大，死得光榮！

在緊急時刻用行動證明，
他們無愧於列祖列宗。[10]

4.在各個方面都遭到失敗之時，他們獲得了重建德爾菲神廟[11]的契約；因此，他們得到了豐足的資金，並用它們獲得斯巴達人的幫助。[12]在這段時期裡，皮希雅（*Πυθία, Pythia*）[13]不斷囑咐前去找她求神諭的斯巴達人，他們必須去解放雅典人；儘管佩希斯特拉特斯家族與他們保持著友好關係[14]，她最終還是成功地促使斯巴達人採取了行動。不過，佩希斯特拉特斯家族和阿各斯之間建立的同盟關係對斯巴達人下定決心也起著同等重要的作用。[15]

5.最初，他們派安基墨魯斯（*Ἀγχίμολος*, Anchimolus）[16]率領一支軍隊從海上進攻。但是，色薩利的西尼阿斯[17]派來了一千名騎兵援助佩希斯特拉特斯的兒子們；結果，安基墨魯斯兵敗身亡。斯巴達人被這次災難激怒，他們派出國王克利曼尼率領一支更爲強大的軍隊從陸路發起進攻。當色薩利騎兵試圖攔阻他們進入阿提卡時，克利曼尼將其擊潰，然後將希皮亞斯圍困在波拉爾基克牆（*Πελαργικὸν*, Pelargicum）[18]內，在雅典人的協助下將其封鎖在那裡。

6.當克利曼尼準備在那個地方的前面安營紮寨之時，佩希斯特拉特斯的兒子們在企圖悄悄溜走時碰巧被抓住。以保障子女[19]安全和在五天內運走他們的財產爲條件，僭主們[20]投降了，他們把衛城交給雅典人。[21]這件事發生在哈爾派克提德擔任執政官之時[22]。父親死後，佩希斯特拉特斯的兒子們進行了十七年的僭主統治；將其父親的統治計算在內，總共是四十九年[23]。

圖 13 〈德爾菲女祭司〉[24]

◆註解◆

[1] 在這些被放逐的人當中，有克里斯提尼、西蒙之父米爾泰德斯（*Μιλτιάδης*, Miltiades, 550-489B.C.，詳見第二十六章注釋）等曾經與僭主們和解或合作過的人（H. vi. 39.1, 103.1）。

[2] 「多疑」的原文為 *ἄπιστος*，它本身具有彼此對立的兩個詞義：「不相信人的」（suspicious）和「不被人相信的」（not to be trusted）（*G.E.L.* 189-190）；根據具體情況，筆者採用了前者。

[3] 西元前五一一年或前五一〇年。

[4] 穆尼客阿，是阿提卡半島南部濱海的一片高地，位於皮雷埃夫斯港東邊，面對著法勒蘭灣（Phalerum Bay），具有重要的戰略地位；據說，那位到雅典進行淨化儀式的祭司艾皮曼尼德斯，曾作了一個讖語預言此地將透過軍事戰鬥而給雅典人帶來諸多不幸（Pl. *Sol.* 12.5; D.L. i. 114）。不僅希皮亞斯發現了此地的軍事價值，後世也同樣重視此地。在西元前四一一年或前四一〇年四百人專政期間，寡頭派曾在此地駐防，以防支持民主政治的雅典海軍來襲（Th. viii. 92.5）；在西元前四〇四年或前四〇三年三十人僭政期間，民主派在此地的戰鬥中取得了決定性勝利，最終促成了三十人僭政的垮臺（Arist. *A.P.* 38.1）；在西元前四世紀，此地不僅有服預備兵役的埃菲比（*ἔφηβοι*, *Epheboi*, *Ephebe* or *Ephebi*，其單數形式為 *ἔφηβος*, *ephebos*；詳見第四十二章第二節注釋）駐防，同時十將軍中的一位也同樣專司此地防務（Arist. *A.P.* 42.3, 61.1）。

[5] 克利曼尼，即克利曼尼一世，來自於艾基亞家族（the Agiad）的斯巴達國王，約西元前五二〇年至前四九〇年在位；在他在位期間，斯巴達確立了在伯羅奔尼撒半島的霸主地位，伯羅奔尼撒同盟正式成立，成為斯巴達稱霸希臘的工具。

[6] 此時，海岸派領袖墨迦克勒斯之子克里斯提尼已成為反對僭政的領袖；他曾在西元前五二五年或前五二四年擔任過執政官一職，後來被放逐。西元前六世紀末的克里斯提尼改革為雅典確立了民主政體，西元前五世紀的雅典人也是這麼認為的。但是，隨著西元前四〇四年雅典在伯羅奔尼撒戰爭中戰敗，雅典人開始反思民主政體後，大部分雅典人又逐漸認為梭倫甚至是特修斯所確立的政體便已是民主政體。不過，現代學界普遍將克里斯提尼改革視為民主政治誕生的標誌。

[7] 在佩希斯特拉特斯死時或死之前，阿爾克邁昂家族與佩希斯特拉特斯家族和解；但是，很明顯的，在希巴克斯

被謀殺之後，他們再次遭到放逐（Rhodes, 234）。

[8] 利普敘德里溫，其字面涵義為「涸泉」（water-failure），它是位於阿提卡東北部帕恩斯山的要塞。希羅多德和亞里斯多芬都提到了此事，但是希羅多德並未提到流亡者被包圍並投降的結果（H. v. 62; Ar. *Lys*. 665）。

[9] 這一短語的拉克漢譯文和羅德斯譯文皆為「農村」（the country or the countryside），它指的是相對於雅典城而言的其他阿提卡地區。

[10] 這段飲酒歌被阿特那俄斯摘錄（Ath. xv. 695 e）。

[11] 即位於德爾菲的阿波羅神廟。德爾菲是位於古希臘中部的一個小城邦，該地因獻給阿波羅．德爾菲尼烏斯（Apollo Delphinius，即海豚之神阿波羅）而得名，「德爾菲」一詞便是來源於「德爾菲尼烏斯」（*Δελφίνιος*, Delphinios or Delphinius，它是阿波羅神的別名）（*G.E.L.* 377-378）。該地最著名的是頒布神諭的阿波羅神廟，它是如此著名以至於古希臘人提到德爾菲神廟（*Ναὸς ἐν Δελφοῖς*, the templ of Delphi）之時便專指它；而也可以被稱為「德爾菲神廟」的德爾菲尼昂（*Δελφίνιον*, Delphinion or Delphinium）是雅典一個不太著名的小神廟（參見第五十七章第三節及注釋）。

[12] 西元前五四八年或前五四七年，德爾菲的阿波羅神廟被毀（H. ii. 180; Paus. x. 5.8）。希羅多德的記述與此有出入（H. v. 62-63）。這批流亡者從重建神廟的契約當中獲得了大量財富，並用它們來賄賂德爾菲神廟的女祭司皮希雅，使她向斯巴達人發布推翻雅典僭政的偽神諭，並最終獲得了斯巴達人的幫助。本文作者未提及行賄之事，而普魯塔克對行賄之說加以否定（Pl. *Mor*. 860 c-d）。

[13] 「皮希雅」，是對德爾菲阿波羅神廟發布神諭的女祭司的專有稱呼。「皮希雅」一詞來源於德爾菲的古名「皮托」（*Πυθώ*, Pytho），傳說阿波羅在該地射殺了蟒蛇皮同（*Πύθων*, Python）。普遍認為皮希雅是在一種迷狂狀態下發布神諭的。她坐在三腳凳上，在岩石裂縫中升騰出的煙霧薰蒸下進入迷狂狀態，然後開始「胡言亂語」；這些「胡言亂語」再經過其他祭司整理成內容晦澀的篇章，這便成為供占卜者揣測的神諭。

[14] 拉克漢譯文為「佩希斯特拉特斯家族和他們沒有往來」（Peisistratidae were strangers to them）。

[15] 先前，佩希斯特拉特斯家族是斯巴達在雅典的代理人，由其負責照顧斯巴達在雅典的利益，這便是文中所說的「友好關係」；但是，當佩希斯特拉特斯與斯巴達的夙敵阿各斯結盟之後，斯巴達便與佩希斯特拉特斯解除了代理人關係（參見：G. R. Stanton, *Athenian Politics c. 800-500 BC*, London: Routledge, 1990, p. 86）。儘管佩

希斯特拉特斯家族與斯巴達之間的正式友好關係中斷了，但是，它在斯巴達的私人好友依然具有影響力（H. v. 63.2）。羅德斯認為，佩希斯特拉特斯家族不可能同時與阿各斯和斯巴達保持友好關係（Rhodes, 237）。

[16] 安基墨魯斯，希羅多德對此人名的拼法稍有不同：安基墨琉斯（Ἀγχιμόλιος, Anchimolius）（H. v. 63.2）。

[17] 編按：此處恐為誤植，應指尼奇亞斯。

[18] 波拉爾基克牆，指的是圍繞雅典衛城西端的防禦工事（Rackham, 60）。有學者認為，它可能建於邁錫尼時代，至今仍有殘存（參見：G. R. Stanton, *Athenian Politics c. 800-500 BC*, London: Routledge, 1990, p. 84）。

[19] 在佩希斯特拉特斯的兒子當中，只有希皮亞斯有子嗣（Th. vi. 55.1）。

[20] 泛指佩希斯特拉特斯家族。

[21] 斯巴達人兩次出兵推翻雅典僭政的經歷，希羅多德的記述（H. v. 63.1-65.2）與此基本相同，且更為詳盡。希皮亞斯離開雅典後，去了西格翁（H. v. 65.3; Th. vi. 59.4），後來投靠了波斯大王。

[22] 西元前五一一年或前五一〇年。

[23] 僅根據本文的前後資料推算，「四十九年」的說法是有問題的，作者未將佩希斯特拉特斯流亡的時間排除在外。如第十七章第一節所言，在佩希斯特拉特斯第一次確立僭主後的三十三年裡，他只在其中的十九年裡掌權，其餘時間是處於流放狀態。按照這個資料計算，佩希斯特拉特斯僭政為三十六年（H. v. 65.3）或三十五年（Arist. *Pol.* 1315 b 31-34）。

[24] 英國畫家約翰·馬勒·科利爾（John Maler Collier, 1850-1934）繪於一八九一年。

第二十章

1.推翻僭主政治之後，國內黨爭的領袖分別是提山德（*Τίσανδρος*, Tisander）之子伊薩格拉[1]和克里斯提尼，前者支持僭主政治[2]，而後者是阿爾克邁昂家族成員。克里斯提尼在政治黨派衝突中逐漸落敗[3]，他便透過給予人民大眾以公民權[4]來爭取人民的支持。[5]

2.伊薩格拉發現自己在政治上失勢[6]，他便邀請克利曼尼返回雅典，兩人私交甚密。[7]他勸說克利曼尼「祛除汙染」，這個請求起因於阿爾克邁昂家族被視爲汙染之源的事實。[8]

3.因此，克里斯提尼離開了國家；克利曼尼則帶著一小股軍隊進入阿提卡，驅逐了七百戶有汙染的雅典家庭[9]。完成此事之後，他接下來便試圖解散議事會[10]，扶植伊薩格拉及其三百名支持者[11]組成國家最高權力機關。然而，議事會拒絕解散，民眾則團結在一起；克利曼尼、伊薩格拉及其支持者躲進衛城（*ἀκρόπολις*，其複數形式爲 *ἀκρόπολεις*）[12]尋求庇護。在這裡，民眾圍困他們了兩天，在第三天便同意克利曼尼及其所有追隨者離去[13]，而把克里斯提尼和其他被驅逐的人召回雅典。

4.就這樣，民眾控制了政權，克里斯提尼則成爲他們的首領和人民領袖。這是理所當然之事，因爲阿爾克邁昂家族或許是致使僭主們被驅逐的首要原因[14]，僭主們在掌權的大部分時間裡都在與他們進行著不間斷的衝突。[15]

5.不過，甚至早在阿爾克邁昂家族之前，一個名叫基冬（*Κήδων*, Cedon）的人曾攻擊過僭主們【16】；有一首流行的飲酒歌，便是用來紀念他的：

孩子，爲祝基冬健康再斟上一杯；
如果祝酒是用來榮耀配得上慷慨和忠誠美名之人的話，
不要忘記有責任這樣做。【17】

◆註解◆

【1】伊薩格拉，提山德之子伊薩格拉，與克里斯提尼同時代的貴族派領袖和僭主政治的支持者，其生卒年月已無從考證。除了本文和希羅多德的記載外，很難再找到他的其他資訊：在西元前五〇六年斯巴達國王克利曼尼幫其重奪雅典政權未果後，伊薩格拉便從歷史舞臺上銷聲匿跡（H. v. 66, 69-70, 74）。

【2】希羅多德並沒有提到伊薩格拉支持僭主政治。

【3】此處講的可能是伊薩格拉當選執政官一事，參見第二十一章第一節；不過，希羅多德和本文都沒有明確記載克里斯提尼因為何事「落敗」和如何「落敗」。慣例而言，每個公民只能當選一次執政官，克里斯提尼本人已在西元前五二五年或前五二四年擔任過執政官，所以，他再參與競選執政官是不被允許的；儘管歷史上存在過例外，如米爾泰德斯在西元前六六四年或前六六三、前六五九年或前六五八年擔任過兩屆執政官（Paus. iv. 23.10, viii. 39.3），達瑪西阿斯在西元前五八二年至前七五九年連續擔任了兩年又兩個月的執政官（Arist. *A. P.*13.2），但他們在後來都被視為非法執政。作為推翻僭主政治的英雄，克里斯提尼不可能有強烈的權力欲望來再次競選執政官，當時的政治氛圍也不允許他如此做。最有可能的是他支持的候選人在競選執政官時遭到淘汰，而這個候選人又很有可能是西元前五〇七年或前五〇六年當選執政官的阿爾克邁昂。

【4】這一措施或許是克里斯提尼改革的先聲。希羅多德便認為是克里斯提尼的民主政治改革導致了伊薩格拉的失

勢，並引來了克利曼尼的干預（H. v. 66, 69-70）。

[5] 由於克里斯提尼開創了雅典的民主政治，而伯里克里斯將其推向高潮，從而使後世誤以為阿爾克邁昂家族一貫支持民主制，實則不然。從文中這句話可以看出，克里斯提尼或阿爾克邁昂家族的政治理念前後經歷了一個變化。從最初身為執政官的墨迦克勒斯出於維護雅典現有的寡頭制或貴族制而對庫隆的僭政圖謀進行了鎮壓，到梭倫改革後阿爾克邁昂之子墨迦克勒斯對中庸政體，即溫和的貴族制的追求，再到後來他與僭主佩希斯特拉特斯的聯合以及與後者的對抗，最後到克里斯提尼成功推翻僭主政治，這一歷程反映出阿爾克邁昂家族一貫支持的是溫和的貴族政體，即他們既反對一人專制的僭主制和極少數人專政的寡頭制，又反對大多數人掌權的民主制。只是在合法的政治衝突中被伊薩格拉擊敗之後，克里斯提尼和阿爾克邁昂家族的政治理念才發生重大轉變，轉而支持民主制，並且為雅典民主政治的確立和發展作出了重大貢獻。

[6] 關於伊薩格拉如何在政治上「失勢」，相關史料都未曾給出明確資訊：只是提到克里斯提尼選擇了支持平民，使其政治影響力超越了伊薩格拉（H. v. 69.2; Arist. *A.P.* 20.1）。但是，當時的政治體制並不利於平民參政，作為第四等級的平民只有資格參加公民大會和民眾法庭，而被排斥在其他政權機關之外（Arist. *A.P.* 7.3）：儘管克里斯提尼有平民的支持，但若沒有城邦官員的支持（史實也證明他在選任核心官員的競爭方面落敗了），他的影響力不可能對城邦的政治決策造成重大影響。很有可能是克里斯提尼的民主政治改革呼聲，使得伊薩格拉等貴族派勢力深感有「失勢」之虞，以至於他不得不邀請克利曼尼來驅逐克里斯提尼及其追隨者。

[7] 兩人的友誼可以追溯到佩希斯特拉特斯僭政時期，並且，克利曼尼還因（與）伊薩格拉的妻子有染而被指控（H. v. 70.1）。

[8] 關於阿爾克邁昂家族被視為汙染源一事，請參見殘篇八及其注釋和抄本第一章。

[9] 希羅多德也承認「七百戶有汙染的雅典家庭」之說（H. v. 72.1），但這個數字所反映的歷史真實性卻值得懷疑。希羅多德還提到，這個數字是伊薩格拉給出的：必定是伊薩格拉和克利曼尼想利用汙染一事作為藉口，有意擴大這個數字，以便盡可能地驅逐伊薩格拉的政敵。

[10] 此指四百人議事會，而非戰神山議事會和克里斯提尼設立的五百人議事會：因為，戰神山議事會代表著親斯巴達的貴族勢力，五百人議事會在當時尚未出現，而四百人議事會則是平民勢力的代表（參見第八章第四節及其注釋）。不過，葛德利（A. D. Godley, 1856-1925）傾向於認為這個議事會指的是克里斯提尼成立的五百人議事

會（參見：Herodotus, *The Persian Wars*, III, trans. by A. D. Godley, Cambridge, Mass.: Harvard University Press, 1922, p. 79. n. 3）。這種觀點也有史料支撐，因為希羅多德便是將克里斯提尼改革置於克利曼尼干預之前；但是，希羅多德並未提到克里斯提尼對四百人議事會進行了改革（H. v. 66, 69-70）。學界通常遵循本文的觀點，將克里斯提尼改革置於克利曼尼和伊薩格拉被驅逐之後，並且認為克里斯提尼改革經歷了數年（大概持續到西元前五〇一年或前五〇〇年）才完成，而不像梭倫改革是在其任期內完成的。

[11] 可以推測，伊薩格拉的這三百名支持者是戰神山議事會成員，其中所有最年老的人應該在僭政期間擔任過執政官一職；但是，至少有一位戰神山議事會成員，即克里斯提尼，現在成為伊薩格拉的政敵。

[12] 衛城。ἀκρόπολις（*akropolis*）由詞根 ἄκρος（*akros*，其含有頂部、最高點之義）和 πόλις（*polis*，其含有城市、城堡和城邦之義）組合而成，其字面意思為「高城」，即建立在高處，通常是山坡或山頂的堡壘。長期以來，衛城是作為軍事防禦之用；又由於它是城邦中最安全的地方，城邦最重要的神廟也設置在這裡，所以它同時也是宗教活動聖地。作為一般詞彙，它泛指各種要塞、堡壘；作為專有名詞，它專指雅典衛城。雅典衛城又被稱做科克洛比亞（*Κεκροπία*, Cecropia），此名來源於傳說中的第一任雅典國王科克洛普斯。現代考古發現最早的衛城遺址是西元前十三世紀晚期遺留下來的，它或許是《荷馬史詩》曾經提到過的「俄瑞克透斯的堅固宮殿」（*Ερεχθῆος πυκινὸν δόμον*）（*Odyssey*, vii. 81）。像其他衛城一樣，雅典衛城長期以來發揮著軍事堡壘的作用，奪取它意味著奪取政權，庫隆、佩希斯特拉特斯等人便是如此；同時，它也是失勢者最後的依憑，庫隆、希皮亞斯以及克利曼尼和伊薩格拉便是如此。然而，在克里斯提尼改革之後，雅典政治從小集團活動變成民眾活動時，衛城的軍事堡壘作用便逐漸消失，政權的更迭更多的是由民眾意志來決定的；不過，三十僭主統治時期，他們請來的斯巴達駐防軍仍然駐紮在衛城，試圖憑藉武力威懾來維持統治。與此同時，它的宗教文化特徵逐漸凸顯，尤其是伯里克里斯時代，它被修繕一新，遺留到現在的帕德嫩神廟、衛城門廊、通往衛城的聖路等重大工程都是在這一時期完成的；因此，雅典衛城便成為歐洲古代文明的卓越象徵，成為重要的文化朝聖之地。

[13] 希羅多德的記述與此稍異，雅典人與克利曼尼達成的協議是只保證克利曼尼本人和斯巴達人離開（另外，也必定包括伊薩格拉），其他人則被雅典人處以死刑（H. v. 72.4）。或許，本文的記載更接近史實；因為，雅典人能與暴戾的僭主及其支持者達成和解，也必定會與相對溫和貴族派勢力達成和解。同時，希羅多德還記載，克利曼尼離去後並未就此善罷甘休，他先後組織過兩次入侵阿提卡的軍事行動：西元前五〇六年那次為的是幫助

伊薩格拉奪權、西元前五〇四年那次為的是幫助希皮亞斯恢復僭主統治，但兩次行動均以失敗告終（H. v. 74-77, 90-6）。

[14] 本文又一次繼承了希羅多德和修昔底德的看法（H. vi. 123; Th. vi. 59.4），有意識地批駁雅典人在倒僭問題的錯誤觀念，而為阿爾克邁昂家族和克里斯提尼在倒僭功績正名，他們努力的效果遠遠超過了哈爾莫狄烏斯和阿里斯托基冬刺殺僭主的圖謀。

[15] 「不間斷」一詞使用得有些失當，因為阿爾克邁昂家族和佩希斯特拉特斯家族之間是存在著短暫的聯合與和解的，如墨迦克勒斯協助佩希斯特拉特斯第二次奪權和西元前五二五年或前五二四年克里斯提尼當選執政官。拉克漢將此句譯為「他們透過黨爭完成了其中的大部分工作」，這一譯法更貼近史實。

[16] 羅德斯譯文為「甚至在更早的時候，阿爾克邁昂家族的基冬便攻擊過僭主們」，羅德斯似乎遵循了維拉莫維茲（Ulrich von Wilamowitz-Moellendorff, 1848-1931）的理解：維拉莫維茲認為，這個不知名的阿爾克邁昂家族成員基冬領導了一場反對希皮亞斯的起義（參見：Athenaeus, *The Deipnosophists*, trans. by Charles Burton Gulick, Cambridge, Mass.: Harvard University Press, 1941, p. 229. n.a）。理論上，兩種理解都存在可能性。關於這個基冬，我們別無它知：還存在著其他名叫基冬的雅典人，不過僅西元前四世紀的兩人有籍可考（Rhodes, 248）。

[17] 由於此段飲酒歌的文學性較強，各譯本的差別比較大，尤其是最後一句。又由於它與史實無大關涉，故本譯文遵從肯尼譯文，而不將其他譯文一併譯出以作比較。這段飲酒歌也被阿特那俄斯摘錄（Ath. xv. 695 e）。

第二十一章

1.因此，人民極其信賴克里斯提尼。[1]在僭主被驅逐的第四年[2]，即伊薩格拉擔任執政官之時，他成爲了人民領袖。

2.他採取的第一步是取消現有的四個部落而將全國劃分爲十個部落[3]，其目的是混合不同部落的居民[4]，使得更多的人得以分享公民權[5]。這便是諺語「請勿就部落論事」[6]的起源，它原本是說給那些對古老家族譜系刨根問底者聽的。

3.其次，他用五百人議事會（*βουλή*, the Boule or Council of five hundred）[7]取代了四百人議事會，每個部落選出五十人，而不是原先的一百人參加。他本可以利用現存的三一區，把全國分爲十二個部落，但他卻沒有這麼做；因爲，換湯不換藥的做法無助於他達到將人口分配到新團體的目的。

4.再次，他又將全國分爲三十組德莫（*δῆμος*, *demos*，其複數形式爲 *δῆμοι*, *demoi* or *demes*）[8]，十組在城市地區、十組在濱海地區、十組在內陸地區。[9]他稱這些組爲三一區，透過抽籤將其中的三個劃入一個部落；透過這種方式，每個部落在這三個地區都各占一份。他宣布，生活在指定德莫裡的所有人都是村民[10]；爲了達到這個目的，新公民不得繼續沿用傳統的家族名稱，而應該正式地使用德莫名稱來命名[11]；因此，雅典人使用所在德莫的名稱相稱。[12]

5.他也設立了德莫長（*δήμαρχος*, *Demarch*，其複數形式爲 *δήμαρχοι*, *Demarchoi* or *Demarchi*）[13]，

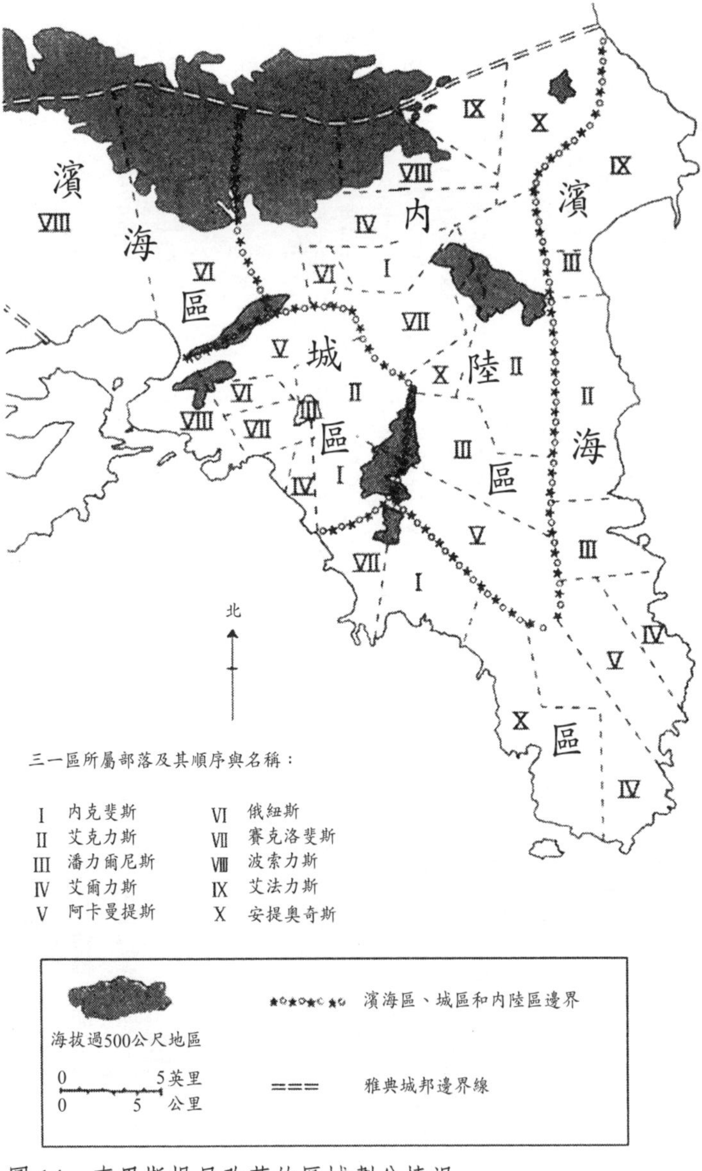

圖 14　克里斯提尼改革的區域劃分情況

他的職責和先前的艦區長相同，設立德莫就是爲了取代艦區。[14]他爲德莫起了名字，一些是根據它們所在的地區[15]，一些是根據它們的建立者，因爲一些地區與它們原來的名稱已不相匹配[16]。

6.另一方面，他允許每個人根據傳統習俗保留他們的家族、胞族和祭司特權。他又用十個名祖（ἐπώνυμος, *eponumos*，其複數形式爲 ἐπώνυμοι, *eponumoi* or *eponumi*）[17]來爲部落命名，它們是皮希雅從事先選好的一百個名字中挑選出來的。[18]

◆註解◆

[1] 雅典人對克里斯提尼和阿爾克邁昂家族的信賴並未持續很長的時間。在克利曼尼和伊薩格拉被驅逐之後，克里斯提尼曾提議雅典與波斯帝國結盟來對抗斯巴達的再次武裝干涉，由於波斯要求雅典以臣服為條件才同意結盟，便被雅典人民拒絕（H. v. 73）；從此，阿爾克邁昂家族便背負了親波斯的嫌疑，克里斯提尼的政治影響力也因此受到削弱。希羅多德認為，雅典人懷疑阿爾克邁昂家族有私通波斯的嫌疑是錯誤之舉，並為之進行辯護（H. vi. 121-123）。事實也的確如此。然而，與波斯結盟的政策給克里斯提尼本人帶來了巨大的損失，如此偉大的一位政治家卻在普魯塔克《名人傳》裡未獲得一席之地，很可能是因為缺乏足夠的相關史料來完成寫作的緣故。

[2] 西元前五〇八年或前五〇七年。這一年的執政官伊薩格拉並未順利完成任期，在與克里斯提尼的衝突中遭到驅逐，且未能奪回政權。在伊薩格拉被驅逐之後，沒有任何史料記載克里斯提尼被選舉為執政官和擔任戰神山議事會成員之外的其他職務；但是，雖然未重新擔任執政官，甚至除了戰神山議事會成員之外別無他職，他卻獲得了與梭倫一樣的強大權威，可以借助他的個人魅力和其支持者的政治權威（例如：阿爾克邁昂家族的阿爾克邁昂在西元前五〇七年或前五〇六年被選舉為執政官）來推行各項改革。不過，並不能排除克里斯提尼擔任其他官職的可能性；因為，雅典在事實上是認可戰神山議事會成員兼任其他職務的，例如：狄密斯托克利斯和亞

里士泰迪斯（Ἀριστείδης, Aristides or Aristeides, 530?-468?B.C.）便是如此，他們都擔任過將軍一職。

[3] 希羅多德認為，克里斯提尼將雅典傳統的四個部落重新劃分為十個部落的做法是因為他瞧不起愛奧尼亞人，從而不願雅典繼續沿用愛奧尼亞的四部落傳統，這種做法是他對其外公西庫昂僭主克里斯提尼的效法；他的僭主外公因瞧不起多利安人而改革了本國的行政區域劃分（參見：H. v. 66.2, 69）。似乎，希羅多德的言論更多的是出於個人想像，而非依據歷史事實，希羅多德也承認這只是他個人的看法（H. v. 69.1）。在這個問題上，本文作者的觀點要比希羅多德的更為符合歷史事實，即克里斯提尼如此做為的是創造一個新型且又穩固的國家（Arist *A.P.* 21.2-3）。在民主制被推翻之後，即西元前三〇七年，克里斯提尼確立的十部落制被廢除，阿提卡又被重新劃分為十二個部落。

[4] 這樣做有利於增進公民間的認同感、削弱狹隘的家族觀念（參見：Arist. *Pol.*1319 b 19-27）。

[5] 原來屬於同一部落或氏族的成員現在分屬於不同的部落，一批新的公民，如本來不是氏族成員的僑居民、被釋奴（ἀπελεύθερος, *apeleutheros* or freedman，詳見附篇〈色諾芬雅典政制〉第一章第十節注釋），甚至奴隸，都被列入公民籍（參看第四節）。亞里斯多德在《政治學》中雖然對克里斯提尼這種歸化僑居民、被釋奴和奴隸為公民的做法提出了異議，但最終仍肯定了這些非自然公民的入籍公民在事實上必須被稱為公民，並且肯定了這種擴大公民團體規模，尤其是增加平民數量的做法是有益的（參見：Arist. *Pol.* 1275 b 34-1276 a 6, 1319 b 5-9）。

[6] 《雅典政制》的作者似乎相信，每個公民最初既屬於某個部落又屬於某個 γένος（氏族），但有時候（或許是在僭主統治下，參見第十三章第五節）公民權會被既不屬於某個部落又不屬於某個家族的移民非法占有：事實上，更有可能是，在克里斯提尼改革前每個公民都屬於某個部落，但氏族只是少數的貴族才能躋身其中，並且任何時候每個公民都不一定必須屬於某個氏族。克里斯提尼改革後，取代舊制度的新部落體系成為公民權的基礎：一個人要想成為公民，他必須成為德莫和將德莫包括在內的三一區、部落的成員，新部落體系為雅典人的公共生活組織提供了一個框架（Rhodes, 250-251）。這句話似乎是新入籍公民或身分等級低的公民所說，意為：現在的部落和先前的家族沒有任何聯繫，所有公民的地位一律平等，有高貴血統的公民和出身低下的公民享有平等的公民權利；請不要自我炫耀身分的高貴，也不要貶低他人的卑賤出身。這句話的出現，反映出：克里斯提尼改革將雅典城邦變成了一個徹底的公民國家（如果不把奴隸和僑居民這些居民而非公民的群體考慮在

內的話），激發了雅典人的公民意識。

[7] 五百人議事會成立之初的具體職能，古典文獻並未記載。學界認為，此時的公民大會可能仍像過去一樣由名年執政官來主持召開，直到五百人議事會主席團制度產生之後才由五百人議事會主持召開（James P. Sickinger, *Public Records and Archives in Classical Athens*, Chapel Hill: University of North Carolina Press, 1999. p. 60）。

[8] 德莫，是古希臘城邦中的基本行政單位，被古希臘歷史學家修昔底德視為「微型城邦」（參見：Th. 2. 16. 2）。此詞的英語翻譯是 village，即中文中的「村莊」；而「村莊」並不具有明顯的政治色彩，與 *demos* 的原義出入較大。簡體中文商務版將此詞譯為「村社」，它似乎是一個比較恰當的意譯，但是華人所理解的「村社」與古希臘語境中的 *demos* 之間的不對稱性也是很難透過翻譯來彌補的；所以，本文取用中國大陸學界普遍接受的音譯「德莫」。文中只提到克里斯提尼將整個德莫分為「三十組」，卻未記載其總數是多少；雅典在西元前四世紀末擁有一百三十九個德莫（*C.A.H.* iv. 312），這個數字很可能與克里斯提尼所確定的相差無幾。

[9] 克里斯提尼所規定的城區、濱海區和內陸區是大致根據先前三個黨派的活動區域劃分的，將它們各自分為三個部分以組成新的部落，一方面削弱地方勢力，另一方面將先前衝突的各方融入一個共同體中以便增強他們之間的認同感。

[10] 其目的在於削弱血緣家族觀念、強化公民身分意識，使所有德莫成員無論貧富貴賤都成為平等獨立的個體。

[11] 這樣做，為的是掩蓋新入籍公民和自然公民在出身上的差別，進而使新的德莫變成一個平等團結的集體。因為，包括雅典在內的希臘城邦有著根深蒂固的排外情結，儘管奴隸和那些長期僑居於雅典的外邦人也同樣為雅典的發展和繁榮作貢獻，但他們在意識形態上得不到雅典人的認同，雅典人對這些僑居民和奴隸有著天生的防範心理；如果繼續沿用舊有的命名方式，那些新入籍公民、本身是僑居於雅典的外邦人和無人身自由的奴隸的出身缺陷一定會暴露無遺，從而招致自然公民的鄙視和隔閡，最終無法將新的德莫變成一個統一的集體。

[12] 自克里斯提尼改革後，雅典公民的正式稱呼是「本人名字+父親名字+德莫名字」，例如：克里斯提尼的侄子墨迦克勒斯的正式稱呼是「阿羅匹斯德莫希波克拉底之子墨迦克勒斯」（*Μεγακλῆς Ἱπποκράτους Ἀλωπεκῆθεν*）。設置這種名稱格式，旨在加強雅典公民對所在德莫的認同感、削弱其家族觀念、培養其公民精神。

[13] 德莫長，最初可能是由選舉產生，後來變成抽籤選任。德莫長在德莫內行使重要權力，如保管德莫的公民冊、房產地產登記簿、協助估算和徵收富人的財產稅、協助行使員警職能、維持德莫的和平與秩序等（*D.G.R.A.*

389-390）。

[14] 關於艦區是否被克里斯提尼改革廢止的問題，學界尚未定論：似乎，它在此後便不再存在。據希羅多德記載，雅典在西元前五世紀初與愛吉納作戰時，只有能力提供五十艘戰艦（H. vi. 89）。有學者根據這則資料來推論雅典當時被分為五十個艦區，但是狄密斯托克利斯的做法（參看第二十二章第七節及注釋）反證了這種推論：因為，如果艦區制度繼續存在的話，他不太可能建議將獲得的一百塔蘭特分給一百家富戶來建造戰艦，而應分給各個艦區來責成它們建造戰艦。

[15] 在克里斯提尼改革前，許多德莫都是根據當地特徵或植物來命名的（Rhodes, 257）。

[16] 此句的羅德斯譯文為「一些德莫的建立者的名字已無從知曉」。

[17] 名祖，又譯為「命名英雄」（eponymous hero），中國大陸學者習慣遵循日知的「名祖」譯法：顏一則本於原義，將其譯為「命名英雄」。雅典十個部落的名祖，依次為俄瑞克透斯、埃勾斯、潘迪昂、勒奧斯（*Λεώς*, Leos）、阿卡曼提斯（*Ακαμαντίς*, Acamantis）、俄紐斯（*Οἰνηίς*, Oineis）、科克洛普斯、希波托翁（*Ἱπποθόων*, Hippothoon）、埃阿斯（*Αἴας*, Ajax，或譯「阿亞克斯」）、安提奧庫斯（*Ἀντίοχος*, Antiochos）。其中，埃阿斯是外邦人，他之所以被列入其中，是因為他是雅典人的鄰居和盟友。（H. 5.66.2）然而，希羅多德的說法反映出雅典人的一種觀念：儘管埃阿斯是在特洛伊戰爭中與雅典並肩作戰的薩拉米英雄（Homer, *Iliad*, ii, 557-558），雅典並因此將其從愛吉納手中名正言順地奪走；但是，薩拉米卻享受不到阿提卡的名分，只能算作雅典的屬地；最終，埃阿斯仍然被雅典人視為外邦人的英雄。但是，為了進一步強化雅典對薩拉米島統治的合法性，克里斯提尼用埃阿斯來命名雅典的第九部落；同時，此舉也使雅典人牢記薩拉米是雅典的領土。用艾盧西斯英雄希波托翁來命名第八部落，也有同樣的功用。

[18] 考慮到阿爾克邁昂家族與德爾菲神廟的聯合，我們就無須驚奇：阿波羅神被請求透過給十個部落命名來將他的祝福賜予新制度：客隆（Kron）認為，阿波羅神不是從更長的列表中選擇姓名的，而是認可了克里斯提尼選出的十個英雄（Rhodes, 260）。

第二十二章

1.透過這些改革，憲法變得比梭倫的（立法）民主了許多。[1]梭倫的立法在僭主統治時期被廢置不用[2]；爲了贏得民眾的支持，克里斯提尼又制定了新的立法。在這些立法[3]中，有一項是陶片放逐法（*ὀστρακισμός, ostrakismos* or ostracism，又譯爲「陶片流放制」）[4]。

2.在他制定憲法後的第八年[5]，即赫爾墨克瑞翁（Hermocreon）擔任執政官之時，他們[6]給五百人議事會規定了誓言，它一直沿用至今。[7]他們以部落爲單位選舉將軍[8]，每個部落選出一位，而軍事執政官則是整個軍隊的統帥。[9]

3.十一年之後，即菲尼普斯（*Φαίνιππος*, Phaenippus）擔任執政官之時[10]，他們贏得了馬拉松戰役[11]的勝利；此次勝利後的第三年[12]，人民才獲得了自信，他們第一次援用陶片放逐法。它是作爲防範高級官員而被施行的，因爲佩希斯特拉特斯便是利用他作爲人民領袖和將軍的有利地位而使自己成爲僭主的。[13]

4.第一個被陶片放逐的人是佩希斯特拉特斯的親屬寇里圖斯[14]人卡爾慕斯（*Χάρμος*, Charmus）[15]之子希巴克斯[16]，克里斯提尼便是專門針對此人制定了這項法律，他希望趕走這個人。然而，希巴克斯此前一直沒有受到制裁，因爲雅典人出於民主政治的寬容，允許所有在動亂期間沒有助紂爲虐的僭政支持者留在城裡，希巴克斯是這些人的領袖和旗手。[17]

5.緊接著，在第二年[18]即特勒西努斯（Telesinus）擔任執政官之時，他們在推翻僭主政治之後第一次透過抽籤從五百名[19]候選人中選舉出九位執政官，這些人是以德莫為單位從每個部落中依次地推選出來的；在此之前[20]，他們都是透過投票選舉產生的。在同一年，阿羅匹斯人（*Ἀλωπεκῆθεν*, Alopekethen or Alopece）[21]希波克拉底[22]之子墨迦克勒斯[23]也被陶片法放逐了。

6.在此後的三年裡，他們繼續援用陶片法放逐僭主的親戚，因為這項法律便是針對他們制定的；但是，從那時[24]起，他們也開始用陶片法放逐其他人，包括那些顯得非常有影響力的人。第一個與僭主無瓜葛而被陶片法放逐的人是阿里福隆（*Ἀρίφρων*, Ariphron）之子克桑提普斯（*Ξάνθιππος*, Xanthippos or Xanthippus, 525-475B.C.）[25]。

7.兩年之後[26]，即尼科德穆斯（*Νικόδημος*, Nicodemus）擔任執政官之時，馬若尼依亞（*Μαρώνεια*, Maroneia）的礦藏被發現，國家能從中獲得一百塔蘭特的收益。[27]有人向人民[28]提議將那些錢在

圖 15　用於陶片放逐法投票的陶片[29]

人民中間平分，但狄密斯托克利斯（*Θεμιστοκλῆς*, Themistokles or Themistocles, 524?-458?B.C.，或譯「底米斯托克利」）[30]阻止了這項提議。他拒絕透露這筆錢將作何種用途[31]，只是勸說他們借給一百個最富的雅典人，每人一塔蘭特；如果人民覺得借款人使用恰當，花費則由國家承擔；如果使用不當，國家則可以將錢收回。以此爲條件，他保管了這筆錢，用它們建造了一百艘三列槳艦（*τριήρης*, *trieres* or *trireme*，詳見第四十六章第一節注釋），那一百人中的每一個人負責建造一艘；在薩拉米海戰中，他們正是利用這一批戰艦與蠻族人作戰的。

8. 大約在此時，呂西阿庫斯之子亞里士泰迪斯[32]被陶片法放逐。然而，三年後[33]，即希波西吉德斯（Hypsichides）擔任執政官之時，所有被放逐者全部被召回，因爲薛西斯（*Ξέρξης*, Xerxes, 519-465?B.C.）[34]的大軍已經逼近。他們規定，未來處在陶片放逐法制裁期間的人，若在格萊斯圖斯

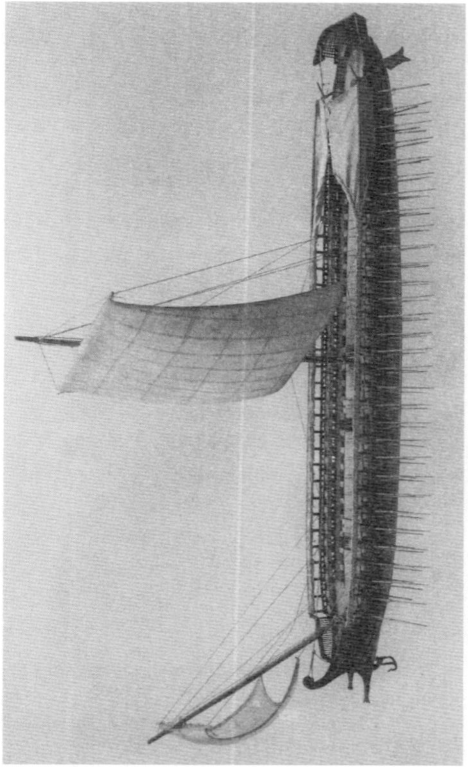

圖 16　三列槳艦（復原模型）

（*Γεραιστός*, Geraestus）與斯庫萊溫（*Σκύλλαιον*, Scyllaeum）[35]之間居住，將永遠喪失公民權。

◆註解◆

[1] 希羅多德則對推翻佩希斯特拉特斯僭政和克里斯提尼民主改革予以另一番盛讚，認為它是雅典崛起的開始，「不只是在一方面，而是在所有方面證明，平等是好事情。有事實為證，當被僭主統治的時候，雅典人在戰爭中並不比他們的任何鄰人高明；可是，一旦從僭政中解放出來，他們就遠遠地超越了其他人。因而，這一點表明，當被壓迫的時候，他們就好像是為主人工作的奴僕一樣膽小怯懦；但是，在他們獲得自由之後，每個人都渴望為自己奮鬥進取」（H. v. 78）。不管是希羅多德還是本文作者，儘管對克里斯提尼改革做出了恰當的評判；但是，他們仍有「當局者迷」的嫌疑，恩格斯的評價要比他們更為深刻和經典。克里斯提尼改革創造了一個新型的城邦國家，它促使雅典公民和城邦的關係發生了質變：先前以血緣家族為基礎的部落在這次改革中被摧毀，公民與血緣家族的聯繫在政治活動中被嚴格限制，公民和城邦則透過新的「三一區」和德莫被緊緊結合在一起，完美地實現了希臘城邦所追求的「邦民一體」。如恩格斯所言：「克里斯提尼的新制度是……一種全新的組織，……它使一個具有很高發展形態的國家，民主共和國，直接從氏族社會中產生。」（〔德〕馬克思、恩格斯著，中共中央編譯局譯，《馬克思恩格斯選集》〔第四卷〕，中國：人民出版社，一九九五年，第一一五至一一八頁）。

[2] 這個觀點與前文有衝突，也與其他古典作家的觀點有衝突，參見第十六章第二節及注釋。

[3] 除了文中所提到的之外，「這些立法」還包括什麼內容，至今仍無從考證，它們大概會涉及戰神山議事會、執政官等問題。

[4] 陶片放逐法，該詞來源於古希臘語 *οστρακα*（*ostraka*，其單數形式為 *ὄστρακον, ostrakon*），它有貝殼或陶片之義。從考古發掘的實物證據來看，用於放逐表決的器物，全部為陶片，而無想像中的貝殼（參見：John Thorley, *Athenian Democracy*, New York: Routledge, 1996, p. 36）。故而，「陶片放逐法」的譯法更為正確和接近事實。同時，關於陶片放逐法是否為克里斯提尼所創，學界存在爭議；但是，各種假設都未有充足的史料來支撐。儘

管存在爭議，學界通常還是將它劃入了克里斯提尼改革之中。陶片放逐法在西元前五世紀的雅典政治中扮演著非常重要的角色，但它卻很少被成功實施：據文獻記載，它大概成功地實施過十五次，其中，五次集中在八〇年代、四次集中在四〇年代這兩個黨爭比較激烈的時期。其原因在於雅典人為陶片放逐法的實施做了嚴格的規定。每年的第六個主席團任期，雅典人都會在一次專門的公民大會上討論是否實施陶片放逐法，若一半以上的人數贊同：大會便決定在第八個主席團任期的某一天進行投票，地點設在市場。當天的總投票數必須超過六千票，投票結果才被視為有效；其中，得票最多者將遭到放逐，被放逐者必須在十天內離開雅典並生活在規定的區域之外，他的財產由城邦封存；十年過後，被放逐者才允許返回雅典，自動獲得公民權和封存的財產。陶片放逐法在保護雅典民主政治和防止政治分裂上面的確發揮了重要作用，但隨著民主政治的鞏固、雅典人對民主制度日益增強的信心和陶片放逐法的濫用，最終導致它在西元前四一六年之後未被援用過，儘管它並未被廢除。

【5】西元前五〇一年或前五〇〇年。原文為「第五年」，肯尼已指出此錯誤，羅德斯在譯文中直接進行了修正，筆者遵循羅文。

【6】即雅典人，此章中的「他們」皆指「雅典人」。

【7】雖然本文未提及當時公民大會的任何資訊，不過碑銘資料稍微彌補了這一不足。現存的碑銘資料證明，公民大會掌握了戰爭與媾和、判處死刑以及判處重要罰金的權力（參見：*C.A.H.* iv. 329）。這些資料表明，公民大會很可能在克里斯提尼改革後成了雅典城邦的最高權力機關，後文（Arist. *A.P.* 23.1-2）似乎也能對此予以證明。

【8】參見第四章第二節注釋。

【9】這句話為我們概略地指出，雅典也在這一期間進行了軍事改革；但是，具體內容我們無法進一步細考，即便是文中提到的將軍和軍事執政官的具體情況也同樣是如此。

【10】西元前四九〇年或前四八九年。

【11】希羅多德對這場戰役進行了詳細記載，並且透露出了一個重要資訊（H. vi. 109-111）。這一時期，將軍已經在實際操作中獲得了最高的軍事領導權和決策權，軍事執政官所擔任的最高統帥很可能已變為一個榮譽職務。參加馬拉松戰役的軍事執政官卡利馬庫斯是由抽籤選舉產生的，在與波斯開戰或議和的問題上，他和十位將軍擁有同樣的投票權；並且，在具體戰略部署中，不是軍事執政官，而是輪值將軍擁有更多的發言權。為了尊重這

位名義上的最高軍事統帥，卡利馬庫斯所率領的作戰編隊被安排在戰陣的右翼。

【12】西元前四八八年或前四八七年。

【13】亞里斯多德指出：「早期，將人民領袖和將軍集於一身者，往往會改變政體，確立僭政；就早期僭主而言，他們絕大部分皆從成為人民領袖之時崛起。」（Arist. *Pol.* 1305 a 8-12）。

【14】寇里圖斯，克里斯提尼改革後雅典的一個德莫的名稱，位於雅典城南部；庇西特拉圖透過聯姻，在雅典城區扶植親信勢力。

【15】卡爾慕斯，是第二代僭主希皮亞斯的女婿（Davies, 451）。

【16】這個希巴克斯是希皮亞斯的外孫，生於西元前五三〇年或更早，他在西元前四九六年或前四九五年擔任了雅典名年執政官（Rhodes, 272; Davies, 451）。

【17】亞里斯多德多次談到陶片放逐法（Arist. *Pol.* 1284 a 17-22, b 15-22, 1302 b 15-21, 1308 b 16-19），卻未曾提及克里斯提尼以及希巴克斯，只是認為設立它的目的是防止勢力強大的個人建立僭政，這與本文在第六節中的記述相吻合。普魯塔克關於陶片放逐法的看法與亞里斯多德類似（Pl. *Them.* 22.3, *Arist.* 7.2-4）。本文作者之所以在此處著重敘述了希巴克斯這個並不重要的歷史人物，其目的很有可能是批駁阿提卡編年史家安德羅提昂（*Ἀνδροτίων*, Androtion）的觀點，後者認為陶片放逐法是在放逐希巴克斯之時才設立的（Rhodes, 268）。

【18】西元前四八七年或前四八六年。

【19】此處的數字或許是錯誤的。第八章第一節顯示，在梭倫立法裡，每個部落提名十位候選人；在作者的時代，每個部落也同樣是提名十位候選人。希臘語中的數字一百和五百是很容易混淆的（Kenyon, 74-76）。或許，這是一次特殊的選舉，因為在梭倫改革之後或亞里斯多德時代，執政官的候選人都是以部落而非德莫為單位進行選舉或抽籤的（參見第八章第一節和第五十五章第二節）。執政官的複式抽選制度或許便是從此開始的，或許是克里斯提尼改革中的一項革新。

【20】僅指僭主政治被廢除之後和克里斯提尼改革這段時期，因為梭倫立法規定，執政官是從部落推選出的四十個候選人當中抽籤選出的（參見第八章第一節）（Kenyon, 76）。或許這一時間段的上限應該向前推移，或許梭倫根本就沒有規定執政官是由抽籤方式選出的：不管這些推測是否成立，但可以肯定的是，在佩希斯特拉特斯僭政時期，執政官的選任方式是投票選舉，僭主們可以透過這種方式來控制最高政權（Th. vi. 54.6）。希羅多德

的記述和這節文字的觀點是對立的，他認為身為九執政官之一的軍事執政官卡利馬庫斯早在西元前四九〇年便已是由抽籤選出（H. vi. 109.2）。但是，波桑尼阿斯認為卡利馬庫斯是投票選出的（Paus. i. 15.3.）；並且，普魯塔克認為亞里士泰迪斯也是在西元前四八九年或前四八八年透過投票選舉當選了執政官（Pl. *Arist.* 1.8）。

【21】阿羅匹斯，雅典的一個德莫，位於雅典城東南方，靠近南部海岸的法勒蘭港。

【22】希波克拉底，阿爾克邁昂家族成員之一，民主政治改革家克里斯提尼的兄弟，其女阿佳里斯特嫁予克桑提普斯（*Ξάνθιππος*, Xanthippos or Xanthippus, 525-475B.C.），生下著名的政治家伯里克里斯（H. vi. 131）。

【23】此人是阿爾克邁昂家族成員之一，克里斯提尼的侄子（Davies, 379）；據載，他曾被陶片法放逐過兩次，第一次是在西元前四八七年或前四八六年、第二次可能是希波戰爭之後（*Lys.* 14.39; And. *Alc.* 34）。他之所以會被陶片法放逐是因為阿爾克邁昂家族被認為有親波斯傾向。事實上，第一個與僭主無瓜葛卻被放逐的人應該是他，而不是阿爾克邁昂家族的女婿克桑提普斯。

【24】西元前四八五年或前四八四年。

【25】克桑提普斯，阿里福隆之子、伯里克里斯之父，雅典的政治軍事家。西元前四八九年，克桑提普斯針對米爾泰德斯未能成功攻取帕羅斯（*Πάρος*, Paros）一事向公民大會提出指控；西元前四八四年，他被陶片法放逐，或許是因為與狄密斯托克利斯的戰略方針不和、或許是因為受到阿爾克邁昂家族牽連而有私通波斯的嫌疑。在危急關頭，雅典廢除先前的放逐法令，召回被放逐者，克桑提普斯便響應城邦號召，返回雅典為祖國效力。西元前四七九年，他領導希臘海軍在米卡列（*Μυκάλη*, Mycale）殲滅波斯海軍的戰鬥力；此後，他又領兵攻占波斯的軍事重地塞斯托斯（*Σηστός*, Sestos）。

【26】西元前四八三年或前四八二年。

【27】希羅多德記載，狄密斯托克利斯建議不將勞里安（*Λαύριο*, Laurium）銀礦所得平分給公民，而是用於建造二百艘軍艦（參見：H. vii. 144）。而普魯塔克認為，狄密斯托克利斯建議不將從勞里安銀礦所得平分給公民而用於建造一百艘軍艦（參見：Pl. *Them.* 4）。在地理位置上，本文作者更為具體一些，馬若尼依亞位於勞里安礦區。在造船計畫上面的爭議，很難確定誰的表述更正確，希羅多德的表述似乎不太符合實際情況。

【28】即向公民大會提議。在希臘語中「人民」一詞含有「公民大會」之義，「議事會及人民決定」是雅典公民大會頒布法令中的習慣用語。

[29] 圖中四塊陶片依次刻著阿里斯泰德、狄密斯托克利斯、西蒙和伯里克里斯的名字。

[30] 狄密斯托克利斯，尼奧克勒斯（*Νεοκλῆς*, Neocles）之子，其名字的字面意思為「法之榮光」，他是雅典著名的政治家和戰略家：在主導雅典政局近二十年裡（約西元前四九三年至前四七五年），他大力宣導發展海軍，使雅典海軍規模擴大了數倍，為雅典成為希臘世界中的海洋大國奠定了基礎，被修昔底德譽為「雅典帝國之父」（Th. i. 93.4）。同時，在內政方面，狄密斯托克利斯還是雅典民主派領袖，在克里斯提尼改革的基礎上進一步推動了雅典民主政治的發展：在對外政策上，宣導既反波斯又反斯巴達的全面擴張政策。狄密斯托克利斯於西元前四九三年當選執政官，西元前四九〇年參加馬拉松戰役，或許是其中的十將軍之一。馬拉松戰役之後，他全力營建海港皮雷埃夫斯和擴建雅典海軍，並努力促成了反波斯的泛希臘同盟：在反波斯戰爭中，他領導了西元前四八〇年的阿爾特彌西昂（*Ἀρτεμίσιον*, Artemisium）海戰和薩拉米海戰，擊潰了波斯海軍，進而扭轉了西元前四八一年至前四七九年希波戰爭的局勢。在波斯被擊退後，狄密斯托克利斯顯露出了他反斯巴達的另一面：首先，透過外交手段迷惑斯巴達，使雅典城牆得以重建；其次，在西元前四七五年的近鄰同盟議事會上粉碎了斯巴達奪取希臘宗教領袖地位的圖謀；再次，拉攏斯巴達將領波桑尼阿斯，試圖引發斯巴達內亂；最後，在西元前四七二年被放逐之後，仍然停留在斯巴達的敵對城邦阿各斯以積極策劃反波斯活動，直至西元前四六九年被雅典以「私通波斯」的罪名通緝。至此，狄密斯托克利斯最終不得不選擇逃亡到他曾經反對過的波斯帝國，並終老異鄉。普魯塔克曾為他立傳，希羅多德和修昔底德對他的記述也都頗為詳細（Pl. *Them*; H. vii-viii; Th. i. 74, 93, 135-138）。

[31] 這一記述屬於杜撰，在民主政治環境中的公民大會上，任何有違公開透明原則的祕密計畫都會招致懷疑和遭到否決。希羅多德和普魯塔克都記載，狄密斯托克利斯建議將這筆款項用於海軍建設，以便在與愛吉納的戰爭中獲勝（參見：H. vii. 144.1; Pl. *Them.* 4.1）。

[32] 亞里士泰迪斯，是雅典著名的政治家，被世人稱做「公正者」（the Just）。亞里士泰迪斯出身中等，早年曾追隨過克里斯提尼，但後成為貴族派領袖，與狄密斯托克利斯成為政治對手。西元前四九〇年，他擔任雅典十將軍之一，並參與領導了馬拉松戰役：在西元前四八九年或前四八八年當選執政官，在西元前四八五年或前四八二年遭到陶片法放逐，在西元前四八一年或前四八〇年被雅典城邦召回，積極與狄密斯托克利斯合作，最終贏得了抗擊波斯入侵的勝利。他也積極配合狄密斯托克利斯的反斯巴達活動，西元前四七八年或前四七七

年，在他的主持下，提洛同盟成立，這為雅典帝國的形成奠定了基礎。普魯塔克曾為他立傳，希羅多德和修昔底德對他都有所記述（Pl. *Arist.*; H. vii-viii; Th. i. 91, v. 118）。

[33] 西元前四八〇年或前四七九年，普魯塔克也採用了三年後的說法（Pl. *Arist.* 8.1.）。作者在此處遵循了希羅多德的看法，他認為亞里士泰迪斯是在薩拉米海戰爆發不久前才返回國內的（H. viii. 79.1）。但是，從下一句「薛西斯的大軍已經逼近」推測，「三年後」似有誤，應為「兩年後」，即西元前四八一年至前四八〇年：因為，西元前四八〇年或前四七九年之時，希臘人和波斯人已經進行了重大戰役，如溫泉關戰役、薩拉米海戰和普拉提亞戰役等，雅典城在此期間也被波斯人占領和毀壞。

[34] 薛西斯，即波斯國王薛西斯一世（西元前四八六年至前四六五年在位），波斯王大流士之子，在西元前四八一年率領數百萬大軍遠征希臘，最終鎩羽而歸。

[35] 格萊斯圖斯與斯庫萊溫分別位於尤比亞島東南端和阿各斯地區東南端的海角（參見：H. viii. 7.1; Th. v. 53.1）。

第二十三章

1.在這時候，國家已獲得了發展，民主勢力逐漸壯大[1]；但是，在米底戰爭（*Μηδικός, Medikos* or *Medicos*）[2]之後，戰神山議事會再一次強大，並且控制了整個國家。不過，它獲得這個至高權力，不是任何正式法令授予的，而是在薩拉米進行海戰導致的[3]。當時，將軍們面對危機，完全不知所措，並且宣布每個人應該各自顧命；戰神山議事會卻提供了一批捐款，給每個人分配八德拉克瑪[4]，讓他們上船當水手。[5]

2.正是出於這些原因，人們接受了戰神山議事會的權威；整個這段時期，雅典被管理得很好。此時，雅典人獻身於戰爭，在希臘人中獲得很高的名聲；儘管斯巴達人反對[6]，他們還是贏得了海上的領導權[7]。

3.這一時期的人民領袖是呂西馬庫斯（*λυσίμαχος*, Lysimachus）之子亞里士泰迪斯[8]和尼奧克勒斯之子狄密斯托克利斯，後者潛心研習軍事戰略[9]，而前者則是當世最爲正直和精明[10]的政治家。因此，一個人總是被選爲將軍，而另一個人則常常被視爲政治顧問。[11]雖然他們是政治對手[12]，但在重建城牆[13]一事上，他們兩人卻聯合在一起[14]。正是亞里士泰迪斯借助波桑尼阿斯[15]造成斯巴達人不被信任的時機[16]，指導國家政策，使愛奧尼亞[17]諸城邦脫離斯巴達同盟[18]。

4.接下來，在薩拉米海戰之後的兩年[19]，即提摩斯提尼擔任執政官之時，他對各個同盟國最初所要繳納的盟金（*φόρος, phoros*）[20]進行了估算[21]；並且，他還參加了與愛奧尼亞人結成攻守同盟[22]

的盟誓儀式，他們[23]將一堆鑄鐵扔進海裡[24]。

◆註解◆

[1] 指的是從克里斯提尼改革到西元前四八〇年這段時期。民主勢力得到壯大，表現在民主制度的完善、民主派領袖狄密斯托克利斯長期主導雅典政局、僭政支持者和貴族派領袖被陶片法放逐，以及海軍力量的壯大。

[2] 米底戰爭，或譯「波斯戰爭」，即「希波戰爭」，「米底人」（*Μῆδοι*, *Medoi* or *Medes*，又譯「米底亞人」）是希臘人對波斯人的稱呼。對這場戰爭的起止時間，大致有三種觀點：西元前五〇〇年至前四七九年、西元前五〇〇年至前四九九年、西元前四八一年至前四七九年。在古希臘人看來，希波戰爭僅是西元前四八一年至前四七九年的戰爭，普拉提亞戰役和米卡列戰役是其結束的標誌（Th. i. 18.2）。

[3] 亞里斯多德在《政治學》中也認為，戰神山議事會在希波戰爭中作出了巨大貢獻，從而把持了國政（Arist. *Pol.* 1304 a 17-24）。從「再一次強大」（*πάλιν ἴσχυσεν*）和「不是任何正式法令授予的」（*οὐδενὶ δόγματι λαβοῦσα*）的表述可以看出，戰神山議事會的職能在克里斯提尼改革中被削弱，其最高權力機關的地位很可能被公民大會取代，儘管它仍然是形式上的「憲法監護人」。如文中所講，此時的戰神山議事會所獲得的最高權力，只是實踐上的而不是法理上的，不具有制度保障：正是因為如此，埃非阿特才能夠透過公民大會的決議來剝奪它的權力。同時，不僅是在希波戰爭期間，在戰後，貴族派仍然透過用財富換權力的方式來維持戰神山議事會的「至高權力」；西蒙是其中最具代表的例子，透過向人民散施財富的方式來贏得廣泛的威信（Pl. *Cim.* 10）。

[4] 水手可以用這筆錢維持二十四天的生活（*Phoenix*, 28. 1. 1974, p. 27）。

[5] 普魯塔克在接受這個故事的同時還記載了另一個版本的故事：克雷德姆斯認為，向民眾們發放報酬使之上船當水手的做法是狄密斯托克利斯的計策，這筆款項是被狄密斯托克利斯假託神意充公所得（Pl. *Them.* 10.5）。希羅多德並未提及戰神山議事會成員捐助雅典人上船的故事，他只提到雅典人是在狄密斯托克利斯引導下才決定放棄雅典城、透過海軍來擊退波斯入侵的：首先，當德爾菲神諭告訴雅典人只有建造一座「木城」才能贏得戰爭的勝利，而狄密斯托克利斯將其理解為建設海軍並利用它打敗波斯；然後，製造雅典娜女神已離開雅典、不

再保護雅典城的假象，敦促雅典人最終撤離（H. vii. 140-3, viii. 41.2-3）。這個故事連同克雷德姆斯所說的故事的真實性已經被現代學者否定，但在為何編造這兩個故事的問題上存在分歧（參見：Rhodes, 288-289）。

[6] 這個觀點與大多數作家的觀點相違。修昔底德、色諾芬和普魯塔克等人都認為斯巴達樂意接受雅典成為提洛同盟領袖的事實，原因大致有四：斯巴達害怕外派官員腐化墮落而不願意繼續從事反波斯戰爭、雅典有能力擔當反波斯戰爭的領導、雅典與斯巴達保持著友好的關係，以及作為當初雅典支持它擔當希臘同盟盟主的回報（Th. i. 95.vii; X. *H.* vi. 5.34; Pl. *Arist.* 23.6）。不過，狄奧多魯斯曾記載，西元前四七五年斯巴達曾就是否需要向雅典發動戰爭奪回希臘領導權召開過一次重大會議，斯巴達人在赫托伊馬里達斯（Hetoemaridas）的勸說下最終放棄了這個念頭（D.S. xi. 50）。狄奧多魯斯的記載和前三人的觀點不僅不衝突，甚至還存在著承接關係，斯巴達對雅典崛起的態度發生了從樂意接受到試圖遏制的轉變。事實上，斯巴達「樂意接受」的背景是愛奧尼亞諸邦不願意再接受它的領導這一事實，這其實是一種無奈之舉。

[7] 關於雅典獲得海上領導權，即成為提洛同盟盟主的問題，有兩種觀點：第一，這是雅典透過排擠斯巴達的主觀努力獲得的（H. viii. 3; Pl. *Arist.* 23.1-2, *Cim.* 5.1-3; Arist *A.P.*23.4）：第二，這是同盟者推舉獲得的（Th. i: 95.1, 130.2; D.S. xi. 44-46）。

[8] 本文的觀點與普魯塔克的觀點存在著嚴重分歧，普魯塔克認為亞里士泰迪斯是貴族派領袖，極為推崇斯巴達的寡頭制，並且與狄密斯托克利斯是夙敵（Pl. *Arist.* 1.8, 2.1-2）。

[9] 對狄密斯托克利斯的評價過於簡單和片面。狄密斯托克利斯通常被視為精明的戰略家和政治家，工於謀略而不單純是軍事戰略（H. vii. 41, viii. 22, 64, 93; Th. i. 93.4, 138.3; Pl. *Them.* 2.4, 7.4, 10.1-3, 11.2-5, *Arist.* 2.2）。儘管希羅多德對狄密斯托克利斯的機智及其濫用有些不屑，但是修昔底德、普魯塔克等作家則是對他盛讚不已，他們的觀點也得到了現代學界的回應，「伯里克里斯的性情優於狄密斯托克利斯，但他不是像狄密斯托克利斯那樣具有天才創造力的政治家」（J. B. Bury and Russell Meiggs, *A History of Greece: to the Death of Alexander the Great*, London: Macmillam Ltd,1975, 9, 240）。

[10] 本文作者的觀點有些與眾不同，亞里士泰迪斯通常被認為是一個公正的政治家，很少有人讚揚他為人精明，而後一種讚揚經常被用到狄密斯托克利斯身上（H. viii. 79.1; Th. i. 138.3; Pl. *Arist.* 2.2）。作者的這一觀點可能對普魯塔克產生了影響，後者將亞里士泰迪斯描寫成了一位對內公正，對外強權的政治家（Pl. *Arist.* 25）。

【11】這句話值得商榷，因為這個時期的政治家基本上是「通才」，既需要有治國之才又需要掌握軍事謀略。狄密斯托克利斯和亞里士泰迪斯都當選過執政官並成為戰神山議事會成員，同時又多次當選將軍；事實證明，兩人在政治軍事這兩方面都作出了不可替代的貢獻，甚至合力完成了某些政治軍事活動，例如：馬拉松戰役、抗擊波斯的戰略部署和重修雅典城牆等問題。

【12】這個觀點與普魯塔克的觀點吻合，卻與本文其他章節如第二十三章第三節、第二十八章第二節認為兩人都是人民領袖的記載有所衝突。

【13】指的是雅典城牆的重建、皮雷埃夫斯港口的建成和將皮雷埃夫斯港和法勒蘭港與雅典城連接起來的長牆（Rackham, 72）。尤其是在重建雅典城牆的問題上，兩人表現出通力合作的態度。在波斯軍隊被擊退後，斯巴達為了遏制雅典的崛起，試圖阻止雅典重修城牆；狄密斯托克利斯便和亞里士泰迪斯設計避免斯巴達對雅典重建城牆一事的阻撓，最終成功重建城牆（參見：Th. i. 90-93）。

【14】兩人的聯合是求同存異式的聯合，「狄密斯托克利斯不僅不是他（亞里士泰迪斯，引者按）的朋友，反而是他不共戴天的敵人。但鑒於當前的危險十分嚴重，他才不願再提舊惡」（H. viii. 79.2）；並且在合作中仍存在著分歧，例如：亞里士泰迪斯反對狄密斯托克利斯燒毀希臘同盟海軍基地的主張（Pl. *Them.* 20.1-2; *Arist.* 22.2）；最重要的是，兩人的合作並未長久維持，亞里士泰迪斯很可能在波斯被擊退之後，選擇支持西蒙來打擊狄密斯托克利斯（Pl. *Arist.* 25.5, *Cim.* 5.3-4）。

【15】波桑尼阿斯，斯巴達王室成員，曾擔任過斯巴達的攝政（regent），同時也是一位著名的軍事將領。希波戰爭期間，他是希臘同盟的最高軍事統帥，領導了西元前四七九年的普拉提亞戰役及其以後的一系列反擊波斯的作戰。西元前四七八年，他因私通波斯、圖謀成為希臘僭主而被召回斯巴達受審，卻因證據不足而被赦免；但是，這一罪行在西元前四七〇年被證實，他為逃避懲罰躲進斯巴達的一個雅典娜神廟中，最終因饑餓而死（Th. i. 133）。

【16】參見：Pl. *Arist.* 23.1-5。

【17】學界對此處所說的「愛奧尼亞」的理解有分歧（參見：Rhodes, 295-296）。一種觀點認為它指的是狹義上的愛奧尼亞，即小亞細亞沿岸地區十二個以泛愛奧尼昂（*Πανιώνιον*, Panionium）的波賽頓神為共同信仰的愛奧尼亞城邦，其中著名的城邦有米利都（*Μίλητος*, Miletus，詳見附篇〈色諾芬雅典政制〉第三章第十一節注釋）、薩

摩斯等；另一種觀點認為它指的是廣義上的愛奧尼亞，即所有愛奧尼亞人居住的地區（參見殘篇一注釋）。從保留下來的相關史料看，此處的「愛奧尼亞」指的是廣義上的愛奧尼亞（H. ix. 104; Th. i. 89.2, 95.1）。

[18] 此處表述不準確。因為，首先，嚴格說來反波斯的希臘同盟不是斯巴達同盟，一般稱斯巴達同盟為伯羅奔尼撒同盟；其次，這些對斯巴達不滿的愛奧尼亞城邦在加入希臘同盟時宣誓忠於的對象是希臘人而不是斯巴達人（H. ix. 92.1）；最後，提洛同盟的成立並不是對反波斯的希臘同盟的背叛而是繼承。

[19] 西元前四七八年或前四七七年。薩拉米海戰發生於西元前四八〇年。在薩拉米海戰中，以雅典為首的希臘海軍在泰米斯托克的策劃下，以少勝多，擊沉並俘獲了二百多艘波斯戰艦，扭轉了希波戰爭的形勢，希臘人由此開始進行反攻。

[20] 盟金，就提洛同盟而言，各英譯本中的 tribute（貢品、貢賦）或 tribute-money（貢金）其實是對該詞的強譯之詞。因為，*phoros* 這個詞並不總是包含有稱臣納貢之義；它在最初使用之時是不具有任何貶義的，它指的是那些不提供海軍的同盟成員作為補償繳納的金錢，即「盟金」，它是這些提洛同盟成員應當履行的法定義務。從原則上講，繳納盟金的同盟成員與提供艦船的同盟成員乃至盟主雅典的地位都是平等的，他們之間不存在著臣服納貢的關係（Th. i. 97.1）。但是，隨著波斯的日益遠去和反波斯戰爭的不斷勝利以及逐漸停息，尤其是西元前四四九年雅典與波斯簽訂《卡利亞斯和約》結束了反波斯戰爭，這使得雅典繼續徵收盟金失去了傳統的合法性，盟金也由此轉變為被後世學者詬病的「貢金」。西西里遠征軍在西元前四一三年遭遇滅頂之災後，雅典失去了海上優勢；隨之，它便決定不再對盟邦徵收盟金。

[21] 參見：Pl. *Arist*. 24.3; Th. i. 96.2。修昔底德和普魯塔克的記載都認為最初的盟金為四百六十塔蘭特，不過，後來的盟金數額並不像他們所說的增加到了六百塔蘭特（Pl. *Arist*. 24.3; Th. ii. 13.3）。據現代學者研究，伯羅奔尼撒戰爭初期之前的盟金一直維持在四百六十塔蘭特以下，並且基本上是逐年遞減，儘管盟邦數目在不斷增加；並且，在戰爭困難時期，雅典對盟邦徵收的盟金雖然有所增加，但也不像普魯塔克所說的那樣達到了一千三百塔蘭特，而是西元前四二五年或前四二四年的九百六十塔蘭特，且僅此一年（*Hesperia*, 73. 4. 2004, pp. 466, 491; *Transactions and Proceedings of the American Philological Association*, 57. 1926, pp. 61-70）。

[22] 它指出提洛同盟的性質與反波斯的希臘同盟以及伯羅奔尼撒同盟的性質不同，後者是防禦性同盟。所謂攻守同盟是以同盟成員的個體敵人或朋友為整個同盟的敵人或朋友；成員之間發生矛盾，不服從同盟調解決議的一方

被視為對同盟的背叛。並且，提洛同盟是永久性的攻守同盟，脫離同盟更是對同盟的背叛，這一性質為提洛同盟後來強化為雅典帝國提供了制度的「合法性」。

[23] 指參加盟會的各城邦代表。

[24] 普魯塔克有同樣的記載（Pl. *Arist.* 25.1）。至於誓言的內容，或如希羅多德記載，各方將恪守誓言，「直至鐵塊重新浮出海面」（H. i. 165.3）。

第二十四章

1.在此之後，看到國家的信心在增加且財富也有極大積累[1]，亞里士泰迪斯建議人民保有同盟盟主的地位，並且放棄農村生活、住進城裡[2]。他給他們指明，所有人都將從中獲得生計，一些人可以在軍隊服務，一些人可以當駐防軍，另一些人可以參與公共事務；並且，透過這種方法，他們將會確保領導地位[3]。

2.這項建議[4]被採納了。當人民掌握了最高控制權之後，他們便開始對除了基歐斯（*Χίος*, Chios）[6]、列士波斯（*Λέσβιος*, Lesbios or Lesbos）[7]和薩摩斯[8]之外的盟邦逐漸專橫。[9]他們將這些國家視爲帝國的前哨[10]，允許他們擁有自己的政府以及統治當時所有的屬地。[11]

3.遵循亞里士泰迪斯的指示，它們給民眾提供了豐厚的生活資源。來自盟邦的盟金、稅收和捐獻，能夠維持超過兩萬人[11]的生活。六千名陪審員[12]、一千六百名弓箭兵、一千二百名騎兵[13]、五百名議事會成員、五百名船塢護衛（*φρουροὶ νεωρίων*, *phrouroi neorion*）[14]，此外還有五十名在衛城上巡邏的衛兵[15]。在國內有大約七百名官員，在國外有大約七百[16]名官員。[17]後來，當他們準備打仗的時候，還另外增加了兩千五百名重裝步兵、二十艘護衛艦和一些用於收集貢賦的艦隻，這些艦隻的兩千名船員由抽籤選出[18]。[19]此外，還有市政廳[20]的工作人員、孤兒[21]和監獄看守（*δεσμωτῶν φύλακες*, gaoler）[22]；因爲，他們都由國家出資供養。[23][24]

◆註解◆

【1】亞里斯多德也將雅典的繁榮與強大歸功於希波戰爭（Arist. *Pol.* 1274 a 12-15, 1341 a 30），這已成為常識性的看法。

【2】這與修昔底德的記載有衝突。在西元前四三二年或前四三一年伯羅奔尼撒戰爭爆發前夕，伯里克里斯建議雅典人在戰爭中實行堅壁清野的戰術，讓居住在農村的雅典人遷往城中居住，這一做法改變了雅典人長期以來的生活方式（Th. ii. 14-16）。

【3】它指的是從同盟那裡獲得的收入能夠使雅典人完全投身於管理同盟的政治、軍事事務中，這反過來又使雅典人能夠保持對同盟的控制：像斯巴達人那樣，他們依靠黑勞士種地所得為生，如此便能完全從事軍事活動並成為黑勞士的主人（Rhodes, 262）。

【4】本文作者這個觀點與大多數作家，尤其是修昔底德的觀點差別甚大。在修昔底德看來，引導雅典人建立海上霸權的是狄密斯托克利斯而不是亞里士泰迪斯，「他第一個敢於告訴他們要控制住海洋，並且毫不猶豫地開始構建帝國的基礎」（Th. i. 93.4）。儘管希羅多德沒有明確提出修昔底德所說的觀點，但他的記述突出了狄密斯托克利斯對雅典海軍的重視（H. vii. 144, viii. 61），而海軍則是營造雅典帝國的根本。普魯塔克偏向於否定本文中的觀點，儘管他把兩種觀點都記錄了下來。在〈狄密斯托克利斯傳〉中，普魯塔克通篇記載了狄密斯托克利斯對雅典建立海上帝國所做出的努力和貢獻（Pl. *Them.* 7-10, 19-23）；在〈亞里士泰迪斯傳〉中，他只是隱約地指出亞里士泰迪斯也有意於使雅典獲得海上控制權，為此不惜作偽誓（Pl. *Arist.* 25.1-3）。但是，這段文字與通篇描寫亞里士泰迪斯為「公正者」的文字相衝突，並且他說這種看法來源於泰奧弗拉斯托斯（Pl. *Arist.* 25.2）。泰奧弗拉斯托斯可能與本文有著密切關係，他是西元前三世紀著名的逍遙派哲學家，亞里斯多德的愛徒；亞里斯多德死後，他將呂克昂學園交由泰奧弗拉斯托斯主持（D.L. v. 36）。由此可見，文中觀點或許只是逍遙派的一家之言而已；至於他們的這一觀點從何處而來，已無從考證。

【6】基歐斯，愛琴海東部偏北的一座島嶼，是小亞細亞地區的重要海上城邦。它是提洛同盟的首批盟邦，長期忠於雅典，並因此長期保持獨立地位；但是，在伯羅奔尼撒戰爭中受到雅典懷疑，基歐斯被迫拆除新建的城牆，但仍被允許擁有海軍（Th. iv. 51, vi. 43）；西元前四一二年，在寡頭派密謀下，基歐斯投靠斯巴達陣營，從而給

雅典的海上控制權造成空前的打擊，甚至導致提洛同盟很大程度上的分崩離析（Th. viii. 5-56）。

[7] 列士波斯，愛琴海東部的一座重要島嶼，密提林是其中最大的城邦，儘管整個島嶼未形成政治統一，但彼此之間保持著一定的同盟關係。西元前四二八年，密提林發生貴族革命，宣布脫離提洛同盟，後遭到嚴懲；除了未參與反叛的麥提姆那（*Μήθυμνα*, Methymna）外，列士波斯被剝奪了獨立的地位，並被雅典派駐移民以作監督（Th. iii. 2-50）。

[8] 薩摩斯，愛琴海東南部的一座島嶼，是希臘文明與兩河文明交流的重要樞紐，古希臘著名哲學家畢達哥拉斯（*Πυθαγόρας*, Pythagoras, 570-495B.C.）便誕生於此；並且，它還是傳統海上強邦，在西元前六世紀三〇、二〇年代波利克拉特斯進行僭主統治之時，它曾一度稱雄愛琴海（H. iii. 49-46, 54-60）。在波利克拉特斯被波斯誘殺之後，薩摩斯便淪為波斯帝國的附庸，並在薛西斯征服希臘的海軍中擔當重要角色；但在薩拉米海戰中反戈一擊，幫助希臘同盟取得薩拉米海戰的勝利。提洛同盟成立之時，它成為首批盟邦，並在後來的反波斯戰爭中扮演重要角色；由於實力雄厚，它可以無視盟主的法令，例如：拒絕執行雅典頒布的貨幣法令。西元前四四〇年或前四三九年，薩摩斯因拒絕雅典調解它與米利都對普里尼（*Πριήνη*, Priene）的爭奪而被雅典圍攻，最終因戰敗而被剝奪獨立地位（Th. i. 117.3; Pl. *Per.* 28.1）。但是，在後來的伯羅奔尼撒戰爭中，尤其是戰爭後期，薩摩斯表現出了對雅典的忠誠，並且在西元前四一〇年推翻四百人專政中作出了重大貢獻（Th. viii. 47-54, 63）。

[9] 參見：Arist. *Pol.* 1284 a 38-41。最初的盟邦都是獨立平等的，但是到了西元前五世紀四〇年代時，便只剩下了基歐斯、列士波斯和薩摩斯等三個同盟者保持較強的獨立地位（Th. i. 117.3, iii. 10.3）。提洛同盟諸盟邦之所以會失去其獨立地位而淪為雅典的附庸盟邦，一定程度上是因為它們不願意向同盟提供海軍服務，而願意改為承擔繳納盟金的義務，進而喪失了保護獨立的武裝（Th. i. 99.2-3; Pl. *Cim.* 2-3）。

[10] 這裡提出了這些盟邦之所以能保有獨立地位的一個原因。同時，密提林派往斯巴達的代表曾經控訴，這些大的盟邦之所以被允許保持獨立地位是因為它們被雅典利用為統治弱小盟邦的工具，它們到最後也同樣會淪為雅典的附庸盟邦（Th. iii. 10.3, 11.3-6）；不過，這種言論很大程度上是用來請求斯巴達援助密提林的叛離活動的，而非公平客觀之詞。

[11] 這句話反映出提洛同盟中平權盟邦的待遇，它們具有相當獨立地位，不僅擁有獨立的政府、軍隊，地區霸權或統治權也被雅典承認，例如：薩摩斯或米利都對普里尼的控制、密提林也擁有自己的附庸城邦（Pl. *Per.* 25.1;

Th. iii. 50.3）。同時，提洛同盟中的附庸盟邦也同樣保持著不同程度的獨立地位，最明顯的證明是雅典通常會允許這些盟邦擁有獨立的民選政府，它們並非完全意義上的附庸。

[12] 從下面的舉證來看，「兩萬人」的數字的確被誇大或被誤用了。

[13] 供養「六千名陪審員」是一種文學性的誇張說法，亞里斯多芬曾在喜劇《馬蜂》（661-663）中表達了這個觀點：事實上，並不是所有六千名陪審員都能領到報酬的，只有那些參與審判的陪審員才能領到報酬（Arist. *A.P.* 68.3, 69.2）；同時，民眾法庭閉庭期間，陪審員也是沒有報酬的。

[14] 「一千六百名弓箭兵、一千二百名騎兵」這兩個資料來源於修昔底德，這是他在敘述伯羅奔尼撒戰爭前夕雅典的軍備狀況時提到的，依次是「一千二百名騎兵、一千六百名弓箭兵」（Th. ii. 13.8）。

[15] 這一資料的來源尚無法考證。西元前四世紀，船塢護衛是以德莫為單位抽籤選出的，其具體數目尚不清楚，或許也是五百名（Arist. *A.P.* 62.1）。

[16] 並沒有其他史料證明雅典存在著衛城護衛這個編制，他們或許存在，並且有可能屬於前面提到的弓箭兵部隊：他們的主要職能大概有三：監督公共奴隸，防止其逃亡或進行破壞活動；保衛衛城安全，防止非法人員闖入其中；看護儲存在衛城的公共財產如帕德嫩神廟內的金庫和用於泛雅典娜節的聖橄欖油等（Rhodes, 304; Moore, 250）。

[17] 這個數字可能是錯誤地重複了前句，否則應該加上一個「也」字（Rackham, 75）。

[18] 本句的資料來源也無法考證，據後文所涉文字（Arist. *A.P.* 43.1, 47.1-56.1, 60.1）統計，雅典西元前四世紀的官員總數大約僅為三百零五人，其中派往國外的官員只占很小的一部分。這一統計不適合作為推翻「在國外有大約七百名官員」說法的證據，因為西元前四世紀的雅典並不擁有一個像西元前五世紀那樣的「龐大帝國」，不需要存在一個龐大的外派官員群體；但是，它絕對能夠駁斥「在國內有大約七百名官員」的說法，因為雅典城邦本身的疆域（此處指的是阿提卡、薩拉米島等主權領土，而非雅典透過提洛同盟控制的區域）和機構設置並未隨著伯羅奔尼撒戰爭失敗而明顯減少。

[19] 普魯塔克記載，伯里克里斯曾經每年派出六十艘船隻到海上進行八個月的帶薪巡航，用於提高雅典人的航海技術（Pl. *Per.* 11.4）。

[20] 這一句所涉資料來源不清，修昔底德並未提及它們；修昔底德只是整體上提到當時雅典的一線重裝步兵為一萬

三千人、後備重裝步兵為一萬六千人、三列槳艦三百艘、一千兩百名騎兵、一千六百名弓箭兵等（參見：Th. ii. 13.6-8）。並且，狄奧多魯斯的記述與修昔底德的基本一致（D.S. xii. 40.4）。或許，本文的這些資料已經包含在修昔底德的統計之內，而本文作者利用了修昔底德曾經使用過的原資料。

[21] 可能在位於衛城南邊的舊市場，這裡有久燃不滅之火，五百人議事會主席團成員在此就餐（Rackham, 75）。

[22] 陣亡將士的子女將由國家公費撫養成人（Th. ii. 46.1; Arist. *Pol.* 1268 a 8-11）。這是一項由來已久的城邦制度，赫拉克里底認為此項制度由梭倫創立，普魯塔克和第歐根尼都繼承了他的說法（Pl. *Sol.* 31.4; D.L. i. 55）；不過，普魯塔克還記載了另一種說法，此項制度是由佩希斯特拉特斯創立的（Pl. *Sol.* 31.3）。

[23] 監獄看守，該詞在本文中僅出現過一次；同樣的詞彙 *φύλακας δεσμωτῶν* 也曾在偽色諾芬〈雅典政制〉中出現過一次（Ps. Xen. *A.P.* 3.4）。其具體職司已很難獲知，或許是對警吏的別稱。

[24] 此句文字的來源可能是偽色諾芬〈雅典政制〉，它與「官員們的資格審查以及與此相關的糾紛需要裁決，孤兒的實際情況需要核查，監獄看守需要任命」（Ps. Xen. *A.P.* 3.4）有著類似之處。

[25] 這節文字與〈伯里克里斯傳〉（11.4-12.7）中的一些章節有著諸多類似之處，都肯定了提洛同盟為雅典的繁榮穩定作出的貢獻。不過，這段文字的可靠性受到了現代學者的質疑，認為它「帶有明顯的傾向和強烈的政治偏見：它的確引用了西元前五世紀的原始資料，但是它只是諸多西元前五世紀作家的孤立記述的集合體，它們分布於不同時期且可信度也是等差有別，至少有一些是來自喜劇作品」（A. W. Gomme, "Notes on the *ΑΘΗΝΑΙΩΝ ΠΟΛΙΤΕΙΑ* [Continued]", *The Classical Review*, vol. 40, no. 1 [Feb.-Mar., 1926], p. 8）；這位蒐集資料者或許是像斯特辛布魯圖斯（*Στησίμβροτος*, Stesimbrotos of Thasos, 470-420B.C.，薩索斯人，西元前五世紀作家）和提奧龐普斯（*Θεόπομπος*, Theopompus, 380-315B.C.，基歐斯人，歷史學家、修辭學家）這樣的人，他們「憎惡西元前五世紀的民主政治」（Rhodes, 301）；因為，他有意識地在強調雅典城邦的所有公共支出都是取自同盟所得，而無視雅典城邦收入與提洛同盟收入之間的區別。

第二十五章

1.這些便是人民謀生的方式。戰神山議事會的權威逐漸在衰落[1]，但其優勢卻在波希戰爭結束後一直保持了十七年。與之相對，人民的力量在不斷增加；索福尼德之子埃非阿特（*Εφιάλτης*, Ephialtes）[2]以廉潔奉公而著稱，他成爲了人民領袖，並對戰神山議事會發起抨擊。

2.首先，他就其大多數成員瀆職[3]而提起訴訟，使他們身敗名裂。其後，在科儂擔任執政官之時[4]，他剝奪了使戰神山議事會成爲憲法監護人[5]的既有特權[6]，把其中的一些分別授予五百人議事會[7]、公民大會[8]和民眾法庭[9]。

3.在這次革命中，他受到了狄密斯托克利斯的支持[10]，此人本身便是戰神山議事會成員；但是，他卻因私通波斯遭起訴[11]，行將受審。這使得他急切盼望著推翻它。於是，他警告埃非阿特，戰神山議事會將要逮捕他；與此同時，他卻又向戰神山議事會通風報信，說有人正在陰謀顛覆政權，他願意將他們供出來。然後，他就引領議事會指派的代表到了埃非阿特的住所，做出保證：他會爲他們指出在那裡集會的陰謀分子，並且繼續語氣誠懇地和他們交談。埃非阿特發現這種情形，立刻警覺起來，來不及穿外衣[12]，便躲避到祭壇，祈求庇護。[13][14]

4.每個人對發生的事情都大爲震驚。不久，五百人議事會便召開了，埃非阿特和狄密斯托克利斯一同向他們[15]譴責戰神山議事會。在公民大會[16]上，他們依然如此，直至成功剝奪戰神山議事會的權力。但是，埃非阿特在此後不久便被塔那格拉（*Τανάγρα*, Tanagra）[17]的阿里斯托狄庫斯

（Aristodicus）暗殺。[18]

◆註解◆

[1] 亞里斯多德認為，戰神山議事會的權威之所以會在波希戰爭後逐漸下降，是因為平民透過投入人力也在波希戰爭中作出了巨大貢獻，而他們的積極性也在戰後被動員起來（Arist. *Pol.* 1274 a 12-15）。

[2] 埃非阿特，雅典民主政治改革家，經過埃非阿特改革，雅典確立了激進民主制；關於他的記載甚少，且集中於西元前五世紀六〇年代，即他生命的最後幾年。埃非阿特在狄密斯托克利斯之後成為了民主派領袖，積極反對戰神山議事會和貴族派領袖西蒙的政策；大約在西元前四六五年，他被選為將軍，率領海軍巡航小亞細亞沿岸（Pl. *Cim.* 13.5）。在西元前四六二年，埃非阿特堅決反對西蒙派兵協助斯巴達鎮壓國內起義的主張，並趁著西蒙帶兵前往斯巴達期間，在國內發動民主政治改革，將戰神山議事會的權力剝奪殆盡，開啓了雅典激進民主政治的進程。此後不久，埃非阿特本人便被刺殺。

[3] 很可能指的是戰神山議事會成員在兼任其他公職時被指控犯下瀆職罪。

[4] 即西元前四六二年或前四六一年。狄奧多魯斯和波桑尼阿斯都提到此事（D.S. xi. 77.6; Paus. i. 29.15）。不過，狄奧多魯斯將其置於弗雷希柯斯（Phrasicles）擔任執政官之時，即西元前四六〇年或前四五九年。確定為西元前四六二年或前四六一年，毫無疑問是正確的；但是，在更為具體的時間上面卻又存在著矛盾。普魯塔克曾給出了最為詳盡的記述，但它本身卻不連貫，甚至與史實不符。普魯塔克將埃非阿特改革定位於西蒙被陶片法放逐之前（Pl. *Cim.* 17.2, *Per.* 9.4）和伯里克里斯指控之後西蒙的一次海外遠征期間（Pl. *Cim.* 15.1），而不是他帶兵援助斯巴達鎮壓國內動亂期間或之後；即便是普魯塔克所說的這次「遠征」不是海軍征戰而是援助斯巴達鎮壓叛亂，但是他又認為西蒙曾兩次帶兵援助斯巴達（Pl. *Cim.* 17.1-2），而這個說法似乎又與修昔底德的記載有衝突，後者認為西蒙只援助過斯巴達一次（Th. i. 102.1-3）。

[5] 參見第三章第六節、第四章第四節、第八章第四節。關於此時的戰神山議事會是否仍然是憲法監護人，學界有爭議。

[6] 如果此時戰神山議事會仍然是憲法監護人，那麼它仍擁有監督官員的權力（即對官員進行入職資格審查、任期考核、帳務審計以及離職審查）、審判顛覆民主罪的權力等（參見第三章第六節和第八章第四節）。羅德斯認為，在這次改革中，戰神山議事會的前兩項權力被剝奪；同時，埃非阿特還剝奪了九執政官的司法審判權，將其賦予民眾法庭，他們只負責主持民眾法庭的審判（參見：Rhodes, 313-319; *C.A.H.* v. 70-72）。經過改革，戰神山議事會只剩下了審判故意殺人案罪、傷人案和某些瀆神案的權力（Arist. *A.P.* 57.3-4, 60.2）。

[7] 五百人議事會很可能在此時從戰神山議事會那裡獲得了對官員的監察權，即對官員進行入職資格審查、任期考核、帳務審計以及離職審查的權力；同時，它也有可能獲得了歸屬戰神山議事會判處罰金、刑事處罰和死刑的終審權；甚至可以大膽假設，它在此時獲得了除作為公民大會預備會議之外的所有權力（參見：Arist. *A.P.* 43.2-49.5）。這些權力的獲得使五百人議事會在實踐中成為最為繁忙、最具有權力（儘管當時的公民大會在法理上最具有權威）的機構，其顯著證據有布列塔尼制度或議事會主席團輪值制度的設立、專門用於議事會主席團成員（*πρύτανις*, *prytanis*，詳見第四十四章第二節注釋）就餐和住宿的圓頂廳的修建、一年內有近三百個工作日且議事會主席團全年且全天候輪流當值。

[8] 公民大會可能獲得了審計將軍帳目的權力（Martin Oswald, *From Popular Soverignty to the Soverignty of Law*, Berkeley and Los Angeles: University of California Press, 1986, p. 66）。

[9] 民眾法庭從戰神山議事會獲得的最主要權力是審判顛覆民主罪的終審權。

[10] 至於誰是埃非阿特的合作者，已成為難考其詳的問題。亞里斯多德在《政治學》中記載埃非阿特的合作者是伯里克里斯而非狄密斯托克利斯（Arist. *Pol.* 1374 a 7-9），普魯塔克也有同樣的觀點，他甚至認為是伯里克里斯本人主導了這次改革（Pl. *Per.* 6.6, 9.4），而本文第二十五章第二節又認為是埃非阿特和阿基斯特拉圖斯（*Ἀρχέστρατος*, Archestratus）兩人完成了這一事業。不管哪種觀點符合事實，本章所講的這個故事純屬杜撰；因為，狄密斯托克利斯在西元前四七一年或前四七〇年前後便被陶片法放逐並隨後遠遁波斯，而他的放逐和遠遁都是貴族派努力的結果（參見：Th. i. 134; Pl. *Them.* 23），狄密斯托克利斯不可能在此時與埃非阿特聯合起來反抗戰神山議事會的權威並取得成功，它肯定是埃非阿特和另外某個（或某些）政治領袖合作的結果。

[11] 西元前四七一年或前四七〇年前後，狄密斯托克利斯被陶片法放逐；他便在阿各斯等地活動，密謀反對斯巴達。西元前四七〇年或前四六九年，斯巴達在審判波桑尼阿斯私通波斯一案時，發現狄密斯托克利斯也與此事

有牽連，便向雅典通告此事：於是，狄密斯托克利斯便逃往波斯，並終老此地（參見：Pl. *Them*. 22-29; Th. i. 134-137）。

[12] 即僅穿著內衣。肯尼漏譯此句。

[13] 祭壇在古希臘人看來是神聖之物，危難之際，可以藉以避禍：強行將躲避者從祭壇上拖曳下來施以懲罰，這種行為被視為瀆神，將遭神譴天罰。

[14] 拉克漢將此句劃歸了第四節。

[15] 即五百人議事會成員。只有五百人議事會通過決議，公民大會才能做出最終裁決：否則，便會被視為違法（Arist. *A.P.* 45.4）。

[16] 公民大會之所以能夠剝奪戰神山議事會的權力，很可能是因為它掌握著「取消違法法令的權力」（*C.A.H.* v. 70-71）。

[17] 塔那格拉是位於波也奧西亞地區東部臨近阿提卡的一個城邦或地方。西元前四五七年，雅典和斯巴達曾經在此地進行了一場激烈的戰爭，它為雅典在希臘中部確立霸權、將斯巴達封鎖在伯羅奔尼撒半島鋪墊了基礎。

[18] 普魯塔克曾以此為證，稱埃非阿特死於貴族派的陰謀（Pl. *Per.* 10.7）。但是，這段原文似乎不能成為普魯塔克觀點的證據。

第二十六章

1.就這樣，戰神山議事會被剝奪了它作爲國家監護人的資格。[1]這次變革之後，政治領袖們爲了取悅民意而激烈競爭，從而導致政治體制日復一日地寬鬆了起來[2]。在這一時期，貴族派[3]沒有眞正的領袖，其中米爾泰德斯[4]之子西蒙[5]的地位最爲突出；由於相對年輕，他在晚近的時候才踏入政壇。與此同時，普通民眾因戰爭之故而遭受了嚴重損失[6]。那時候，參加作戰的士兵是從公民冊中挑選出來的，而將軍們是一些沒有軍事經驗的人，他們只是憑藉家庭出身而當選的，從而使一次遠征損失兩、三千人的事情不斷發生；如是，來自下層和上層的優秀人才都同樣被耗盡。[7]

2.因此，行政管理事務普遍不再像先前那樣遵循傳統，而更多的是因事制宜。然而，九位執政官的選舉方式並沒有得到變革；直到埃非阿特死後五年[8]，來自軛牲階級的候選人才可以像更高等級的候選人一樣透過抽籤選舉成爲執政官。這個等級中第一個成爲執政官的是梅涅希泰德（Mnesitheides）[9]。在此之前，執政官全部來自五百斗者和騎士等級；如果不忽略某些法律規定的話，軛牲階級通常只能擔任普通官職。

3.其後四年[10]，即呂西克拉底（Lysicrates）擔任執政官之時，三十人法庭重新設立，他們稱之爲「地方法庭」[11]。

4.又過了兩年，即安提多圖斯（*Ἀντίδοτος*, Antidotus）擔任執政官之時[12]，公民人數激增的問題得到了解決；經伯里克里斯[13]提議，父母雙方若非都是公民，不得享有公民權。[14]

圖 17　伯里克里斯（雕像）

◆註解◆

【1】此句被肯尼歸入上一章的最後一節。

【2】即城邦對公民的要求逐漸減少，而公民獲得的福利逐漸增多。希波戰爭之後，尤其伯里克里斯時代以來，雅典新增了一些福利政策，並進行了大量的市政文化建設；以至於伯里克里斯對此引以為豪，「工作之餘，我們有豐富多彩的形式來振奮疲倦的心情。整年裡，我們舉辦各式各樣的賽會和宗教祭祀活動；私人空間裡的典雅設施與建築，是我們日常生活裡愉悅心情、消除疲勞的源泉」（Th. ii. 38.1-2）。筆者認為，將 *ἀνίεσθαι* 翻譯為「自由民主」比「寬鬆」更為合理，亞里斯多德曾提到，「埃非阿特和伯里克里斯剝奪了戰神山議事會的權力，而伯里克里斯又為陪審員設立了報酬；透過這種方式，一代又一代的人民領袖領導他們逐步實現了當前的民主政治」（Airst. *Pol.* 1274 a 9-11）。

【3】或譯為「更受尊重者」，它是一個社會承認的含混名稱，參見本章第一節末、第二十七章第四節、第二十八章第一節和第三十六章第九節（Rackham, 77）。

【4】米爾泰德斯，雅典著名軍事將領，西蒙之父；又稱「小米爾泰德斯」（Miltiades the Younger），其祖輩是雅典在愛琴海東北端色雷斯凱爾索尼斯半島（*Θρακικὴ Χερσόνησος*, Thracian Chersonese，其本義為「色雷斯半島」，即今天土耳其境內的加利波利半島，the Gallipoli peninsula）的移民。西元前五一六年，米爾泰德斯在該地建立僭主統治，先親波斯、後反斯巴達，積極援助西元前五百年左右的愛奧尼亞反抗波斯統治的起義。起義失敗後，米爾泰德斯回到雅典，並於西元前四九〇年當選雅典將軍，領導雅典軍隊在馬拉松痛擊波斯軍隊，取得大捷。西元前四八九年，因攻打帕羅斯不利而被彈劾，米爾泰德斯被處以五十塔蘭特的罰金；因無力繳納罰金，他又被投進監獄，最終病逝獄中。其事蹟詳見希羅多德《歷史》第六卷諸章。

【5】西蒙，雅典著名的政治家、貴族派領袖和雅典海上帝國的主要締造者。西蒙崛起於西元前四八一年至前四七九年間的希波戰爭，並逐漸能夠主導雅典城邦的政治決策，他宣導親斯巴達反波斯的外交政策，積極領導反波斯戰爭，其中最著名的戰役有西元前四六八年的優若米頓戰役（the Battle of Eurymedon），粉碎了波斯帝國反攻希臘的計畫。西元前四六二年，西蒙主張並率領軍隊協助斯巴達鎮壓黑勞士的暴動，但中途被遣返。這一事

件導致他的政治威望一落千丈，在西元前四六一年被陶片法放逐。不過，他在放逐期滿之前便被雅典召回，與伯里克里斯實現政治上的合作：在他主導下，雅典在西元前四五一年與斯巴達簽訂了《五年和約》。同年，西蒙率領海軍遠征波斯，在進攻賽普勒斯期間病逝或戰死。普魯塔克曾為他立傳，修昔底德在《伯羅奔尼撒戰爭史》（i. 98-112）中對他的事蹟也進行了記載。

【6】羅德斯譯文為「許多人在戰爭中被殺」。

【7】亞里斯多德有類似的表述，「在雅典，當他們在陸戰中遭受嚴重損失之時，貴族人數減少；因為，在反斯巴達戰爭期間，軍隊是從公民冊中抽選出來的」（Arist. *Pol.* 1303 a 8-10）。這句話表明，使雅典人遭受嚴重損失的戰爭，指的是第一次伯羅奔尼撒戰爭（460-445B.C.），尤其是在西元前四六〇年至前四五七年之間的激烈作戰中，雅典傷亡慘重（Th. i. 108; D.S. xi. 80）；而在西元前五六〇年至前四五四年遠征埃及期間，雅典遭受了更為巨大的損失（Th. i. 110）。

【8】西元前四五七年或前四五六年。

【9】此人在西元前四五七年或前四五六年擔任名年執政官（D.S. xi. 81.1）。由此推測，允許軛牲階級擔任執政官的法令應該是在此之前頒布的。羅德斯認為此法令可能是在西元前四五九年或前四五八年末年，或者是前四五八或前四五七年頒布的（Rhodes, 330）。

【10】西元前四五三年或前四五二年。

【11】原義為「德莫法庭」，文中的 *δήμους*（*demous*）指的是雅典城邦的社會政治單位「德莫」，而非「人民」。

【12】西元前四五一年或前四五〇年（D.S. xi. 91.1）。

【13】伯里克里斯，雅典著名的政治家，以他命名的「伯里克里斯時代」（學界對其起訖時間有爭議，其起點分別為西元前四六三年或前四六二年、前四六一年、前四四九年或前四四三年，其終點為西元前四二九年或前四〇四年）是古希臘文明的最輝煌階段。伯里克里斯，西元前四九五年出生在雅典北部的赫拉勒古斯德莫（the *deme* of Cholargos, *Χολαργός*），父母兩系皆門第顯赫。父親桑提普斯（Xanthippus）本身便是著名的政治家，在西元前四八一年至前四七九年間的反波斯戰爭中擔任重要的軍事將領；而其母系家族更為著名，其母阿佳里斯特是那位民主政治改革家克里斯提尼的侄女，良好的出身為伯里克里斯在雅典政壇嶄露頭角鋪墊了基礎。同時，伯里克里斯自幼便受到多位哲學家或智者的教育，他在達蒙（*Δαμων*, Damon，詳見第二十七章

注釋）的指導下學習音樂並接受體育訓練，跟著芝諾（*Ζήνων*, Zeno, 495-430B.C.）研究過自然科學，愛好修辭，常能陷人於理屈詞窮的困境；他還熱衷於哲學思考，與大哲學家安那克薩哥拉斯（*Ἀναξαγόρας*, Anaxagoras, 510-428B.C.）等結為至交。這些教育使得伯里克里斯言談高雅、舉止莊嚴、態度沉穩，有容人之量而無偏狹之心，有掌握權柄之能而無中飽私囊之意。良好的教育又為伯里克里斯將雅典乃至整個希臘引向輝煌鋪墊了基礎。西元前四七二年，伯里克里斯聘請伊斯奇勒斯（*Αἰσχύλος*, Aeschylus, 525?-456?B.C.）上演悲劇《波斯人》（*Πέρσαι, The Persians*）並獲得了巨大成功，開始進入公眾視野。西元前四六三年，他揭發時任將軍之職的西蒙貪汙受賄，從此踏入政治舞臺；在西元前四六二年或前四六一年，他又輔助埃非阿特進行民主改革。西元前四六一年埃非阿特被刺後，伯里克里斯逐漸成為民主派的領袖人物，積極打擊雅典貴族派勢力並推進雅典民主事業的發展和文化事業的繁榮。在外交上，伯里克里斯力主與波斯帝國和斯巴達實現和解（雅典在西元前四四九年與波斯簽訂《卡利亞斯和約》，在西元前四四五年與斯巴達簽訂《三十年和約》），為雅典和希臘世界的發展贏得了和平局面。西元前四四三年至前四二九年間，他連續當選十五任將軍。西元前四三一年伯羅奔尼撒戰爭爆發後，在他主導下，雅典實行了堅壁清野、迂迴襲擊的有限戰爭戰略；但是，大量人口湧入雅典城，在西元前四三〇年引發瘟疫，伯里克里斯本人很快就染病，於西元前四二九年病逝。關於伯里克里斯的具體事蹟，請參閱修昔底德《伯羅奔尼撒戰爭史》第一、二卷以及普魯塔克〈伯里克里斯傳〉。

[14] 據普魯塔克所載，西元前四五一年，埃及國王向雅典饋贈了四萬墨狄姆諾斯糧食，城邦決定將其平分給公民；此時，雅典人才意識到公民人數遠遠超出了預計的人數。為了保護純正雅典人的利益，公民大會通過伯里克里斯提出的公民權法案，規定：凡父母雙方皆為雅典人者方為雅典公民，凡父母雙方中有一方為外邦人，則公民資格取消。經過城邦核查發現，當時父母雙方皆為雅典人的成年公民有一萬四千零四十人，而不符合條件的有近五千人；最後，這些被查出來的「偽雅典人」被「真雅典人」變賣為奴（參見：Pl. *Per.* 37.2-5）。

第二十七章

1.在此之後，伯里克里斯成爲人民領袖[1]；然而，他在年輕時便起訴過西蒙任將軍職時帳目有問題，並因此初露鋒芒。[2]在他的推動下，憲法變得更爲民主了。他取消了戰神山議事會的一些特權[3]，並且，最重要的是，他使國家政策傾向於發展海上勢力[4]；這樣便促使民眾獲得自信，從而更積極地參與政治。[5]在薩拉米海戰四十八年後，即皮索勾羅斯（*Πυθοδώρος*, Pythodorus）擔任執政官之時[6]，伯羅奔尼撒戰爭爆發。在這一時期，民眾被封鎖在城市裡，逐漸習慣以服務軍旅謀生的生活方式；[7]如此一來，他們便半自願半被迫地下定決心去親自管理國家。[8]

2.伯里克里斯最先爲民眾法庭的服務設立報酬[9]，來作爲對抗西蒙用財富來討好民眾[10]的手段。[11]後者極爲富有，他不僅定期進行大規模的公益捐助（*λειτουργία, leitourgia* or *liturgy*）[12]，還供養一大批同德莫的人。里蘭奇阿戴（*Λακιάδαι*, Laciadae or Lakiadai）德莫的任何成員，每天都可以到西蒙的家裡領取日常供給[13]；同時，他的莊園沒有護欄，只要願意，任何人[14]都可以摘取園內的果實。[15]

3.伯里克里斯的私人財產遠不及如此豐厚，所以，他便向奧利任（*Οἴηθεν*, Oiethen or Oia）[16]的達摩挪斯（*Δαμωνίδης*, Damonides）[17]（普遍認爲，伯里克里斯的措施大多由此人策劃而成，他後來便被陶片法放逐[18]）求教。其對策是，鑑於他在私人財產上處於劣勢，他應該用人民的財產饋贈人民；由是，他爲陪審員設立了報酬。[19]一些批評者[20]指責他這樣做造成了民眾法庭的道德墮落，因為平民們比貴族們更渴望被抽選為陪審員。[21]

4. 並且，在此之後開始出現了賄賂[22]，最先把賄賂之風引進來的是安尼特，他是在派洛斯（*Πύλος*, Pylos）領導軍事行動之後行賄的[23]。因為派洛斯失守，一些人對他提出起訴，他卻透過賄賂逃脫了法庭的制裁。[24]

◆註解◆

[1] 從前後文可以推測，伯里克里斯是在西元前四五一年或前四五〇年提出公民權法令，而非在西元前四六二年或前四六一年埃非阿特死後成為最有影響力的民主派領袖的。普魯塔克也認為在西蒙病逝前後，伯里克里斯才真正掌控雅典政局（Pl. *Per.* 11.1）；不過，普魯塔克的觀點前後矛盾，他甚至還認為埃非阿特改革是伯里克里斯完成的，埃非阿特本人只在其中發揮輔助作用（Pl. *Per.* 9.4, 10.6）。普魯塔克的後一種觀點顯然是錯誤的，他誇大了伯里克里斯在當時的歷史地位。從現有史料看，埃非阿特死後，伯里克里斯的地位尚不及另一個民主派領袖托以米德斯（*Τολμίδης*, Tolmides）。在西元前四五七年塔那格拉戰役（the battle of Tanagra）之後，托以米德斯力主向斯巴達本土發動進攻，並透過私人影響招募志願者，最終籌集了五十艘三列槳艦和四千名重裝步兵，到里阿科尼亞（*Λακωνία*, Laconia）沿岸地區進行了劫掠；隨後，他又轉移到波也奧西亞地區，以鞏固雅典在當地的利益。西元前四五五年或前四五四年，在托以米德斯無法脫身之時，雅典人才選舉伯里克里斯為將軍，由其帶兵出征（參見：D.S. xi. 84-5; Th. i. 111）。這是有關伯里克里斯當選雅典將軍的最早紀錄，而能否當選將軍在當時已成為衡量政治家所處地位的最重要標準。或許，狄奧多魯斯、修昔底德以及本文作者給我們提供了更為真實的資訊。

[2] 此事發生在西元前四六三年或前四六二年。在這一年，西蒙率領海軍鎮壓了盟邦薩索斯（*Θάσος*, Thasos or Thassos）的叛離活動，本有機會進一步征服馬其頓；但是，他卻帶兵返回雅典。此舉被懷疑是接受馬其頓國王賄賂所致，受到伯里克里斯等人的聯合指控；經過西蒙的姐姐愛麗佩妮茲（*Ελπινίκη*, Elpinice）的斡旋，伯里克

里斯並未對西蒙提出嚴厲的指控，西蒙最後被無罪釋放（參見：Pl. *Per.* 10.5; *Cim.* 14.2-15.1）。同時，此處所謂的「年輕」是針對雅典人從政年齡而言，並非生理年齡，伯里克里斯在當時已三十三歲。在古希臘人看來，三十歲出頭便獲得政治影響力是一件了不起的事情，如修昔底德評價登上政治舞臺的皮索多羅斯（*Πυθόδωρος*, Pythodorus, 70-28B.C.）時也曾強調過他「很年輕」，而此時的皮索多羅斯也同樣是三十歲出頭（Th. 5. 43）。

[3] 此觀點是不是誤讀了亞里斯多德「埃非阿特和伯里克里斯削弱了戰神山議事會的權力」（Arist. *Pol.* 1274 a 7-9）這句話造成的？誤認為伯里克里斯在埃非阿特之後又一次剝奪戰神山議事會的職權，或者是為了使本文前後「連貫」，誤將埃非阿特改革的成果分為兩部分，一部分是狄密斯托克利斯和埃非阿特完成的，另一部分是伯里克里斯完成的。此觀點暫無史料明確支持或否定。

[4] 在狄密斯托克利斯引導下，尤其自希波戰爭之後，雅典政治家普遍認識到了海上勢力的重要性，伯里克里斯也同樣是如此（Th. ii. 13.2, 62.2-3, 65.7）。

[5] 關於海軍勢力和雅典民主之間的密切關係是眾所周知的，偽色諾芬曾指出，平民們組成的海軍比貴族們組成的重裝步兵為雅典帶來了更大的權力，所以，讓他們平等地參與政治管理才是公平之事（Ps. Xen. *A.P.* 1.2）。

[6] 即西元前四三二年或前四三一年。更具體一點，伯羅奔尼撒戰爭爆發的時間是西元前四三一年春（Th. ii. 2.1）。

[7] 這一句話不僅與前文（第二十四章），甚至與前一句有衝突，更不符合史實。隨著西元前四七八年或前四七七年提洛同盟的建立及其逐漸擴大並強化，雅典人逐漸調整自身制度與生活方式來控制整個同盟：雅典不再是單純意義上的城邦，變成了一個管理遍及整個愛琴海地區事務的「國際化」都市，雅典人的公民身分和公民義務也被「國際化」，他們履行的軍事義務不再僅是保衛雅典，而是保衛整個提洛同盟或雅典帝國。而學界關於雅典帝國形成的說法普遍集中於西元前四四九年前後，所以，雅典人，尤其是第四等級的雅典人，應該是在這之前便已習慣於以服務軍旅謀生。

[8] 我們難以在伯羅奔尼撒戰爭和民主的發展之間建立直接聯繫：正如雅典保護民主制而斯巴達保護寡頭制一樣，政治態度也呈現出多極化趨勢。生活在城市裡的公民可能要比忙碌在農田上的公民更容易去參加公民大會，但是行軍打仗的公民卻終究不能出席公民大會；並且，稀疏的資料表明戰爭期間公民大會的出席情況並不樂觀（Ar. *Ach.* 19-22; Th. viii.72.1; Arist. *A.P.* 41.3）。不過，戰爭為人民懲罰那些誤導人民進行不成功的冒險行動的

政治家，或那些未獲得預期勝利的將軍們，增加了機會（Rhodes, 265-266）。

【9】報酬。參見：Plat. *Gorg.* 515 e 2-7; Arist. *Pol.* 1274 a 7-9; Pl. *Per.* 9.2-3。最初為陪審員發放的報酬為兩俄勃爾，後來被克里昂提高到三俄勃爾，這個金額至少一直維持到雅典民主制被馬其頓顛覆之前（參見：Ar. *Eq.* 797-800, *Vesp.* 661-663; Arist. *A.P.* 62.2）。

【10】關於西蒙的巨富與慷慨是廣泛認可的（參見：Pl. *Cim.* 10.1-9, 13.6-8, 14.3-4）。

【11】姑且不論它是不是「對抗西蒙用財富來討好民眾的手段」，在當時的情況下設立報酬的確是有必要的。隨著社會經濟日益的發展以及雅典對盟邦司法權的剝奪，導致雅典的法庭增多，隨之便需要更多的陪審員；若不提供基本經濟保障，法庭便難以召集到足夠的陪審員來維持正常運轉，因為，不擔心出席民眾法庭會帶來經濟損失的富人畢竟是少數，作為大多數的平民，最重要的任務是養家糊口而不是出席民眾法庭來裁決與自身無甚密切關係的糾紛。其實，實行報酬制是確保民主政治在實踐中得以貫徹的基本保障，只有這樣才能保證民主制的真實性，這也是雅典後來將報酬推廣到其他公共活動上的重要原因。如亞里斯多德所言，「由於出席公民大會和陪審法庭可以獲得津貼，窮人也能有暇從政，公民全部享有政治權利，平民在數量上就占了優勢。獲得津貼的貧民實際上比其他人更閒暇。他們沒有必須照顧的家務和私業；而小康或富人卻都有私累，因此常常不能出席公民大會和陪審法庭」（Arist. *Pol.* 1293 a 4-9）。而在普魯塔克看來，報酬制推動了埃非阿特改革，人民大眾從其中得到了實惠而支持伯里克里斯和埃非阿特剝奪戰神山議事會的權力（Pl. *Per.* 9.3-4）；儘管這種說法本身有違史實，卻在觀念上反映出報酬制有利於民主的發展。不過，亞里斯多德在另一處卻指出報酬制也同樣會導致民主制的顛覆，如羅德島的貴族們曾不滿報酬制的實施而起來推翻民主制（Arist. *Pol.* 1304 b 27-31）。雅典和羅德島的一成一敗說明，為公民參政發放適量的報酬有益於民主制，過量的報酬則有害於民主制。

【12】公益捐助，又譯為「社會義務」、「公益捐輸」、「公益捐款」和「公益捐獻」等。它由詞根 *λείτος*（公眾、公共）和 *εργος*（做、工作）結合而成，其義為「公共責任」、「公共義務」；承擔此類事務的人則被稱為 *λειτουργός*（*leitourgos*），直譯為「公共責任履行者」或「公共服務者」（*O.E.D.* viii. 1046）。根據這兩詞的希臘語境，我們可以將其分別翻譯為「公益捐助」和「公益捐助者」。公益捐助，既是一項金錢義務，又是一項人身義務：捐助者不僅要捐獻個人財富以承擔所需花費，還應當親身負責相關事務的具體管理。最初，公益捐助只是自願行為，但在雅典進入民主時期之後，它便轉變為富有公民的制度性義務（W.A. 228）。從內容上

看，公益捐助包括公民協助城邦或獨資籌備節日慶典活動、城邦工程建設、軍事裝備等方面的活動，其中著名的有演出捐助和三列槳艦捐助。

[13] 這也是公益捐助的一種類型。

[14] 當然，不具有公民資格的僑居民和奴隸是無此待遇的。

[15] 這兩件事，普魯塔克都有記載：不過，西蒙是向全體雅典人，而不僅是向里蘭奇阿戴德莫成員提供餐飲的（Pl. *Cim.* 10.1-2）。

[16] 奧利任，阿提卡的德莫之一，位於阿提卡西北部。

[17] 關於伯里克里斯這位顧問的真實名字存在著兩種極為接近的拼法，一個為「達摩挪斯」（*Δαμονίδης*, Damonides），一個為「達蒙」（*Δαμον*, Damon），至於這兩個人名指的是一個人還是兩個人，至今仍存在爭議。普魯塔克在引用本文的說法時使用了「達摩挪斯」（Pl. *Per.* 9.2），而在其他地方則認為他的（音樂）老師是「達蒙」（Pl. *Arist.* 1.7, *Per.* 4.1-3）；同時，普魯塔克本人也注意到柏拉圖（他在此處被普魯塔克誤認為是亞里斯多德，參見：Pl. *Per.* 4.1）認為伯里克里斯的音樂老師是佩托克里德斯（Pythoclides）而非達蒙（Plat. *Alc.* i. 118 c 5）。不過，普魯塔克並未對這些衝突的說法甄別真偽；從行文上看，他似乎支持「達蒙」的名字（Pl. *Per.* 4.1）。德浩比切克（Antony E. Raubitschek, 1912-1999）考證，達蒙和達摩挪斯為父子兩人，達蒙活躍於西元前五世紀中後期，並被陶片法放逐，達摩挪斯則是伯里克里斯的教師，向陪審員發放報酬的主意是他提出的（參見：Rhodes, 341）。

[18] 達摩挪斯被放逐的時間大概是西元前五世紀四〇年代。

[19] 這個故事被普遍認為是真實的，但是，卻很難給這個故事以恰當的時間定位；因為，向陪審員發放報酬被視為是西元前五世紀五〇年代的事，而這時的西蒙正好處於為期十年的流放中。

[20] 指的是寡頭派分子。首先，他們認為平民，或更多的平民參加民眾法庭，會導致法庭的道德墮落，這一觀點本身便是建立在貴族比平民更高尚的偏見之上；同時，從津貼制的實施到文中所說賄賂的出現大約間隔了近半個世紀，他們將二者扯上緊密聯繫，是牽強附會的看法。

[21] 肯尼譯文為「平民們總是推選他們自身成員，而不是那些身分高的人去擔任陪審員」。

[22] 拉克漢譯為「有組織的賄賂」。

【23】派洛斯，位於伯羅奔尼撒半島西岸的一個地區，曾為古派洛斯王國的故地，後被斯巴達征服；西元前四二五年被雅典人占領，但在西元前四〇九年或前四〇八年被斯巴達奪回。雅典人曾派安尼特率領三十艘三列槳艦前往救援，但由於天氣惡劣，安尼特所率領的艦隊未能繞過馬利亞海角（*Ακρωτήριον Μαλέας*, Cape Maleas or Cape Malea）；因此，有人便以瀆職對安尼特提起訴訟，後者透過賄賂陪審員得以豁免（Th. iv. 3-v. 115; X. *H*. i. 2.18; D.S. xiii. 64.5-7; Plutarch, *Coriolanus*, 14.4）。安尼特後來在西元前四〇四年或前四〇三年恢復民主制度的衝突中曾作出過貢獻，還在西元前三九九年策劃了對哲學家蘇格拉底的起訴。

【24】出於不道德的目的行賄或受賄，將被判處罰金或剝奪公民權（*L.C.A.* 64）；伊斯基尼斯（*Αἰσχίνης*, Aeschines, 389-314B.C.，雅典著名政治演說家）曾經指出行賄者或受賄者最高可以被判處死刑（Aesch. *Tim.* 87），或許這項法律的確存在，但它始終沒有被執行過。

第二十八章

1. 當伯里克里斯是人民領袖之時，國家事務便總能順利展開[1]；但在他死後，形勢卻急轉直下地惡化[2]。因爲，人民開始在社會上層選擇並無良好名聲的人作爲他們的領袖，而在此之前，人民領袖一直是出身高貴、品德高尚之人。

2. 從最初算起，梭倫是首位人民領袖，其次是佩希斯特拉特斯，此二人皆出身高貴和地位顯赫。推翻僭主政治之後，克里斯提尼便成爲人民領袖，他來自阿爾克邁昂家族；在伊薩格拉的黨派被驅逐之後，便無人與之抗衡。接下來，桑提普斯是人民領袖，而米爾泰德斯是貴族領袖。[3]然後是狄密斯托克利斯[4]和亞里士泰迪斯，他們之後，埃非阿特是人民領袖，而米爾泰德斯之子西蒙是富人領袖。再接下來，伯里克里斯是人民領袖，而西蒙的姻親修昔底德斯（*Θουκυδίδης*, Thucydides）[5]是其反對派的領袖。

3. 伯里克里斯死後，在西西里倒下的尼奇亞斯[6]是貴族派的領袖，而克里艾涅圖斯之子克里昂[7]是人民領袖。似乎是克里昂，而非其他人，因爲性情粗野而成爲人民[8]墮落的罪魁禍首；是他最先在會場講壇上言語粗俗、狂吼濫罵，並且將長衫束起、裸露著身體對民眾長篇大論，而其他所有人[9]則是言談儒雅、有條不紊。接下來，哈格農（*Ἅγνων*, Hagnon，約出生於西元前四七〇年）[10]之子特拉墨涅斯（*Θηραμένης*, Theramenes, ?-404B.C.）[11]是一派的領袖，而七弦琴作坊主克里奧芬[12]則是人民領袖。克里奧芬最先授予觀看戲劇表演的人們以兩俄勃爾的津貼[13]，實行了一段時間之後，佩阿尼亞的凱利克拉提斯（*Καλλικράτης*, Calliacrates）[14]廢除了它，允諾在此基礎上增加一俄勃爾。後來，這兩個人先後被處以死刑；因爲，人民雖會被蒙蔽一時，但他們通常會在最後憎惡那些誘使他們做不當之事的人。

4.在克里奧芬[15]之後，人民領袖的位置連續被誇誇其談的人占據，他們只關注短暫的利益，而極力迎合大眾的喜好。[16]

5.在老一代政治家之後[17]，尼奇亞斯、修昔底德斯和特拉墨涅斯被認爲是雅典最優秀的政治家。至於尼奇亞斯和修昔底德斯，幾乎每個人都同意，他們不僅出身和性格高貴，並且治國有方，他們悉心管理國家。[18]而對特拉墨涅斯的評價卻是褒貶不一，因爲在他所處的時代，國家局勢極爲動盪不安。但是，深思熟慮的觀點認爲，他的所作所爲並不像那些批評家錯誤論斷所說的那樣，他沒有推翻任何類型的政府，只要它合法，他便一直支持它；這表明，他像一個良好公民[19]應該做的那樣，能夠生活在任何形式的政體下，卻又絕不容忍其不法行爲並堅決與之抗爭。[20]

◆ 註解 ◆

[1] 拉克漢將此句譯為「國家事務發展得越來越好」，羅德斯譯文為「政治局勢並不糟糕」，拉克漢譯文最接近原文的意思。修昔底德給予了更高的評價，「在和平時期，只要他是城邦的領袖，他便追求溫和的、穩健的政策；由是，在他的時代，雅典的輝煌達到了它的頂點」（Th. ii. 65.5）。

[2] 認為伯里克里斯是雅典最後一位才德兼備的政治領袖的觀點是普遍存在的，參見：Th. ii. 65.5-13; Lys. 18.28; Is. *Pace*. 124-128, *Antid*. 230-236; Pl. *Per.* 39.5。

圖 18　皮索多羅斯[21]（雕像）

【3】兩者之所以會被作者用來作對比，或許是因為桑提普斯在西元前四八九年指控米爾泰德斯攻取帕羅斯失利。

【4】關於狄密斯托克利斯算不算是民主派領袖，學界存在爭議。普魯塔克並不認為他屬於任何一派，大多數後世學者繼承了普魯塔克的觀點而否定了本文作者的觀點，「泰米斯托克利不是一個黨派政客（partisan），而是一位偉大的政治家（statesman），雅典最輝煌時代的英雄：認為民主派領袖和貴族派領袖存在著衝突的『亞里斯多德』，牽強附會地解釋事實以使其符合他的理論，他所確立的模式為後世學者遵循」（Rhodes, 346）。

【5】「修昔底德斯」和「修昔底德」是對同一人名的不同翻譯，由於古希臘姓氏命名體系相對簡單，同名的人普遍存在，即便是歷史名人也在所難免。在古希臘歷史上，有兩個最為著名的「修昔底德（斯）」，為了使兩個人在中譯本中有所區分，在本譯文中，「修昔底德斯」指的是那位雅典政治家，西蒙的女婿；「修昔底德」指的是那位歷史學家，他以《伯羅奔尼撒戰爭史》著稱於世。關於修昔底德斯的記載並不多，我們只能獲知他是西蒙的女婿、與伯里克里斯同時代的貴族派領袖，在西元前四四四年或前四四三年被陶片法放逐。

【6】尼奇亞斯，雅典的政治軍事家，他是伯里克里斯之後為少數受到廣泛讚譽的政治家之一，為人謹慎、性格溫和，被人譽為有君子之風。在伯羅奔尼撒戰爭期間，他是一個主和派，積極與克里昂、皮索多羅斯等戰爭狂熱分子抗爭，曾在西元前四二一年促成了斯巴達和雅典之間的《尼奇亞斯和約》，使戰爭中斷了六年時間。西元前四一五年，他被選為將軍領導西西里遠征，在戰爭中畏首畏尾、錯失良機；最後，西元前四一三年，他本人連同四萬軍隊葬身於西西里，此次慘敗導致伯羅奔尼撒戰爭的局勢發生根本性的轉變，斯巴達開始占據明顯的優勢地位。普魯塔克曾為其立傳，修昔底德也曾對其晚期活動進行了詳盡的敘述（參見：Pl. *Nic.*; Th. iii-vii）。

【7】克里昂，雅典政治軍事家，與尼奇亞斯生活在同個時代。此人被後世普遍唾棄，他是一個狂熱的黷武者、政治投機主義者和極端的強權主義分子。他首先是作為伯里克里斯的反對派出現在政壇上的，伯羅奔尼撒戰爭爆發前後，他積極反對伯里克里斯的謹慎戰爭戰略，隨後又反對尼奇亞斯的和平主張，其最著名的惡行是西元前四二七年主張對反叛的密提林進行亡國滅種的懲罰，其最大功績是西元前四二五年成功奪取派洛斯和俘虜二百多名斯巴達軍士。克里昂起家於投機戰爭，最後也在戰爭投機中殞命：西元前四二二年，為了奪回雅典的殖民城邦，也是其軍事重鎮安菲伯里斯（*Ἀμφίπολις*, Amphipolis），他在與斯巴達將領布拉西達斯（*Βρασίδας*, Brasidas, ?-422B.C.）的軍隊作戰時被殺（參見：Th. iii. 36.6-v. 10.9, Davies, 318-320）。

【8】肯尼譯文為「民主政治」。

〔9〕肯尼譯文為「他的所有前輩們」。

〔10〕哈格農，伯里克里斯時代後期和伯羅奔尼撒戰爭時期的重要政治軍事家。西元前四四〇年或前四四九年，他曾與伯里克里斯一同遠征過薩摩斯反叛；西元前四三七年或前四三六年，在他領導下，雅典人在斯特魯馬河（*Στρυμόνας*, Struma or Strymónas）的河曲地帶成功營建殖民城邦安菲伯里斯，並被視為安菲伯里斯的建城者；西元前四三〇年，他增援圍攻波提狄亞（*Ποτίδαια*, Potidaea）的軍隊，並成為當地的軍事首腦；西元前四二一年，他支持與斯巴達議和，並且是《尼奇亞斯和約》的簽字人之一；西元前四一一年，在寡頭政變之時，他是當時公共安全委員會中的成員，參與了憲法改革，並成為四百人議事會成員之一。其後事蹟不詳（參見：Th. i. 117, iv. 102, ii. 58, v. 19-24; Lys. 1.65）。

〔11〕特拉墨涅斯，哈格農之子，雅典西元前五世紀晚期的政治家，是一個溫和的寡頭派政治領袖，在西元前四一一年至前四〇三年最為活躍。西元前四一一年，他在四百人專政的變革中扮演了重要角色，但反對這個寡頭政體極端化；在西元前四一〇年民主政治恢復後，他在奪回雅典海軍優勢方面也作出了貢獻；但在西元前四〇六年阿吉紐薩戰役（the Battle of Arginusae，詳見第三十四章注釋）後，他策劃了一場判處六位將軍死刑的非法審判，罪名是他們未盡責打撈死亡士兵的屍體；西元前四〇四年，在雅典陷入絕境之時，他與里桑德拉斯（*Λύσανδρος*, Lýsandros or Lysander，死於西元前三九五年，詳見第三十四章注釋）議和，促成了一個溫和的停戰協定；隨後，他又支持三十人僭政的建立，但在反對後者的極端行為之時被處死（參見：Th. viii. 68, 89-94; X. *H.* i. 7.4-ii. 3.56; *O.C.D.* 1507）。

〔12〕克里奧芬，他是一個極端的民主派領袖，西元前四二九年當選過將軍；克里奧芬的理念與作風與克里昂類似，他也以反對與斯巴達和解而著名，其在伯羅奔尼撒戰爭晚期的活動為世人熟知。西元前四一〇年，當雅典人取得奇基庫斯（*Κύζικος*, Cyzicus）大捷之後試圖與斯巴達締結和約時，他站出來反對；西元前四〇六年，當雅典人取得阿吉紐薩海戰的勝利之後與斯巴達議和之時，他站出來反對；西元前四〇四年，雅典人在羊河（*Αἰγὸς Ποταμοί* or *Αἰγὸς ποταμός*, Aegospotami or Aegospotamos，音譯為「伊哥斯波泰咪」，詳見第三十四章注釋）慘敗後，他仍然反對與斯巴達和解。為了實現與斯巴達的和解，雅典人以叛國罪將其處死（參見：X. *H.* i. 7.35; Lys. 13.7-12; *O.C.D.* 347; *C.A.H.* iv. 480, 484-485, 494-495）。

〔13〕發放觀劇津貼是透過設立「觀劇基金」（*Θεωρικά*, *Theorica*，即 heoric Fund or Festival Fund）來實現的，這

是一種國家基金，它用於支付劇場內普通座位的費用。不過，普魯塔克認為此事乃伯里克里斯所為（Pl. *Per.* 9.3）。俄勃爾，古希臘的一種銀幣和貨幣單位，六俄勃爾等於一德拉克瑪。古典時代，一俄勃爾的銀幣約重零點七克；它在現代希臘作為重量單位使用，僅等於零點一克。

[14] 凱利克拉提斯，除了本文的記載外，我們對此人別無所知。

[15] 原文「克里奧芬」，而拉克漢譯文為「克里昂」，此為誤譯。

[16] 修昔底德認為伯里克里斯之後的雅典政治家不再具有公益精神和遠見卓識，而是自私、短視且熱衷於奉承人民而非引導人民，「每個人都想力爭成為最具影響力的人，他們最終竟不惜以犧牲整個城邦的利益為代價來迎合人民的一時衝動」（Th. ii. 65.10）。

[17] 指的是伯里克里斯之後。

[18] 作者為何對修昔底德斯如此高的評價？關於他的史料是如此的少以至於我們無從對其做出一個客觀全面的歷史評價，歷史學家修昔底德並未提及這位本家親戚。同時，修昔底德對尼奇亞斯的評價比本文的更為全面客觀，既承認他品行有佳，但為人謹慎甚至畏縮，以至於不適合指揮軍事作戰（參見：Th. vii. 42, 50, 77, 86）。世人對特拉墨涅斯的評價歷來都相互衝突，但貶抑之詞多於褒獎之詞。亞里斯多芬在《蛙》（968-970）中諷刺他是牆頭草，善於在身處險境之時見風使舵以化險為夷，色諾芬的觀點和他的相似（X. *H.* ii. 3.31, 47）；修昔底德認為，他多謀善斷且辯才過人（Th. viii. 68.4）；普魯塔克記載他因在政治上搖擺不定而被人諷刺為「克洛德涅斯」（Cothurnus），亦即悲劇演員左右腳都能穿的高筒靴（Pl. *Nic.* 2.1）。作者本人不顧及各種矛盾不同的評價，而對修昔底德斯、尼奇亞斯和特拉墨涅斯等人如此盛讚，或許與他的精英政治理念有關。

[19] 此處著重強調公民在政治活動方面的表現，即「參與政治的公民」（And. *Red.* 10; Lys. 1.20; Aesch. *Tim.* 195）。

[20] 柏拉圖認為，好的政體是依法而治的政體，壞的政體則是不法而治的政體（Plat. *Rep.* 302 c 1-303 b 7）。亞里斯多德根據正義原則，即城邦政權是否為全體公民服務，將政體細分為三類常態政體：君主制（kingship）、貴族制（aristocracy），和平民處於領導地位的憲法統治（constitutional government），三種變態政體：僭主制（tyranny）、寡頭制（oligarchy）和平民政體（democracy）。不管是政權掌握在一人手中、少數人手中，還是多數人手中，只要政權是為全體公民服務，它便是常態政體；若僅是為掌權者服務，它便是變態政體。並且，

所有常態政體都應該是憲法統治，之所以將第三種常態政體特別稱為憲法統治，旨在說明人民大眾依法治國也同樣能夠建立常態政體（Arist. *Pol.* 1279 a 22-b 10）。同時，在亞里斯多德看來，「總的來講，公民是既治理又被治的人，儘管他在不同政體下的具體情況有所不同；並且，就最佳政體而言，公民是有能力且願意以道德優良（the life in accordance with virtue）為目的而被治或治理的人」（Arist. *Pol.* 1283 b 42-84 a 3）。根據亞里斯多德的觀點，特拉墨涅斯在下文中的行為完全符合「良好公民」的標準。

【21】皮索多羅斯，活躍於伯羅奔尼撒戰爭中後期的雅典政治家。他富於冒險精神，是有名的主戰派，西元前四一五年鼓動雅典人發動西西里遠征，重新挑起與斯巴達之間的戰爭。在率兵遠征西西里途中，皮索多羅斯被人指控犯有瀆神罪，為了避免被判處死刑；他逃往斯巴達，出謀獻策，導致雅典在戰爭中遭遇前所未有的失敗，從而陷入被動。在遭到斯巴達人的猜忌後，皮索多羅斯又轉而投靠波斯帝國的撒爾迪斯總督提薩費弗尼斯（*Τισσαφέρνης*, Tissaphernes, 445-395B.C.），離間波斯和斯巴達之間的關係，試圖幫助雅典贏得戰爭。西元前四一〇年，他在奇基庫斯戰役中重創斯巴達海軍，重新確立雅典海軍的優勢。西元前四〇七年，他被視為雅典的救星，重新返回雅典，被任命為將軍。西元前四〇六年，雅典公民大會將諾提昂（*Νότιον*, Notion or Notium）戰役的失敗歸咎於皮索多羅斯，而將其罷免。皮索多羅斯從此再也未能影響時政，並於西元前四〇四年被波斯人殺害。蘇格拉底是皮索多羅斯的老師，他的叛國行徑對蘇格拉底造成了不良影響，這為安尼特等人指控蘇格拉底「毒害青年心靈」提供了口實。

第二十九章

1.只要戰爭形勢平穩發展，雅典人便會保持民主制度；但是，在西西里災難[1]之後、斯巴達人透過與波斯大王結盟[2]而奪取優勢之時，他們被迫廢除民主制度，代之以四百人政府。米利歐必歐斯（Μηλόβιός, Melobius）[3]在投票表決前發表演講勸說變革，而阿那菲斯圖斯（Ἀνάφλυστος, Anaphlystus）德莫[4]的皮索勾羅斯（Πυθοδόρος, Pythodorus）[5]則起草了變革方案；但是，說服民眾的眞正原因是，他們相信，如果他們的政體建立在寡頭制的基礎上，波斯大王才更有可能與他們結盟。[6]

2.皮索勾羅斯的方案，如下：公民大會選舉出二十位年滿四十周歲的公民，與十位在任的公共安全委員會（δέκα προβούλων, the Committee of Public Safety）[7]成員合併在一起；他們在宣誓要爲國家的最大福祉而制定政策之後，便準備起草公共安全的議案。並且，其他任何人都可以提出議案，從而使人民[8]能夠從這些人當中選擇最好的方案。[9]

3.克雷投豐（Κλειτοφῶν, Cleitophon or Clitophon）[10]同意皮索勾羅斯的方案，但他提議，選舉出來的委員會也應該考察在克里斯提尼創立民主制度時他所制定的古代法制，以便他們在考察之後做出明智的決策；他的意思是[11]，克里斯提尼的政體不是民主政體[12]，而類似於梭倫的政體。[13]

4.當委員會選舉出來之後，他們首先提議，議事會主席團[14]應該就公共安全的每個議案進行表決。其次，他們廢除了對違法法令的所有公訴、檢舉和傳喚（πρόσκλησις, prosklesis）[15]，以便每個願意提建議的雅典人能夠就現實形勢自由提出建議。並且，他們頒布法令，如果有人因其他人做了這些事而向他處以罰金、告發他或傳喚他到法庭上，此人一經檢舉，便應該立即被拘捕並帶到將軍[16]那裡，由他們轉交給警吏處以死刑。[17]

5.在此之後[18]，他們又以如下方式擬定了憲法。國家收入只能用於戰爭支出，而不得挪作他用。在戰爭期間，所有官職都沒有報酬；九位執政官和議事會主席團除外，他們每日有三俄勃爾報酬[19]。戰爭期間所有其餘的政治管理，應託付給最有才能或最有財力服務國家的雅典人，其人數不少於五千。這個團體擁有全權，權力大到可以與任何人簽訂條約；每個部落選出十位年滿四十周歲的代表，在獻上無瑕疵的全牲並宣誓之後，由他們擬定一份五千人的名單。

◆註解◆

[1] 西元前四一五年，雅典人為了在伯羅奔尼撒戰爭中尋找新的突破口以改變長期對峙的戰爭格局，而發動聲勢浩大的西西里遠征，統帥分別為尼奇亞斯、皮索多羅斯和德拉馬庫斯。在艦隊尚未到達目的地之時，雅典便以瀆神罪拘捕本次遠征的組織者皮索多羅斯回國受審：皮索多羅斯中途逃往斯巴達，向斯巴達建議援助其西西里盟邦敘拉古抵抗雅典的進攻、在德蓋亞（*Δεκέλεια*, Deceleia or Decelea，詳見第三十四章注釋）建立據點不間斷騷擾阿提卡、派使者策反雅典的愛奧尼亞諸盟邦；斯巴達基本上按照了皮索多羅斯的建議來執行其後期政策，使雅典陷入了四面楚歌的境地。在雅典艦隊剩下的兩位將軍中，尼奇亞斯具有絕對的發言權，但他的謹小慎微貽誤多次戰機，即便雅典派來大批援軍也仍未改變這次遠征必定慘敗的命運。西元前四一三年，雅典及其盟邦的四萬多遠征軍，或被殺或被擒，全軍覆沒於西西里。此次遠征成為伯羅奔尼撒戰爭的轉捩點，雅典由此走向失敗。

[2] 斯巴達早在伯羅奔尼撒戰爭之初便派出使者向波斯帝國請求結盟和援助，由於雅典掌握著海上控制權，他們的行動遭到了失敗；直到雅典遠征艦隊在西西里遭遇滅頂之災後，斯巴達才有機會與波斯取得聯繫。斯巴達與波斯先後簽訂了三份盟約，斯巴達以承認波斯對小亞細亞希臘地區的統治權為條件換得後者的援助；其間，皮索多羅斯曾試圖挑撥兩者的同盟關係，以使雅典取代斯巴達與波斯結盟，但終未成功（Th. ii. 67, viii. 17-58）。

[3] 米利歐必歐斯，古典史料對此人的記述甚少，他可能是呂西阿斯與色諾芬等人所說的米利歐必歐斯（Lys. 1. 12, 19; X. *H.* ii. 3.2），此人是西元前四〇四年或前四〇三年三十僭主中的成員之一；不過，另外一個名叫米利歐必歐斯的人曾出現在西元前四〇九年的傷亡名單上（*The Athenian Agora*, 17,1974, p. 71）。

[4] 阿那菲斯圖斯，位於阿提卡西海岸東南部地區的一個德莫，隸屬於安提奧奇斯部落（*Αντιόχης*, Antiochis）。

[5] 皮索勾羅斯是一個非常普通的雅典人名，關於這個人的記載碎而不詳，以至於很難確定其人其事。修昔底德在記述四百人專政建立的過程時，並未提到米利歐必歐斯和皮索勾羅斯，而是著重描寫皮山德洛斯（*Πείσανδρος*, Pisander）在其中扮演了重要角色（Th. viii. 49-68）。

[6] 狄奧多魯斯記載，雅典人民出於悲觀失望，自願放棄民主制而選擇建立一個四百人專政的寡頭政體（D.S. xiii. 34.2）。不管是《雅典政制》還是《歷史文庫》，都不認為寡頭派們在這次政變中存在著欺詐行為。為了奪權，寡頭派不惜利用根本不可能實現的波斯援助（或許他們對此信以為真）來欺騙在西西里慘敗後驚慌失措的雅典人民。修昔底德記載，投靠波斯帝國的撒爾迪斯總督提薩費弗尼斯的皮索多羅斯為了能夠返回雅典，便暗示一些人：只要雅典放棄民主制建立寡頭制，他便能使雅典與波斯結盟；雅典寡頭派的密謀者便利用它作為發動政變的一個宣傳手段，雅典人民最終抱著從波斯王那裡獲得支持的幻想投票贊成了改變政體的議案（參見：Th. viii. 47-69）。

[7] 公共安全委員會是肯尼對原文 *δέκα προβούλων*（十人委員會）的意譯，它成立於西西里慘敗後，由十位年長者組成，以應對突發事件；在這次政變中，它被擴大為三十人，來指導憲政改革（Th. viii. 1.3; Arist. *A.P.* 29.2）。特拉墨涅斯之父哈格農和悲劇作家索弗克里斯（*Σοφοκλῆς*, Sophocles, 497?-406?B.C.）便是其成員，並且年齡都超過了四十周歲（Davies, 227-228; Arist. *Rhet.* 1419 a 26-30）。儘管修昔底德在記述這次政變時的說法和本文不一致，他提到為了政變，寡頭派選出了一個十人委員會負責政變的整體事務，而不是選出二十人與先前的十人委員會合二為一（Th. viii. 67.1）；但是，後世學者普遍採用了《雅典政制》的觀點。

[8] 拉克漢譯文為「他們」，羅德斯譯文為「公共安全委員會」。拉克漢譯文是對原文的直譯，肯尼譯文和羅德斯譯文為不同理解的意譯。

[9] 肯尼牛津版希臘文本將此句歸入了第三節，拉克漢亦然。

[10] 克雷投豐，很可能是蘇格拉底的一名學生，柏拉圖的一部作品〈克雷投豐篇〉（*Cleitophon*）便是以他命名的，並且他還在《理想國》（328 b 7, 340 a 3-b 8）裡出現過。同時，他和特拉墨涅斯是同志，亞里斯多芬在《蛙》（967）中曾將兩人並提，他們又和安尼特等人在里桑德拉斯顛覆雅典民主制的西元前四〇四年或前四〇三年裡力圖建立中庸的「祖宗法制」；不過，克雷投豐不是三十僭主成員（Arist. *A.P.* 34.3）。

[11] 這一短句，拉克漢譯文為「因為」。

[12] 此為嚴格意義上的民主制，即平民政體。

[13] 關於克雷投豐為何提出憲政改革要參照克里斯提尼改革確立的制度，學界有兩種觀點。一種認為，他確實鍾情於克里斯提尼的制度，認為那是最好的憲政，其後的改革使之變壞了；另一種觀點認為，這只是一個幌子，他抬出這位當時被視為民主英雄的克里斯提尼來，只是為他們建立寡頭製造輿論宣傳（Rhodes, 376-377）。這次政變宣傳的是要確立祖先的中庸之法，其結果卻是建立了一個無能的寡頭政體，克里斯提尼的名聲也在這次政變中受損，雅典人心中期望的祖宗法制開始轉移到梭倫政體那裡，梭倫便開始成為建立雅典民主政治的英雄。

[14] 即五百人議事會的主席團，參閱第四十三章第二、三節和第四十五章第四節。

[15] 傳喚，它本是雅典司法訴訟中的一個程序，即起訴人由兩名當值的司法官員陪同去會見被起訴人，定下審案的日期。此處或許指的是一種訴訟類型。

[16] 在這次政變中，將軍的權力獲得增加。

[17] 即廢除了違法法令訴訟的法令，任何人都不再會因為提出議案而承擔懲罰的風險。違法法令訴訟（*Graphe Paranomon*）的起源時間尚不能確定，文獻中提到的最早案例出現在西元前四一五年（And. *Myst.* 17-22）。某項議案或法令在三種情況下被視為「違法」：一、透過法令的程序不合法或者法令的提案人本人沒有提案資格；二、法令受益人沒有資格受益；三、法令的內容與現行法律相違或與公共利益相違。某人的提案在公民大會審議過程中或一年內，若被人控告「違法」並被民眾法庭判為「違法」，該項議案或法令將被廢止，提案人將為此承擔相應懲罰，從罰金到死刑不等。違法法令訴訟在西元前四世紀被頻繁使用，不過，它在很大程度上

淪為了政治衝突的工具。

【18】即「制定了上述措施之後」。

【19】修昔底德認為這個方案是皮山德洛斯提出的，並且沒有提到九位執政官和議事會主席團可以領取報酬（Th. viii. 67-68）。

第三十章

1.以上便是這一委員會的提案[1]，當它們被批准之後，五千人[2]從他們當中選出一百個成員，組成制憲委員會[3]。一上任，他們便起草並頒布了如下決議：

2.應成立一個議事會（the Amphictyonic Council），由年滿三十周歲的公民組成，任職一年，無報酬。將軍、九位執政官、近鄰同盟書記官（*ἱερομνήμων*, *Hieromnemon*，直譯爲「神聖書記官」）[4]、部落將軍（*ταξίαρχος*, *Taxiarch*）[5]、騎兵統領[6]、部落騎兵統領[7]、駐防兵統領[8]、十位雅典娜神聖基金財務官、十位掌管其他所有諸神神聖基金的財務官[9]、二十位管理希臘人和其他所有世俗基金的希臘財務官[10]、十位司祭官（*ἱεροποιοί*, *Hieropoei*，此爲複數形式；其單數形式爲*ἱεροποιός*, *Hieropoios*）[11]和十位祭禮監（*ἐπιμεληταί*, *epimeletai* or *epimeletae*，其單數形式爲*ἐπιμελητής*, *epimeletes*）[12]，應從這些成員當中任命。[13]所有這些官職都是議事會從人數更多的候選成員中選任的，他們都是當時在任的議事會成員。其他職務全部由抽籤選舉產生，且不得有議事會成員參選。事實上，管理基金的希臘財務官，不屬於議事會成員。[14]

3.考慮到前後相繼問題，設立了四個議事會，由符合上述年齡資格的公民組成；抽籤選中的那個議事會當即行使職權，其餘的則按照抽籤決定的順序依次繼任。爲了達到這個目的，百人委員會應盡可能將自身和其餘人分成人數均等的四份[15]，抽籤決定先後順序，被選中的部分則任職一年。

4.他們根據自認爲最佳的方式行使職權，既確保基金的安全保管和恰當用途，又盡其所能地處理其他所有事務。如果他們需要增加人手，每個成員可以根據自己的意願，選擇一位具有同樣年資的助手。議事會每五天召開一次，除非有特殊事務需要他們多召開幾次。[16]議事會的抽籤活動，由九位執政官主持。[17]透過抽籤從議事會成員中選出五位唱票人，由他們來清點投票結果；並且，每天從這五人中間抽籤選出一位，作爲議案的提出人[18]。

5.這五個人透過抽籤方式來決定那些想要出席議事會的人的先後順序[19]，首先是與宗教有關的事務，其次是傳令官事宜，再次是使節事宜，最後是其他事務；但是，如有必要，與戰爭有關的事務只需將軍提議而無須抽籤決定，便予以處理。

6.除非是因休假而缺席，任何議事會成員屆時未到議事廳（*βουλευτήριον*, *bouleuterion* or *bouleuterium*）[20]，將處以每天一德拉克瑪的罰金。[21]

◆註解◆

[1] 公共安全委員會可能是在科洛諾斯（*Κολωνός*, Kolonos or Colonus）召開的那次公民大會上提出了議案（Th. viii. 67.2-68.1）。

[2] 此處對五千人的說法與第三十二章第三節的文字直接衝突，那段文字講五千人只是名義上選舉產生了，它也與修昔底德的記述相吻合（Th. viii. 92）。這裡存在兩種可能性的解釋：要麼所有具備裝備武器這一必要資格的人都被暫時稱為「五千人」，直至名單被恰當地擬定出來為止（這樣，在四百人倒臺之後那個占據政權的所謂五千人，事實上包括所有能夠裝備武器的人）；或者，要麼上一章結尾提到的那個百人委員會提名的五千人只是一個臨時組織，當憲法被最終擬定好之後將重新提名一個新的五千人集團（Kenyon, 103-104）。

【3】修昔底德記載，百人委員會的產生不是為了制定憲法或擬定五千人名單，而是為了選出四百人組成議事會（Th. viii. 67.2）。

【4】每個近鄰同盟城邦會向同盟大會派出兩名代表，其中一名便被稱為近鄰同盟書記官，他是祕書；另外一名被稱為佩拉格拉斯（the *Pylagoras*），他是城邦的正式代表（牛津本第三十章第二節注釋）。此處的近鄰同盟議事會是一個專有名詞，專指德爾菲近鄰同盟議事會。近鄰同盟是古希臘史上一種非常普遍的同盟形式，它是幾個圍繞在一個宗教祭祀中心出於同一宗教信仰和宗族關係而組成的宗教同盟，以德爾菲的阿波羅神廟和其附近的阿提密斯神廟為中心的德爾菲同盟、小亞細亞諸邦組建的愛奧尼亞同盟、波也奧西亞地區組建的早期同盟等都屬於近鄰同盟；其中，德爾菲同盟最為著名和最具影響力，以至於近鄰同盟常常會作為一個專有名詞來指代德爾菲同盟。

【5】部落將軍，簡體中文商務版譯為「聯隊長」，謝德風和徐松岩將此詞分別譯為「上校」和「隊長」（參見：修昔底德，《伯羅奔尼撒戰爭史》，謝譯本商務印書館二〇〇七年，第七〇五頁；徐譯本廣西師範大學出版社二〇〇四年，第四七六頁）。他們是由每個部落選舉出來的軍事將領，統領各自部落的重裝步兵。詳見第六十一章第三節。

【6】此處雖使用了複數形式，但事實上四百人專政時期，雅典只有一個騎兵統領（Arist. *A.P.* 31.3），而在西元前五世紀中期則有三個，到了西元前四世紀之時又變成了兩個（Rhodes, 390）。騎兵統領數目的變化反映出雅典騎兵實力的變化，雅典西元前四世紀的騎兵統領及雅典騎兵的狀況，詳見第六十一章第四節和第四十九章第一、二節。

【7】詳見第六十一章第五節。

【8】即駐防在造船廠和衛城的衛兵的指揮官，詳見第二十四章第三節。特別提及此官職，暗指當時雅典的形勢危急。修昔底德對這次政變的歷史背景給出了詳盡而又清晰的敘述，西元前四一三年雅典在西西里慘敗之時，斯巴達在皮索多羅斯的引導下開始在愛琴海策反提洛同盟成員，並取得了波斯的支持，雅典派出了幾乎全部的海軍力量以薩摩斯為基地來應對來自海上的危機；而在陸地上，斯巴達國王艾基亞利用德蓋亞為基地對阿提卡進行斷斷續續的蹂躪，將雅典的陸上活動空間壓縮到了雅典城和皮雷埃夫斯港等堅固難摧的堡壘中，雅典僅在衛城和皮雷埃夫斯港兩地有駐防軍。正是在這種困境中，獲得波斯援助的幻想才在現實中發揮了作用，它在一定

程度上推動了政變的發生。

[9] 參見第四十七章第一節及其注釋。

[10] 此處與此節結尾文字（「管理基金的希臘財務官，也不屬於議事會成員」）相矛盾，似為衍文。「希臘財務官」是對古希臘語 *ἑλληνοταμίαι*（*Hellenotamiai*）字面涵義的直譯，按實際情況來講應該翻譯為「同盟財務官」：在古希臘人看來，超出單個城邦或地區的事務便是希臘人的事務，例如：當奧林匹亞賽會的參賽選手超出其舉辦地皮薩（*Πῖσα*, Pisa）地區之時，賽會裁判便被稱為「希臘裁判」或「希臘人的裁判」（*ἑλλανοδίκαι*, *Hellanodikai*）。西元前四七八年或前四七七年提洛同盟成立，同盟的財政官由雅典人擔任：他們被稱為「希臘財務官」，成員數目為十人，掌管同盟盟金的收支。西元前四五四年或前四五三年提洛同盟金庫從提洛島轉移至雅典之後，他們的職司開始發生變化。他們在繼續徵收盟金的同時，開始將其中的六十分之一作為初熟果實（*Ἀπαρχή*, *aparche*）獻給雅典城邦保護神雅典娜·柏麗婭斯，並根據公民大會的決議為將軍的軍事活動、衛城修建等事宜提供資金。西元前四一二年或前四一一年政變中，其人數由十人增至二十人，負責提洛同盟和雅典城邦的財政事務。西元前四〇四年雅典戰敗，同盟解體，這一職務便隨之被廢除，再也沒有恢復過。

[11] 司祭官，此處簡體中文商務版譯為「祭禮官」，簡體中文顏一本為「祭祀」（似為「祭司」之筆誤——引者按）。司祭官是從普通公民而非職業祭司階層選出的，他們的職司並非局限於舉行祭祀儀式，也掌管神廟或聖地的經濟事務如對神廟金庫的管理等：小的城邦只有單獨的一個司祭官，大的城邦則由多個司祭官共同擔任該職（參見：Arist. *Pol.* 1322 b 18-30, *A.P.* 54.6-7; *D.G.R.A.* 607）。

[12] 祭禮監，即監督宗教祭祀活動的官員：*ἐπιμελητής*，本義為「主管」（one who has charge of a thing）（*G.E.L.* 646），它在此處作為表示官職的專有名詞使用，肯尼直接將此職務翻譯為「祕儀督監」（Superintendents of the mysteries）。此處遵從簡體中文商務版譯法，簡體中文顏一本為「監查官員」。

[13] 此為羅德斯譯文，由於紙草原文本身有問題，所以各家翻譯也就有所不同。肯尼譯文為「將軍、九位執政官、神聖記錄官、部落將軍、騎兵統領、部落騎兵統領、駐防軍統領、十位雅典娜女神神聖基金財務官和十位其他諸神神聖基金財務官、希臘財務官和管理非神聖基金的財務官、十位司祭官和十位祕儀監察官，應隸屬這一機構」，拉克漢譯文即簡體中文商務版譯文，為「下列人員應包括在這些成員之內：司令官、九執政官、神聖記錄官、聯隊長、騎兵司令、部落騎兵司令、衛士指揮官、女神神聖基金司庫官以及別的神的十司庫官、希臘司

庫官以及所有不屬神聖基金的二十司庫官，他們應管理這些基金，司祭官和祭禮監，各十人」。

[14] 如果不將此句與剛剛出現過的上文視為直接衝突的話，我們必須假定，資金的實際管理只分配給希臘財務官中的幾個人（可能是輪流掌管），其他人則承擔提建議和監督的職責（Kenyon, 105）。這一草案的制定者為什麼將希臘財務官，而不是其他重要官員排除在已經安排好職位的議事會之外，這是令人迷惑不解的；關於希臘財務官的情況，最初的草案或許但也不一定比《雅典政制》描述得更為清楚（Rhodes, 393）。

[15] 即百人委員會和法定的五千人中的其餘成員被平分為四部分，每部分組成一個議事會，輪流任職一年。

[16] 此後兩句話被拉克漢和羅德斯歸到了第五節。拉克漢本或許在編排肯尼本時誤排了這兩句話，因為兩種編排的開頭都是“*κληροῦν δὲ*……”；但是，羅德斯為何採取了拉克漢的章節編排，是他覺得拉克漢的更為合理嗎？不得而知。

[17] 此句的羅德斯譯文為「議事會由九位執政官召集」。從上下文看，羅德斯譯文似乎更為恰當。從第二十九章第五節和本句話可以看出，執政官的權力得到了恢復；至少從埃非阿特改革以來雅典實行民主制期間，議事會是由議事會主席團或會議主持（*προέδροι*, *Proedroi* or *Proedri*，詳見第四十四章第二節注釋）來主持的，而九位執政官只是在程序上負責主持民眾法庭的審判。從四百人專政是一次復古改制可以推測，或許在梭倫改革後和埃非阿特改革前這段時期，四百人議事會和五百人議事會是由執政官們負責召集和主持的。

[18] 此句肯尼譯文為「擔任主席」。這五個人相當於後來的會議主持，被選中的人相當於會議主持的首領；或許，這為後來主持議事會和公民大會的會議主持的產生提供了啟發。

[19] 這個安排事務先後順序的原則和第四十九章第六節記載的一樣。

[20] 議事廳泛指古希臘城邦用於公民議事會開會的建築，此處指的是雅典議事廳，它位於雅典市場西部。

[21] 參見第四章第三節。

第三十一章

1.這便是他們擬定在未來實施的憲法，但爲了應對眼前形勢，他們又設計了如下方案，像古代政體一樣，應成立一個四百人議事會，每部落四十人參與其中，他們從由部落成員挑選出的、年滿三十周歲的候選人當中選出。這個議事會將任命各種官員，擬定官員就職宣誓的形式；並且，它可以按照自己的判斷，處理所有與法律、審計相關的事務以及其他事務。

2.然而，他們[1]必須遵守關於國家政體的法律，無權修改或制定其他法律。當前的將軍應從整個五千人團體中選出。議事會一旦成立，便要立即檢查軍備，並隨即選出十人擔任此職和一名祕書[2]；被選出的十個人將在來年上任，並擁有全權，他們有權在任何時候參與議事會的決議。

3.此外，他們也將選出一位騎兵統領和十位部落騎兵統領，爲了前後相繼，議事會將按照上述程序選舉這些官員[3]。除了議事會成員和將軍之外，不管是首任者還是繼任者，任何官員都不得連選連任。[4]爲了運作的連貫性，議事會將會分成四個前後輪換的部分，當公民們參加議事會之時，百人委員會將他們本身和剩下的人一同分組。[5]

◆註解◆

[1] 此處的「他們」應該指的是擬定成立的四百人議事會。此詞的羅德斯譯文為「雅典人」，拉克漢譯文則是與上句承接而省略此句的主語。

[2] 無資料證明，雅典民主政治時期，將軍一職擁有一名祕書（Rhodes, 402）。

[3] 即按照將軍的選任程序，首先選出臨時的騎兵統領和部落騎兵統領，然後再選出來年正式任職的人選。

[4] 這一規定明顯體現了四百人專政的寡頭政治性質，議事會成員和將軍的連選連任，其實變相地將四百人議事會變成了早期的戰神山議事會和執政官。

[5] 如第三十章第三節所述。

第三十二章

1.如上所述，百人委員會由五千人團體授權制定憲法；並且，經阿里斯托馬庫斯（Ἀριστομάχος, Aristomachus）[1]提起議案、由人民批准之後，卡利亞斯任執政官時[2]的現任議事會[3]，在任期結束之前便被解散。它在第十一月塔爾格里昂月（Θαργηλιών, Thargelion）[4]的第十四日被解散，四百人議事會在第二十一日行使職權；而由抽籤選出來繼任的議事會，本應該在第二十月斯基羅孚里昂月第十四日行使職權。[5]

2.如此一來，在卡利亞斯任執政官之時，即差不多正好是推翻僭主政治後的一百年，寡頭政治建立了。[6]革命的主要鼓動者是皮山德洛斯、安提豐（Ἀντιφῶν, Antiphon, 480-411B.C.）和特拉墨涅斯，他們都出身高貴，且以能幹和公正著稱。[7]

3.然而，這一政體建立後，五千人團體僅是在名義上選舉了出來[8]；四百人議事會和十位被賦予全權的將軍占據了議事廳，並在事實上管理著國家[9]。他們首先向斯巴達人派出使節，希望根據現狀終止戰爭；但是，斯巴達人拒絕談判，除非他們放棄海上控制權。如此一來，他們便中斷了談判。[10]

◆註解◆

【1】阿里斯托馬庫斯，關於此人，無其他事蹟可考。

【2】西元前四一二年或前四一一年。

【3】即西元前四一二年或前四一一年的五百人議事會，他們的剩餘任期已不足兩個月。

【4】古希臘沒有統一的曆法體系，雅典採用的是太陰曆，被稱為阿提卡曆，每年分為十二個月。夏至後的第一月的第一日即赫卡圖姆巴昂月（Ἑκατομβαιών, Hekatombaion，西曆的七、八月間）第一日為阿提卡曆中一年的開始，所有月份的名稱都是根據當月的祭祀活動命名的：它們依次是：*Hekatombaion, Metageitnion, Boedromion, Pyanopion, Maimakterion, Poseideon, Gamelion, Anthesterion, Elaphebolion, Mounichion, Thargelion, Skirophorion*。第十一月塔爾格里昂月處在西曆的五、六月間，本月的月慶是慶祝提洛的阿波羅神與阿提密斯神誕生的塔爾格里亞節（*Θαργήλια*, Thargelia，見第五十六章注釋）；第十二月斯基羅孚里昂月的月慶活動名叫斯基羅孚里亞（*Skirophoria*），它是用於祈禱阿提卡大地免受太陽炙烤的宗教慶典，本月處在西曆的六、七月間。

【5】修昔底德記載，這次權力交接是一次未發生流血衝突的武力奪權（Th. viii.69.1-70.1）；他雖然詳述了政變過程，卻未給出一個時間表，而本文恰巧予以補充。按照正常程序，四百人集團本應該在第十二月斯基羅孚里昂月第十四日，即西曆的六月三十日正式接管政權；但是，他們採取了提前奪權的行動。所有寡頭派支持者在奪權當天都準備著武力奪權，四百人身藏匕首，並由一百二十名充當打手的「希臘青年」跟隨以鎮壓反抗；他們來到議事廳，為五百人議事會支付剩餘的報酬後命令他們解散。這次行動既未遭到五百人議事會的反抗，也未遭到雅典民眾的阻撓。奪權日期應該是本文作者所說的第十一月塔爾格里昂月第十四日，西曆的五月三十一日，四百人又開始在這一天分配權力，即透過抽籤方式選出四百人議事會的主席團、決定輪值順序、選任第三十一章中所說的官員等；而後，他們在第二十一日，即西曆的六月七日正式宣布就職。

【6】關於四百人專政的建立和憲法的制定，修昔底德給出了一個簡要且又不同的記載。雅典寡頭派分子在科洛諾斯召開的所謂公民大會上，十人委員會提議，任何人提出的憲法方案都不會因違法而受到制裁，對那些試圖指控

或騷擾這些提案人的行為將加以嚴懲；而後，皮山德洛斯提案：取消報酬制，任何官職都是沒有薪水的；先選舉五人為主席，這五人選出一百人，這一百人再每人分別選擇三人，最終選出四百人；由他們組成議事會，全權負責城邦事務，按照他們認為最好的方式管理城邦，並決定五千人會議的召開時間。公民大會一致贊成改變政體的方案，在散會之後不久，四百人便入主議事廳，執掌城邦政權。然而，修昔底德並未提到文中所詳細描述的未來憲法和臨時憲法（Th. viii. 67-70）。

[7] 這句話可以被視為對《伯羅奔尼撒戰爭史》第八卷第六十八章的縮寫。皮山德洛斯是這次政變最主要的策劃者，活躍於伯羅奔尼撒戰爭後期；他曾是西元前四一六年或前四一五年的五百人議事會成員，領導了赫爾墨斯（*Ερμῆς*, Hermes）神像毀壞案的調查，在阿爾西比亞德誤導下策劃政變，在四百人政變期間曾試圖促成雅典城內寡頭派與派駐薩摩斯的民主派海軍之間的和解；四百人垮臺後，他逃亡到了德蓋亞的斯巴達軍營裡，其財產被雅典人充公（參見：Th. viii. 49-68, 90-98; And. *Myst.* 43, *Red.* 14; Lys. 7.4, 25.9）。安提豐的主要身分是智者和職業演說家，而非政治家，修昔底德認為此人足智多謀但名聲極壞，他是整個事件的幕後策劃者；在政變前，他曾是阿爾西比亞德的一個主要攻擊者；在政變成功後，他極力促成與斯巴達的和解；政變失敗後，他選擇留在雅典受審並被判處死刑（參見：Th. viii. 68, 90; Pl. *Alc.* 3）。同時，本文在此處疏漏了弗利尼庫斯（*Φρύνιχος*, Phrynichus, ?-411B.C.），在記述西元前四〇四年或前四〇三年三十人僭政之時也疏漏了克里提亞斯（*Κριτίας*, Critias, 460-403B.C.），不知是何種原因導致的。弗利尼庫斯是阿爾西比亞德的政敵，他出於害怕阿爾西比亞德回歸雅典而積極支持發動政變；政變成功後，積極與斯巴達國王阿基斯進行和談；和談失敗後，他被民主政治支持者刺殺；四百人專政被推翻後，他被視為叛國者（參見：Th. viii. 48-51, 54, 68, 90, 92; Lys. 13.71-76）。

[8] 此處表述與第三十章第一節和第三十一章第二節文字有衝突；不過，修昔底德的記載支援此處的觀點（Th. viii. 89.2, 92.6, 93.2）。修昔底德認為，四百人並不希望五千人存在以分享權力，同時利用五千人名單的不確定性恐嚇民眾以便更穩定地掌握政權。

[9] 依靠的不是法律而是恐怖手段來管理國家，為了維持統治，四百人處死了一批人、關押了一批人，並放逐了一批人（Th. viii. 70.2）。

[10] 修昔底德記載，斯巴達國王阿基斯最初拒絕和談的原因是他覺得雅典國內形勢不穩，希望率領重兵直逼雅典城

下達到威懾四百人政府投降的目的；然而，他隨後的軍事行動遭遇挫折；此後，阿基斯才願意與四百人和談，並以雅典人放棄海上控制權為條件達成和解，四百人政府最初表示無法接受；但是，當國內形勢對他們極為不利之時，四百人政府想透過出賣城邦利益來穩固統治，企圖與斯巴達達成無條件和解。四百人政府這個想法尚未實現，他們便被雅典人投票推翻了（Th. viii. 70-71, 90.2, 97.1）。

第三十三章

1. 四百人政體大約存在了四個月；當時由提奧龐普斯任執政官，而其中兩個月，由穆納昔羅庫斯（*Μνασίλοχος*, Mnesilochos or Mnasilochus）[1]擔任，其餘十個月則由提奧龐普斯擔任。[2]雅典在埃雷特里亞海戰中失敗，而整個尤比亞[3]全部反叛，僅有俄瑞昂（Oreum）未參與其中。[4]與以前的任何災難相較，人民對此更爲憤怒；因爲，他們從尤比亞得到的供給要比阿提卡本身多。[5]於是，他們便廢止了四百人議事會，將國家事務委託給五千人團體，他們由擁有武器裝備的公民組成[6]。同時，他們投票決定，任何官職都不應享有報酬。[7]

2. 對這次革命負責的主要有阿里斯托克拉底（*Ἀριστοκράτης*, Aristocrates, 465-406B.C.）[8]和特拉墨涅斯，他們不同意四百人議事會將權力完全控制在自己手中，不讓五千人團體共享。[9]在這段危急時期，雅典似乎得到了很好的管理[10]；儘管戰爭在繼續，政權也由能夠裝備起武器的人組成。[11]

◆註解◆

[1] 穆納昔羅庫斯，或為穆尼昔羅庫斯（*Μνησίλοχος*, Mnesilochos），此人的其他事蹟不可考；同時，在西元前四〇四年的三十人集團中有一位成員名為穆尼昔羅庫斯（X. *H.* ii.3.2），兩者是否是同一人，尚不可考。

[2] 西元前四一一年或前四一〇年。這一年出現了兩位名年執政官，穆納昔羅庫斯是四百人集團選出的，隨著四百人專政的倒臺，他也隨之被免職，由新選出的提奧龐普斯繼任。

[3] 尤比亞，希臘第二大島，面積僅次於克里特島，位於希臘半島東南，與阿提卡、波也奧西亞僅有一衣帶水之

隔，埃雷特里亞（參見第十五章及注釋）是該島最主要的城邦之一。尤比亞人是愛奧尼亞人的一支，從阿提卡遷徙而來；並且在古希臘早期移民活動中扮演著重要角色，在義大利南部、西西里和馬其頓沿岸等地區建立了眾多殖民城邦。尤比亞的經濟曾經一度繁榮，梭倫改革時採用了尤比亞幣制標準。隨著雅典的崛起，雅典與尤比亞發生衝突，並最終於西元前六世紀末取勝，將該島變成附屬島嶼，開始進行殖民。西元前四一〇年，尤比亞趁著雅典極度衰落之時贏得獨立。但它卻未能徹底擺脫強權政治的影響，不得不在霸權城邦之間搖擺。

[4] 修昔底德對此事有詳細記述（Th. viii. 91.2-95.7）。斯巴達同盟的四十二艘戰艦駛入了阿提卡周邊沿岸，便向著雅典的戰略要地奧羅普斯（ὁ Ὠρωπός, Oropus）駛去；此舉引起了雅典人的恐慌，他們倉促準備了三十六艘戰艦，來迎擊敵艦。雙方在埃雷特里亞海域相遇，雅典艦隊被擊潰；隨即，整個尤比亞除了俄瑞昂全部叛離。

[5] 這句話似乎是作者在參看了修昔底德的評論之後寫出的，修昔底德有同樣的觀點和文字（Th. viii. 96.1-2）。

[6] 參見第四章第二節、第二十九章第五節。

[7] 修昔底德記載，在埃雷特里亞海戰慘敗和尤比亞叛離後，憤怒的雅典民眾在被四百人廢棄的公民大會會場普尼克斯（Πνύξ, Pnyx）召開會議，廢除四百人議事會，並決定將政權轉交給五千人，即能夠自備武器的所有公民，任何公職人員不得享有報酬（Th. viii. 97.1-2）。

[8] 阿里斯托克拉底，來自一個傳統的貴族家族，該家族已經維持了數代的顯赫地位（Davies, 56-57）。他本人曾經是《尼奇亞斯和約》的簽署人之一，擔任過西元前四一三年或前四一二年的將軍，在四百人專政期間曾是一名部落將軍，協同特拉墨涅斯推動了四百人政府的垮臺；此後，他連續當選將軍，並參與領導了西元前四〇六年的阿吉紐薩（Ἀργινοῦσσαι, Arginoussai, Arginusai or Arginusae，詳見第三十四章注釋）海戰，而後和其他五位將軍被判處死刑（參見：Th. v. 19, 23, viii. 89, 92; X. *H.* i. 4.21, 5.16, 7.2; D.S. xiii. 47-51）。

[9] 參見：Th. viii. 89.2, 92.10-11。

[10] 該評價似乎來自修昔底德，「在最初的時期，雅典人似乎擁有了最好的政體，至少在我這個時代是如此；因為，身為少數的貴族和身為多數的平民和諧相處，它是雅典在遭遇了諸多災難之後恢復力量的首要原因」（Th. viii. 97.3）。

[11] 此句為拉克漢譯文。肯尼譯文：「這一時期的國家政體是值得讚揚的，因為它處在戰爭期間，而公民權掌握在擁有武器裝備的人手中。」

第三十四章

1.然而，人民不久又將政權從他們[1]手中剝奪。[2]四百人議事會推翻之後六年，即安基勒斯德莫的卡利亞斯任執政官之時[3]，發生了阿吉紐薩戰役[4]。其結果是這樣的。首先，取得這場勝利的十位將軍[5]經過一次表決而被統一定罪[6][7]；因爲人民被煽動激憤情緒的人引入了歧途，儘管實際情況是一些將軍的確沒有參與作戰，而另一些將軍本身則是被其他船隻救起的。[8]其次，當斯巴達人提議撤出德蓋亞[9]並就現狀締結和約之時，雖然一些雅典人支持這一提議，但是人民群眾卻拒絕聽從他們的意見。這一次，他們是被克里奧芬引入歧途的，他醉醺醺地出現在公民大會上，身穿護胸甲[10]，阻止締結和約；宣稱，除非斯巴達人放棄所有與他們結盟的城市[11]，否則，他絕不接受和平。

2.因而，他們錯失了良機，並很快發現自己作出了錯誤的決定。第二年，即亞力西亞（Ἀλεξίας, Alexias）任執政官之時[12]，他們在羊河[13]海戰中遭到慘敗。結果，里桑德拉斯[14]成爲了這個城市的主人，並且以下述方式扶植三十人集團成爲它的管理者[15]。

3.和約[16]中的一項條款規定，國家應該根據「祖宗法制」[17]進行治理。於是，民主派試圖保持民主制度；然而，那部分參與政治黨派[18]的上層成員和因和平而歸來的流亡者卻志在建立寡頭政治[19]，另一部分雖然沒有加入任何黨派，卻自認爲是和其他人一樣的良好公民，急切希望重建古代憲法。[20]這群人中有阿爾基努斯[21]、安尼特[22]、克雷投豐[23]、福爾米修斯（Φορμίσιος, Phormisius）[24]

和另外許多人，其中最著名的領袖是特拉墨涅斯[25]。里桑德拉斯支持寡頭派[26]，公民大會在極端恐懼下被迫投票贊成建立寡頭政體，提出這一議案的是阿菲德那（Ἄφιδνα, Afidnes）德莫的德拉孔提狄斯（Δρακοντίδης, Dracontides）[27]。

◆註解◆

[1] 即「五千人團體」。

[2] 此事可能發生在西元前四一〇年夏，奇基庫斯戰役之後。關於這一次政權更替，修昔底德、色諾芬和狄奧多魯斯都未曾提及，不過，安多吉德斯（Ἀνδοκίδης, Andocides, 440-390B.C.）為我們提供了重要線索（And. *Myst.* 96-98）。

[3] 西元前四〇六年或前四〇五年。

[4] 阿吉紐薩，即阿吉紐薩群島，它是位於列士波斯東部的一小片群島。西元前四〇六年或前四〇五年，斯巴達海軍為了占領列士波斯這個扼守雅典從黑海地區輸入糧食的戰略要地，圍攻該地的雅典海軍，並與雅典援軍在阿吉紐薩發生激戰。斯巴達海軍遭受重創，雅典以二十五艘艦船的代價換取殲滅斯巴達七十艘艦船的勝利，此次戰役是雅典在伯羅奔尼撒戰爭期間獲得的最後一次海上大捷。但是，由於暴風雨的緣故，雅典海軍的部分落水者和溺水者的屍體未能被打撈，這成為領導這次海戰的將軍受審並被判死刑的重要原因（參見：X. *H.* i. 6.12-38; D.S. xiii. 98-100）。

[5] 此處表述不準確。參加領導這場海戰的將軍是八位，出庭受審的將軍是六位，另外兩人是被缺席審判（D.S. xiii. 99.3; X. *H.* i. 7.32）。十位將軍被審判定罪的說法還出現在柏拉圖那裡（參見：Plat. *Apol.* 32 b 2-3）；偽柏拉圖也有相同的錯誤觀點（參見：〔Plat.〕*Axioch.* 368 d 6-7）。

[6] 這一做法是非法的。根據「卡諾努斯法令」（the Decree of Cannonus），雅典禁止對集體被告透過一次投票表決而統一量刑，而是根據具體情況對單一被告逐一審判量刑。在這次審判事件上，集體審判統一量刑的提議曾

遭到兩次反對，但最終還是被情緒激動的人民認可了（參見：X. *H.* i. 7.12-15, 34）。

【7】這是雅典歷史上最著名的審判之一，也是用以攻擊雅典民主制的最著名藉口之一。色諾芬認為，特拉墨涅斯是導演這次悲劇的幕後黑手；而狄奧多魯斯認為，這次審判更多的是因誤解而起。

【8】十位將軍中，科儂和阿基斯特拉圖斯被圍困在列士波斯的密提林海灣，未參加此次海戰（X. *H.* i. 5.16; D.S. xiii. 74.1）；呂西阿斯（Lysias，領導此次戰役的雅典將軍，並非那位著名的演說家）所指揮的船隻在作戰中遭到破壞，他本人則是被其他船隻救起才得以生還（X. *H.* i. 7.32; L.S. xiii. 99.3）。

【9】德蓋亞，位於阿提卡北部帕爾尼斯山（Mt. Parnes）南端，是扼守雅典城與尤比亞島大陸交通的重要地點。經阿爾西比亞德提議，斯巴達從西元前四一三年開始在此地建立固定軍事據點，給雅典的陸路交通造成極大困難，也幾乎摧毀了阿提卡的農業（Th. vii. 19.1-2, 27-8; X. *H.* ii. 3.3）。色諾芬未提及在阿吉紐薩戰役之後斯巴達提出議和的事情，狄奧多魯斯記載，西元前四一〇年奇基庫斯戰役之後，斯巴達曾提出了議和（D.S. xiii. 52-3），這是斯巴達在伯羅奔尼撒戰爭中最後一次提出與雅典議和。作者極有可能將這次戰役誤當做了奇基庫斯戰役，因為雅典在那次戰役獲得了更為輝煌的勝利並重新奪回了海上優勢，但斯巴達的優勢並未因這次戰役的慘敗而遭到明顯的削弱，它不會以退出重要的德蓋亞為條件來與雅典議和。作者之所以如此誇大阿吉紐薩戰役的意義，很可能是因為對民主政治的反感而故意渲染六位將軍誤判死刑的悲劇氣氛，從側面來為蘇格拉底之死鳴冤。

【10】即依靠他一時興起的勇氣和保護自身免於被刺死的武裝，除非我們對"*μεθύων καὶ θώρακα ἐνδεδυκώς*"（喝醉了酒，穿著胸甲）的推測是對某些原文的錯誤解釋，即把"*θώρακα ἔχων*"當做「喝酒滿腹」的俚語之意，參見亞里斯多芬《蛙》第一五〇四行（Rackham, 99）。亞里斯多芬《蛙》第一五〇四行文字為「帶上這（柄刀）並把它送給克里奧芬」；並且，亞里斯多芬在此對克里奧芬的好戰性格進行了嘲諷。作為準備戰爭的示威，與政治家穿著卡其布軍裝出現是同樣的效果（牛津本第三十四章第一節注釋）。克里奧芬出現在會場時穿著胸甲這個形象很可能是後來人們的想像，這種觀點只在《雅典政制》中才找到（Rhodes, 426）。

【11】即要求斯巴達放棄所有的占領區和解散伯羅奔尼撒同盟；很顯然，克里奧芬在當時提出這個議和條件是極其荒謬的做法。作為反擊斯巴達「解放希臘人」的輿論宣傳，雅典曾在伯羅奔尼撒戰爭爆發前夕，提出過類似主張（Th.i. 114）；但是，雅典這個主張在後來它與斯巴達之間的議和過程中從未出現過。

【12】西元前四〇五年或前四〇四年。

【13】羊河，位於愛琴海東北部島嶼塞斯托斯東北端的一條小河，注入伊斯波桑斯海峽（*Ἑλλήσποντος*, Hellespont，即今達達尼爾海峽）。西元前四〇五年，里桑德拉斯率領的斯巴達海軍與雅典海軍在此地海域上進行決戰並大獲全勝，雅典海軍的一百八十艘戰艦，僅有科儂率領的九艘戰艦倖免於難；並且，被俘的雅典人全部被處死。羊河海戰被認為是伯羅奔尼撒戰爭的最後一戰，它促成了雅典的無條件投降（參見：X. *H.* ii. 1.20-32; D.S. xiii. 105.2-106.7; Pl. *Alc.* 36.6-37.5, *Lys.* 9-13）。

【14】里桑德拉斯，古希臘偉大的政治軍事家，斯巴達帝國的締造者。他因西元前四〇七年的諾提昂海戰而成名，他的最大軍功是指揮了西元前四〇五年的羊河海戰，一舉殲滅雅典海軍，最終促使雅典投降；此後，他成為希臘世界最有權勢的政治家，將整個希臘愛琴世界都囊括到斯巴達的控制之下。並且，里桑德拉斯與小居魯士交好，以此積極干涉波斯內政；在他的策劃下，斯巴達派出了兩萬人的混合軍隊，試圖援助小居魯士奪取波斯的王位。西元前三九六年，在他的支持下，斯巴達國王阿格西勞斯二世（*Ἀγησίλαος*, Agesilaus II, 444?-360B.C.）組織泛希臘遠征，試圖從波斯手中奪回小亞細亞的希臘地區；西元前三九五年，科林斯、底比斯和雅典等城邦借斯巴達遠征小亞細亞之際聯合發動推翻斯巴達霸權的戰爭，里桑德拉斯在與反抗城邦作戰時陣亡。關於他的事蹟，參見色諾芬《希臘史》前三卷、普魯塔克〈里桑德拉斯傳〉等。

【15】三十人被公開授予制定憲法大綱的權力，就像第三十章提到的四百人那樣（牛津本第三十四章第二節注釋）。色諾芬記載，三十僭主並未履行他們制定憲法的最重要使命，而是首先任命了一個議事會和其他一些官員，以便維持自身統治（X. *H.* ii. 3.1, 11）。

【16】色諾芬對西元前四〇五年或前四〇四年雅典和斯巴達簽訂的和約內容進行了如下的概述：「雅典人應該拆除長牆和皮雷埃夫斯的城牆，交出所有戰艦、僅保留其中的十二艘，允許流亡者回歸雅典，以拉西第夢人（Lacedaemonian，為斯巴達人的別稱）的朋友和敵人為朋友和敵人，不管是在海上還是在陸上都要服從拉西第夢人的領導」（X. *H.* ii. 2.20）。狄奧多魯斯的概述與色諾芬的基本相同，只是少了一條「允許被放逐者回歸雅典」、多了一條「召回派駐各個（同盟）城邦的官員」（D.S. xiii. 107.4）。類似的觀點還見於 And. *Pace.* 11-12 和 Pl. *Lys.* 14.8。同時，本文關於改變政體的條款，也在狄奧多魯斯（D.S. xiv. 3.2）那裡得到了支持，查士丁（Just. v. 8.5）也同樣支持本文的說法。關於哪種說法正確，學界存在爭議；同時，學界還出現了一種新的

觀點試圖調和二者的矛盾，認為改變政體是一項口頭協議（Rhodes, 427）。考古發現，雅典至法勒蘭和皮雷埃夫斯的長牆只是拆毀了十斯塔狄昂（*στάδιον*, *stadion/-ium*，詳見第五十章注釋），即一英里長一點（*Diodorus Siculus 480-404 B.C.*, 2006, p. 272）。

[17] 它指的不是相對於埃非阿特改革以來的激進民主制而言的克里斯提尼政體和梭倫政體，而是寡頭派們所杜撰的德拉古政體（Hignett, 5-7; Rhodes, 218）。

[18] 即極端寡頭派。

[19] 這個黨派的領袖是克里提亞斯，哲學家蘇格拉底的弟子、柏拉圖的舅舅，西元前五世紀末極端寡頭派的代表人物。克里提亞斯在西元前四〇八年曾提議召回被放逐的阿爾西比亞德，由於取得了奇基庫斯等海戰的勝利並與波斯總督提薩費弗尼斯（*Τισσαφέρνης*, Tissaphernes, 445-395B.C.）保持著密切關係，阿爾西比亞德此時被視為雅典的救星，並被任命為將軍。但是，諾提昂戰役後，阿爾西比亞德被罷免，他也因克里奧芬的指控而流亡。在西元前四〇五年或前四〇四年斯巴達與雅典締結和約後，他返回雅典，並成為寡頭派的領袖，當選為三十僭主之一；他的政策逐漸轉向極端，大肆屠殺和放逐民眾，並構罪處死溫和的寡頭派領袖特拉墨涅斯；西元前四〇三年，他在鎮壓民主派的反抗中戰死。克里提亞斯的惡行和阿爾西比亞德的反覆無常，延禍於蘇格拉底，這位偉大而又倔強的哲學家在西元前三九九年被判處死刑（參見：*O.C.D.* 1419-1420）。由於克里提亞斯與柏拉圖有著密切關係，作為與柏拉圖學園有淵源的作者，他對此人各方面的惡行都避而不提；這種處理方式和亞里斯多德本人極為類似，亞里斯多德在《政治學》中，僅提過一次三十僭主的事蹟，對克里提亞斯同樣避而不書，反而提到了一個很少有人注意過的卡利可勒（*Χαρικλῆς*, Charicles, ?-403B.C.），認為他借助三十僭主的權威而影響力大增（參見：Arist. *Pol.* 1305 b 22-27）。

[20] 色諾芬未曾提及締結和約後雅典人對重建政體的不同意見，而狄奧多魯斯卻對此有所記述（D.S. xiv. 3.2-3）。

[21] 阿爾基努斯，先前事蹟無法細考；他不是三十僭主之一，後來協助特拉緒布魯斯（*θρασύβουλος*, Thrasyboulos or Thrasybulus，詳見第三十七章注釋）恢復了雅典民主制，並在重建民主制過程中起到了重要作用（參見：D. *Tim.* 135; Aesch. *Ctes.* 187, 195, *Par.* 176; Arist. *A.P.* 34.3, 40.1-2）。同時，本文第十七章第四節，還提到了另一個阿爾基努斯，他是佩希斯特拉特斯的阿各斯妻子的前夫。

[22] 參見第七章注釋和第二十七章及其注釋，他也在後來協助特拉緒布魯斯（*Θρασύβουλος*, Thrasybulus, 440-388B.

C.）恢復了雅典民主制，並且還與後者一同在西元前三九六年避免了與斯巴達發生衝突；據傳，由於蘇格拉底因他的控告而被判處死刑，他背負了惡名，最後被放逐並在赫拉克里亞・龐提卡（*Ἡράκλεια Ποντική*, Heraclea Pontica，今土耳其境內）被處以石殺之刑（D.L. ii. 43）。

[23] 參見第二十九章注釋。

[24] 福爾米修斯，亞里斯多芬稱其為伊斯奇勒斯的弟子（Ar. *Ran.* 964-967），後來，他在斯巴達占領底比斯期間曾支持過底比斯人反抗斯巴達的活動（Din. *Dem.* 38-40）。

[25] 特拉墨涅斯本人是三十僭主成員之一（X. *H.* ii. 3.2; D.S. xiv. 4.1），為了證明他是「良好公民」，作者便有意忽略此事；作者似乎出於溫和的菁英政治理念，而認為溫和的寡頭派是「良好公民」，而特拉墨涅斯是「良好公民」中的楷模。

[26] 色諾芬未曾提到里桑德拉斯對此次事件的干預（X. *H.* ii. 3.1-2）。呂西阿斯宣稱，特拉墨涅斯從薩摩斯將里桑德拉斯請回雅典出席公民大會，並發表了支持建立寡頭制的演說，里桑德拉斯當場表示贊同，重申如果雅典人保持政體不變化的話，便是對和約的破壞（Lys. 1.71-76）。普魯塔克也認為里桑德拉斯對此事進行了干預，並且支持建立寡頭制（Pl. *Lys.* 15.2）。而狄奧多魯斯的記載卻與眾不同，他也同樣認為，里桑德拉斯支持寡頭制的建立，但是特拉墨涅斯卻是站在民主派的立場來反對里桑德拉斯的主張；不過，在里桑德拉斯的威脅下，他和公民大會最終屈服（D.S. xiv. 3.5-7）。在這幾種說法中，呂西阿斯的說法更符合歷史事實。

[27] 德拉孔提狄斯，為三十僭主成員之一。

第三十五章

1.就這樣，在皮索多羅斯任執政官之時[1]，三十人集團確立了他們的權力。然而，他們一經成爲這個城市的主人，便無視所有[2]已通過且與政體相關的法令，而是從那一千名已挑選出來的候選人中[3]任命了一個五百人議事會和其他官員；並且，還從他們當中選出十位皮雷埃夫斯[4]執政官、十一位警吏[5]和三百名「持鞭者」[6]作爲隨從。在這些人的協助下，他們將這座城市控制在自己手裡。

2.最初，他們的確溫和地對待公民，假裝根據古代憲法來管理國家。[7]爲了執行這個政策，他們廢除了埃非阿特和阿基斯特拉圖斯[8]剝奪戰神山議事會權力的法律[9]，撤銷了梭倫立法中含糊不清的條款[10]，剝奪了民眾法庭的最高權力[11]。他們這樣做時，宣稱爲的是修訂憲法，使之清楚明確；例如：使立遺囑人可以完全且絕對自由地將其財產遺贈他人[12]，並且廢除關於精神失常者、老人、受女人唆使者在訴訟中受限制的條款，爲的是不使職業起訴人（*συκοφάντης, Sykophantes* or sycophant）[13]有機可乘。[14]在其他事務上，他們也是同樣如此。[15]

3.這便是他們最初執行的政策，並且，他們還剷除職業起訴人和那些行爲不端、心靈邪惡的人，這些人極力阿諛奉承而對民主制度造成極大危害。整個城市都對所有這些政策大加稱讚，認爲三十人集團動機純正。[16]

4.但是，當能夠更爲牢固地控制這個城市時[17]，他們便不再寬容每個等級的公民，而是將任何在財富、出身或品行表現出眾的人處死。他們這樣做，為的是要根除所有使他們害怕的人，並且也覬覦他們的財產。[18]在很短的時間內，他們便處死了一千五百人之多。[19]

◆註解◆

[1] 西元前四〇四年或前四〇三年。本文此處的紀年並非史書的正規紀年方式，儘管這一年的名年執政官的確是皮索多羅斯，但是他並非民選執政官，而是三十僭主任命的執政官（X. *H.* ii. 3.1）：他本人極有可能是西元前四一二年政變的主要策劃人之一；所以，史書紀年時排斥以他來命名此年的做法，將這一年紀為「無執政官年」，如色諾芬（X. *H.* ii. 3.1）和狄奧多魯斯（D.S. xiv. 3.1）便是如此。不過，在其他場合，人們還是認可以皮索多羅斯來紀年的方式，如呂西阿斯（Lys.7.9）與本文便是如此。關於皮索多羅斯是何時選出的，學界也存在爭議（參見：Rhodes, 436-437）。

[2] 拉克漢譯文為「大部分」，羅德斯譯文為「其他」。

[3] 抄本原文為「從那一千人中選出的候選人中」，似有誤，肯尼對此進行了修正（Kenyon, 116）。因為，任何史料都未曾記錄過「從那一千人中選出的候選人」的任何資訊，從接下來的後半句話「任命了一個五百人議事會和其他官員」可獲知，「從那一千名已挑選出來的候選人中」更符合邏輯。

[4] 皮雷埃夫斯，距離雅典城西南七公里的一座海港城市，西元前五世紀早期建城以來，它便迅速成為雅典和整個希臘世界的經濟貿易中心，也是雅典最主要的海軍基地。

[5] 參見第七章注釋。色諾芬記載，新成立的警吏首領是薩提魯斯（*Σάτυρος*, Satyrus），在「持鞭者」協助下，薩提魯斯率領警吏將特拉墨涅斯處死（X. *H.* ii. 3.54-56）。

[6] 這些所謂的「持鞭者」還配備了短劍（X. *H.* ii. 3.23）。

[7] 色諾芬和狄奧多魯斯都有類似記述（X. *H.* ii. 3.11-12; D.S. xiv. 4.2）。

[8] 阿基斯特拉圖斯，其人其事已無從考證，大概是埃非阿特的重要支持者。

【9】即恢復了戰神山議事會的權力，很可能是部分恢復；由於史料缺乏，我們既無法確知埃非阿特剝奪了戰神山議事會的什麼權力，也無法確知三十僭主恢復了它的什麼權力。

【10】參閱第九章第二節。如此做的一個重要原因是為了掌握司法解釋權。

【11】透過這一措施來牢牢控制司法審判權，在三十僭主統治時期，他們的「傀儡」議事會是形式上的最高權力機關，具有最高的司法審判權威（X. *H.* ii. 3.51）。

【12】普魯塔克在〈梭倫傳〉（21.2-3）中提到梭倫曾就遺贈事宜進行過立法。在他之前，雅典是禁止任何性質的遺贈活動的，死者的家產只能保留給本家族成員；但是，梭倫立法規定，沒有兒女的人可以將財產遺贈自己中意的人，但必須是在神志清醒和完全自願的條件下進行的遺贈活動才被視為合法。亞里斯多芬也引用過梭倫立法，或許可以作為補充：「如果有婚生子女的話，私生子沒有繼承權；如果沒有婚生子女的話，財產應該遺留給血緣最近的親戚。」（Ar. *Av.* 1660-1666.）三十僭主廢除相關的梭倫立法，是在為未來搶奪他人財富作法律上的鋪墊。

【13】職業起訴人，其本義為「公益起訴人」，即出於維護城邦公共利益或他人權益而對侵害者提起公共訴訟的人；因為，雅典沒有專門的公訴人（public prosecutor）或公訴制度，城邦將這一權利賦予了每個公民（參見第九章第一節）。並且，雅典城邦鼓勵公民為他人或城邦提起公共訴訟，如果起訴人在審判中勝訴，城邦將從被訴人繳納的罰款中拿出一半甚至更多來獎勵起訴人（Moore, 298）。由於能夠帶來巨大的經濟利益，一些公民，尤其是善於修辭術的公民，便利用這一法律規定進行惡意告發以便透過勝訴或勒索被告人來謀取個人私利，從而使公益起訴人的名聲變得非常壞，他們的醜行也違背了梭倫制定該法所期望的公益精神。為了避免背負這種嫌疑，提起公訴的人往往會事先聲明自己提起的公共訴訟也帶有私人訴訟的性質，即他本人的切身利益也牽涉到了其中，或者聲明他如此做不是為了謀求個人私利而是為了城邦公益。或許，成立一個專門的公訴機構便可以杜絕惡意控告的現象；但是，成立這一機構有違雅典民主的公平與平等精神，它將剝奪普通公民提起公訴的權利，即削弱他們作為城邦主人和公民集體成員的地位。

【14】呂西阿斯對三十僭主的這種做法表示贊同，但是對其動機卻進行了批判：「如果三十僭主因為此類訴訟而實施了他們的懲罰的話，你們會將他們視為誠實的人；但是，當你們發現他們事實上是有意利用那些人的犯罪來鎮壓人民的時候，你們將會氣憤不已。」（Lys. 25.19）

[15] 其他古典文獻對文中的「其他事務」未作出補充說明。在眾多古典文獻中，本文對三十僭主初期的「善政」進行了最大的描述：為何作者比其他作家更為努力地記述它們，概因作者本人想說明寡頭制也有其可取之處，它之所以會轉變為暴政，根源不在於制度缺陷，而在於人性卑劣。

[16] 這一評價與前面對希波戰爭後戰神山議事會的統治和西元前四一一年至前四一〇年的四百人專政的兩處評價有承接關係，「整個時期，雅典被管理得很好」，「在這段危急時期，雅典似乎得到了很好的管理」（Arist. *A.P.* 23.2, 33.2）。從這些評價可以看出，作者的親貴族傾向。儘管他對雅典民主褒獎有加，但是也同樣會不失時機地對寡頭制進行讚揚。

[17] 三十僭主從里桑德拉斯那裡請來了斯巴達駐防軍，以他們作為武力後盾來實施暴政（X. *H.* ii. 3.13; D.S. xiv. 4.3; Pl. *Lys.* 15.6）。

[18] 為了獲取財富，三十僭主處死富人，不僅包括富有的僑居民，也包括富有的雅典人；為了保有權力，他們處死潛在的政敵，不僅包括民主派，也包括溫和的寡頭派；並且，不同時期的清除對象也不同，早期側重於民主派，中期側重於富人，後期則側重於溫和的寡頭派。

[19] 這個數字得到了伊索克拉底（Ἰσοκράτης, Isocrates, 436-338B.C.）、伊斯基尼斯等人的支持（Is. *Areop.* 67, *Lochit.* 11; Aesch. *Ctes.* 235）；並且，伊索克拉底還講到，三十僭主不僅非法處死了一千五百名公民，還將五千多人驅逐出雅典城使其定居於皮雷埃夫斯（Is. *Areop.* 67）。狄奧多魯斯也同樣記載，大概有一半的雅典人被迫逃離雅典城（D.S. xiv. 5.7）。

第三十六章

1. 特拉墨涅斯看到這個城市如此下去將會變成廢墟，便對他們的行爲表示不滿，建議他們停止這些無原則的活動，並讓社會上層分享政權。[1]最初，他們拒絕了他的建議；但當他的建議廣爲流傳且民眾開始擁護他時，他們開始擔心起來，害怕他成爲人民領袖，推翻他們的獨裁統治。[2]於是，他們擬定了一份包含三千位公民的名單，宣布這些人將參與到政府中來。

2. 然而，特拉墨涅斯還是對這個方案進行了批判。首先因爲，他建議的是要讓所有值得尊敬的公民都參與政權，而他們事實上卻只是將這一權利賦予了三千人，好像所有的優良品德都全部集中在這些人身上似的。其次因爲，他們做了相互矛盾的事情，儘管他們的政權是基於武力建立的，卻使統治者的力量不及被統治者的強大。[3]不過，他們對他的這些批判毫不在意，並且長期推遲公布三千人名單，也不透露其中的任何內容；每一次決定公布名單的時候，他們都會刪除一些入選的人名並補上一些原來未入選的人名。[4]

◆註解◆

[1] 參見：X. *H.* ii. 3.15-18。儘管特拉墨涅斯屬於三十僭主之一，但是他與其他三十僭主的根本區別在於：他具有為城邦服務的公益精神，其他人則是為了謀取個人利益而試圖牢牢控制城邦，這批人中的典型代表是本文作者避而不提的克里提亞斯；並且，正是因為他反對後者的殘暴政策而導致自身被捕殺（X. *H.* ii. 3.15-22）。

[2] 參見：X. *H*. ii. 3.23。

[3] 文中記述與色諾芬的文字大致相同（X. *H*. ii. 3.19-20）。

[4] 這一記述幾乎重複本文描寫四百人集團所用的伎倆（參見：Arist. *A.P.* 32.3; Th. viii. 89.2, 92.6, 93.2），而色諾芬的記載恰恰相反。色諾芬記載，在特拉墨涅斯勸誡和批判之後，三十僭主便公布了三千位擁有全權的公民名單（X. *H*. ii. 3.20）：本文作者則是將三千人名單的公布向後推遲，並且認為此舉目的是除掉特拉墨涅斯（Arist. *A.P.*37）。其他文獻記載，在三千人名單之外，三十僭主還擬定了一個潛在反抗者的黑名單：並且，三千人名單並非一經公布便固定不變，三十僭主有全權對其進行增刪（參見：Is. *Call*. 16, *Euth*. 2; Lys. 25. 16; X. *H*. ii. 3.51）。本文此處文字或許更有可能是對三千人名單公布後的描述。

第三十七章

1. 此時，冬天已經到來，特拉緒布魯斯[1]和流亡者攻占了斐勒（φυλή, Phyle）[2]；三十人集團派出軍隊攻擊他們，卻遭遇了失敗。[3]隨即，三十人集團決定收繳大部分民眾的武裝，並且除掉特拉墨涅斯。[4]事情的經過是這樣的：他們提交了兩項法案，命令議事會通過；第一項授予三十人集團絕對權力，有權處死任何不在三千人名單內的公民；[5]第二項則規定，那些參與拆毀埃愛提昂尼亞要塞（Ἠετιωνεία, Eetianeia）[6]的人，或以任何方式反對曾經建立寡頭政治的四百人的人，其公民權予以剝奪。這兩件事，特拉墨涅斯都做過；因而，當這兩項法案被批准之後，他便被剝奪了公民權，三十人集團完全有權力將他處死。

2. 特拉墨涅斯被這樣除掉後，他們又解除了三千人之外所有人的武裝[7]；並且，他們在各方面的統治都顯得越發殘酷和卑劣。[8]他們還向斯巴達派出使者誹謗特拉墨涅斯的人品，並且請求援助；斯巴達人答應了他們的請求，派卡利比烏斯（Καλλίβιος, Kallibios or Callibius）[9]作為軍事統治者，率領一支由大約七百人組成的軍隊來到雅典並駐紮在衛城。[10]

◆ 註解 ◆

[1] 特拉緒布魯斯，活躍於伯羅奔尼撒戰爭晚期和雅典民主重建前後。西元前四一一年，他擔任三列槳艦執事（τριήραρχος, Trierarch）被派駐到薩摩斯，因支持民主制而被士兵選為將軍，由此在雅典政壇上崛起。西元前

四〇六年，他又一次擔任三列槳艦執事，並在阿吉紐薩戰役後積極打撈落水者和溺水者：在三十僭主確立統治時，他選擇了流亡；並借助底比斯的幫助，成功推翻三十僭主的統治，恢復雅典民主制；西元前三九〇年，在遠征小亞細亞的一次戰役中陣亡（參見：Th. viii. 73-76; X. *H*. i. 6-7, ii. 3.42-44, 4.2, iv. 8.25-30; D.S. xiii. 101.2, xiv. 32.1, 94, 99.4; Nep. *Thras*. 1-4）。

[2] 斐勒，阿提卡西北部的一個德莫，位於帕恩斯山南坡、皮雷埃夫斯北邊，扼守底比斯到雅典的交通要道。（編按：此詞與殘篇五中的「部落」原文相同，但意義不同）

[3] 色諾芬和狄奧多魯斯記載三十僭主曾向斐勒發動過兩次進攻都以失敗告終，第一次因暴風雪而受阻，第二次被特拉緒布魯斯擊敗（參見：X. *H*. ii. 4.2-7; D.S. xiv. 32.2-33.1）。根據色諾芬記載，這兩次事件應該發生在三千人名單公布和特拉墨涅斯被處死之後。

[4] 本文作者在事件先後順序上面犯了錯誤，捕殺特拉墨涅斯被普遍記載發生在斐勒被民主派占領之前。關於特拉墨涅斯被處死的細節，色諾芬和狄奧多魯斯的記載基本相同，只是詳略有別和側重點不同。克里提亞斯在議事會上訴訟中失利，他便利用三十僭主手中擁有增刪三千人名單和處死非名單內人員的雙重權力，首先宣布將特拉墨涅斯從名單內剔除，然後宣布逮捕他並將其判處死刑；儘管特拉墨涅斯試圖利用議事會的祭壇作為避難所，仍然被強行拉下來處死（X. *H*. ii. 3.23-52; D.S. xiv. 4.5-5.4）。

[5] 在三千人名單內的公民犯有死罪則須交由五百人議事會審判定罪（X. *H*. ii. 3.51）。三十僭主可能是在其統治早期獲得了這項特權，而不是在其統治行將垮臺之時。

[6] 埃愛提昂尼亞是位於皮雷埃夫斯港北邊、靠近海港入口的一道防波堤。西元前四一一年，四百人集團在此處修築城牆，準備用於防禦來自駐紮在薩摩斯的民主派海軍的進攻；但是，在特拉墨涅斯鼓動下，這段城牆又很快被拆毀（Th. viii. 90-93）。

[7] 參見：X. *H*. ii. 3.20-21。色諾芬將三千人名單的公布和解除非三千人者的武裝置於三十僭主統治的中前期和請來斯巴達駐防軍之後。

[8] 這說明暴政者在窮途末路之時，會變得更加兇殘和卑劣。

[9] 卡利比烏斯，僅此一事被史籍記載。普魯塔克記載，卡利比烏斯對雅典人實行暴虐統治，而三十僭主則是助紂為虐（Pl. *Lys*. 15.5）。

【10】三十僭主向斯巴達或里桑德拉斯邀請駐防軍協助維持統治一事，色諾芬、狄奧多魯斯、普魯塔克等古典作家都將其置於三十僭主執政之初（X. *H.* ii. 3.13; D.S. xiv. 4.3; Pl. *Lys.* 15.5; Just. v. 8.11）：查士丁也認為斯巴達駐防軍有七百人（Just. v. 9.14）。

第三十八章

1.此事之後，流亡者從斐勒出發，攻占穆尼客阿，他們打敗了三十人集團和他們的支持者。[1]戰敗後，這個黨派退出了城市；第二天，他們[2]在市場集會，罷免三十人集團，並選出十位公民[3]、賦予全權，由他們負責結束戰爭。然而，當這十個人接管政權之後，不僅沒有爲原定的目標努力，反而向斯巴達人派出使節，請求支援和貸款。[4]

2.並且，在發現擁有特權的公民不滿意他們的所作所爲之後，他們唯恐被罷免，便對後者進行恐嚇（他們的這一計畫獲得了成功）；他們逮捕了最有名的一位公民德瑪利圖斯（*Δημάρετος*, Demaretos or Demaretus）[5]，並將他處死。這使得他們牢固地控制了政權，並且，他們還有卡利比烏斯和伯羅奔尼撒人的支持；連同騎士等級的一些人也支援了他們，因爲，在那些阻止流亡者從斐勒回歸的公民當中，這個等級中的一些人最爲熱衷。[6]

3.但是，在皮雷埃夫斯和穆尼客阿的黨派開始在戰爭中占據上風，因爲全體平民都擁戴他們[7]；這個時候，城裡的黨派罷免了原先的十人，並選舉了另外的十人[8]，他們都是最爲德高望重之人。在他們當政時期，由於他們積極而又熱衷於合作，和解協議很快達成，平民[9]返回城中。在這個團體當中，最爲傑出的是佩阿尼亞德莫的瑞農（*Ῥίνων*, Rhinon）和阿基爾都斯（*Ἀχερδούσιος*, Acherdousios, Acherdous or Acherdus）[10]德莫的法宇盧斯（*Φάυλλος*, Phayllus）[11]；甚至在波桑尼阿斯二世（Pausanias II of Sparta, ?-385B.C.）[12]到來之前，他們便開始與皮雷埃夫斯的黨派和談[13]；在他到來之後，他們協助他，使流亡者得以回歸。

4.正是這位斯巴達國王波桑尼阿斯二世，在他本人的眞誠請求下，晚些時候到來的十位[14]斯巴達仲裁者與他一同促成了和平與和解。瑞農和他的同伴們因對人民的善意而得到了感謝；並且，儘管他們在寡頭政體下接受了他們的責任並在民主政體下接受審查，但是，不管是留在城裡

圖 19　艾盧西斯祕儀（The Eleusinian Mysteries）節慶場景[15]

的人還是從皮雷埃夫斯歸來的人，都沒有控告他們。[16]反之，由於他在這個職位上的表現，瑞農立即被選爲了將軍[17]。

◆註解◆

【1】關於這場戰役的記述，參見：X. *H.* ii. 4.10-19; D.S. xiv. 33.2-3; Just. v. 9.15-10.1; Nepos, *Thrasybulus*, 2.10-19；其中，狄奧多魯斯和尼普斯（Cornelius Nepos, 100-25B.C.，古羅馬作家）都認為雙方在該地進行了兩次作戰。在這場戰役中，三十僭主的首要領袖克里提亞斯戰死，這為三十僭主統治的倒臺和兩派最終實現和解奠定了基礎。

【2】「他們」指的是處在名單內的三千特權公民，在寡頭派戰敗的第二天，他們召開了公民大會（X. *H.* ii. 4.23-24）。

【3】即從每個部落選出一人。

【4】參見：X. *H.* ii. 4.24-28; D.S. xiv. 33.5; Pl. *Lys.* 21.4; *Lys.* 1.55-60。在里桑德拉斯的敦促下，他們從斯巴達那裡借到了一百塔蘭特的貸款；里桑德拉斯還被任命為將軍，率領一千人的軍隊和四十艘戰艦協助鎮壓雅典民主派。

【5】德瑪利圖斯，除此之外，此人無其他資訊可尋。

【6】色諾芬記載，騎士等級在三十人僭政時期最為活躍，積極為僭政作戰；在穆尼客阿戰敗後，這批人又負責起防止城外民主派偷襲的防禦任務，並且與後者進行小規模的衝突；最後，他們還參加了斯巴達國王進攻皮雷埃夫斯的行動（X. *H.* ii. 4.24-32）。

【7】狄奧多魯斯記載，三十僭主戰敗後，城中的雅典人紛紛加入了特拉緒布魯斯的隊伍，從而使民主派的勢力處於絕對優勢（D.S. xiv. 33.4）。

【8】對文中所提到的兩個十人集團，現代學界有著不同的看法。肯尼認為，似乎沒有其他權威證據證明這兩個十人團體有區別。事實上，第一個十人團體的統治是被人忽略的，而結束戰爭的第二個十人團體則是公認存在的；

但是，這一團體是緊隨三十人戰敗被任命的，並且從這件事到民主重建之間的時間間隔並不長，似乎是六個月（牛津本第三十八章第三節注釋）。羅德斯認為，如果第二個十人團體的存在有任何歷史依據的話——關於此事，與其說是純粹的杜撰，倒不如說是對史實的某種誤讀——我們應該從二十人臨時政府中尋找他們存在的歷史依據，這個組織成立於和解之後，分別由來自雅典城的十人和來自皮雷埃夫斯的十人組成（And. *Myst.* 81; Poll. viii. 112; Aesch. *Tim.* 39; Rhodes, 459-460）。

【9】即遭三十僭主迫害的流亡者。

【10】阿基爾都斯，德莫名稱，該德莫的具體地點尚不能確定。（編按：約在阿提卡西部）

【11】相對於其他文獻而言，本文對瑞農和法宇盧斯的生平事蹟進行了最為詳細的介紹。

【12】波桑尼阿斯，前文所述的斯巴達著名軍事統帥波桑尼阿斯之孫，斯巴達國王（西元前四〇八年至前三九五年在位），里桑德拉斯政策的反對者。三十僭主戰敗後，斯巴達派遣他率領軍隊鎮壓雅典的民主派革命；在對皮雷埃夫斯發動進攻之後，便轉變政策，力促雅典寡頭派和民主派的和解。在波桑尼阿斯的努力下，雅典被納入斯巴達的同盟體系中（X. *H.* ii. 4.29-37; D.S. xiv. 33.6）。西元前三九五年，他因未能及時援助里桑德拉斯而被廢黜並被判處死刑；為了逃避死刑，他逃到特革亞（*Τεγέα*, Tegea，位於伯羅奔尼撒半島東北部的一個小城邦），在那裡度過餘生。

【13】呂西阿斯曾提到，在三十僭主未被廢黜之前，城內的寡頭派和城外的民主派便開始了和平談判（*Lys.* 1. 53）。

【14】色諾芬記載，斯巴達派出了十五人（X. *H.* ii. 4.38）。

【15】收藏於雅典國家考古博物館（National Archaeological Museum, Athens）。

【16】這句話所要表達的意思是，瑞農和他的同伴們是在實行寡頭制的時期負責與流亡的民主派進行和談，和談成功後，雅典實施的是民主制，這就使得他們處於一個尷尬而又危險的境地：一方面在民主派看來他們是屬於寡頭派的代表人物，另一方面在寡頭派看來他們協助民主派推翻了寡頭制，從而會招致兩派的嫉恨；但事實上，雙方在最後都認可了他們的做法，而沒有控告他們。

【17】「瑞農立即被選為了將軍」，無法得到其他資料的輔證。

第三十九章

1.此次和解是在伊里克優雷茲（Εὐκλείδης, Eucleides）任執政官時[1]達成的，其條件如下。動亂期間留居城內的所有人，如果急切想現在離開，他們可以自由地定居在艾盧西斯[2]，仍擁有他們的公民權，享有完全獨立的自治權，並且自由地支配他們的個人財產。[3]

2.艾盧西斯的神廟[4]應爲兩派共用之地，由科律克斯家族（κήρυκες, Kerykes or Ceryces）[5]和歐摩爾波斯家族（Ευμολπιδαι, Eumolpidae or Eumolpidai）[6]按照古老的傳統進行監督[7]。艾盧西斯的居住者不得進入雅典城[8]，而雅典城的居住者也同樣不得進入艾盧西斯，但舉辦祕儀節慶[9]之時除外；在此期間，兩派不受這些限制。[10]撤離者應像其他雅典人一樣，從收入取出應繳份額繳納給共同防務基金[11]。

3.任何撤離者想要在艾盧西斯購買房屋，公民大會將幫助他徵得房主的同意[12]；如果他們達不成協議，兩方將各選三名估價人[13]，房主應當接受他們給出的任何估價。撤離者希望艾盧西斯居民當中一些人[14]居留，這些人應被允許如此做。

4.想要撤離者，如本人在國內，應該就此事宣誓，並在此後十日內擬定出想要撤離者的名單，在二十日內必須離開；當時不在國內者，回國後，應遵守上述條款。

5.定居在艾盧西斯的人，皆不能擔任雅典城內的任何職務，除非他重新登記造冊成爲城內居民。殺人案件的審訊，包括一方殺死另一方或造成另一方傷殘的所有案件，應按照慣例進行[15]。

6.對涉身於過去諸事件中的所有人施行大赦，但三十人集團、十人集團、警吏和皮雷埃夫斯的官員[16]則不在大赦之列；如果他們按正常程序提交辯詞，也應該列入其中。皮雷埃夫斯的官員應將辯詞提交給在皮雷埃夫斯設立的法庭，城內的官員則將辯詞提交給擁有財產資格的公民在城內[17]組成的法庭；根據上述條款，他們想要離開，便可撤離[18]。每一派，須償還各自的戰爭債務。[19]

◆註解◆

[1] 西元前四〇三年或前四〇二年。和解歷程跨越了阿提卡曆法中的兩個年分，兩派是在西元前四〇三年夏天實現和解的。

[2] 艾盧西斯，位於阿提卡西部特里亞平原之上，毗鄰美加拉；此地是古希臘最著名的宗教聖地之一，它因艾盧西斯祕儀而著名。艾盧西斯長期獨立於雅典城邦之外，直至西元前七世紀才最終真正接受城邦統轄，但仍保留了一定的自治權和部分軍事設施。在鎮壓盤踞在斐勒的特拉緒布魯斯和流亡的民主派失利之後，三十僭主自感岌岌可危，便策劃在艾盧西斯建立根據地，隨後對該地公民大肆屠殺，共計三百人（X. *H*. ii. 4.8-10; Lys. 1.52, 13.44; D.S. xiv. 32.4）；在穆尼客阿戰敗並被三千人公民大會罷免後，三十僭主退出雅典城移居該地（X. *H*. ii. 4.24）。

[3] 狄奧多魯斯認為，之所以允許寡頭派的支持者遷居艾盧西斯，是因為這樣可以避免曾經敵對的雙方會因先前的衝突陷入不斷的報復之中（D.S. xiv. 33.6）。

[4] 即艾盧西斯祕儀所使用的神廟。艾盧西斯祕儀是古希臘祕密宗教中最為古老的一個，其影響最為廣泛和深遠。該祕儀祭祀的主神是穀物女神蒂美特（*Δήμητρα*, Demeter）及其女兒波賽鳳妮（*Περσεφόνη*, Persephone）兩位女神，西元前六世紀時又引進了一位新的年輕神靈伊阿庫斯（*Αἰακός*, Aeacus）；其教義主要有生殖力崇拜、陰間崇拜、來世幸福觀和死而復生觀等。雅典城邦為了從文化認同上鞏固對艾盧西斯的統一，它將艾盧西斯祕儀從地方宗教轉變為全體雅典人都信奉的官方宗教，每年都要舉辦一次盛大的艾盧西斯祕儀節慶活動。

【5】科律克斯家族，其家族成員世襲艾盧西斯祕儀的祭司職務，其始祖是科律克斯（κῆρυξ, Ceryx），傳說他是神使赫爾墨斯與雅典國王科克洛普斯之女所生之子，他的名義父親是歐摩爾波斯（Paus. i. 38.3）。

【6】歐摩爾波斯家族，其家族成員世襲艾盧西斯祕儀的祭司職務，其始祖為歐摩爾波斯，他具有色薩利血統和海神波賽頓之子的身分：在俄瑞克透斯時代，歐摩爾波斯領導艾盧西斯人與雅典人作戰，並被雅典國王俄瑞克透斯殺死（Apoll. iii. 15.4; Paus. i. 38.1-4）。

【7】參見第五十七章第一節。

【8】居住在艾盧西斯的人僅是被禁止進入雅典城：他們大概可以冒險在其餘的阿提卡地區活動；如果他們在那裡有財產，他們能夠嘗試著從中獲取收入；但是，如果他們在雅典城裡有財產，他們將不得不放棄，除非有朋友能夠做他的代理人（Rhodes, 465）。

【9】艾盧西斯祕儀節慶在阿提卡曆法第三月波德羅米昂月（*Βοηδρομιών*, Boedromion，西曆的九、十月間）的第十四日至第二十三日舉行，其主要活動有運送聖物到雅典，在雅典進行淨化、獻祭、祈禱、紀念醫藥神等，從雅典返回艾盧西斯的聖路上舉行伊阿庫斯節，在艾盧西斯進行禁食、跳舞、入會儀式、奠酒儀式等；整個活動的最核心部分是入會儀式，它在艾盧西斯神廟的入會禮大廳內舉行。透過在雅典和艾盧西斯的節慶活動，來強調艾盧西斯與雅典之間的密切宗教聯繫，也在政治上展示艾盧西斯是雅典城邦的一部分。

【10】這一規定是對宗教節慶神聖性的尊重。在舉辦祕儀節慶前夕，雅典人會派信使到全希臘各地宣布兩個月的神聖休戰期（參見：Aesch. *Par.* 133）。

【11】共同防務基金，是伯羅奔尼撒戰爭結束後斯巴達要求同盟者必須履行的金錢義務，它類似提洛同盟的盟金：作為斯巴達的同盟者（X. *H.* ii. 2.20; D.S. xiii. 107.4），雅典也承擔了繳納共同防務基金的義務（D. 20.28）。

【12】前往艾盧西斯的人不得將那裡的房產強行據為己有，必須與房主協商。但是，在三十僭主對艾盧西斯居民大肆屠殺之後，許多房子可能很難找到一個合法的房主來負責出售或出租（Rhodes, 466）。

【13】肯尼譯文為「他們給每方各指派三名估價人」。

【14】艾盧西斯原來的居民有多少逃過了三十僭主的屠殺，至今仍無確切數字；從色諾芬的記載可以獲知，僅是符合服兵役年齡的男人被處死了，不過有些被列入死亡名單的人也可能逃過了劫難（X. *H.* ii. 4.8）。

【15】即在三十僭主統治時期，在非作戰中殺人或傷人的案件一律不在大赦範圍之內。然而，和解協議對遷居艾盧西

斯者禁止到雅典城的規定，可能會使其中背負殺人罪或傷人罪的人逃過懲罰；或許，和解協議中的這一條款對這些人不適用。

[16] 這些人是三十人政權中的骨幹成員，是雅典民眾深惡痛絕的對象。色諾芬（X. *H*. ii. 4.38）並未提到十人集團，而安多吉德斯（And. *Myst*. 90）未提到十人集團和皮雷埃夫斯十執政官。

[17] 抄本原文無「在城內」一詞。

[18] 此句為肯尼譯文，摩爾譯文與此同。拉克漢譯文和羅德斯譯文則是另一種譯法：「或者，不願提交辯詞的人，也可以遷居。」原文有歧義，可作兩種理解；不過，肯尼譯文或許更符合歷史事實。

[19] 特拉緒布魯斯及其支持者曾向底比斯借債，但數額遠小於寡頭派從斯巴達那裡得到的借款（參見：Lys. 18.22; D. 20.149）。

第四十章

1.當和解根據上述條款達成之後[1]，那些曾經支持三十人集團的人相當恐懼，非常多的人打算離開。但是，像人們通常會做的那樣，他們一直拖延到最後時刻才簽名登記。阿爾基努斯觀察到他們人數眾多，急切希望他們作爲公民留下來，他便將簽名的最後期限提前[2]。這樣，許多人都被迫留了下來，儘管他們是如此不情願。

2.在這一點上，體現了阿爾基努斯極具政治家的風範；並且，後來發生的另外一件事也能體現這一點。特拉緒布魯斯提交議案，授予所有從皮雷埃夫斯歸來的人以公民權，儘管其中有一些明顯是奴隸；[3]因此，阿爾基努斯便起訴他的議案違憲。[4]還有第三個類似的事件，一個回歸的流亡者開始違反大赦條例[5]，於是，阿爾基努斯將此人強拽到議事會上，說服他們不經審判便將其處死[6]；他宣稱，現在是顯示他們是否希望保護民主和遵守誓言的時刻。因爲，如果他們赦免此人，便會鼓勵其他人效法；反過來，如果他們處死此人，便能以儆效尤。事情的確是如此發展的，此人被處死之後，便再也無人觸犯大赦條例。[7]

3.另一方面，鑑於先前的動亂，雅典人似乎對公私事務都處理得非常恰當，表現出前所未有的公益精神。他們不僅不再追究過去的罪行，而且還動用國庫償還了三十人集團所積欠斯巴達人的戰爭債務，儘管條約規定城中的黨派和皮雷埃夫斯的黨派各自賠償自己的債務。[8]之所以這樣做，是因爲他們認爲這是重建和諧的首要措施。然而，在其他城市，奪權的民主黨派不僅不願意自我奉獻，反而習慣性地將土地全部重新分配。

4. 在撤離行動後的第三年，即色奈尼圖斯（Xenaenetus）任執政官時[9]，雅典城與艾盧西斯的撤離者也實現了最終的和解。[10]

◆註解◆

[1] 和解條款中很可能還包括臨時政府的組建形式。在和解之後，雅典成立了一個二十人委員會代行臨時政府的職能，它的職責是修改憲法、法律和頒布新法，這個過程一直持續到西元前四百年或前三九九年新法典的頒布（And. *Myst.* 81-85; Lys. 18.4; Aesch. *Tim.* 39）。

[2] 關於阿爾基努斯將簽名的最後期限提前一事，有兩個問題：第一，這一行為違背了和解協議，不管它是以何種形式被批准的；第二，他是採取何種方式做到的，很可能是採取非法手段實現的。儘管他的行為有違法嫌疑，但是它的客觀效果則是有益的。

[3] 在穆尼客阿戰役之後，民主派曾做出承諾，與其並肩作戰的人，甚至是外邦人，在民主重建後都將享受與雅典公民同等的待遇，這裡所說的「並肩作戰之人」還包括僑居民和奴隸（X. *H.* ii. 4.25）：特拉緒布魯斯提案授予這些人公民權，顯然是在兌現當初的承諾。

[4] 阿爾基努斯的這一做法雖然符合憲法，卻是出於狹隘的公民本位主義，而對那些在雅典民主制重建過程中作出貢獻的僑居民和奴隸背信棄義，使他們不能得到應有的獎勵。

[5] 拉克漢將此句譯為「有人開始煽動對歸來公民的嫉恨」。

[6] 在亞里斯多德時代，五百人議事會是無權對雅典公民判處死刑的：許多學者認為，早些時候的五百人議事會具有無限制的司法審判權；但羅德斯認為，它的司法審判權更有可能是始終受限制的（Rhodes, 477）。

[7] 阿爾基努斯透過非法手段達到了制止破壞大赦條例的非法活動。儘管本文作者對他的做法讚賞不已，但是他的行為並不是無可批判的：在一個常態的民主環境中，他的做法是不被允許和應該被起訴的，它只可能出現在非

常狀態下。艾蘇格拉底（Ἰσοκράτης, Isocrates, 436-338B.C.）在提到阿爾基努斯為確保大赦條例的權威所作出的貢獻時，並未提到文中所說這件事，而記載了阿爾基努斯提案通過一項法律，以使試圖違反大赦條例者在訴訟中處於不利地位，從而嚴厲打擊了違反大赦條例的行為（Is. *Call.* 1-3）。羅德斯認為，艾蘇格拉底和本文的說法都符合歷史事實（Rhodes, 477-478）。

[8] 關於雅典人民對寡頭派的寬容和用公款償還寡頭派的債務之事，諸多作家都有所提及，如呂西阿斯、柏拉圖、狄摩西尼等人（Lys. 7.67-69; Plat. *Menex*. 243 e; D. 20.11-12）。亞里斯多德曾提到，「當政權從寡頭制或僭主制轉變為民主制之時。有人主張，在這種情況下，新的政權不應該擔負（前政權欠下的）公共債務，因為這些錢是僭主而非城邦所借；並且，還應當拒絕承擔其他類似負擔，因為有些政權是依靠武力建立的，其目標也不在於維護公民集體的福祉」（Arist. *Pol.* 1276 a 6-14）。

[9] 即西元前四〇一年或前四〇〇年。

[10] 這次最終的和解是在雙方又一次武裝衝突之後實現的。色諾芬記載，撤離到艾盧西斯的寡頭派並不甘心於失勢，試圖聘請雇傭軍重新奪權；雅典人聽到這個消息後便向他們發起進攻，並處死寡頭派的首要領袖。然後，雙方進行了第二次和解，並且發誓不念舊惡；至此，雙方才實現徹底的和解，撤離條例也隨之失效（參見：X. *H*. ii. 4.43）。這次事件得到了呂西阿斯和查士丁的輔證（Lys. 25.9; Just. v. 10.8-11）。

第四十一章

1.不過，這件事是後來發生的；在我們正講到的這個時期，人民已經牢固掌握國家政權，制定了沿用至今的憲法。皮索多羅斯是當時的執政官[1]，人民掌握最高權力似乎已成爲天經地義之事，因爲這是他們透過自身努力獲得的回報。[2]

2.這是雅典政體的第十一次變革[3]。原始政體的第一次變革發生在伊翁及其同伴來到雅典定居之時。[4]因爲，在這時，人民第一次被分成四個部落[5]，並由此產生四個部落王。接下來的政體，即此後的第一個政體，才具有了一些政體的特徵[6]，它形成於特修斯統治時期，與專制君主制稍有不同。[7]其次是德拉古確立的政體，法典在此時才第一次被公布。第三次變革發生在內戰之後的梭倫時代，民主政治由此興起。[8]第四次是佩希斯特拉特斯的僭主政治；第五次是推翻僭主之後的克里斯提尼政體，它較之梭倫政體具有更強的民主性質。第六次發生在波希戰爭之後，當時戰神山議事會掌控國家事務。接下來的第七次，是亞里士泰迪斯設計的[9]，並由埃非阿特透過顛覆戰神山議事會的權威完成；在這個政體的框架下，這個城邦犯了諸多最爲嚴重的錯誤，既因爲受到政治鼓動家的誤導，又因爲對海上統治權的追求[10]。第八次是四百人專政，緊隨其後的第九次是民主政治的重建。第十次是三十人僭政和十人僭政。第十一次是在流亡者從斐勒和皮雷埃夫斯回歸後確立的政體，它一直沿用至今，民眾的力量持續增強。人民主宰著所有事務，並在掌管最高權力的公民大會和民眾法庭上透過投票來進行管理。甚至，議事會的審判權也普遍移交到了人民手中[11]；這顯然是明智之舉，因爲小團體比大團體更容易受到金錢或權勢的影響而腐敗。[12]

3.最初，他們拒絕爲參加公民大會支付報酬，結果導致人們拒絕參加；[13]議事會主席團想盡各種辦法來使民眾參加公民大會進行投票，事實證明他們的努力是徒勞無功的。因此，阿吉利烏斯（*Ἀγύρριος*, Agyrrhios or Agyrrhius）[14]首先規定一天發放一俄勃爾的報酬；綽號爲「王者」的克拉佐門奈（*Κλαζομεναί*, Klazomenai or Clazomenae）人赫拉克里底[15]，將其增加爲兩俄勃爾，而阿吉利烏斯又將其增加到三俄勃爾。[16]

◆註解◆

[1] 西元前四〇四年或前四〇三年。

[2] 抄本此處有殘缺。將皮索多羅斯擔任執政官的事實和國家應該由人民掌握的假設進行對比，似乎很不自然；因為，在很久以前，執政官便已經成了一個虛職。或許脫落了一些詞語（Kenyon, 128）。儘管抄本有殘缺，但是它所要表達的主體意思還是非常清楚明瞭的。「人民掌握最高權力似乎已成為天經地義之事，因為這是他們透過自身努力獲得的回報」這句話，是想說明雅典民主的重新建立是雅典人自身努力的結果；然而，它卻忽略了底比斯、斯巴達，尤其是國王波桑尼阿斯在其中發揮的作用，這顯然有些誇張。

[3] 即政體變革。嚴格說來，本章中提到的十一次「變革」，與其說是「政體變革」，毋寧說是「重大政治變革」；因為，政體變革強調的是政權性質變化，即民主制、貴族制和君主制之間的變換，而本章中所提到的第六次和第七次變革，顯然沒有促成政權性質的改變，而德拉古改革和梭倫改革也沒有明顯改變原有政權的性質。

[4] 此句為拉克漢譯文，肯尼譯文為「原始政體的第一次變革發生在伊翁和同伴們將人民聯合成統一體之時」。

[5] 這裡的說法很可能遵從了希羅多德的記載。希羅多德認為，雅典最初的四個部落是由伊翁劃分的，它們直

到克里斯提尼改革才被廢除而變為十個部落：並且，這四個部落：基列昂特斯、埃基克雷斯、阿爾伽狄斯（Argades）和霍普利泰，是根據伊翁的四個兒子基列昂（Geleon）、埃基克瑞斯（Aegicores）、阿爾伽狄斯和霍普勒斯（Hoples）的名字命名的（H. 5.66.2）。但是，普魯塔克對此提出了異議，他認為雅典最初是根據職業，而非伊翁的兒子們來劃分人口的：戰士等級被命名為霍普利泰（*Ὁπλῖται*, *Hoplitai*）、手工業者等級被名為埃伽德斯（*Ἐργάδεις*, *Ergadeis*）、農民等級被命名為基列昂特斯（*Γελέονται*, *Geleontai*）、畜牧民被命名為埃基克雷斯（*Αἰγικορεῖς*, *Aigikoreis*）（Pl. *Sol.* 23.4），伯納多特・佩林（Bernadotte Perrin, 1847-1920）對普魯塔克的觀點提出了批駁，他對這些部落名稱進行了詞源學上的附會解釋，「第一個名稱與 *hopla*（武器）無關，第二、三、四個名稱也都分別與 *ergon*（工作）、*ge*（土地）和 *aix*（羊）無關」（參見：Plutarch, *Lives*, I, trans. by Bernadotte Perrin, Cambridge Mass.: Harvard University Press, 1914, p. 469）。同時，儘管這四個部落的名稱來源已無法詳考，但可以肯定，希羅多德的觀點也是錯誤的：因為，包括雅典人在內的希臘人非常樂意於編造神話故事來解釋各種地理名稱的來源。

【6】這是亞里斯多德剛剛提到的十一次政體變革中的第一次變革。伊翁政體沒有被計算在列表中，因為它是初創而非變革（牛津本第四十一章第二節注釋）。此處的希臘文本非常值得懷疑。但是，伊翁時代的政體顯然是起始點，十一次變革跟隨在後。德拉古改革不算作其中的一次（Rackham, 114-115）。

【7】在古希臘人的觀念中，特修斯首創了民主政體。特修斯在完成阿提卡的統一之後，便放棄王權，只擔任軍事統帥和法律監護人，並把全體「人民」根據不同職業分為三個階層：貴族、農民和手工業者（Euripides. *The Suppliants*. 350-353, 399-408, 429-441; Is. *Hel*. 34-37; D.S. iv. 61.8; Pl. *Thes*. 24.2-25.3）。不過，波桑尼阿斯卻持不同觀點，他認為，「在人類當中流行著諸多錯誤觀念，因為，他無視歷史知識，而相信他們自孩童時代起從合唱隊與悲劇中聽到的一切。其中一個錯誤觀念便是關於特修斯的，他事實上的確是國王：墨涅斯透斯死後，特修斯的後代一直是統治者，直至第四代」（Paus. i.3.3）。普魯塔克也有類似觀點（Pl. *Thes*. 35.5）。

【8】這句話再次明確表達了作者的觀點，梭倫改革標誌著雅典民主的誕生。

【9】關於埃非阿特改革是亞里士泰迪斯策劃的觀點嚴重缺乏史料支持，通常認為亞里士泰迪斯的生卒年為約西元前五二〇年至前四六八年。不過，普魯塔克也記載了一條與文中觀點類似的史料，在波斯軍隊被擊退後，亞里士泰迪斯發現雅典人願意接受更為民主的政體，他便頒布一條法令：所有公民都有權參加政治管理，並且執政官

從全體人民當中選出（Pl. *Arist.* 22.1）。但是，這則資料的歷史真實性很值得懷疑，尤其是法令的後半部嚴重背離史實。

[10] 此處的原文又值得懷疑（Rackham, 117）。肯尼和拉克漢都將「海上統治（權）」翻譯為了「海上帝國」，這是用今天的概念來描述古代的現象：關於「雅典帝國」、「雅典海上帝國」或「雅典陸上帝國」的概念是否成立，學界存在不同的看法。一些現代學者則傾向於「海上統治（權）」的譯法，如羅德斯和摩爾便是如此。並且，中文語境中的「帝國」與古希臘語中的 ἀρχή（*arche*），具有明顯的不對稱性：儘管華文學界試圖用其他詞彙代替「帝國」來描述雅典的統治（權），但並未成功。

[11] 在這一時期，五百人議事會的審判權或被剝奪，或被限制，普遍轉移到了民眾法庭的手裡。參見第四十五章第一至三節。

[12] 這與亞里斯多德的觀點一致，「人眾更不易腐敗——正如澤大水逾清，如是，人民大眾較之於貴族更難被收買」；同時，它也與亞里斯多德關於民主政治中議事會的權力必然被削弱的觀點相一致（Arist. *Pol.* 1286 a 32-33, 1299 b 38-1300 a 3）。

[13] 關於雅典公民參政的積極性或出席公民大會的人數，學界爭論不已，至今仍無定論。不過，對出席公民大會實施報酬制，的確有利於提高公民的參政熱情和公民大會的出席人數：西元前四百年公民大會會場普尼克斯改建時，將其容納量從六千人提升到了六千五百人或八千人，這一工程從側面反映出參加公民大會的人數的確有所增加。

[14] 阿吉利烏斯，雅典政治家，活躍在西元前五世紀末和前四世紀初。他在西元前四〇五年稍前的某個時間，曾聯合阿爾基努斯提案降低付給喜劇詩人的報酬；並且，在西元前四〇四年或前四〇三年雅典民主重建過程中發揮過作用；西元前三九〇年，他接替特拉緒布魯斯領導雅典人在愛琴海上的軍事行動；後因挪用公款之罪，被判監禁（Ar. *Ran.* 367; And. *Myst.* 133-136; X. *H.* iv. 8.31; D.S. xiv. 99.5; *D.* 24. 134-135）。

[15] 猶如佩希斯特拉特斯在優伯利斯（*Εὔπολις*, Eupolis, 446-411B.C.）的喜劇中被戲稱為「人民」（*Demos*）一樣，但也有可能他的家族宣稱他們具有小亞細亞某個王族的血統（Rackham, 119）。赫拉克里底是來自克拉佐門奈的僑居民，曾因推動了雅典和波斯之間簽訂《伊比魯庫斯和約》（*Peace of Epilycus*，這一和約的簽訂日期尚未確定，可能簽訂於西元前四二四年或前四二三年）而獲得公民權；柏拉圖在〈伊翁篇〉（541 d 1-4）中提到，

他曾被雅典人選為將軍。

【16】從亞里斯多芬的《公民大會婦女》（289-311, 392）中，我們可以發現明顯的線索來證明報酬的額度增加到了三俄勃爾，這個劇本是在西元前三九二年前不久上演的；所以，為參加公民大會設立報酬的做法不可能比這個日期早許多年。在亞里斯多德時代，出席公民大會的報酬提升到了一德拉克瑪，出席最高會議將得到一點五德拉克瑪（參見第六十二章第二節）。

第四十二章

1.當前憲法的情況如下。公民權授予所有親生父母[1]皆爲公民[2]的人[3]。他們年滿十八歲時在德莫登記造冊。[4]登記[5]時，德莫成員要在宣誓後對他進行投票；首先，候選人是否達到法定年齡[6]（如果沒有，他們將被降級歸入兒童行列）；其次，候選人是否是合法出身的自由人[7]。如果他們裁決候選人不是自由人，此人可向民眾法庭申訴，而德莫將指派五名成員擔當起訴人；如果法庭判定他無權入籍，將會被國家賣爲奴隸；如果他勝訴，便有權入籍，而不再繼續接受審查。

2.登記造冊完畢之後，議事會將檢查入籍名單；如果發現有未滿十八歲者被列入其中，爲其登記的村民將被處以罰金[8]。當埃菲比[9]通過這次檢查之後，他們的父親在部落安排下開會，並在宣誓後選定他們認爲最優秀且最合適[10]的年滿四十周歲的三個部落成員，來管教這些埃菲比；然後，公民大會以部落爲單位從那三個人當中投票選出一位督監，並從全體雅典人中挑選出一位督統，來主管整個團體。

3.在這些人的管教下，埃菲比首先在各個神廟巡邏，然後到皮雷埃夫斯去，其中一些人去守衛穆尼客阿，另一些人去守衛阿克提（*Ἀκτή*, Acte）[11]。公民大會也會選出兩個教練官和數名指導員[12]，教他們身穿重甲作戰、使用弓箭和標槍以及操作投石器。國家向每個督監發放一德拉克瑪以備生計，而向每個埃菲比發放四俄勃爾。每個督監領取其部落所有的津貼，購買所有的日常供給（他們按部落用餐），並督辦其他所有事務[13]。

4.他們便如此度過第一年。第二年，他們在劇場[14]裡召開的那次公民大會上公開進行軍事操演[15]，並接受城邦頒發的盾牌與長矛[16]；然後，他們將在邊疆巡邏，在要塞裡度過時光。[17]

5.在這兩年，他們執行的是衛戍任務，穿著軍用斗篷（*χλαμύς, khlamus* or *chlamys*）[18]，不用繳納任何稅款。並且，他們也不能起訴別人或被別人起訴，以使他們沒有任何藉口來請假；但是，涉及遺產繼承或女繼承人[19]的訴訟除外，涉及家族的祭司職務的事情也被排除在外。[20]當兩年期滿後，他們便獲得了與其他公民同樣的地位。[21]

◆註解◆

[1] 這裡只強調「親生父母皆為公民」，沒有強調其本人是婚生子還是私生子。在斯巴達，私生子是不准被入籍成為公民的；在雅典，卻不存在明確的史料來證明私生子的地位、是否需要在成年之時登記造冊。

[2] 這裡所說的「公民」包括被授予公民權的歸化民，雅典歸化民的後代會自動成為全權公民，而不再受任何特殊的限制。同時，包括雅典婦女在內的古希臘婦女不具有公民資格，儘管存在著「女公民」之說；「女公民」之說重在強調女人的血緣純正，而不是她的政治權力。從本質上講，古希臘婦女更像財產和工具，她們只是財產和公民權轉移或增殖的媒介，而不是活動主體；例如：當一個公民死後而沒有兒子繼承財產之時，他的女兒可以繼承但不能支配其遺產，這筆遺產必須透過婚姻轉移到其家族中的其他成員手中，或死者的外孫手中。

[3] 這一規定起始於西元前四五一年或前四五〇年伯里克里斯公民權法令的頒布，以便維護純正雅典人的權益。在此之後，雅典人與外邦人的婚姻是不被法律承認的，而只能算作同居；並且，他們的子女沒有獲得公民權的資格，除非經過公民大會的特別授權。但是，在此之前，雅典公民和外邦人的婚姻則是被默認的並且也是合法的，例如：克里斯提尼以及其他著名的雅典政治家狄密斯托克利斯、西蒙等都是這類婚姻的結果（參見：H. v. 69.1; Pl. *Them.* 1.1, *Cim.* 4.1），他們不但沒有受到歧視，反而能夠長期主導雅典政局。在伯羅奔尼撒戰爭晚

期，大量傷亡導致公民人口不足，伯里克里斯的公民權法令曾經有一段時期被無視：只是在戰爭結束後，大批移居海外的雅典人回歸本土，這一規定才又重新得到重視。

[4] 雅典沒有一個全國性的戶籍管理中心，人口清查與登記的權力歸屬每個德莫擁有：並且，每個德莫並不對新生兒進行登記造冊，而只對年滿十八歲的男性公民進行登記造冊：女性公民不必登記，她們的身分是根據父親的身分來確定的。雅典對僑居民的戶籍管理也同樣是如此（參見：Ar. *Av.* 1669, *Ran.* 416; Poll. iii. 57; Plat. *Leg.* 850 a 5-b 2）。

[6] 我們很難想像出雅典衡量年齡的具體標準，因為雅典不存在新生兒登記制度，這就給確定入籍者的年齡帶來困難；不過，亞里斯多芬在《馬蜂》（578）中曾提到雅典人是根據性器官發育狀況來判斷入籍者的年齡的。在戶籍制度不完善的情況下，這個判斷年齡的標準或許切實可行。

[7] 此處不僅強調他的自由人身分，更重要的是強調他的公民身分。

[8] 罰金大概是一百德拉克瑪。

[9] 埃菲比，其原義為「青少年」；不過，它在這裡是專有名稱，指代處在十八到二十歲之間的服兵役的青年。斯巴達人也對他們的青少年進行類似的軍事技能訓練，被稱為阿戈基（*agōgē*, Agoge）：它比雅典的要求更為嚴格，訓練期限更長（Xen. *L.P.* 3-4）。

[10] 即品德出眾且軍事技能超人。

[11] 阿克提，皮雷埃夫斯南部的海角。肯尼譯文為「南部海岸」。

[12] 肯尼的譯文在「指導員」的前面加了修飾詞「下屬的」，它體現出教練官和指導員之間的隸屬關係。

[13] 此句肯尼譯文為「從整體上監督一切事務」。

[14] 即位於衛城東南部下端的戴奧尼索斯劇場，它在西元前四世紀中期被重建。這個劇場經常用來頒布榮譽法令，獎勵那些對城邦作出重大貢獻的人。

[15] 此時正值每年一度的戴奧尼索斯節，全體人民都聚集在劇場，其中還有許多來自外國的訪問者（牛津本第四十二章第四節注釋）。

[16] 或許在這個儀式結束時，埃菲比們要進行正式的宣誓，他們要被帶到阿格勞露絲祠進行宣誓（Demosthenes, *On the False Embassy*, 303）：其誓言內容如下：「我絕不丟棄神聖的武器，無論身處戰隊的哪個位置，我都不會置

戰友於不顧。我將為所有神聖和世俗之事而戰，並且，我絕不會使祖國衰落，而會使她更為偉大和美好，直至我與戰友們一同倒下。我將嚴肅地服從長官的命令和那些已經確立的或將要確立的法律。如果有人膽敢踐踏法律，我將堅決與之衝突，直至與同胞們一起倒下。我將以祖先的傳統為榮。」（P. J. Rhodes and Robin Osborne, *Greek historical inscriptions: 404-323 BC*, Oxford: Oxford University Press, 2003, p. 441.）

[17] 在緊急情況下，他們也有義務被派往戰場作戰。例如：西元前五六〇年或前五五九年，趁著雅典派出龐大遠征軍前往埃及進行反波斯戰爭之機，科林斯等三個城邦便對雅典發動進攻；在國內兵源緊張之時，雅典城邦徵召了一批埃菲比和超過服兵役年齡的老人走上戰場，並在美加拉擊敗三個城邦的聯合軍隊（Th. i. 105）。

[18] 軍用斗篷，是古希臘人穿的一種短外套；它最初為色薩利或馬其頓騎兵所使用，後來被雅典改制為埃菲比的統一服裝（Rhodes, 508）。

[19] 女繼承人。在古希臘語境中，該詞指的是無婚生兒子的公民的婚生女兒。女繼承人不是完全意義上的繼承人，她只是財產轉移的媒介，她本人不能支配從父親那裡繼承的遺產；當她的婚生兒子長大成人時，她必須將遺產轉交給他的兒子管理。文中提到的兩種訴訟都是關於遺產繼承方面的，前者是從父親那裡繼承遺產，後者是從母親那裡繼承遺產。

[20] 在亞里斯多德時代，埃菲比可能被免除了承擔承辦節慶等相關公益捐助的義務；他們也有可能不用繳納財產稅（*eisphorai*, *εἰσφοραί*）和其他種類的直接稅（Rhodes, 509）。

[21] 他們的參政權還要受到部分限制，只能出席公民大會，不得出席民眾法庭，不得當選議事會成員和其他官職，只有年滿三十周歲以後才能享有充分的參政權。

第四十三章

1.這便是公民入籍和埃菲比訓練的情況。[1]所有官員皆由抽籤選出，但軍事財務官[2]、觀劇基金（*Θεωρικά, Theorica*, Theoric Fund or Festival Fund）[3]財務官和供水監察官[4]除外，這些官員是由舉手表決選出的，並從一個泛雅典娜節任職到下一個泛雅典娜節。[5]所有軍事官員也都是由舉手表決選舉產生的。

2.五百人議事會由抽籤選出，每個部落參加五十人。主席團（*πρυτάνεις, Prytaneis*，其單數形式爲 *πρύτανις, prytanis*）[6]職務由每個部落輪流擔任，其次序由抽籤決定[7]；考慮到太陰曆的緣故，前四個部落任職三十六天，後六個則任職三十五天。[8]

3.首先，當值主席團領取城邦發放的一筆伙食補助，在圓頂廳（*θόλος, Tholus* or *Tholos*，或譯「圓頂屋」）[9]一起用餐；然後，召開議事會和公民大會。他們每天召開一次議事會，節假日[10]除外；在每屆主席團任期（*πρυτανεία, Prytaneia* or *Prytany*）[11]內，召開四次公民大會[12]。公布議事會議程安排、決定每日處理的議題和確定開會地點是他們的職責。

4.他們也擬定公民大會的議程安排。[13]每屆主席團任期內，都有一次公民大會被稱爲「最高」公民大會，在此次大會上，人民將批准恪盡職守的在任官員留任，商討穀物供給[14]和城邦防禦事務[15]；並且，在這一天，任何人只要願意，便可提出檢舉；公民大會還宣讀充公財產名單、對財產繼承和女繼承人提出的要求[16]，以使任何事都不會在當事人不知情的情況下祕密通過決議。

5.在第六屆主席團任期內，除了上述事務之外，他們還對是否需要實施陶片放逐法進行表決[17]，受理起訴雅典人或僑居民為職業起訴人[18]的訴訟各三件，決定是否需要對那些曾經向人民做出許諾卻未兌現的人提出起訴進行表決。

6.在每屆主席團任期內，還另外安排了一次用於陳情的公民大會：任何自由人[19]在將陳情者橄欖枝[20]放置好之後，無論公私事務，都可以向人民陳說。[21]其餘兩次大會則處理其他所有事務，法律規定，他們應處理三項宗教事務、三項傳令官和使節事宜以及三項世俗事務。有時，一些問題可以不經過預先投票被納入議程。[22]傳令官和使節首先要會見主席團，遞書者也要先將文書呈交給主席團。[23]

◆註解◆

[1] 此句被肯尼歸入第四十二章第五節。

[2] 他們對五百人議事會負責，其主要職責是管理軍事基金（the stratiotic fund），這一基金早在西元前三七三年之前便已存在（D. 49.12, 16）；同時，他們也參與管理和監督非軍事活動，例如：協辦出租礦山和稅務等事宜、與議事會一同監管勝利女神雕像的製作和泛雅典娜節慶典的獎品（Arist. *A.P.* 47.2, 49.3）。

[3] 觀劇基金，它是雅典城邦用於支付節日慶典、宗教祭祀和其他各種公共娛樂活動的專項撥款，尤其是用於為公民觀看節日演出發放的津貼：該詞翻譯為「節慶基金」比「觀劇基金」更為貼切，不過「觀劇基金」的譯法已被廣泛接受。普魯塔克提到伯里克里斯首先提案向觀看演出的公民發放津貼（Pl. *Per.* 9.1, 34.2），但他並沒有指出設立了觀劇基金，而西元前五世紀的史料也沒有提及觀劇基金。最初，觀劇津貼是由希臘財務官發放，也未設立專門的觀劇基金；觀劇基金的設立可能晚至西元前四世紀五〇年代由當時精通財經的政治家優布魯斯

（*Εὔβουλος*, Eubulus, 405-335B.C.）設立，隨後才產生觀劇基金財務官（Aesch. *Ctes*. 24）。觀劇基金財務官是雅典西元前四世紀後半期最重要的機構之一，其人數不可考，大概是十人，每個部落選出其中一人。

【4】即保障雅典城供水安全的官員，柏拉圖和亞里斯多德都認為每個城市或城邦必須設置這一官職（Plat. *Leg*. 758 e 5-6; Arist. *Pol*. 1321 b 26）；普魯塔克記載，狄密斯托克利斯曾擔任過此項職務（Pl. *Them*. 31.1）。由於雅典城缺乏水源，這一官職便顯得非常重要。

【5】學界普遍認為這些官員的任期為四年，也有極少數學者認為其任期為一年。泛雅典娜節每年舉行一次，文中所說的泛雅典娜節指的是大泛雅典娜節，它每四年舉行一次，其餘三年的泛雅典娜節被稱為小泛雅典娜節，該節日在每年首月赫卡圖姆巴昂月（Hekatombaeon，西曆的七、八月間）的月末舉行。泛雅典娜節，該詞的更為正確的翻譯應為「泛雅典節」，因為其本義為「全雅典人的節日」（all-Athenian festival）。該節日是雅典最為重要的節日，也是古希臘最為盛大的節日之一；它用於慶祝和紀念雅典城邦保護神雅典娜．波里婭斯的誕生，後演變為具有泛希臘意義的節日。泛雅典娜節的活動包括三大項：遊行、祭祀和競技。進行遊行時，遊行隊伍在持籃少女的帶領下，從雅典城北部的狄佩隆門（*Δίπυλον*, Dipylon Gate）出發，沿著泛雅典娜大道穿越市場走向衛城，並在戰神山、雅典娜．尼克斯神廟（*Ναός Αθηνάς Νίκης*, Temple of Athena Nike，即勝利女神廟）和衛城門廊等處進行獻祭活動；然後，只有具有雅典公民身分的遊行者才能穿過門廊進入衛城，遊行隊伍穿過帕德嫩神廟，最後在俄瑞克透斯廟前的雅典娜祭壇停下，遊行和獻祭到此結束。泛雅典娜節上的競技是佩希斯特拉特斯西元前五六六年或前五六五年根據奧林匹亞賽會設立的，競技內容包括拳擊、摔跤、五項全能、十項全能以及戰車比賽等，其中戰車比賽的意義最為重大，後來又增加了詩歌和音樂比賽。

【6】主席團，被選定專職負責管理五百人議事會和公民大會日常工作的議事會成員，其本義為「主持議事會或公民大會的部落的成員」（member of the tribe presiding in *βουλὴ* or *ἐκκλησία*）（*G.E.L*. 1543），其任期為一年的十分之一天，即根據阿提卡曆法計算，一年十二個月，三百五十四天；閏年為十三個月，三百八十四天。若是閏年，前四屆主席團的任期為三十九天，而後六屆則為三十八天。

【7】主席團的任職順序並非由一次抽籤結果決定的，而是分為九次完成的。抽籤活動在每一屆主席團即將卸任之時舉行，擔任過主席團的部落代表被剝奪參加抽籤的資格，即第一次抽籤由十個部落代表參加，第二次抽籤則變成九個，抽籤的部落數目依次遞減，第九次沒有中籤的部落代表自動成為第十屆主席團成員。

[8] 羅德斯認為，五百人議事會輪值制度可能是埃非阿特設立的，它使得五百人議事會變得更有效率（參見：*C.A.H.* iv. 329; Rhodes, 317, 520）。

[9] 圓頂廳，「圓頂廳」為簡體中文商務版譯法，譯者遵此。圓頂廳是一個直徑為十八米的圓形建築，位於市場西邊，用於五百人議事會主席團成員就餐住宿之用，建於西元前四七〇年左右。

[10] 雅典每年一度的節慶約有七十五天，禁忌日約為十五天；所以，五百人議事會每年要工作二百六十天左右（R. K. Sinclair, *Democracy and Participation in Athens*, Cambridge: Cambridge University Press., 1988, pp. 225-226）。

[11] 主席團任期，又被音譯為「布列塔尼」，其具體情況見注釋六：「主席團」。

[12] 由此推算，雅典公民大會每年要召開四十次例會。

[13] 由此可見，主席團既扮演著五百人議事會預備會議的角色，又扮演著公民大會預備會議的角色；公民大會的議程安排，五百人議事會應該提前四天公布。

[14] 阿提卡的土壤不適合糧食作物的種植，只適宜種植橄欖和葡萄，以至於雅典城邦非常依賴糧食進口；所以，穀物供應問題也是頭等重要的國家大事（詳見第五十一章第三節注釋）。

[15] 關於國防事務由十將軍中的一位專門負責（Arist. *A.P.* 61.1），公民大會商討的國防事務是否與此相關，不得而知。

[16] 參見第四十二章第五節及注釋。

[17] 自從西元前四一六年政治鼓動家希波帕魯斯（*Ὑπέρβολος*, Hyperbolus, ?-411B.C.）被陶片法放逐（Pl. *Nic.* 11.8）後，雅典再也未對任何人成功實施過陶片放逐法。

[18] 參見第三十五章第三節。柏拉圖《法律篇》中也有類似說法（Plat. *Leg.* 756 b 4）。

[19] 僅限於雅典公民，擁有自由身分的僑居民、被釋奴是無此權利的。

[20] 一條繫有羊毛的橄欖枝，由陳情者帶來，並且將其放在公民大會的祭壇上（Rackham, 125）。

[21] 不是每屆主席團任期內都必須舉行一次陳情會議，在這次會議上也處理其他問題（Rhodes, 528）。

[22] 或許指的是，當預先安排的交易處理完畢後仍有剩餘時間，公民大會會另外處理一些臨時安排的事務。

[23] 既然主席團為五百人議事會制定議程、五百人議事會為公民大會制定議程，那麼各種信使和使團都必須先由主席團接見（Rhodes, 531）。

第四十四章

1.主席團只設一位總主席，透過抽籤選出，任職一天一夜；並且，此職的任期不得超過一天一夜，也不能由同一人擔任兩次。總主席掌管著神廟的鑰匙和國璽，神廟[1]內存放著城邦財富和公共檔案；他必須親自選定三分之一的主席團成員留下，與他們一同住在圓頂廳內。[2]

2.無論何時召集議事會或公民大會，都由他透過抽籤指定九位會議主持，他們分別來自總主席（ἐπιστάτης, *epistates*）所在部落之外的九個部落[3]；他同樣用抽籤的方式從這九個人當中選出一位擔任總主席，並將會議議程交給他們。[4]

3.他們接管議程表後負責會議進程，確定需要討論的各項事務，清點投票結果，並負責其他所有會議的安排[5]。[6]他們也有權力解散會議。[7]同一人在同一年內不得擔任兩次主席團總主席，但他可以在每屆主席團任期內成爲一名會議主持。

4.將軍、騎兵統領和其他所有軍事官員的選舉都在公民大會上，按照人民決定的方式進行。並且，在第六屆主席團任期後，由任內首先出現吉兆的主席團主持這些選舉。[8]不過，這些選舉事宜應由議事會預先討論。

◆註解◆

【1】該處神廟分別指的是帕德嫩神廟和地母神廟，帕德嫩神廟的後殿是雅典城邦的主要金庫，而地母神廟在亞里斯多德時代則用於存放城邦的公共檔案。

【2】據前後文可推測，圓頂廳作為五百人議事會主席團的官邸，在雅典政治生活中扮演著核心角色。

【3】會議主持，即「主持議事會和公民大會的官員」，它從本詞的另一個涵義「坐在前排的人、主席」引申而來（*G.E.L.* 1476）：總主席，它與議事會主席團「總主席」是同一詞彙，其本義為「一個機構或議會的主席」（president of a board or assembly）（*G.E.L.* 659）；而議事會主席團成員本身也有「主席、主持」（president）之義。儘管上述三詞的涵義頗為接近，但根據不同語境而翻譯為不同的中文詞彙。

【4】這項制度是在西元前四〇三年或前四〇二年設立的，目的在於削減主席團的權力；同時，有更多的學者認為，這一制度的設立，是為了減輕輪值主席團的工作負擔，使五百人議事會的工作得到更好的分配與處理（Rhodes, 534）。

【5】此句肯尼譯文為「從總體上指導會議進程」。

【6】雅典法律規定，會議主持負責維持會議秩序，並有權對五百人議事會或公民大會上的違規行為進行處罰，「在議事會或公民大會上，演說者若講說議程未安排之事，或將不同提案混在一起提出，或在同一天就同一主題進行兩次演說，或純粹是對某人進行辱罵或誹謗，或攪亂會議進程，或在議事時站起並且不按照議程進行演說，或大聲宣說贊成，或粗暴對待會議主持；在議事會或公民大會結束後，會議主持會將該人姓名以及其因行為失當而被處罰的罰金數額（最高可達五十德拉克瑪）的紀錄交予收費員（*πράκτορες, praktores*）。若情節嚴重，會議主持可處以數額不超過五十德拉克瑪的罰金，並將該事件提交給議事會或下一次的公民大會進行處理」（Aesch. *Tim.* 35）。

【7】更準確的表達是「他們也有權宣布閉會」，他們的這項權力屬於程序上的象徵性權力。

【8】即在第七屆或更後的任期，參見第四十三章第二節。所謂「吉兆」，也就是好天氣之義；相對而言，出現雨雪雷電等天氣則為凶兆。文中的這一規定，具有實際意義，為的是能在露天場合下順利召開公民大會（Sandys, 178; Rackham, 127）。

第四十五章

1.先前，議事會有全權判處罰金、徒刑和死刑。[1]但是，有一次，他們將呂西馬庫斯[2]交付行刑者之後，他坐著等待即將來臨的死亡之時，阿羅匹斯德莫的優梅理德斯（*Εὐμηλίδης*, Eumelides）[3]卻將他從議事會手中解救下來；他堅稱，除非經過民眾法庭的判決，任何公民不應當被處死。[4]於是，審判轉交到了民眾法庭那裡，呂西馬庫斯得到豁免，他也因此獲得了「來自棒槌（*τύπανον*, *typanon*）[5]之下的人」的綽號。從此，人民剝奪了議事會判處死刑、徒刑和罰金的權力，並透過一項法律：如果議事會判處任何人違法或繳納罰金，法律官應將判決交付民眾法庭，由陪審員[6]作最終裁決。[7]

2.涉及官員的大部分審判，尤其是對掌管財務的官員的審判，都在議事會進行[8]；但是，它的判決不是終審，應提交給民眾法庭複審。只要願意，任何非公職公民都可以指控任何違法亂紀的官員[9]；但是，如果議事會認定指控成立，也應提交民眾法庭複審。

3.議事會也同樣對次年任職的議事會成員和九位執政官進行資格審查。[10]先前，議事會有全權否決不符合規定的官職候選人，但是現在則需要提交民眾法庭複審。

4.所以，議事會對所有這些事務都沒有終審權。然而，所有提交公民大會的議題都需要由它預先認定，如果議事會不首先討論且主席團又不納入議程，公民大會不能對任何事宜進行投票表決，（直接）[11]在公民大會上提出議案的人將因非法提案而被判處罰金。

◆註解◆

[1] 關於五百人議事會的這些絕對權力，學界存在不同觀點。維拉莫維茲認為，五百人議事會在西元前三八六年至前三五二年之間的某個時期之前擁有這些權力；克洛什（Paul Cloché, 1881-1961）認為，五百人議事會在被授予誓言之時，即西元前五〇一年或前五〇〇年，便失去了這些權力；莫塞（Claude Mossé, 1924-）認為，他們的這些權力直到西元前四世紀早期才被削弱。與眾多學者不同，羅德斯認為，五百人議事會從來都沒有擁有過這些絕對的權力，沒有任何史料記載過五百人議事會行使過其中的任何一項權力；它可能是在埃非阿特改革中首次獲得司法審判權，但這些權力從一開始便受到了限制，而不是絕對的權力（參見：Rhodes, 538）。從本文前後記載看，五百人議事會先前所擁有的這些司法審判權是絕對的，它們只是在西元前四〇四年至前三九九年的民主重建之後的某個時間被限制或剝奪了，參見第四十章第二節和本節。

[2] 在雅典，呂西馬庫斯是一個常見的人名，我們無法確知此處的呂西馬庫斯是具體的哪個人。此事或此人，未曾被其他文獻記載過。他或許是三十僭主成員之一（X. *H.* ii. 4.8）。

[3] 優梅理德斯，其人其事已難詳考。

[4] 即使在五百人議事會審判死罪的權力被剝奪之後，也並非只有民眾法庭有判處死刑的權力；例如：故意殺人案則由戰神山議事會審理，過失殺人案、殺人未遂案和殺害奴隸、僑居民以及外邦人的案件，則在帕拉笛昂法庭（Court at the Palladium）審理，殺姦在床、在作戰中和體育競技中誤殺另一人的案件，則由德爾菲尼昂法庭審理，對承認犯有盜竊、綁架等罪行的罪犯，則不經民眾法庭審判直接由警吏處死（Arist. *A.P.* 57.3, 52.1）。

[5] 棒槌，用於棒殺之刑的工具。所謂「來自棒槌之下的人」，指的是「免除死刑之人」。

[6] 陪審員，最初的拼法為 *Ἡλιασταί*（*heliastai* or *heliasts*），後來為 *δικασταί*（*dikastai* or *dicasts*），簡體中文商務版譯為「陪審官」。但從古今對比來看，將 *heliastai* 或 *dikastai* 譯為「陪審員」或「陪審官」，實乃誤譯；將其翻譯為「審判員」或「主審官」，更符合實際情況。不過，學界早已普遍接受「陪審員」的譯法，本文也遵循這一傳統。雅典民眾法庭的陪審員，與現代法庭的陪審員有著巨大差異，甚至是本質差異：儘管二者都不具有專業素質，但是前者本質上是法官、是行使司法審判權的主體，而後者本質上是事實認定者，即便參與審判也只是充當配角，其主動權也掌握在法官的手中。在雅典，訴訟猶如一場業餘比賽，整個訴訟程序（從訴訟雙

方、法庭的工作人員到負責審判的陪審員）都極力排斥專業人士參與其中、完全排斥專業人士主導審判，尤其是陪審員既是事實的權威認定者又是判罰的最終裁決者。而在現代社會，訴訟更像一場職業比賽，訴訟雙方服從各自具有專業素質的律師的建議和設計，陪審員只能根據雙方律師的交鋒來認定事實，然後交由具有專業知識的法官來具體判罰；所以，不具有專業素質的訴訟雙方和陪審員在訴訟過程中全然處於被動地位。

【7】伊斯基尼斯和狄摩西尼都提到了該項法律（Aesch. *Tim.* 111; D. *Tim.* 63）。

【8】議事會有一個會計委員會，專門用於記錄官員在每個主席團任期內的帳目（Arist. *A.P.* 48.3）。

【9】由此可見，雅典官員不僅要接受五百人議事會這個專門的監察機構進行監督，同時還要接受全體公民的監督，五百人議事會接受任何公民對任何官員的指控。

【10】最初，官員的入職資格審查（*δοκιμασία, dokimasia*）由戰神山議事會進行，這一權力可能是在埃非阿特改革期間被剝奪而賦予五百人議事會；不過，民眾法庭又可能在西元前五、四世紀之交的政治改革中，獲得了該項程序上的最高決定權，五百人議事會的審查結果必須提交民眾法庭覆核。雅典城邦官員入職資格審查的具體情況，請參見第五十五章。

【11】括弧內文字為譯者所加。

第四十六章

1. 議事會也有權監管建成的三列槳艦及其裝備與船塢，並監管建造公民大會批准的新三列槳艦或四列槳艦[1]及其裝備與船塢。[2]公民大會透過投票指派造船工匠，如果他們沒有將船造成而交給下一屆議事會，原來的議事會成員將不能領取規定的報酬，它正常情況下是在下屆議事會任職時發放的。[3]議事會從自身成員中選出十位委員，負責三列槳艦的建造。

2. 議事會也監管所有公共建築。[4]並且，如果發現有人違法[5]，它將其彙報給公民大會，並交由民眾法庭進行定罪。

◆註解◆

[1] 據修昔底德記載，古希臘的三列槳艦是由科林斯造船師於西元前八世紀晚期發明建造的（Th. i. 13.2-5），它的槳分為上中下三列或三層；希臘最初的大型戰艦最多用五十名槳手划船，而三列槳艦則能配備一百七十名槳手，它成為希臘後世海軍作戰的主要艦隻。古羅馬作家老普林尼記載四列槳艦是迦太基人發明的（Pliny, *Naturalis Historia*, vii. 207），大概出現於西元前四世紀後半期；在現存文獻中，科西烏斯（Quintus Curtius Rufus，約生存於西元一世紀）記載亞歷山大在西元前三三二年進攻推羅（Tyre，又譯為「提爾」，位於古代敘利亞地區今黎巴嫩境內的腓尼基城邦）時使用了四列槳艦（Quintus Curtius Rufus, *Historiae Alexandri Magni*, iv. 3.14）。從此，四列槳艦開始迅速成為雅典海軍的主力艦隻。但是，其後數年，五列槳艦也被創造了出來，並且迅速取代了四列槳艦的地位，在迦太基和羅馬之間的海戰中被廣泛地應用。

[2] 狄奧多魯斯記載，希波戰爭後，狄密斯托克利斯透過立法規定雅典城邦每年須建造二十艘三列槳艦（D.S. xi.

43）。文獻闕如，我們無法確切獲知西元前五世紀雅典海軍的情況。不過，西元前四世紀的資料卻相對豐富，雅典在西元前三五七年或前三五六年擁有二百八十三艘戰艦，在西元前三五三年或前三五二年擁有三百四十九艘，在前三三〇年或前三二九年擁有四百一十艘，在西元前三二五年或前三二四年擁有四百一十二艘；但是，我們仍無法確知每年新建多少艦隻以及損失或報廢多少艦隻（Rhodes, 546）。

[3] 關於給五百人議事會成員發放報酬的時間，不同時期的規定也不盡相同。修昔底德時代，五百人議事會成員的報酬是分期發放的（Th. viii. 69.1-70.1）。

[4] 《雅典政制》沒有清楚地記載議事會是負責監管在建建築、已建成建築，還是兩者都由他負責監管。沒有資料證明議事會負責監管已建成建築（Rhodes, 548）。

[5] 此處的「違法」指的是侵害城邦的公共利益，與私人案件無關。羅德斯遵循了原文字面意思，將本句翻譯為「如果判定任何人犯罪」，肯尼意譯為「如果認為城邦受到了欺騙」，拉克漢的譯文為「如果發現任何委員（此詞指代不明——引者按）瀆職」，簡體中文商務版譯文為「如果發現任何官員曠職」；在以上譯文中，肯尼的譯文最符合原文的意思。

第四十七章

1.在大部分事務上，議事會也與其他官員合作。首先是雅典娜財務官[1]，十人任此職，每個部落透過抽籤選出其中一人。按照仍有效力的梭倫立法，他們必須從五百斗者當中選出；但事實上，抽中籤的人，即便非常貧窮，也仍然可以出任此職。在議事會參與下，這些官員管理雅典娜神像[2]、勝利女神像[3]和神廟內其他裝飾物品以及錢財[4]。

2.其次是公產交易官[5]，代簽公共契約[6]，十人任此職，每個部落透過抽籤選出其中一人。在議事會成員監督下，他們與軍事財務官和觀劇基金財務官一同出租礦山和稅務；並且，批准議事會投票選定的人接收國家出租的礦場，兩類礦場皆可出租：一類是租期爲三年的可開採礦山、另一類是租期爲七[7]年的廢棄礦山。在議事會成員監督下，他們也出售已經被戰神山議事會判處流放罪的人的財產，和另外一些被充公的財產，而交易契約須經九位執政官批准。[8]他們要向議事會提交出租當年稅務的明細表，其中清楚記錄承租人姓名和繳納金額。

3.他們制定一些獨立的明細表，在十幾個白板[9]上首先記錄按每屆主席團任期分期付款的人名，其次記錄按每年三次分期付款的人名，最後記錄在第九屆主席團任期支付分期款項的人名。他們也要擬定一個明細表，記錄已經被民眾法庭判以充公並出售的農田和房屋；因爲，這在他們的職權範圍內。售出房屋的費用須在五年內付清，售出農田的費用須在十年內付清，並在第九屆主席團任期內支付分期款項。

4.此外，王者執政官出租他的神聖領地，須向議事會提交一個寫在白板上的明細表。這些領地[10]的租期也爲十年，租金在第九屆主席團任期內支付。因此，在這屆主席團任期內將接收大量的錢財。

5.寫著分期付款紀錄的白板須送交議事會，並由公事書記員（*ὁ δημοσιος, ho demosios*）[11]保管。[12]當每期付款被交上時，他將從存放格中取下記錄應付金額的明細表，並交給出納員（*ἀποδέκται, apodektai/-ae*）[13]，由其塗抹掉。其他明細表仍存放起來，以免款項沒有交付，便將其塗抹掉。[14]

◆註解◆

[1] 即雅典娜女神神聖基金財務官，參見第三十章第二節。雅典娜財務官是一個由來已久的官職，至於它何時設立，已不可考；可以肯定的是，它自設立以來便是一個重要的官職，先後與城邦最重要的官職執政官和將軍並提。在西元前四三四年或前四三三年，雅典仿照雅典娜財務官模式設立一個新的財務官，專門管理其他所有神的神產，被稱為其他諸神財務官。西元前四○六年或前四○五年，這兩個機構合二為一；西元前三八五年或前三八四年，它們又重新分成兩個機構；但是，在西元前三四二年或前三四一年左右或稍前的某個時間，二者又重新合併在了一起。在這次合併之後，其他諸神財務官一職被取消，再也沒有出現過。

[2] 此雕像為古希臘著名雕刻家菲迪亞斯（*Φειδίας*, Phidias or Pheidias, 480-430B.C.）於西元前四七七年或前四四六年至前四三八年或前四三七年間雕刻完成，豎立在雅典衛城之上；它是雅典最為華麗的雕像，僅雕像身上的金飾便重達四十塔蘭特，即一千零四十千克（Th. ii. 13.5）。儘管這些金飾在伯里克里斯的眼中是一種變相的戰爭儲備，但是它們在伯羅奔尼撒戰爭中一直都沒被雅典人拆卸下來用於戰爭；在保持了一百多年的完整無缺之

後，雅典於西元前二九六年或前二九五年才將這些金飾移除。

【3】勝利女神像是西元前五世紀中後期獻給帕德嫩神廟的金像，可能原本有十個，其中九個在伯羅奔尼撒戰爭末期雅典財政窘迫之時被熔以鑄錢（Ar. *Ran.* 720）。西元前四世紀三〇、二〇年代，呂庫古斯負責鑄造了一個新的勝利女神像（Paus. i. 29.16）；但在西元前二九六年或前二九五年，這個金像也同樣被毀掉用於鑄幣。

【4】在雅典，似乎每一個神廟都有一個金庫，雅典衛城中的帕德嫩神廟儲存著最為豐富的金庫；據修昔底德記載，它的廟產曾經高達「九千七百塔蘭特」，在伯羅奔尼撒戰爭爆發前夕仍有「六千塔蘭特」（Th. ii. 13.3）。

【5】參見第七章第三節及其注釋。

【6】在雅典城邦，城邦政府不直接參與經濟活動，即不存在類似現代社會的國有企業；城邦通常會透過將國有資源（如礦山、關稅、營業稅等）出租給個人，從承租人那裡獲取一定的租金。而個人若想要從城邦那裡獲得規定時期內的經濟活動特權，他就必須與城邦指派的公產交易官簽訂租賃契約。

【7】此句為羅德斯譯文。抄本此處的數字有缺損，肯尼和拉克漢皆推測可能是「十」或「三」；肯尼傾向於「三」，拉克漢則未作選擇。

【8】關於契約所涉總金額的最高限額是多少，尚不清楚；或許執政官必須確定被充公的財產，以及公產交易官被授權出售它（但是，此項事宜不是在執政官的政廳，而是在警吏的政廳裡進行的）（Rhodes, 555）。

【9】所謂的白板是塗抹白石灰的木板（Rackham, 131）。白板上的文字是用炭筆寫成的，這種白板是用於保存短期公告的標準媒介（Rhodes, 556）。需要長久保存的文告通常透過紙草或石碑保存，例如：公民大會或議事會的法令是記錄在紙草上面，並被保存在地母神廟中。特別重要的文告，尤其是重要的法律條文，則需要刻在石碑上面保存，並立於市場之上。地母神廟裡面的檔案由一個公共奴隸來管理，他終身任職，受議事會主席團書記員管轄（參見：Arist. *A.P.* 54.3; *D.G.R.A.* 577）。

【10】除了王者執政官的領地之外，雅典城邦出租歸屬神廟的領地或聖域（*τέμενος*, *temenos*）時，出租契約也需要由公產交易官代簽。

【11】公事書記員，該希臘語原文事實上是“*ὁ δημόσιος υπάλληλος*”（*ho hemosios ypallelos*）的縮寫，該職務由從事文祕工作的公共奴隸擔任。

【12】西元前四世紀，當新議事廳建成後，舊議事廳改用來存放檔案（Rhodes, 557）。

〔13〕出納員，此官職由克里斯提尼設立，用於取代司庫員的地位；他們不僅只負責接收和保管城邦財政收入，同時還負責從國庫取錢用於各種公共支出；不過，他們的這些活動需要在議事會的監督下進行。

〔14〕參見：Ath. ix. 407 c。

第四十八章

1.出納員由十人組成，透過抽籤從每個部落選出一人。這些官員接收那些白板，每當分期款項上繳時，他們在議事廳當著議事會的面，將欠款明細塗抹掉。如果有人未能按期繳納分期付款，他們將在木板上作一個備註；此人必須繳納雙倍的拖欠金額，或者因拖欠租金而被投入監獄。[1]根據法律，議事會有全權強制收繳這些款項，以及將欠款人投入監獄。[2]

2.他們在第一天收完所有款項，並將其在官員中分配[3]。第二天，他們擬定出分配報告、寫在白板上，並在議事廳宣讀；然後，公開向議事會詢問，是否有人（無論官員還是私人）發現哪份款項的分配出了問題；如果有人被起訴瀆職，議事會將就此進行投票處理。

3.議事會也從其成員中抽籤選出十位帳目審計員（λογισταί, *logistae* or *logistai*，其單數形式爲λογιστής, *logistes*）[4]，在每屆主席團任期內審計官員帳目。

4.他們還以抽籤方式從每個部落選出一位職司監察員

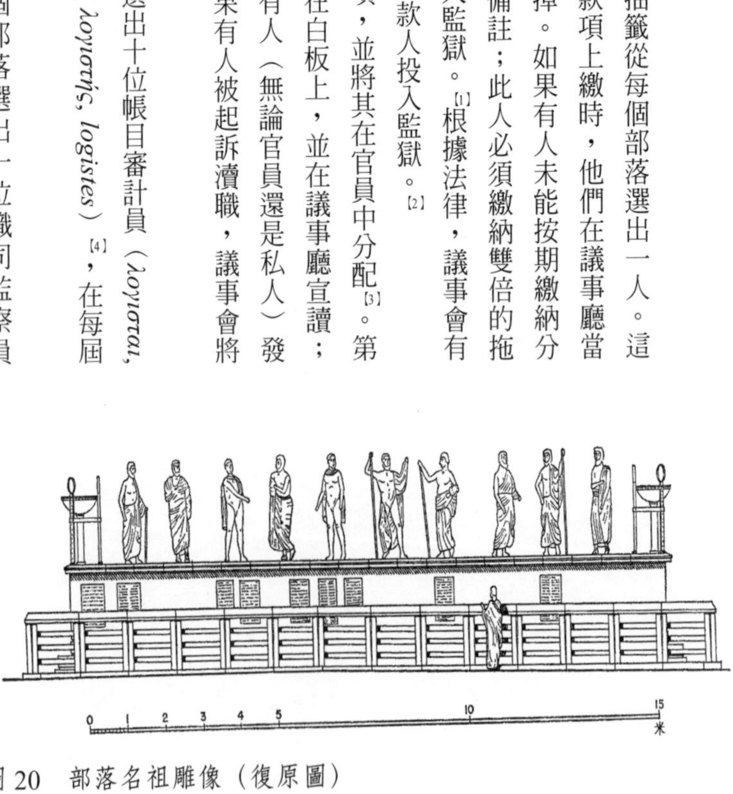

圖 20　部落名祖雕像（復原圖）

（*εὔθυνος, euthynos* or *euthynus*，其複數形式爲 *εὔθυνοι, euthyni* or *euthynoi*）[5]，且輔之以兩名助理員。其職責是：在市場（*ἀγορά, Agora*）[6]開放期間[7]，坐在各自部落的名祖雕像[8]旁[9]，如果有人無論因公或因私對任何一個已經向民眾法庭提交帳目且未超過三日的官員提出起訴，他[10]便將此人姓名、被起訴官員姓名，連同所要起訴的罪名記錄在白板上。他也可以附加上他所認爲恰當的罰款金額，並將紀錄交給職司監察員。

5. 職司監察員接管它們，他看過後如果覺得起訴成立，便將其上呈。如果是私人訴訟，他便將其遞交給起訴人所在部落的地方法庭；如果是公共訴訟，他便要在法律執政官那裡登記。如果法律執政官接收這個訴訟，他們便將被訴官員的帳目再次提交給民眾法庭，陪審員的判決將是最終裁決。

◆註解◆

[1] 西元前四世紀上半期，那些透過簽訂租賃契約成為公共債務人（public debtors）的人，在簽訂契約時必須請人做擔保。如果他們未能按時繳納租金，就必須翻倍繳納所欠租金；並且，他們將成為「不被尊重之人」（*ἄτιμοι, atimoi*），直至償清欠款。為了確保欠款能夠被償清，議事會有權將他們投入監獄，也有權將其擔保人的財產充公（Rhodes, 559）。

[2] 這項工作是由五百人議事會成員組成的另外十人組織完成的（參見：And. *Myst.* 77-79）。

[3] 並不是將當天所有的財政收入全部再分配給官員，而是根據他們固定的報酬額度進行分配。之所以在收取租金這一天擬定發放報酬的明細表，可能是一方面方便財政收支的記錄，另一方面也便於核查資金流向。

[4] 帳目審計員，這一職務最初由三十人組成，其後改為十人：最初是由舉手表決產生的，後來改用抽籤選出。他們對那些有支出的官員擁有最高權威，這些人必須向他們提交帳目。不過，此處的十位帳目審計員和第五十四章第二節所說的十位帳目審計員是否是同一組織，學界存在爭論。威廉・史密斯（William Smith）認為兩者是同一機構，但更多的學者認為兩者是不同機構：此處的帳目審計員負責官員的階段性帳目審查，而第五十四章的則負責官員離職時的帳目審查。（參見：*D.G.R.A.* 361; *O.C.D.* 881; Rhodes, 597）從《雅典政制》（48.3; 54.2）的內容來判斷，兩者屬於不同機構：因為，這裡所說的帳目審計員隸屬於五百人議事會，第五十四章所說的帳目審計員則是五百人議事會之外的獨立機構。狄摩西尼和伊斯基尼斯所稱的「帳目審計員」指的便是此處的帳目審計員（參見：D. xviii. 117, 229; Aesch. *Ctes*. 15; *G.E.L.* 1059）。在《政治學》（1322 b 10-12）中，亞里斯多德將所有涉及監查公職人員財務和職司事務的官員合在一起來講，稱他們為職司監察員、帳目審計員、財務稽核員（*ἐξετασταὶ, exetastai*）、審計助理，並且認為他們屬於同一部門。《雅典政制》的作者則試圖對這些官職的職能進行細分：從其他文獻來判斷，這種做法似乎並不成功，因為他們的職司重疊部分甚多。後世學者似乎默認了《政治學》的做法（B. Jowett, *The Politics of Asritotle*, vol. 2, Oxford: Clarendon Press., 1885, p. 250）。

[5] 職司監察員，每位職司監察員會被配備兩名助理員（*πάρεδρι, paredri*，其單數形式為 *πάρεδρος, paredros*）。在古典時期的雅典，除了民眾法庭的陪審員和公民大會的議事會成員不用接受職司審查，即不用對自己的行為負責，或只需對自己負責，而不受他人監督，包括五百人議事會成員本身在內的其餘絕大部分公職人員都要如此。官員的職司審查包括兩類，一類是帳目審查，用於審查官員是否貪汙或濫用公款，它由帳目審計員負責；另一類是任務審查，用於審查官員是否完成任內職責，此項程序由職司監察員負責。同時，任何非公職公民也同樣有權利對公職人員的瀆職行為提起訴訟（參見：D. xviii. *Cor.* 117; A. iii. *Ctes*. 23）。

[6] 市場是雅典的市政活動中心，它位於衛城山西北邊的斜坡上面，埃瑞丹努斯河（the Eridanus river）從其下流過，泛雅典娜大道從其中穿過。將此詞翻譯為「市場」，其實是強譯之舉；也有學者將其翻譯為「市政廣場」，似乎更為恰當。市場發揮的作用更多的是政治活動場地，而作為集市的作用則在其中只占有極少的部分；古典時期，重要的政治機構幾乎都設置於此地，如議事廳、圓頂廳、民眾法庭等。

[7] 關於「在市場開放期間」這句話，有著不同的理解。首先，肯尼將其翻譯為「市場開放期間」；而維拉莫維茲

對此有不同理解，將其翻譯為「部落會議曰」，而肯尼認為這種理解並不令人滿意，因為起訴者只有權在三日內提起訴訟（參見：牛津本第四十八章第四節注釋一）。拉克漢沿用了維拉莫維茲的譯法，「他們應依照每個部落所因之命名的名祖分屬於部落會議」；並且，日知對此進行了解釋，「也就是說，每個部落分派一個查帳員（即本書譯文中的「職司監察員」——引者按）和兩個助理員，此種分派以部落所由命名的英雄（也即部落名祖——引者按）名字表示之」（參見：簡體中文商務版第四十八章第四節注釋一）。不過，摩爾和羅德斯兩人都採用了肯尼的譯法，譯者在此也遵從了肯尼譯文。

[8] 自西元前四世紀中期以來，十個部落名祖的塑像被設在了舊議事廳的對面和沿市場西邊穿過的路旁；它們是各個部落集會地的標誌，同時其基座的牆面被用作為城邦公事的告示欄。

[9] 肯尼和摩爾都認為職司監察員的助理員坐在各自部落名祖雕像旁接受本部落成員對官員的起訴，而羅德斯對此提出了不同的猜測：「大概，每一組都坐在一個部落名祖雕像（the *ἐπώνυμος* of one tribe）旁（或許不是本部落名祖的雕像旁）。」（Rhodes, 562）

[10] 兩名職司監察員的助理員中的一位。

第四十九章

1. 議事會也監管馬匹[1]。如果某人有一匹好馬，卻被發現不盡心飼養，他的草料補貼將被扣除。[2]然而，那些經不住訓練、生性膽怯和站不穩的馬，下巴將被烙上車輪形狀的印記，印有此類印記的馬匹將被取消服役資格。議事會還對適合充任斥候（*πρόδρομοι, prodromoi*，其單數形式爲*πρόδρομος, prodromos*）[3]的公民進行監管，任何沒有透過檢查的人將終止服役。他們也對在騎兵中服務的輕裝步兵進行監管，任何沒有通過檢查的人將被停發報酬。

2. 騎兵的名單由十位登記員擬定，這十個人由公民大會舉手表決產生。[4]他們將入選騎兵的名單交給騎兵統領或者部落騎兵統領，由後者轉呈議事會，並在那裡打開記錄騎兵名單的密封白板。如果其中有先前宣誓身體素質不適於擔任騎兵的人，他們將被除名；然後，議事會便根據新名單召集在冊人員，有宣誓身體不合格或無財力負擔騎兵服務者，他們也將被清退；最後，針對沒有如此宣誓的人員，議事會將投票決定他們是否適合擔任騎兵。[5]如果投票通過，此人的名字便被記錄在白板上；如果沒有通過，他便會與其他人一同被清退。

3. 先前，公共工程的設計[6]和雅典娜女神法衣的承制[7]通常是由議事會來決定的；但是，現在卻轉交給由抽籤指定的民眾法庭決定，因爲議事會被認爲在決定此事上有所偏袒。[8]議事會也有權與軍事財務官一同監管勝利女神雕像的製作[9]和泛雅典娜節慶典的獎品。

4. 議事會也有權對殘弱者[10]進行審查。因爲，法律規定，財產不及三米那且又不能勝任任何工作的人，經議事會審查後，將從國家那裡得到每天兩俄勃爾的救助。[11]一位專門爲他們負責的財務官由抽籤選出。[12]

5. 總的說來，其他大部分官員都是與議事會合作來履行職責的。[13]這個機構的職能到此講完。[14]

◆註解◆

[1] 肯尼將該詞譯為「國家馬匹」，而拉克漢和羅德斯則是將其譯為「騎兵的戰馬」；摩爾遵從了原文 "τοὺς ἵππους"（the horse），將其譯為「馬匹」。前者的譯法不可謂錯，但有所偏差。阿提卡半島不適合種植糧食的土質和多山少平地的地形，為雅典維持一支龐大的騎兵部隊造成了雙重困難。所以，騎兵長期以來都是雅典軍隊結構中的軟肋，也沒有得到城邦的重視，雅典主要是透過雇傭色薩利的騎兵來輔助本城邦重裝步兵進行作戰的。但是，在西元前四五七年塔那格拉戰役中，色薩利騎兵臨陣倒戈，協助斯巴達重裝步兵重創雅典軍隊；這一事件迫使雅典開始重視本城邦騎兵的發展，其規模達到三百人（Th. i. 107.4-108.1; D. S. xi. 80.1-6; And. *Pace.* 5）。很可能就是在這一時期，雅典城邦開始透過城邦補貼的方式來扶持公民們餵養馬匹、參加騎兵部隊。西元前四四六年，雅典被迫放棄波也奧西亞，並且需要面對波也奧西亞強大騎兵的威脅。雅典為了應對這一威脅，又將騎兵規模擴充至六百人（Th. i. 114; Worley, 70）。到西元前四三一年伯羅奔尼撒戰爭爆發前夕，雅典擁有一支一千人組成的公民騎兵和兩百人組成的雇傭騎射手的混合騎兵部隊（Th. ii. 13.8; Ar. *Eq.* 225, *Andoc.* 3.7）。在色諾芬時代，雅典維持一千人的騎兵部隊每年需要花費四十塔蘭特，即每個騎兵每天享有四俄勃爾的補貼。不僅如此，雅典城邦也會為在作戰中死亡或致殘的戰馬進行補償，每個戰死的戰馬的主人將享有七百德拉克瑪的撫恤金（Worley, 71）。

[2] 雅典城邦整年裡都向擁有戰馬的公民發放草料補貼（D. 24. 101; Xen. *Hipparch.* i.19）。在西元前五世紀，騎士等級被徵召行軍打仗之時是不享受報酬的；但到了西元前四世紀，參與軍事行動的騎兵也可以享有報酬（Ar.

Eq. 576-577; D. 4.28）。

[3] 斥候（編按，即哨兵），該詞也被希羅多德和色諾芬等人提及，其義與本文相同（H. vii. 206.2; Xen. *Hipparch*. i. 25）。肯尼、拉克漢、摩爾等人的譯法大致相同，但羅德斯對此有不同理解：他認為該詞在本文中所指的是「一種特殊的輕裝騎兵」（a special body of light-armed cavalry），它是由西元前五世紀和前四世紀早期的兩百名 *ἱπποτοξόται*（騎射手）演變而來（參見：Rhodes, 565-566）。*ἱπποτοξόται*（*hippotoksotai*），即「騎射手」之義，它是古希臘騎兵部隊的一個組成部分，希羅多德和修昔底德都曾經提到過：在伯羅奔尼撒戰爭爆發前夕，僱用了多達兩百人的騎射手（H. iv. 46.3; Th. ii. 13.8）。

[4] 這十個騎兵登記員可能是從每個部落選出一位，並且，因為這些職務干涉軍事，所以他們產生的方式是舉手表決，而非抽籤。

[5] 作者在這裡並沒有提到這些宣誓自身條件（身體素質和經濟能力）不合格的人是否需要經過檢驗，或許他們不需要接受檢驗，除非有人檢舉他們作偽誓。

[6] 「公共工程的設計」為肯尼譯文。原文為 *παραδείγματα*，基本意思為「模型、樣式」，對它的外延理解則差別很大。該詞可以指「建築、雕像、繪畫和其他工藝品等，這些大部分屬於公共工程的模型或設計，但有些學者認為它指的是雅典娜法衣（the *πέπλον*）的樣式」（Kenyon,151; Rhodes, 566）。拉克漢和羅德斯則將 “*τὰ παραδείγματα καὶ τὸν πέπλον*” 譯為「雅典娜法衣的設計」，而摩爾則本著原文譯為「設計與法衣」（the modela and the robe）。從上下文來判斷，拉克漢和羅德斯的譯法最為可取；但是，沒有確切的史料能夠證明肯尼的譯法是錯誤的。不過，在西元前五世紀，許多公共工程的具體設計都是在公民大會上決定的。

[7] 雅典娜女神法衣的製作，還需要競技主管參與監督（參見第六十章第一節）；而法衣的具體製作則是交由被稱為法衣織女（*ἐργαστῖναι*, *Ergastinai*）的雅典年輕婦女們來完成的：在每年一度的泛雅典娜節上，都要有一套新的法衣在遊行過程中獻給貞女之神雅典娜。泛雅典娜節上的法衣製作是否需要助祭貞女（*ἀρρηφόροι*, *Arrephoroi*）參與其中，尚無確證：在阿瑞福里亞節（*Ἀρρηφόρια*, Arrephoria，雅典的一個祕儀節慶，在阿提卡曆的第十二月斯基羅孚里昂月，即現代西曆的六、七月間舉行，祭祀的對象是雅典娜女神）上獻祭給雅典娜的法衣製作，則是需要她們參與其中的。助祭貞女是從王者執政官的女兒當中選出的兩名女童，年齡在七至十一歲，她們要在雅典衛城居住一年；負責照看雅典衛城上的聖橄欖樹和製作在阿瑞福里亞節上獻給雅典娜女神的

法衣。肯尼認為這兩位助祭貞女也負責監督泛雅典娜節上的法衣製作（Kenyon,151）。

[8] 本節所提到的職能何時從五百人議事會轉移到了民眾法庭，已不可考。

[9] 監造勝利女神像不是一項固定職能，它是西元前四世紀三○、二○年代臨時加派給五百人議事會的職責。參見第四十七章第一節注釋。

[10] 此詞肯尼譯文為「體弱的窮人」。

[11] 關於雅典城邦何時開始設立為傷殘者發放補助的制度，已不可考。大多數學者認為它是在伯里克里斯時代或伯里克里斯時代之後設立的（Rhodes, 570）；不過，在此之前便存在向軍殘者和烈士遺孤發放補助的制度，據說前一項制度是由梭倫或佩希斯特拉特斯設立的（參見：Pl. *Sol.* 31.3-4; Th. ii.46.1）。在西元前四世紀初，傷殘者的補助金額為每天一俄勃爾（Lys. 24.13, 26）。

[12] 由此可見，雅典在亞里斯多德時代設立了傷殘者基金，由一名專門的財務官負責管理；同時，這個財務官很可能是在五百人議事會的指導下開展工作的。

[13] 此句是對第四十七章第一節首句的回應。

[14] 這一句話普遍被其他學者劃歸第五十章第一節。

第五十章

1. 十位神廟修繕員（*ἱερῶν ἐπισκευασταὶ, hieron episkeuastai*）[1]，由抽籤選出；他們從出納員那裡收到三十米那，然後用它來對神廟進行最基本的維護。

2. 十位市政監管員（*ἀστυνόμοι, Astynomoi*）[2]，五人在皮雷埃夫斯任職，五人在城內任職。其職責是監督吹長笛、彈豎琴和七弦琴的女伶[3]收費不得超過兩德拉克瑪，並且，如果多個人想要聘請同一個女伶，他們會透過抽籤將女伶聘給中籤者。他們禁止清潔夫（*κοπρολόγος, koprologos*）[4]在離城牆十斯塔狄昂[5]內丟棄糞汙。他們防止房屋建築以及陽臺侵占街道[6]、建築物上的排水管水泄街道以及門窗（*θυριδεύς, thyrideus*）[7]向外開；他們又將倒斃街頭的屍體抬走掩埋[8]，這些事情是他們指揮手下的公共奴隸（*δημοσίους ὑπηρέτας, demosious uperetas*）[9]完成的。

◆ 註解 ◆

[1] 神廟修繕員。在古希臘人眼中，諸神也是城邦的居住者，神廟營建與維護也同樣是城邦事務；由是，神廟修繕員也被雅典人列為公職之一（參見：Ath. vi. 235 D）。亞里斯多德在《政治學》（1322 b 19）中提到，負責維護神廟建築的人的官方名稱是"*ἐπιμεληταὶ τῶν περὶ τὰ ἱερὰ*"，即「神廟管理員」。桑迪斯認為神廟修繕員等同於亞里斯多德在《詩學》（i. 14.1）中提到的 *ναοποιοί*（*naopoioi*），即「神廟修建者」；不過，其他雅典文獻未曾提及過"*ἱερῶν ἐπισκευασταὶ*"一詞，由此可見，它並不是一個重要的官職（Sandys, 195）。

[2] 市政監管員，也同樣是由抽籤選出（D. xxiv. *Tim.* 112）。從此節文字看，他們的職責是負責優伶的薪酬、聘用

和城市的清潔衛生、暢通與安全。儘管該職務不重要，卻是每個城邦都不可或缺的。柏拉圖在《法篇》（759 a 2-7, 763 c 3-764 c 4, 779 b 7-c 7）中，亞里斯多德在《政治學》（1321 b 18, 1331 b 6-13）中都肯定了它的必要性。

[3] 從事音樂表演的優伶是古希臘社會中常見的一種職業，多由年輕貌美的少女從事，不過少年男性從事這種行業的現象也是經常存在的：她（他）們主要被聘請來為古希臘男人參加的宴飲提供服務，一方面進行表演，另一方面也可能提供性服務（參見：Plat. *Prot.* 347 c 3-e 1; Xen. *Sym.* i.1, ii.1）。

[4] 清潔夫，負責清理遊行街道上的垃圾和糞便，並禁止垃圾和糞便再次往這裡丟棄（參見：Ar. *Vesp.* 1184, *Pax.* 9）。

[5] 斯塔狄昂，簡體中文商務版為「斯塔特爾」，簡體中文顏一本為「斯塔得」：它是古希臘等地區使用的一種長度單位，阿提卡制的斯塔狄昂為一百八十五米，十斯塔狄昂等於一千八百五十米，接近兩公里。

[6] 參見：Ps. Xen. *A.P.* iii. 4。

[7] 門窗，該詞既有「小門」（little gate）、又有「窗戶框」（window frame）之義。大多數英譯者將其翻譯為「窗戶」（window），而肯尼傾向於譯為「門」（door），他同時也認為譯為「窗戶」是合理的（Kenyon, 152）。普魯塔克和偽亞里斯多德都曾提到，如果臨街房屋的門突然向外推開，會給街上過往行人的安全造成威脅（Pl. *Public.* 20.3; Arist. *Oec.* 1347 a 6）：而將窗戶突然向外推開，也同樣會如此。所以，根據詞義和常識判斷，文中的 *θυρίδας*（*θυριδεύς* 的賓格形式）譯為「門窗」更為合適。另外，普魯塔克還提到，羅馬的臨街房屋的門是向裡開的，而古希臘人過去的門則是向外開的：不過，他依據的資料是古希臘喜劇作品（Pl. *Public.* 20.2-3）。

[8] 參見：Ar. *Vesp.* 386; Xen. *Anab.* vi. 4.9。

[9] 公共奴隸，或譯「國有奴隸」。西元前五、前四世紀，雅典的奴隸約占總人口的一半，大概在五萬到十萬之間變動（*W.A.* 157）。從所有權看，奴隸可以分為公共奴隸和私人奴隸，前者是城邦的公共財產，後者是公民或自由人的個人財產。根據從事的工作種類，公共奴隸可以分為四大類：治安奴隸、文職奴隸、行刑奴隸和勞力奴隸。治安奴隸負責維護雅典城市裡街道、市場、公民大會、民眾法庭等公共場合的秩序，其中以斯基泰（*Σκύθης*, Scythians）弓箭手最為著名。這些弓箭手還負責跟隨指派的警吏執行逮捕嫌疑犯和看守犯人的任務：

如果參加公民大會的人數過少，他們還負責將市場上的閒散公民驅趕進會場參加公民大會。由於所從事的工作近似現代員警，常被人稱為雅典的「員警」；事實上，他們人微言輕，甚至成為公民們譏諷和嘲笑的對象。文職奴隸既參與政治事務又參與社會經濟的管理，公民大會和陪審法庭的召開往往由文職奴隸來做會務工作，如發放報酬、宣讀資料等；另一些文職奴隸則是在公職人員的領導下從事城邦的財會工作、監管城邦財產的流向；還有一些文職奴隸負責檢驗貨幣的真偽與純度，杜絕貨幣欺詐行為。文職奴隸，尤其是從事財會和貨幣檢驗工作的奴隸，他們享有比其他公共奴隸更為優越的待遇、生活得更為體面一些。行刑奴隸常用於司法審判領域，負責拷問嫌疑犯和處決死刑犯；這些奴隸因殺人而被雅典公民忌諱，他們所受的待遇要比斯基泰弓箭手差許多，不僅不能居住在雅典衛城內，甚至還要遠離公民居住區居住。勞力奴隸是各種公共奴隸中最沒有技術資格的奴隸，他們主要負責維修道路、掩埋屍體、維護城市衛生、在國家工廠工作或被租賃給私人礦場主、作坊主工作。

第五十一章

1.市場監管員（ἀγορανόμοι, *Agoranomoi/-mi*）[1]由抽籤選出，五位在皮雷埃夫斯，五位在城內任職。其法定職責是監督市場上出售的貨物品質純正、沒有摻假。[2]

2.度量衡監管員（μετρονόμοι, *Metronomoi* or *Metronomi*）[3]由抽籤選出，五位在皮雷埃夫斯，五位在城內任職。他們監督賣主是否採用標準的秤和尺。

3.先前，穀物監管員（σιτοφύλακες, *Sitophylaces*）[4]是十位，由抽籤選出，五位在皮雷埃夫斯，五位在城內任職；但是，現在則有二十位在城中任職、十五位在皮雷埃夫斯任職。他們的職責，首先是監督在市場上出售的未加工穀物的價錢是否合理，其次是監督磨坊主所賣大麥麵粉的價格是否與大麥的價格匹配，再次是監督麵包店主所賣麵包的價錢是否與麵粉的價格匹配，並且監督它們的重量是否合乎要求，因爲法律要求它們符合標準重量。

4.十位貿易監管員（ἐμπορίου δ᾽ ἐπιμελητὰς, *emporiou de epimeletas*）[5]，由抽籤選出，其職責是監管貿易，強制將經海運到港口穀物市場的三分之二穀物運往城中。

◆註解◆

[1] 市場監管員。該職務早在亞里斯多芬時代便已存在，亞里斯多芬提到他們當時只有六人組成，來負責市場秩序、收繳市場費，並且有權對僑居民和奴隸進行體罰（Ar. *Ach.* 723-4, 968, *Vesp.* 1407），他們也可能收繳外

邦商人的附加稅（D. 57.31.34），對公民實施小額罰款，或向法庭提出指控以便對他們施以更嚴厲的懲罰（參見：Arist. *Pol.* 1321 b 12, 1299 b 17; Lys. 22.16; Dem. 24.112; Plat. *Leg.* 764. b, 917 b-e 等）。

[2] 市場監管員只負責監督市場上零售商品的品質，早些時候，他們監督的商品並不包括穀物（Xen. *Symp.* ii. 20; Lys. 22.16）。

[3] 度量衡監管員。雅典城度量衡監管員的辦公地點位於市場上的南柱廊。關於度量衡監管員的資料極為匱乏，一九六七年的考古發現給我們提供了一點稍微詳細的資訊：城邦為雅典城的度量衡監管員配備兩名協助工作的祕書（Eugene Vanderpool, “Metronomoi”, *Hesperia*, vol. 37, no. 1, 1968, p. 75），想必皮雷埃夫斯的度量衡監管員也同樣是如此。

[4] 穀物監管員。阿提卡土地比希臘其他地區的土地更不適合糧食作物的種植，而盛產橄欖和葡萄。隨著人口增加，本地的糧食生產無法滿足要求，大約從西元前六世紀起，雅典便開始大規模進口糧食，並逐漸依賴海外糧食；所以，雅典城邦特別關注糧食貿易，進而設置專門的公職來管理糧食進口及其流通事務。從文中內容看，設置此官職還有另外一重目的，即切實保證糧食和食物的價格穩定與合理，嚴禁相關商業活動的暴利。

[5] 貿易監管員，肯尼將其譯為“Superintendents of the Mart”，即「貿易中心監管員」；簡體中文商務版為「港口監督」、簡體中文顏一本為「商埠監管」，即拉克漢譯文的“Port-superintendents”。在糧食流通環節上，他們和穀物監管員形成互補：前者監督進口糧食的大宗貿易，後者監督糧食的零售情況。貿易監管員有權強制將皮雷埃夫斯港市場上三分之二的穀物運往雅典城進行銷售，這是為了確保雅典城有充足的糧食供應，以便穩定居民的基本生活。

第五十二章

1.透過抽籤選出的警吏[1]負責監獄[2]裡的犯人。盜竊犯、綁架者和扒手，要提交給他們；如果這些人認罪，他們將會被處死[3]；如果他們不承認指控，警吏將案件提交給民眾法庭；[4]如果囚犯被赦免，警吏便將他們釋放；反之，警吏則將他們處死。他們也負責將被宣布爲國家財產的農田或住宅的明細表提交給民眾法庭；如果被批准，他們便將其轉交給公產交易官[5]處理。警吏還負責檢舉瀆職的官員，此職權在其管轄範圍之內，但法律官也有一些此類案件的檢舉權。[6]

2.五位呈案人（εἰσαγωγεῖς, *eisagogeis*，其單數形式爲 εἰσαγωγεύς, *eisagogeus*）[7]，由抽籤選舉產生；每人負責兩個部落，向民眾法庭提送「月審」案件[8]。「月審」案件包括：未能支付應付嫁妝（προίξ, *proix*）[9]的起訴，拒絕償還利息爲一德拉克瑪[10]的貸款或拒絕償還借來在市場[11]上做生意的借款的訴訟，因人身侵害（αἰκία, *aikia*）[12]、熟人借貸（ἔρανος, *heranos*）[13]和聯合協作（κοινωνικός, *koinonikos*，該詞本身是形容詞，在此處作名詞）[14]引起的訴訟，以及涉及奴隸、牲畜[15]、三列槳艦捐建（τριηραρχία, *trierarchia* or *trierarchy*）[16]或銀行事務[17]的訴訟。

3.這些案件便是「月審」案件，它們由呈案人提交民眾法庭；但是，包稅人（τελῶναι, *telonai*，其單數形式爲 τελώνης, *telones*）[18]起訴或被起訴的案件則由出納員[19]來行使相同的職能。涉案金額不超過十德拉克瑪的訴訟，呈案人有權立刻審理；若超出這個數額，則要作爲「月審」案件提交給民眾法庭審理。

圖 21　貞女之神雅典娜（雕像，現代復原品）[20]

◆ 註解 ◆

[1] 參見第七章第三節注釋。同時，亞里斯多德在《政治學》（1322 a 19-20）中提到，警吏只負責看管監獄裡的犯人，而不負責對死刑犯行刑。此似為謬見。

[2] 雅典監獄是用來囚禁即將受審的嫌疑犯、被判處大筆罰款、欠高額國債，以及被判處死刑的犯人（D. 24.144; Plat. *Phaed.* 58 c 4-5）。

[3] 文中所提到的竊賊「將會被處死」（*θανάτῳ ζημιώσοντας*）可能錯誤引用了傳說中的德拉古法典對偷竊罪的規定（Pl. *Sol.* 17）。在古典時代，偷竊者若被判有罪，他將歸還所竊之物，或相等的賠償以及雙倍的罰金，還有可能判處五天的監禁；如果情節嚴重，如夜間行竊、在體育場或其他體育場所行竊，在神廟或港口偷竊十德拉克瑪以上或在其他地區偷竊五十德拉克瑪以上，偷竊者所受的懲罰才如文中所言（*L.C.A.* 149-150）。同時，若處以罰金，其金額不得高於偷竊金額的十倍（*Minor Attic Orators*, II, trans. by J. O. Burtt, Cambridge Mass.,: Harvard University Press, 1954, p. 277, n. a）。

[4] 這些拒不認罪的犯罪嫌疑人將在警吏主持的法庭上進行審判（參見：Ar. *Vesp.* 1108）。

[5] 參見第七章第三節及其注釋。關於對充公財產的處理，參見第四十七章第三節。

[6] 警吏和法律官在提起訴訟方面似乎有不同分工。當被告被拘捕後，警吏作為提案官（*εἰσάγουσα ἀρχή*）提出指控；但被告未被拘捕之時，則由法律官作為提案官提出指控（Rhodes, 582）。

[7] 呈案人，此處遵從簡體中文顏一本。

[8] 即根據其緊迫性須在一個月內審理的案件（牛津本第五十二章第二節注釋）。

[9] 嫁妝。古希臘人結婚時，女方家族需要為嫁女陪送一份嫁妝，男方對這份嫁妝有使用權，但無所有權和繼承權；如果雙方離婚，男方需要歸還這份嫁妝；如果妻子死時無嗣，這份嫁妝也需要歸還給女方家族；如果男方在上述兩種情況下未能足額歸還這份嫁妝，女方家族有權透過訴訟形式討回（Isae. 3.9, 36-38, 78; D. 27.17, 59.52）。並且，如果女方家庭未能按協議陪送足額的嫁妝，男方也同樣有權透過訴訟方式索要（Rhodes, 584）。

【10】即一米那的月息為一德拉克瑪（月利率為百分之一）、年息為十二德拉克瑪（年利率為百分之十二）。利率若高於此，債權人將無權提起此類訴訟（牛津本第五十二章第二節注釋）。

【11】此為雅典衛城下方的市場，參見第四十八章第四節及其注釋。

【12】人身侵害，肯尼將其譯為「誹謗」（slander），似為誤譯：因為，*αἰκία* 的基本涵義在於強調肉體上的傷害，如「虐待」（maltreat）、「拷打」（torture）和「襲擊」（assault）等，而非語言上的傷害（*G.E.L.* 38）。不過，據狄摩西尼所言，人身侵害的訴訟應該提交給地方法庭審理（D. 37.33）。

【13】熟人借貸，即朋友之間出於善意借出的錢款，它沒有利息，但需要按照法律規定分批償還（*G.E.L.* 680）。

【14】聯合協作，其具體事宜難考，該訴訟可能是因為對共同資產的爭議而引起，也可能與共同捐助三列槳艦一事有關（D. 14.16）。

【15】此處指的是或因對奴隸和牲畜，或後兩者造成了傷害所引起的訴訟（參見：Sandys, 201; Rhodes, 586）。

【16】三列槳艦捐建，是雅典富有公民所履行的一項特殊義務，即富有公民有義務承擔城邦的公共支出，這被稱為公益捐助。營建一艘或維持一艘三列槳艦的一年保養，公益捐助者的花費大致在四十米那和一塔蘭特之間，費用甚高。所以，自西元前四一一年起，城邦允許兩個公民來承擔一艘戰船的費用，以便減輕捐助者的經濟負擔。但是，儘管如此，巨額的花費還是讓一些富有公民透過履行一些費用少的義務如捐助節日慶典的途徑來避開它。到了西元前四世紀五〇年代，經過狄摩西尼提議，雅典城邦又對這項公益捐助制度進行了變革，一千兩百名最富有的公民被組織，組成海軍籌備會（the navy-boards），並分成二十組來共同負責此項義務。到此為止，這一義務負擔過重的弊端終獲得解決。在此之前，關於這項義務的訴訟頗多，如三列槳艦執事（*τριήραρχος*, *trierarch*）在任職年滿時，其繼任者未能接替職司而要求補償其額外的費用、要求他人代替自己履行該義務等。有關三列槳艦捐建情況，請參閱：*D.G.R.A.* 1158-1162。

【17】即起訴銀行家或被銀行家起訴的訴訟。

【18】包稅人。雅典的大部分稅收都是承包給個人來進行收繳的，這些包稅人定期向城邦繳納款項。包稅人通常由僑居民，而非公民來擔任，並且有非常大的特權，例如：自造帳本，搜查禁運或逃稅貨物，監督皮雷埃夫斯港、市場和其他一些地方以禁止走私等非法交易。包稅人無須履行兵役，且可以僱用收稅人；不過，收稅人和包稅人往往是同一人（參見：Ar. *Eq.* 248; Aesch. *Tim.*119; Arist. *A.P.* 47.2; *D.G.R.A.* 1102-1103）。

[19] 參見第四十八章第一節。

[20] 貞女之神雅典娜（*Ἀθηνᾶ Παρθένος*, Athena Parthenos or Athena the Virgin），直譯為「貞女雅典娜」，或譯為「帕德嫩女神」，貞女是雅典娜的最本質身分；同時，雅典娜還有其他身分，如智慧女神、女戰神、勝利女神等。帕德嫩神廟中的貞女之神雅典娜原出自希臘著名雕刻家菲迪亞斯之手，於西元前四四七年雕刻，材質由大理石、象牙、金銀等構成，後來遺失。雕像不僅是精美壯觀的藝術品，還是雅典金庫的重要組成部分，因為雕像身上的金飾品的重量為四十塔蘭特（約為一千一百公斤）。現代復原品約高十二點八米，女神左手扶著立於地上的盾牌，一支長矛側倚於她的左肩部，一條聖蛇昂首於矛和盾之間；女神右手托著一個有翼勝利女神雕像，身穿金光閃閃的長裙，胸前佩戴由蛇髮女妖美杜莎（*Μέδουσα*, Medusa，或譯「墨杜薩」）頭像組成的宙斯盾（*αἰγίς*, aegis）胸甲，頭戴一頂奇特的頭盔；其上雕刻著三隻怪獸，兩隻獅身鷹首獸（γρύφων, Griffin，或譯為「格里芬」）斜著側立於一隻獅身人面獸（Sphinx，或譯為「斯芬克斯」、「獅身人面像」）的兩旁。

第五十三章

1.地方法庭[1]也由抽籤選出，每個部落選出四人參加，起訴人將其他所有案件都上訴給他們。先前，他們的人數爲三十人，在各個德莫巡迴聽訟；但是，三十人僭政之後，他們增加爲四十人。

2.他們有全權審理金額不超過十德拉克瑪的案件[2]，超過此金額，他們則將案件轉交給仲裁人（διαιτητής, *diaitetes* or *diaetetes*；其複數形式爲 διαιτηταί, *diaitetai* or *diaetelae*）[3]。仲裁人接管案件[4]，如果他們不能使雙方實現和解，便對案件作出裁決。如果雙方對此滿意，服從裁決，該案件便就此結案；如果任何一方不滿意，他可以上訴民眾法庭。仲裁人則將證據、訴狀和援引法律條文封存進兩個罐子裡，其中一個罐子存放起訴人的資料，另一個罐子存放被告人的資料。他們將這些資料密封起來，並附上寫在白板上的仲裁人裁決，然後將其交予爲被告部落呈遞案件的那四個法官[5]保管。

3.他們接管這些資料，將該案件提交給民眾法庭。涉案金額不超過一千德拉克瑪的案件，轉交給由二百零一人組成的法庭審理；涉案金額超過一千德拉克瑪的案件，則轉交給由四百零一人組成的法庭審理。除了提交給仲裁人並被封存罐子中的法律條文、訴狀和證據，任何其他資料在民眾法庭上都是無效的。

4.仲裁人由年齡爲五十九周歲的人[6]擔任，這在執政官以及名祖年表中顯示得很清楚[7]。名祖分爲兩類：十個名祖用來命名十個部落，四十二個名祖用來命名服役年齡[8]。最初，入公民冊的埃菲比[9]要在白板上登記，他們的名字寫在當年執政官和上年名祖名字的後面；現在，他們的名字則刻在豎立在議事廳前面、部落名祖塑像[10]近旁的青銅柱[11]上。

5. 屆時，地方法庭以服役年表中最後一位名祖爲根據，在屬於這一年的人當中透過抽籤選出繼任的仲裁人；並且，每個中籤者都必須擔任此項職務。法律規定，到法定年齡而不擔任仲裁人一職者，將被剝奪公民權，除非他在這一年擔任了其他職務或不在國內[12]：唯有他們不用履行此項職責。

6. 任何人遭受了仲裁人的不公正裁決，他都可以向仲裁人委員會[13]申訴；並且，如果他們發現此官員（ἀρχή）[14]有罪，根據法律規定，他將被剝奪公民權。不過，被判此罪者也有權上訴。

7. 軍事遠征也用名祖紀年，當在服兵役年齡內的人被派出服兵役時，城邦便會出示公告，明示這些人將在某個執政官和名祖到另一個執政官和名祖的期間裡進行遠征。

◆註解◆

[1] 參見第十六章第五節注釋。同時，伯羅奔尼撒戰爭期間，雅典城邦實行堅壁清野的戰略，將生活在鄉村的雅典人遷入雅典城和皮雷埃夫斯港居住；並且，在西元前四一三年雅典的戰略要地德蓋亞被斯巴達占領後，雅典人又一次被封閉到了上述兩城，這就使得地方法庭改巡迴法庭為固定法庭。此後，地方法庭的巡迴法庭功能再也沒有恢復。

[2] 這些案件屬於私人訴訟，參見第四十八章第五節。

[3] 仲裁人，簡體中文商務版為「公斷人」。仲裁人的具體起源時間已不可考，它大概出現於西元前五世紀晚期；

設置仲裁人的目的是削減地方法庭的職能、分擔民眾法庭的工作和減少訴訟成本；但是，他們主要是根據公平原則而非法律來進行判案的（Arist. *Rhet.* i.13.19）。同時，仲裁人的報酬來自訴訟人繳納的一德拉克瑪的訴訟費。仲裁人產生的方式有兩種：一種是紛爭雙方挑選，另一種是抽籤。但是，仲裁人是在公民大會上，還是部落成員會議上，或者當著紛爭雙方的面抽籤選出，這個問題尚無確鑿結論。同時，仲裁人由多少人構成也是一個有爭議的問題，狄摩西尼記載雅典城邦共有四百名仲裁人，這個數字遭到現代學者質疑，而認為四十名這個數字更可靠（參見：*D.G.R.A.* 396-399; Rhodes, 588-589; *L.C.A.* 209）。

【4】仲裁人在接收案件後，需要在市場上向王者柱廊前面的祭壇宣誓。參見第五十五章第五節。

【5】他們屬於地方法庭四十位法官中的成員。

【6】「年齡為五十九周歲的人」的原文為“*οἷς ἂν ἑξηκοστὸν ἔτος ᾖ*”，其字面意思為「第六十歲的人」。關於仲裁人的年齡資格，古代文獻有不同的記載，波路克斯（*Ἰούλιος Πολυδεύκης*, Julius Pollux，活躍於西元二世紀）（Poll. viii. 126）和赫緒基烏斯（*Ἡσύχιος ὁ Ἀλεξανδρεύς*, Hesychius of Alexandria，希臘文法家，可能活躍於五、六世紀）認為不小於六十歲、《蘇達辭書》（*Σοῦδα*, *Suda* or *Souda*，十世紀的大型拜占庭百科全書）（*Souda*, Δ 887）認為不小於五十歲（*D.G.R.A.* 397）；不過，他們的觀點或許是錯誤的，因為仲裁人的職務很有可能在西元前三二二年或前三二一年便被廢止（Rhodes, 591）。

【7】此句為肯尼譯文，其他英譯文皆按照“*τῶν ἀρχόντων καὶ τῶν ἐπωνύμων*”的本義譯為「執政官和名祖」，唯有肯尼將其意譯為「執政官以及名祖年表」。

【8】雅典公民從十八歲到五十九歲都有義務服兵役，在這四十二年裡，每一年都按順序被冠以一相對應的名祖名字。除了本章文字外，其他古典文獻沒有留下關於這四十二位名祖的資訊。

【9】關於埃菲比的具體情況，請參見第四十二章及其注釋。

【10】參見第二十一章第六節注釋和第四十八章第四節注釋。

【11】現代考古並未發現該青銅柱，只是在該地點附近發現了幾個用於支撐三棱青銅柱的基座（參見：R. S. Stroud, *Hesp.* xxxii 1963, p. 143; *The Athenian Agora*, iii, p. 87, xiv, p. 39 n. 83）。

【12】本文作者並未進一步解釋「不在國內」的具體情況，可以肯定，其中很可能會將因私外出的情況排除在外，否則，想逃避這項義務的公民便可以在這一年離開雅典而不用履行該項義務。

【13】它最早出現於西元前三九九年或前三九八年（Rhodes, 588）。

【14】羅德斯認為，仲裁人從理論上講不是官員，而是類似於普通公民的私人個體（the private individuals）（參見：Rhodes, 589）。

第五十四章

1.下列官員，也是透過抽籤選出的。五位道路監管員（*ὁδοποιοί, hodopoioi* or *hodopoei*）[1]，配有一批公共奴隸，負責維修道路。

2.十位帳目審計員（*λογισταί, logistae* or *logistai*，其單數形式爲 *λογιστής, logistes*）[2]，配有十位審計助理（*συνηγόροι, synegoroi*，其單數形式爲 *συνηγορος, synegoros*）[3]，所有卸任的官員都要向其彙報帳目。只有這些官員有權審計相關帳目並將審計結果提交民眾法庭。如果他們證明有官員侵吞公款且陪審團判他有罪，此人將按照侵吞公款金額的十倍繳納罰金。如果哪個官員被他們起訴受賄並被陪審團判定有罪，此人將因受賄而被判處罰金，金額仍爲十倍。如果他們起訴有官員工作失當，此人將被處以罰金；並且，在第九屆主席團任期前只需按估定的金額繳納罰金，超期則需要繳納雙倍的金額。[4]十倍罰金將不翻倍[5]。

3.被稱作主席團書記員（*γραμματεύς κατὰ πρυτανείαν*, the Clerk of the *Prytany*）[6]的官員也是透過抽籤選出的。他負責管理所有公共檔案，保管公民大會通過的決議，核查其他所有公文的副本[7]，並出席議事會會議。先前，他是由舉手表決產生的，最傑出且最值得信賴的人被選到這個職位上；正如我們從實際情況中獲知的那樣，擔任這一職務的人的名字會被刻在記錄同盟條約、授予代理人資格（*προξενία, proxenia*）[8]和公民資格（*πολιτεία, politeia*）[9]的柱石上。然而，他現在則是透過抽籤選出的。

4.此外，一位法律書記員（ἐπὶ τοὺς νόμους, *epi tous nomous*）[10]也是透過抽籤選出的，他出席議事會的所有會議，並核查所有法律的副本。

5.公民大會也舉手決選出一名書記員[11]，來負責宣讀大會檔案和議事會檔案；除了高聲宣讀檔外，他沒有其他職責。

6.公民大會也透過抽籤選出十位司祭官，被稱做滌罪司祭官（τοὺς ἐπὶ τὰ ἐκθύματα, whose in charge of expiation）[12]；他們負責按照神諭的指示獻祭犧牲，並與占卜師（μάντις, *mantis*，其複數形式爲 μάντεις, *manteis*）合作，在需要之時占卜吉兆[13]。

7.大會還透過抽籤選出另外十位司祭官，被稱爲年慶司祭官；他們負責獻祭特定的犧牲，並負責管理除泛雅典娜節[14]之外的所有四年一度[15]的節慶活動。四年一度的節慶有如下幾種：其一是提洛節（Δῆλια, Delia）[16]（也有一個六年一度的提洛節[17]），其二是布勞倫尼亞節（Βραυρώνια, Brauronia）[18]，其三是海克力亞節（Ἡράκλεια, Herakeia or Heracleia）[19]，其四是艾盧西尼亞節（Ἐλευσίνια, Eleusinia）[20]，其五是泛雅典娜節[21]；而這些節慶中的任何兩個，都不在同一個地方舉行[22]。如今，在科斐梭芬任執政官之時[23]，赫淮斯提亞節（Ἡφαίστια, Hephaestia）[24]也增加到了其中。

8.大會也抽籤選出一位薩拉米島執政官和一位皮雷埃夫斯市長（δήμαρχος, *Demarch* or *Demarchus*）[25]。這兩位官員在兩地主持戴奧尼索斯酒神節[26]，並指定演出執事（χορηγός, *choregos* or *choregus*，其複數形式爲 χορηγοί, *choregoi* or *choregi*）[27]。並且，在薩拉米島，執政官的名字是被公開記錄的。[28]

◆註解◆

[1] 道路監管員，他們負責道路的修建和整修；其本義為「開路人、修路人」（one who opens the way, road-maker），被引申為「道路監管員」（road-surveyor）（*G.E.L.* 1198-1199）。該詞在古典文獻中不多見，最早見於伯里克里斯時代的喜劇殘篇中（Pl. *Praec. Pol.* 15）。該官職的職能前後可能發生過變化，在伊斯基尼斯時代被觀劇基金財務官分權，後者為前者修建道路提供資金，甚或二者共同負責該項事務（Aesch. *Ctes.* 25）。維拉莫維茲認為道路監管員與市政監管員（參見第五十章第二節）在職能上形成互補，前者負責管理雅典城外的道路，後者負責管理雅典城內的街道，但這一觀點遭到羅德斯等人的駁斥（參見：*D.G.R.A.* 619; Rhodes, 596-597）。

[2] 帳目審計員，他們和第四十八章第三節所提到的帳目審計員是同一個名稱，且職能相似，但有所不同（參見第四十八章第三節）；此處的帳目審計員還有權監督公職人員的工作情況，這也是職司監察員的職能（參見第四十八章第四節）。

圖22　工匠神赫淮斯托斯神廟[29]

[3] 審計助理，他們並非帳目審計員的助手，而是與帳目審計員平級的公職人員；公職人員的助手的名稱是 *πάρεδρος*（*paredros*，其複數形式為 *πάρεδροι, paredoroi*），該詞在本文便出現過兩次（參見第四十八章第四節和第五十六章第一節）。在亞里斯多芬時代，審計助理是一個獨立部門，負責提起公共訴訟，並且每日領取一德拉克瑪的報酬（Ar. *Ach.* 715, *Eq.* 1358, *Vesp.* 482, 691）；但在亞里斯多德時代，他們便與帳目審計員組成財務審計部門，對即將卸任的官員進行財務審查。

[4] 其他古典文獻留下來的資料也支援本文關於罰金的記載（D. 24.127; Din. *Dem.* 60, *Asritog.* 17）。

[5] 即被判處十倍罰金之後，涉案人逾期未繳，也無須遭受罰金翻倍的懲罰。文中的觀點並未得到其他資料的佐證；或許是如此，但涉案人有可能需要進一步接受其他方面的懲罰。

[6] 主席團書記員。在西元前四世紀中期以前，該公職人員的任期與議事會主席團的任期相等，且每一年的第一個主席團書記員的名字有時會用來為這一年命名；此後，該職務的任期才變為一年。同時，主席團書記員最初是五百人議事會成員，後來改為從公民集體中選出。在西元前三六三年或前三六二年至前三二二年或前三二一年間，主席團書記員也被稱為議事會書記員（*γραμματεύς τής βουλής*）（參見：Poll. viii. 98; *D.G.R.A.* 211, 577; Rhodes, 601-602）。

[7] 並且，如果有哪些法令或決議被判違反法律，刪除該項公文的權力也是由他來執行（*Hesp.* xliii, 1974, pp. 157-188）。

[8] 代理人資格，本義為「建立友好關係的條約或契約」（*G.E.L.* 1491）。代理人（*πρόξενος*, *proxenos* or *proxenus*，其複數形式為 *προξένοι, proxenoi*），是古希臘某城邦授予另一城邦某個有影響力的公民或家族的榮譽稱號，使其照顧該城邦在當地的利益，如力促兩個城邦結成盟友或保持友好關係。代理人制度是古希臘外交上的一個特殊現象。在古希臘，各個城邦相對自我封閉，它們嚴格限制外邦人在本地的留居時間，更不允許長期居住，以至於古希臘世界不存在現代國際中的常駐使節。為了方便外交活動的進行，一個城邦往往會委託另一個城邦的某個公民或某個家族來照顧它在該城邦的利益，和出資接待該城邦派往本地的使節，這類被委託的公民便被稱為代理人。代理人往往會被委託城邦授為榮譽公民，賦予某些特許權。

[9] 公民資格，即「公民權」。在西元前四世紀，雅典授予外邦人、僑居民或被釋奴以公民權的制度變得更加嚴格。自西元前三七〇年之後，授予公民權的提案需要在公民大會進行兩次投票，而第二次公民大會的法定人數

為六千人，這是最高法定人數的要求。但是，隨著雇傭軍和專職將軍在戰場上發揮著越來越重要的作用，雅典授予外籍雇傭軍將領以公民資格的事例逐漸多了起來。

[10] 法律書記員，該職務在《雅典政制》寫作前不久才出現，並且是從主席團書記員那裡分得了文中所述的權力（參見：*D.G.R.A.* 577; Rhodes, 601-603）。

[11] 該書記員被稱為城邦書記員（*γραμματεύς τής πόλεως*）。由於這一職務需要具備專門的技能，如聲音洪亮和閱讀能力，所以城邦書記員與主席團書記員和法律書記員的產生方式不同，他是由舉手表決選出的，且任期為一年，不得連任（Th. vii. 10; D. 20.94; Arist. *A.P.* 62.3; Pl. X. *Or.* 841 F; *D.G.R.A.* 577; Rhodes, 604）。

[12] 大多數英譯者都將“*τοὺς ἐπὶ τὰ ἐκθύματα*”翻譯為「滌罪司祭官」，即「主管滌罪祭祀的人」（whose in charge of expiation），但肯尼卻將其翻譯為「祭祀長官」（Commissioners for Sacrifices）。不同的翻譯源自對 *ἐκθύματα* 中 *ἐκθύμα* 的不同理解，它兼有「滌罪（儀式）」（expiation）和「祭祀」（sacrifice）之義（參見：H. vi. 91.1; Sophocles, *Electra.* 572; Euripides, *Cyclops*, 371），但是其「滌罪（儀式）」的涵義更為常見（*G.E.L.* 508）。

[13] 古希臘人通常會在出征、殖民或進行其他重大活動之前進行占卜，出現吉兆後才採取行動。

[14] 西元前四世紀三〇年代，或稍前某個時間之前，年慶司祭官是負責泛雅典娜節的祭祀等節慶活動的，它只是在後來轉交給了另一組司祭官負責（Rhodes, 606）。關於泛雅典娜節的情況，請參見第四十八章第一節注釋。

[15] 抄本中的原文為 *πεντετηρίδας*（五年一度的）。之所以出現這樣的差異，是因為古希臘人計算時間的方式與我們不同。這些賽會確實是每四年舉行一次，而古希臘人習慣把舉行賽會的那一年也計算在內，所以他們用「五年一度的」來形容這些賽會。根據我們的計數習慣，筆者將其譯為「四年一度的」，英譯本也普遍是這樣處理的。後文中的「六年一度的」也是對原文中的 *ἑπτετηρὶς*（七年一度的）的便宜翻譯。

[16] 提洛節是愛奧尼亞人在提洛島紀念阿波羅神的古老節慶，在西元前四二六年或前四二五年雅典人對該島進行了祓除儀式（Th. iii.104）之後，該節慶得到復興。提洛島是位於愛琴海南部基克拉哲斯群島中部的一個重要島嶼，它以阿波羅神和阿提密斯神的誕生地以及阿波羅神的崇拜中心而著名。據修昔底德記載，最早在提洛島居住的是一些以海盜為業的卡利亞人（*Κᾶρες*, Carians）；後來該島被希臘殖民者占領，並成為愛奧尼亞人的宗教聖地。從西元前六世紀，雅典有意識樹立自身作為愛奧尼亞人的母邦和領袖形象之後，便開始關注提洛島的宗教崇拜活動，其顯著表現便是佩希斯特拉特斯在西元前五四〇年前後根據神諭將提洛島神廟周圍目力所及之處

的所有墳墓全部移至別處，以便更好地進行宗教崇拜活動（H. i. 64.2）。西元前四七八年或前四七七年，雅典人組織愛奧尼亞人成立新的反波斯同盟，其同盟金庫便是設在提洛島，學者也因此稱該同盟為提洛同盟。西元前四二六年冬天，雅典人又將提洛島上的所有墳墓移至鄰島，以使該島不涉生死而顯得更為神聖；不久，在雅典人主持下，包括雅典人在內的愛奧尼亞人舉行了第一次四年一屆的提洛賽會。此舉顯然是有意於進一步強化提洛同盟內部愛奧尼亞人之間的感情和宗教紐帶。西元前四〇五年，提洛島獲得獨立；但從西元前三九四年，雅典人又一次獲得提洛島的神廟管理權。儘管提洛人試圖透過外交途徑奪回對神廟的控制，不過雅典人對提洛島神廟及其廟產的控制一直持續到了西元前三一四年（D. 18.134-136; Pl. X. *Or.* 850 A; *O.C.D.* 442-443）。

[17] 拉克漢認為，該處文字和事實都極不明確（Rackham, 148）。羅德斯認為，其他史料未曾提及過六年一度的提洛節。有可能是在西元前三三〇年後的那一屆提洛節，從原來的四年一屆變為了六年一屆，即應該在西元前三二四年，而非西元前三二六年舉辦（Rhodes, 607）。摩爾肯定四年一度和六年一度的提洛節都存在（Moore, 294）。

[18] 布勞倫尼亞節，它是紀念布勞倫的阿提密斯神的節慶。布勞倫位於阿提卡半島東部沿海地區，僭主佩希斯特拉特斯的家族便位於此地。此地有一個著名的阿提密斯神廟，布勞倫尼亞節是佩希斯特拉特斯設立的。在布勞倫尼亞節上，十歲左右的這些處於青春期前的少女需要穿著特製的袍子，履行一個模仿熊的儀式，以象徵獲得一種新的身分，即由少女變成了成人，從此後便可以結婚（Ari. *Lys.* 641-647; *The Classical Quarterly,* 31.2.1981, pp. 276-281）。

[19] 海克力亞節，紀念希臘神話傳說中的大英雄海克力士的節慶，這個節慶在希臘世界普遍存在，在阿提卡地區便有多個海克力士的神廟或祭壇和相關的祭祀活動，其中包括馬拉松和居諾薩格體育場（*Κυνόσαργες*, Cynosarges，其字面意思為「快犬」或「白犬」）的海克力亞節。文中所說的節慶指的是在居諾薩格體育場舉辦的海克力亞節，這一節日是為紀念海克力士死後升天化為奧林波斯神族成員並娶青春女神赫柏（*Ἥβη*, Hebe）而舉辦的，它也是雅典男青年的一個成人禮儀式，該節慶於阿提卡曆梅塔基特尼昂月（*Μεταγειτνιών*, Metageitnion，西曆的八、九月間）第二日舉行。居諾薩格位於雅典城外狄奧美亞德莫（*Διόμεια*, Diomeia），古希臘哲學流派之一犬儒學派（Cynics）的名稱便來源於此：犬儒學派的創始人安提斯泰尼（*Ἀντισθένης*,

Antisthenes, 445-365B.C.）常在該體育場講學，該學派便因此得名。西元前三四六年，由於馬其頓國王腓力二世大兵壓境，這一年海克力亞節遷入雅典城中舉行（D. 19.125）。

[20] 艾盧西尼亞節，即艾盧西斯祕儀節。艾盧西斯祕儀，是起源於阿提卡西部艾盧西斯的一個著名的古希臘祕密宗教，該宗教尊奉蒂美特和波賽鳳妮兩位主神，艾盧西斯是其宗教崇拜中心。艾盧西斯祕儀本為艾盧西斯本地的地方宗教，在雅典統一該地之後，為了鞏固這一統一局面，雅典將艾盧西斯祕儀從地方宗教提升為城邦宗教。艾盧西斯祕儀節分為大小兩種，文中所說的是大艾盧西斯祕儀節，其具體情況請參見第三十九章第二節注釋。

[21] 參見第四十八章第一節注釋。

[22] 此句為肯尼譯文，摩爾的譯法與其一致。原文 "*τούτων οὐδεμία ἐν τῷ αὐτῷ ἐγγίγνεται*" 中的 "*ἐν τῷ αὐτῷ*" 有歧義，既可理解為「在同一個地方」，又可理解為在「在同一個時間」。迪梅斯（Thomas J. Dymes，任教於牛津大學，專事亞里斯多德文本翻譯）譯為「它們中的任何兩個節慶都不在同一年舉辦」、拉克漢譯文為「而泛雅典娜節不與其他提到的任何節慶同年舉辦」，羅德斯譯文為「四個節慶中的任何一個節慶都不會在同一年中舉行」。肯尼曾對自己的譯法提出質疑，認為原文的意思可能是「它們中的任何兩個節慶，都不在同一年舉辦」；但他又緊接著對自己的推測進行了質疑，因為「五個節慶在四年裡舉辦，必定有兩個會在同一年舉辦」；進而言之，提洛節和泛雅典娜節都是在奧林匹亞紀年中的第三年舉行的。桑迪斯也有同樣的看法，他和肯尼都首先認同「在同一個地方」的理解（Kenyon, 164-165; Sandys, 212）。如果原文無訛謬的話，這種理解是正確的；因為，儘管布勞倫尼亞節和艾盧西尼亞節都有一部分活動在雅典城舉行，但五個節慶的主要舉辦地都各不相同。

[23] 西元前三二九年或前三二八年。

[24] 赫淮斯提亞節是以赫淮斯托斯來命名的宗教節日。在雅典，赫淮斯提亞節是用來同時紀念工匠神、火神赫淮斯托斯，和兼有技藝之神功能的雅典娜的；節慶期間，雅典人要舉行隆重的火炬接力比賽（Torch-race）和盛大的祭祀儀式。該節日每四年舉辦一次，被設在阿提卡曆第四月佩阿涅蒲賽昂月（*Πυανεψιών*, Pyanepsion，西曆的十、十一月間）的最後一天。該月最重大的節日是第七日舉辦紀念阿波羅的佩阿諾蒲賽亞節（*Πυανόψια*, Pyanopsia）。同時，蘭諾斯島（*Λήμνος*, Lemnos or Limnos）的一個市鎮也是用 Hephaestia 來命名的，即赫淮斯提亞，該地也存在著一個與赫淮斯托斯有關的祕儀（*O.C.D.*）。

[25] 市長，與德莫長是同一詞彙，該詞既有「德莫長」（chief official of a *δῆμος*）之義，又有「市長」（one of the chief magistrates of the city）之義（G.E.L. 385）。

[26] 戴奧尼索斯酒神節，在古希臘世界普遍存在：該處所指的是雅典城邦紀念酒神戴奧尼索斯的一個大型宗教節日，其重要性和規模僅次於泛雅典娜節。戴奧尼索斯酒神節由鄉村酒神節和城市酒神節組成，前者在冬季的波賽頓月（*Ποσειδεών*, Poseideon，西曆的十二月、一月間）裡舉行，後者在春季的伊拉菲伯里昂月（*Ἐλαφηβολιών*, Elaphebolion，西曆的三、四月間）裡舉行。在農村酒神節上要進行遊行、戲劇演出比賽、成年合唱隊比賽和兒童合唱隊比賽等重要活動，城市酒神節的核心活動是喜劇演出。悲劇演出是從西元前五三四年開始的、喜劇演出是從西元前四八七年開始的，這些演出後來逐漸變成一種富人承擔的公益捐助形式。

[27] 演出執事，簡體中文商務版為「合唱隊隊長」，簡體中文顏一本為「歌詠隊領班」。該詞的最初涵義是「訓練並領導合唱隊在宗教節慶上演出的人」，隨著雅典城邦規定富有公民和僑居民有義務協助城邦承辦宗教節慶活動之後，此類人便成為公益捐助者，他們從事的這項活動被稱為演出捐助（*χορηγία, choregia*）。演出執事負責資助和協辦宗教節慶演出活動，其花費一般在十到四十米那之間。在戴奧尼索斯酒神節期間，每個部落需要推選出一位演出執事，由他負責出資上演一部悲劇或喜劇，籌備一個合唱隊、聘請專門的教練對其進行歌舞培訓，使之能夠勝任演出。如果捐助者負責的演出在戴奧尼索斯酒神節的比賽中勝出，他本人也能從中獲得相應的榮譽和名聲。這位捐助者不僅會獲得一頂桂冠和一個刻有本人姓名、由青銅製成的三腳祭壇模型（a bronze tripod）；並且，他有權利將其設置在通往戴奧尼索斯神廟大門的街道兩邊，以紀念這次勝利。（J. B. Bury and Russell Meiggs, *A History of Greece: to the Death of Alexander the Great*, London: Macmillan Education Ltd., 1975, pp. 217-218; *D.G.R.A.* 276-277）他本人在民眾中的威望也會隨之提高，這為公益捐助者想要成為政治領袖和擔任高級官職鋪墊了道路。

[28] 即薩拉米島上的公文需要該執政官署名。

[29] 即特修斯廟，是至今保存最完整的古希臘神廟。

第五十五章

1.上述所有官員都是由抽籤選出的[1]，他們的職權也如上所述。接下來是被稱爲執政官的九位官員，他們初始以來的任命方式已經講述過了[2]。當前，六位法律官和他們的書記員[3]是依次從每個部落抽籤選出的，而名年執政官、王者執政官以及軍事執政官也同樣是如此。

2.除了法律官書記員之外，他們都要先經過五百人議事會的檢查。像其他官員一樣（因爲，無論抽籤選出的還是舉手表決選出的，所有官員在任職之前都要經過入職資格檢查），法律官書記員的資格只需民眾法庭檢查[4]即可；但是，九位執政官既要經過議事會，又要經過民眾法庭的檢查。[5]先前，任何被議事會否決的人都不能任職；但是現在，他可以上訴民眾法庭，它在檢查事宜上擁有最終決定權。[6]

3.檢查時，他們會首先被問道：「你父親是誰？他是哪個德莫的？他的父親是誰？你的母親是誰？她的父親是誰？他是哪個德莫的？」然後，候選人還會被問道，是否在家供奉祖神阿波羅[7]和家神宙斯[8]，他們的神龕在哪裡；其次是是否有祖墳，在哪裡[9]；接著是他是否孝順父母[10]，是否納稅和按要求服務過軍事遠征[11]。[12]當檢查官問完這些問題後，他會繼續問：「請出這些事實的證人。」

4.當候選人請出他的證人之後，檢查官會接著問，「是否有人想對這個人進行指控？」如果有人想要提出指控，他便給各方提供機會進行指控和辯護，然後將它提交給議事會進行裁決，要麼是提交給民眾法庭進行最終裁決。如果沒有人出來指控，他便立即投票表決。先前，只需要一個人投票表決，而現在則是所有成員都有義務對候選人進行投票表決；以至於，即便有心術不正者使自己不被指控[13]，他仍有可能被民眾法庭取消資格。[14]

5.當這些檢查完畢後，他們便來到上面供著犧牲的石頭[15]前面；仲裁人在宣布判決之前的宣誓和證人爲證詞做出的宣誓，也在這裡進行。執政官們面向這個石頭，宣誓：他們將公正執法、依法行使權力，絕不利用職權而接受禮物，若有此類事情發生，他們將奉獻一尊金像。[16]當宣誓完畢後，他們離開石頭，走到衛城，並在那裡將誓言重新宣讀一遍[17]；然後，他們便開始就職辦公。

◆註解◆

[1] 這句話顯然不嚴謹，因為在大會上宣讀檔案的城邦書記員，便是透過舉手表決產生的（參見第五十四章第五節）。

[2] 參見第三章、第八章、第二十二章第五節和第二十六章。

[3] 法律官書記員，關於它的出現時間，至今仍無定論：它可能不會在克里斯提尼改革之前出現，很有可能出現於執政官改為抽選產生的西元前四八七年或前四八六年，也許是在其後不久出現的。至於法律官書記員何時成為一個獨立的官職，也是一個有待考證的問題，其可能性也如上面所說。在《雅典政制》成書前的這段時期，它已經是一個獨立的官職：因為，本文明確提到名年執政官、王者執政官和軍事執政官都配有兩名助理員，三次提到六位法律官時卻未提到他們配有助理員。關於法律官書記員的具體職能，更沒有留下可以參考的資訊。

[4] 關於民眾法庭對官員入職資格審查的具體情況，未留下任何史料，僅是提到有這個程序（Lys. 26.6, 12; Aech. *Ctes.* 14-15; Arist. *A.P.* 55.2; Poll. viii. 44）。像吉爾伯特（Gilbert Murray, 1866-1957）、布索爾特和斯沃伯達二

人（Smith Busolt & Swoboda Chambers）以及瑞夫（J. D. Ralph）等學者主張，所有官員任職前都要經過議事會和民眾法庭的雙重檢查（Sandys, 216; Rhodes, 615.）

[5] 呂西阿斯和狄摩西尼曾提到法律官要經過雙重的入職資格審查（Lys. 26.11-12; D. 20.90）。正如呂西阿斯所講的那樣，戰神山議事會成員是一個非常重要的終身任職的職務，所以對九位執政官的入職資格審查應該比其他官員更為嚴格（Lys. 26.11-12）。

[6] 未通過資格審查的候選人仍須首先向五百人議事會提起訴訟，並且在一些特殊情況下，五百人議事會的決定是最終裁決。例如：在西元前三八二年，李奧達馬斯（*Λεωδάμας*, Leodamas）未能通過五百人議事會的入職資格審查，他被伊文德羅斯（Evandros）頂替，李奧達馬斯就此向五百人議事會提起訴訟，認為他比伊文德羅斯更有資格成為九位執政官之一；這一訴訟是在九位執政官入職前一天進行的，以使得五百人議事會的裁決成為最終結果。李奧達馬斯最終敗訴，伊文德羅斯成為西元前三八二年或前三八一年的九位執政官之一（*Lysias,* trans., by W. R. M. Lamb, Cambridge, Mass.: Harvard University Press, 1988, pp. 558-559）。

[7] 祖神阿波羅，參見殘篇一及其注釋。

[8] 家神宙斯（*Ζεὺς Ἑρκεῖος*, Zeus Herkeios），此處的宙斯凸顯了他看宅護院、保護家庭（或家族）安全的職能。

[9] 對祖墳的詢問，有可能在考查候選人的祖上是否是雅典人，這有可能也是擔任執政官的一個資格要求（Rhodes, 617）。

[10] 在雅典，尊敬和善待父母和祖父母，不僅是公民的一項基本道德要求，更是一項他們應盡的基本義務。虐待父母不僅指毆打和辱罵父母，更多的是指不贍養父母、不為亡故的父母安葬或給予應有的榮譽，甚至不聽從父母的命令也被視為虐待父母；如果做出此類行為，該公民將會被起訴（X. *M.* ii. 2.13; Ar. *Av.* 1353-1357; Aesch. *Tim.* 13; D. 57.70; Din. *Aristog.* 17-18; Pl. *Sol.* 22.1-4）。

[11] 詢問這兩個問題是為了確定候選人的等級身分，以便將第四等級的公民排除在外：因為，首先，梭倫規定的第四等級沒有繳納財產稅的義務；其次，不同等級所履行的軍事義務也不相同。不過，在西元前四世紀，雅典選任執政官時對候選人的等級身分要求已經寬鬆了許多，甚至到了廢置不用的程度（Arist. *A.P.* 7.4.）。

[12] 執政官候選人不僅需要具備文中所說的這些條件（狄那庫斯〔*Δείναρχος*, Dinarchus or Dinarch, 361-291B.C.〕等人也支持本文的說法，參見：Din. *Aristog.* 17-18; X. *M.* ii. 2.10-13; Lys. 16.12-18），同時還須具備其他條件如合

法婚生的子女等（D. 59.92, 104-6; Arist. *A.P.* 4.2）。

[13] 即透過賄賂他們使自己得免除指控（Rackham, 153）。因為，五百人議事會是透過舉手表決的，這便為不合格的候選人行賄提供了可乘之機；而民眾法庭的陪審員是抽籤選出、抽籤組成法庭並透過祕密投票的方式來判案的，這種方式大大降低了候選人行賄的可能性和有效性。

[14] 這種入職資格審查的重點不在於考察候選人的專門能力和職業素質，而重在考察他的身分和品行是否純正。儘管官員的入職資格審查並不能將最佳人選分配到相關職位去，但是它作為「人民主權」的一種體現，雅典人仍對此程序樂此不疲；它也說明為了維護城邦的「公民集體」本質，雅典人更關心所選出的「公僕」的品德而非能力。

[15] 即市場上的那個祭壇。參見第七章第一節注釋。

[16] 參見第七章第一節。

[17] 其他文獻沒有提到執政官仍需在衛城上將就職誓言重複一遍（Rhodes, 621）。

第五十六章

1.名年執政官、王者執政官和軍事執政官，各自配有兩個他們提名的助理員[1]。這些官員上任時要經過民眾法庭的資格審查，卸任時需要經過離職審查[2]。

2.名年執政官一經上任，便發布一份公告，宣布：任何人在他任前所擁有的一切，他都將予以保護，直到他期滿卸任爲止。[3]

3.接下來，他從最富有的階層中選出三位公民[4]，指派[5]他們爲悲劇演出執事。先前，他也總是指派五位喜劇演出執事[6]；但現在，則是由各部落指派喜劇演出執事。然後，他接見[7]各部落，指派負責成人合唱隊、兒童合唱隊以及喜劇詩人在酒神節演出的演出執事，以及負責成人合唱隊和兒童合唱隊在塔爾格里亞節[8]演出的演出執事（在酒神節上，每個部落負擔一個合唱隊的花費；在塔爾格里亞節上，兩個部落按比例共同負擔一個合唱隊的花費）[9]。[10]他也處理由這些活動而引起的財產交換事宜[11]；並且，若有人稱已經承辦過此種活動、已經承辦過類似的活動、尚處在免責期[12]，或者他尚未達到法定年齡（因爲負責兒童合唱隊的演出執事要年滿四十歲[13]）以求免除該項義務[14]，他將這些要求提交給民眾法庭[15]。他也指派負責提洛節慶的演出執事[16]，和負責用三十槳船將年輕人[17]運往此地的境外神務執事（ἀρχιθέωρος, *architheoros*）[18]。

4.名年執政官也監督宗教遊行，其一是爲紀念醫神阿斯克勒庇俄斯[19]而舉辦的，新入會者在當日應閉戶不出[20]；其二是大戴奧尼索斯節上的遊行[21]，他與這一節慶的節慶負責人（ἐπιμεληταί, *epimeletai* or *epimeletae*，其單數形式爲 *ἐπιμελητής, epimeletes*）[22]一同監督。大戴奧尼索斯節節慶負責人[23]有十個，先前是在公民大會上舉手表決產生，他們用個人私產承擔遊行的花費；現在則是透過抽籤從每個部落各選出一位，城邦承擔一百米那的費用。

5.名年執政官也監督塔爾格里亞節上的遊行以及紀念拯救之神宙斯（*τῷ Διὶ τῷ Σωτῆρι*）[24]的遊行。他們也管理戴奧尼索斯節和塔爾格里亞節期間的各種競技活動。這些便是他監督的節慶活動。

6.如下公共訴訟和私人訴訟，需提交給他預審，然後再由他轉呈民眾法庭：虐待父母[25]案（只要願意，任何人都可以提交此類訴訟，而不至於遭受罰金[26]）；虐待孤兒案（此類訴訟是針對其監護人的）[27]；虐待女繼承人案（此類訴訟是針對其監護人或丈夫[28]的）；濫用孤兒財產案（此類訴訟也是針對其監護人的）[29]；精神失常案，即一方控告另一方因精神失常而損壞其財產的案件；指定財產清算人案，即一方拒絕與他人共同分享財產的案件[30]；確定監護權案[31]；裁決監護權糾紛案；提供物證或文書證據的案件[32]；申請獲得監護權案；要求獲得遺產和女繼承人案。執政官也負責監護孤兒、女繼承人和在丈夫死時宣稱自己已懷孕的婦女[33]的利益，並且他有權對侵害其權益的違法者判處罰金或交付民眾法庭裁決。他也有權出租孤兒和女繼承人的房屋[34]並代其收取租金，直至他們長到十四歲[35]爲止；並且，如果這些孩子的監護人不向他們提供必要的食物供應[36]，他將強制他們履行撫養義務。這些便是執政官的職責。[37]

◆註解◆

[1] 三位執政官助理員的具體職能無從詳考，大致是協助各位執政官處理具體政務。據推測，名年執政官從古希臘時代便配備了助理員，其數目也由一人增至兩人，且職能也不盡相同；助理員的工作成績突出，他本人將會受到公民大會頒發的榮譽獎勵（Rhodes, 621-622）。

[2] 他們同時還要在每個議事會主席團任期內接受職司和帳目審查。關於對官員的審查，請參見第四十八章第三至五節和第五十四章第二節。

[3] 這個公告是由名年執政官的傳令官發布的。學者推測，這一制度不會早於梭倫改革（Rhodes, 622）。

[4] 從現存的史料看，戴奧尼索斯酒神節上的悲劇比賽從未超出過三部，例如：西元前四六七年是伊斯奇勒斯、尤佛里昂（Aristias）和波律福拉德蒙（Polyphradmon）之間的比賽，西元前四三一年是歐福里昂（*Εὐφορίων*, Euphorion）、索弗克里斯和尤里皮底斯之間的比賽，西元前四二八年是尤里皮底斯、伊俄豐（*Ἰοφῶν*, Iophon, 428-405B.C.，索弗克里斯之子）和伊翁（*Ἴων ὁ Χῖος*, Ion of Chios, 490?-420B.C.，與愛奧尼亞人始祖伊翁同名的一位基歐斯戲劇作家）等（Sandys, 219）；所以，雅典城邦每年需要選出三個演出執事來資助和負責悲劇演出。

[5] 即在名年執政官的主持下，透過抽籤的方式選出演出執事（D. 21.13）。儘管公益捐助是富有公民的一項強制性義務，但是有一些富有的公民或自由民常常會主動承擔某些公益捐助活動，例如：演說家呂西阿斯、狄摩西尼以及從奴隸轉變為公民的帕西昂（*Πασίων*, Pasion, 430-370B.C.）和佛米歐（*Φορμίων*, Phormio）等人。

[6] 在伯羅奔尼撒戰爭前，戴奧尼索斯酒神節要上演五部喜劇，戰爭期間減少至三部，西元前四世紀恢復為五部，希臘化時代又增至六部（Rhodes, 623-624）。

[7] 英譯者普遍將 *παραλαβών*（即 *παραλαμβάνω* 的動名詞形式）翻譯為「接見」（receives），而羅德斯獨將其翻譯為「接收或確認……的名單」（receives the names of），不過該詞「聽取彙報」（receive by hearing or report）之義更符合本文背景（*G.E.L.* 1315）。

[8] 塔爾格里亞節是阿提卡曆第十一月塔爾格里昂月（處在西曆的五、六月間）的重要節慶，它是用來慶祝提洛的阿波羅神與阿提密斯神誕生的宗教慶典；塔爾格里亞節在塔爾格里昂月的第六日和第七日舉行，節日的第一天

舉行替罪羊（Scapegoat）的獻祭儀式，第二天舉行節日遊行、酒神頌歌比賽（dithyrambic contests）和兒童合唱隊比賽等。

[9] 即在酒神節和塔爾格里亞節上分別有十個和五個合唱隊參加比賽。

[10] 關於節慶捐助活動的具體情況，請參見：Davies, xxi-xxiv。

[11] 一個公民被指派承擔這些耗費巨大的公共事務時，他可以提出異議，另有人更有能力勝任此職，並且被要求者（the man challenged）只能透過與要求者（the challenger）交換財產才能推卸這一職務（Rackham, 154-155）。這項法律規定在現實中操作起來有一定困難，因為雅典並不存在一個專門的財產評估組織；但是，儘管如此，還是有人願意這樣做。例如：演說家艾蘇格拉底曾陷入這種訴訟，並被判定承擔公益捐助的義務。

[12] 雅典法律規定，公益捐助者只需在同一年裡承擔一種公益捐助，同一種公益捐助不需被同一公民連續兩年承擔；並且，擔任過三列槳艦執事的公民在隨後兩年內免於承擔任何公益捐助活動（D. 20.8, 50.9; Isae. 7.38）。同時，財產等級不合格的公民無須從事任何公益捐助活動；不過，具有公益精神的富有公民，往往會積極承擔公益捐助活動而放棄被賦予的免責期權利，例如：呂西阿斯在伯羅奔尼撒戰爭的最後八年裡擔任過九次演出執事，並連續七年擔任三列槳艦執事，總花費超過了十塔蘭特（Lys. 21.1-5）；狄密斯托克利斯和亞里士泰迪斯的財產不處在第一等級（詳見第二章第一節注釋），他們本是被免除義務的公民，但也同樣積極從事公益捐助事業（Pl. *Them*. 5.3-4, *Arist*. 1.1-6）。

[13] 這項規定也得到了柏拉圖和伊斯基尼斯等人的支持（Plat. *Leg*. 764 e 6-765 a 1; Aesch. *Tim*. 11）。這一法律規定是西元前四世紀的產物，在西元前五世紀末的時候尚無此規定；例如：阿爾西比亞德在不到四十歲的時候捐助了兒童合唱隊（D. *Mid*. 147; And. *Alc*. 20-21; Pl. *Alc*. 16.5），更甚者，呂西阿斯在二十多歲之時便承擔了這項公益捐助活動。

[14] 此外，服兵役的埃菲比是免除所有公益捐助義務的，以防他們逃避兵役。參見第四十七章第五節。

[15] 此句為羅德斯譯文，原文“*τὰς σκήψεις εἰσάγει*”（提交這些要求）無間接賓語，羅德斯根據史實將「民眾法庭」作為該短語的間接賓語直接體現在了譯文中。

[16] 雅典每年要派一位演出執事捐助提洛節的演出活動（Plat. *Phaed*. 58 A 6-C 2）。

[17] 即兒童合唱隊。

【18】境外神務執事，簡體中文商務版為「遊行隊長」。該詞是 *ἄρχων*（*archon*）和 *θέωρος*（*theoros*）的合成詞，前者為「首領」，後者為「求神諭或參加賽會的使節」，兩者合起來便是「求神諭或參加賽會的使節首領」（*G.E.L.* 253, 797）。事實上，「使節首領」的職責是負責出資為雅典裝備一個競技代表團參加泛希臘或泛愛奧尼亞宗教賽會，如奧林匹克賽會、德爾菲賽會、提洛賽會等，或裝備一個求神諭的使團到德爾菲神廟等地求神諭，並承擔使團往返的費用；不過，其中的一部分費用可能由城邦負擔（X. *M.* iii. 3.12; Pl. *Nic.* 3.5-6; *D.C.A.* 59, 348; *O.C.D.* 875）。文中的境外神務執事只負責運送雅典的合唱隊往返提洛島，而不負責籌備合唱隊。

【19】醫神阿斯克勒庇俄斯，神話傳說中，他是阿波羅神之子，從阿波羅神那裡獲得執掌醫藥的職能，後因使特修斯之子希波拉特斯死而復生，被宙斯用霹靂擊殺。

【20】即在阿斯克勒庇俄斯神廟中度過一天（Ar. *Plut.* 411, 621）。紀念醫神阿斯克勒庇俄斯的遊行，是在阿提卡曆第三月波德羅米昂月第十八日的伊皮道里亞節（the Epidauria）上舉行，即在艾盧西斯祕儀節上從雅典到艾盧西斯遊行的前一天舉行，雅典是在西元前五世紀二〇年代之後才開始舉行該儀式的（Rhodes, 626-627）。

【21】阿提卡曆第九月伊拉菲伯里昂月第十日，在城市酒神節上舉行。

【22】節慶負責人，簡體中文商務版為「節日監督」，簡體中文顏一本為「監管人」。

【23】在呂庫古斯時代以前，戴奧尼索斯酒神節的節慶負責人並沒有嚴格以部落為單位選出，而且他們是需要出資承擔遊行費用的；文中所提到的轉變可能發生在呂庫古斯擔任財務官期間，他將雅典城邦的年收入從四百塔蘭特提高到了一千兩百塔蘭特，從而使雅典城邦能夠將一部分公益捐助活動轉由城邦出資，而原來的公益捐助者只需負責相關的管理事務即可，進而成為公職人員。

【24】雅典紀念拯救之神宙斯的儀式起源較晚，但具體時間不能確定；不過，它不會在西元前四九三年或前四九二年狄密斯托克利斯修建皮雷埃夫斯港之前出現，有可能是在西元前四八〇年或前四七九年擊退波斯入侵之後出現的（Rhodes, 628）。

【25】關於虐待父母的情況，參見第五十五章第三節注釋。

【26】在亞里斯多德時期，代替城邦或他人提起公共訴訟的人，並非完全免責。為了防範惡意控告，雅典城邦規定，起訴人在得不到五分之一陪審員的支援的情況下，將要受到懲罰：一千德拉克瑪的罰金、所要求補償金額的六分之一，或剝奪再次提起類似訴訟的權利等。這一規定是何時出現的，已無法細考。有關公益起訴人，參見第

三十五章第二節注釋。

[27] 由於未成年孤兒不具有獨立的法律主體地位，必須透過協力廠商來對他的監護人提出起訴，如果監護人敗訴，他將被剝奪監護權（D. 37.45; Isae. 11.31）。

[28] 此詞的拉克漢譯文和摩爾譯文為「與其一同居住的親戚」，原文“*τῶν συνοικούντων*”的直譯為「與其同住的人」，即丈夫。在雅典，監護人不與女繼承人結婚、不將其嫁人，或在嫁人時不支付足夠的嫁妝等（D. 43.57, 75）、丈夫不與妻子行房（Poll. viii. 53; Pl. *Sol.* 20.2-4），也同樣被視為虐待女繼承人。

[29] 該案件或許指的是起訴監護人無管理被監護人財產的能力（參見：Ar. *Nub.* 884-846; X. *M.* i. 2.49; Plat. *Leg.* 928 d-e, 929 d; Aesch. *Ctes.* 251）。

[30] 即不同的繼承者要求分割共同遺產的案件。

[31] 在亡故父母沒有留下遺囑的情況下，孤兒的成年男性至親根據其血親關係而成為監護人，他需要名年執政官的批准；如果無至親，名年執政官將為其選擇一個恰當的公民來擔任他或她的監護人；即便有相關的遺囑存在，執政官也要核查被指定人是否適合擔任監護人（Moore, 295; Rhodes, 632）。

[32] 此句為拉克漢譯文，肯尼譯文為「申請批准核查另一方所要求財產的案件」（*εἰς ἐμφανῶν κατάστασιν*, *Eis emphanon katastasin*）。伊薩俄斯（*Ἰσαῖος*, Isaeus，活躍於西元四世紀初）也提到了這類訴訟（Isae. 6.31）。

[33] 這類寡婦和有婚生兒子的寡婦都有權利選擇繼續留在丈夫的家裡或回到父親的家裡，如果沒有孩子或者只有婚生女兒，她一般會返回父親家裡並且可以迅速改嫁（Rhodes, 633）。

[34] 在名年執政官主持的民眾法庭上，透過競拍的形式出租給出價最高者（Isae. 6.36-37）。

[35] 雅典對男子成年和女子成年的規定不同，十四歲是女子成人年齡、十八歲是男子成人年齡；不過，柏拉圖認為少女在十三歲之時便可被視為成年（Plat. *Leg.* 833 d 2-4）。

[36] 參見：D. 27.5, 28.11。

[37] 此句在其他文本中被歸到第五十七章第一節。

第五十七章

1.王者執政官的職責首先是與祭禮監[1]共同監管祕儀[2]。後者由公民大會透過舉手表決產生，其中，兩人從全體公民中選出，一人從歐摩爾波斯家族中選出，一人從科律克斯家族中選出。[3]其次是監管勒那溫酒神節（Λήναια, Lenaia or Lenaean Dionysia）[4]，這一節慶包括遊行（πομπή, pompe）[5]和賽會（ἀγών, Agon）[6]。遊行由王者執政官和祭禮監共同安排，而比賽則由王者執政官一人組織。他也組織所有的火炬接力賽跑[7]，實際上，他又主持所有的傳統祭祀活動[8]。

2.他主審瀆神罪和繼承祭司職務的訴訟，並且，也裁決家族間和祭司間在宗教事務方面[9]的糾紛。所有殺人的私人案件[10]都要向他提起訴訟，並且，由他宣布被汙染者（*ὁ ἐναγής, ho enages*）[11]禁止參與法律規定之事（*ὁ νόμιμος, ho nomimos*）[12]。

3.故意殺人案和故意傷人[13]案則由戰神山議事會審理，投毒致死案和縱火案也同樣如此。這些是戰神山議事會所審理的僅有的幾類案件[14]。過失殺人案[15]、僱凶殺人（*βούλευσις, bouleusis*）[16]案以及殺害奴隸、僑居民[17]和外邦人的案件則在帕拉笛昂法庭[18]審理。[19]凡承認殺人但又聲稱合法的案件[20]，如捉姦在床時殺死通姦者、在作戰中或體育競技中誤殺另一人，則由德爾菲尼昂[21]法庭審理。如果殺人者因調解而被判以流放並正處在流放期，又因另一樁殺人案或傷人案而遭到起訴，他將在費勒阿圖斯聖域（*Φρεάτον*, Pheaton，即 The Sanctuary of Phreatus）[22]內受審，並在停泊靠岸的船上進行辯護[23]。

4.所有這些案件，除了戰神山議事會審理的案件之外，都由抽籤選出的厄斐泰（ἐφέται, *Ephetai* or *Ephetae*）[24]審理。由王者執政官提審的案件，審判是在聖域（ἱερόν, *hieron*）[25]內露天進行的[26]。無論何時審案，王者執政官皆須取下冠冕（στέφανος）[27]。殺人罪嫌疑犯除了在接受審判時可以進入聖域進行辯護，其他所有時間，他皆被禁止進入聖域，進入市場也被視爲違法。如果不能查明誰是眞正的罪犯，王者執政官仍會對「犯罪者」提起訴訟。[28]王者執政官和部落王也審理無生命之物和動物造成的罪

圖 23 〈復仇女神追逐奧瑞斯提斯〉[29]

行。[30]

◆註解◆

[1] 本文第三十章第二節提到，西元前四一一年四百人專政時期，寡頭派擬定憲法時曾設立十位祭禮監，而此處只提到了四位。

[2] 王者執政官的這一宗教職能，呂西阿斯和安多吉德斯都曾提到過（Lys. 4.4; And. *Myst.* 111）。

[3] 兩個家族的成員世襲艾盧西斯祕儀的祭司職務。參見第三十九章第二節注釋。

[4] 這一節慶活動在西曆一月末在雅典衛城東南的利姆那（*Λίμναι*, Limnae）舉行。阿提卡曆第七月（西曆一、二月間）的名稱是伽墨利溫月（*Γαμηλιών*, Gamelion），它在古愛奧尼亞語中被稱做勒那溫（Lenaeon）（Rackham, 158）。勒那溫酒神節又被稱為「勒那亞節」（*Λήναια*, Lenaia or Lenaea），該節日是為紀念戴奧尼索斯・勒那烏斯（Dionysus Lenaius）舉辦的，勒那亞節的名稱來源於酒神女信徒勒那（Lenai），她以邁那得斯（*μαϊνάδες*, Maenads）之名為人知曉。

[5] 在遊行過程中，可能舉行一次戴奧尼索斯被巨人神族殺死後復活的宗教儀式。

[6] 英譯者普遍將 *ἀγών*（*Agon*）譯為「一場比賽」（a contest），雖然 *ἀγών* 是單數形式，但是在譯文中不強調其單數更恰當：因為，勒那亞節的比賽包括悲劇比賽和喜劇比賽，它不可能是一場比賽。在勒那亞節上，最初只是上演悲劇，在西元前五世紀四〇年代前後開始上演喜劇，而喜劇演出變得比悲劇演出更為重要。據記載，勒那亞節喜劇演出的數量除了在伯羅奔尼撒戰爭期間為三部之外，其餘時間都是五部，而悲劇演出的數量只有四部。同時，勒那亞節也舉行酒神頌歌比賽，不過該比賽在現有的史料中只是被提到過一次（Rhodes, 638）。

[7] 在紀念普羅米修士、特修斯、工匠神赫淮斯托斯和森林神潘（*Πάν*, Pan）等節慶上，都會舉行火炬接力比賽。資助舉辦火炬接力賽跑的人被稱為「體育執事」（*γυμνασίαρχοι*, *gymnasiarchoi* or *Gymnasiarches*）。體育執事最初負責資助火炬賽跑、紀念火神和其他一些宗教賽會，後來轉變為負責體育館的日常管理，由其本人出資向本地體育館運動員提供膳食、橄欖油以及其他必需品。

【8】此句話與第三章第四節的觀點相呼應。

【9】即在宗教方面的權利與義務。

【10】即只要求獲得經濟賠償的殺人案件，其性質類似現代社會中的民事訴訟。亞里斯多德在《政治學》（1300 b 24-30）中將殺人案件分為四類：故意殺人案、過失殺人案、正當殺人案，以及殺人逃逸後歸國受審案，基本上與本文所說的殺人案相吻合。

【11】被汙染者，也可以翻譯為「被詛咒者」，即殺人者，如殺死庫隆黨徒的阿爾克邁昂家族，和神話傳說中殺父的伊底帕斯（*Οἰδίπους*, Oedipus）以及殺母的奧瑞斯提斯（*Ὀρέστης*, Orestes）便屬此類人等。在古希臘人的觀念中，殺人者會背負被殺者的詛咒，因而遭到復仇女神的追逐和報復，由此成為被詛咒者和被汙染者，幫助他們的人也會因為他們的行為而背負詛咒；這些人直到被他人施以淨化禮或被法庭宣判為無罪之後，復仇女神才會停止她們的追逐和報復。

【12】法律規定之事，本義為合法之事，此處為法律特別禁止殺人者做的事情，肯尼譯文為「宗教儀式」（sacred cermoies），拉克漢譯文和穆爾譯文為「風俗儀式」（customary rites/ceremonies），羅德斯譯文為「法律特別規定之事」（the things specified in the laws）。它包括殺人者禁止進入聖域、神廟以及市場和海港等，禁止靠近包括祭泉、祭酒和祭品在內的聖物，也不得提起其他訴訟等（Plat. *Leg*. 871 a 3-5; D. 20.158; Arist. *A.P.* 57.4）。

【13】即故意殺人時未將受害人殺死，而是使其受傷（Sandys, 227）。

【14】這些案件皆屬於公共訴訟，它們涉及的是社會或城邦利益的補償問題，罪犯所受的懲罰不僅包括罰金，同時還包括財產充公、剝奪公民權、流放和死刑等。雅典城邦曾經設立過砍伐聖橄欖樹的罪名，該類案件也是在戰神山議事會審理（參見第六十章第二節）。在西元前四世紀後半期，戰神山議事會的司法權力逐漸擴大，它與公民大會和民眾法庭共同參與審理一項名為「阿伯帕西斯」（*ἀπόφασις*, *Apophasis*，其本義為「報告」）的司法審判程序中：它設立於西元前三世紀四〇年代，專門用於審判政治領袖們企圖顛覆民主制度、叛國活動，以及收受賄賂等重大罪行。戰神山議事會負責將對案件進行調查和預審，並以報告的形式上報給公民大會，「報告」後來成為整個程序的名稱，西元前三二四年政治演說家狄摩西尼牽涉其中的哈爾帕羅斯（*Ἅρπαλος*, Harpalos）行賄案便是透過這一程序審理的。

【15】過失殺人者將被判處放逐之刑，除非或直到他獲得死者家屬原諒為止。

[16] 僱凶殺人，該詞本義為「深思熟慮」（deliberation），作為法律術語時為「陰謀害命或奪財」（conspiracy against life or property）：文中所提到的罪名，只有事主在策劃並透過他人造成故意殺人或過失殺人的後果時才成立（*G.E.L.* 324; Sandys, 227-228; Rhodes, 643）。並且，僱凶殺人案很有可能自古一直到亞里斯多德時代都是在帕拉笛昂法庭審理的（Rhodes, 644, 647）。

[17] 僑居民，意為「外來的居住者」，該詞也被華文學者譯為「外邦人」、「異邦人」或「外邦僑民」等。在雅典法律上，那些短暫逗留在雅典的外邦人被稱為「外國人」（*ξένος*, *xenos*，複數為 *ξένοι*, *xemoi*），這些人包括：出於公務而來到雅典的政治家或者使團、參加具有泛希臘性質的泛雅典娜節慶競技的運動員或觀看競技的觀眾、路過的商人等。如果這些逗留者在雅典停留超過一定期限（一般為一個月），他們必須向居住的德莫登記註冊，成為僑居民。與公民相比，僑居民不具有參與城邦管理的政治特權，在沒有特許證的情況下不得擁有不動產和租賃城邦礦產等；在像公民一樣服兵役的同時，僑居民每年須繳納十二德拉克瑪（男）、六德拉克瑪（女）的僑居費（*μέτοικιον*, *metoikion*），在市場上經商時也需要繳納特別費。古典時期，雅典的僑居民約占男性公民人數的一半，大約在一萬到兩萬五千之間變動（*W.A.* 157）。雅典之所以會出現規模如此龐大的僑居民群體，原因主要有兩點：第一，雅典具有吸引力和開放性，能夠招徠許多其他城邦的希臘人乃至希臘世界之外的異邦人；第二，雅典也像其他希臘城邦一樣，具有嚴格的公民制度，非常吝嗇他們的公民權，這些外來者只能是雅典的寄居者。僑居民是不享有政治權利的自由人，他們更多的是在經濟文化上為雅典作貢獻，例如：呂西阿斯兄弟開辦了雅典最大的作坊，參與雅典衛城建設的技工中約有一半是僑居民，西方歷史學之父希羅多德、西方醫學之父希波克拉底以及偉大的哲學家亞里斯多德等人，為將雅典建設成舉世仰慕的文化都作出了不可磨滅的貢獻。儘管雅典對公民權有嚴格限制，不過有一些僑居民還是可以透過為雅典城邦作出貢獻來獲得公民權的，例如：西元前四〇四年或前四〇三年協助民主派推翻三十人僭政的一批僑居民，在民主重建之後便被授予了公民權。

[18] 此處的帕拉笛昂（*Παλλάδιον*, Palladion or Palladium）指的是雅典衛城東南方向、宙斯・奧林皮烏斯（Zeus Olympius，即奧林波斯神宙斯）神廟西邊的一個庭院，它或許因獻給女神波臘・雅典娜（Pallas Athena）而得名。同時，「帕拉笛昂」更常用的涵義是「雅典娜神像」（H. iv. 189.1; Ar. *Ach*. 547; *G.E.L.* 1293），該詞便是來源於「波臘」（*Παλλάς*, Pallas，神話傳說中，她是雅典娜的幼時好友，雅典娜因將其誤殺而獲得這個別

名）。從文中看，帕拉笛昂法庭和德爾菲尼昂所審理案件的嚴重程度要低於戰神山議事會上的案件。

[19] 事實上，同一個殺人案是否作為故意殺人案在戰神山議事會審理，還是作為過失殺人案在帕拉笛昂法庭審理，它很大程度上取決於起訴人的意願（Aristotle, *Magna Moralia*, 1188 b 25-38）。

[20] 狄摩西尼也列舉了文中所說的案件（D. 23.53）。

[21] 德爾菲尼昂，位於雅典城東南端、宙斯・奧林皮烏斯神廟南邊，它是雅典人紀念阿波羅・德爾菲尼烏斯的神廟，德爾菲尼昂法庭位於其西側，該詞來源於「德爾菲尼烏斯」（Delphinius，阿波羅神的別名）（*G.E.L.* 377; Rhodes, 644）；不過，麥克道爾（Douglas Maurice MacDowell, 1931-2010）認為該神廟是紀念阿波羅・德爾菲尼烏斯和阿提密斯・德爾菲尼婭（Artemis Delphinia）兄妹神的神廟（Douglas Maurice MacDowell, *Athenian Homicide Law in the Age of the Orators*, p. 70）。關於德爾菲尼昂法庭的具體情況，參見：Douglas Maurice MacDowell, *Athenian Homicide Law in the Age of the Orators*, pp. 70-81。

[22] 此地位於澤阿（Zea）附近，後者是位於阿克提和穆尼客阿之間面向南方的港口。費勒阿圖斯聖域是因為當地有一口水井（*φρέαρ*, Well）而得名；後來，雅典人又為這個名字杜撰了一個命名英雄費勒阿圖斯（*Φρεάτος*, Phreatos or Phreatus）（Paus. i. 28.11; Sandys, 228; Rackham, 159; Rhodes, 646）。

[23] 雅典法律規定，背負殺人罪名的人若從國外返回阿提卡的土地，他將因帶來汙染而被殺死；因殺人罪而被放逐的人便屬於這類人，他們因新的殺人罪或傷人罪遭到審判時，只能在停靠岸邊的船上接受審判和進行辯訴，以防將汙染帶到境內（D. 23.28-36, 77-87）。

[24] 厄斐泰，是由五十一人組成的特殊法庭，其職能如文中所言。據古代文獻記載，它甚至早於德拉古時代。儘管有學者認為其成員來自戰神山議事會，但並不能得到充分的資料來論證；很可能從伯里克里斯時代開始，該法庭是由組成民眾法庭的陪審員組成的（參見：Sandys, 229-230; Rhodes, 647-648）。關於厄斐泰的具體情況，麥克道爾有詳細論述（Douglas Maurice MacDowell, *Athenian Homicide Law in the Age of the Orators*, pp. 48-57）。

[25] 聖域，即獻給神或被神化的英雄的地方，它一般由一個神廟或聖殿及其周邊地區構成。

[26] 即不能進入神廟或聖殿裡面進行審案，只許在其門外進行；這樣做是為了使神廟不因殺人者所背負的血罪而被玷汙，如帕拉笛昂法庭和德爾菲尼昂法庭都設置在神廟外便是出於此故。

[27] 不僅王者執政官佩戴冠冕，所有執政官都佩戴，它是執政官的象徵，由桃金鑲（或稱金絲桃）的枝條編織而成

（Lys. 26.8; Aesch. *Tim.* 19）。維拉莫維茲認為，王者執政官在審判殺人罪時取下冠冕是出於對死者的哀悼和抗議血罪帶來的汙染（Sandys, 230; Rhodes, 648）。

[28] 此類案件的審理是在位於市政廳的另一個法庭審理（D. 23.76），之所以進行宣判，為的是撫慰被殺者的亡靈，消弭其發出的詛咒，進而避免產生汙染。

[29] 法國畫家威廉・阿道夫・布格羅（Adolphe-William Bouguereau, 1825-1905）繪於一八六二年。奧瑞斯提斯是邁錫尼國王阿伽門農之子。阿伽門農被他的妻子克呂泰涅斯特拉（*Κλυταιμνήστρα*, Clytemnestra）謀殺後，奧瑞斯提斯為了給父親報仇，便將母親殺死。他因此背負血罪，遭到復仇女神的追逐和恐嚇，變成瘋子，到處流浪；後來來到雅典，在戰神山接受法庭審判，被判無罪。復仇女神停止了她們的糾纏，奧瑞斯提斯恢復理智，重返邁錫尼繼承王位。

[30] 關於這兩種案件的審理，柏拉圖在《法篇》（883 e）中提到過。

第五十八章

1.軍事執政官主持對狩獵女神阿提密斯[1]和戰神恩雅利烏斯[2]的祭祀活動，負責安排戰爭殉難者葬禮[3]上的競技活動，並負責在紀念哈爾莫狄烏斯和阿里斯托基冬的儀式[4]上獻祭犧牲。[5]

2.只有私人案件，包括涉及普通僑居民、稅負平權僑居民（*ἰσοτελεῖς, isoteleis*，其單數形式爲 *ἰσοτελής, isoteles*）[6]和司法平權僑居民（*πρόξενος, proxenos*，其複數形式爲 *πρόξενοι, proxenoi*）[7]的案件，才提交給他。[8]他的職責是接收這些案件，將其分成十組，並透過抽籤分派給每個部落；然後，負責爲部落提起案件的法官將它們交給仲裁人審理。[9]

3.軍事執政官也親自提起涉及僑居民的案件，如僑居民背棄其保護人或沒有選擇保護人[10]，以及與僑居民相關的財產繼承和女繼承人案件；並且，在其他所有案件中[11]，名年執政官提起公民訴訟，而軍事執政官提起僑居民訴訟。

◆註解◆

[1] 該節慶活動在阿提卡曆第三月波德羅米昂月第六日舉行。對狩獵女神阿提密斯的祭祀實際上是為了紀念馬拉松戰役的勝利。作戰前，雅典人發誓將按照殺敵的數目來向狩獵女神阿提密斯獻祭山羊，並在作戰中殺死了六千四百個波斯人；為此，雅典人決定每年向該女神獻祭五百頭山羊（H. vi. 117; X. *Anav.* iii. 2.12; Pl. *Her. Mal.* 862 B-C; Aelian, *V.H.* ii. 25）。

[2] 此處的恩雅利烏斯指的是阿瑞斯・恩雅利烏斯（Ares Enyalius），該祭祀活動是為了紀念雅典人在戰爭中獲得

的勝利。恩雅利烏斯（*Ἐνυάλιος*, Enyalius）是邁錫尼時代便已存在的戰神，後來希臘人將他和戰神阿瑞斯合二為一，例如：荷馬將「恩雅利烏斯」視為戰神阿瑞斯的別名（Homer, *Illid*, ii. 651; xvii. 210-11）；不過，有些古典作家仍將其視為一位獨立的戰神（Ar. *Pax.* 457）。

[3] 紀念陣亡者的活動與特修斯節（*Θησεῖα*, Theseia，紀念英雄特修斯的節慶）有關，它在阿提卡曆第四月佩阿涅蒲賽昂月（*Πυανεψιών*, Pyanepsion，西曆的十月、十一月間）第七日進行。按慣例，陣亡者的屍體都會被運回雅典進行國葬；不過，西元前四九〇年在馬拉松和西元前四七九年在普拉提亞（*Πλάταια* or *Πλαταιαί*, Plataea）陣亡的雅典人則是就地安葬（Plat. *Menex.* 249 b 3-6; Lys. 2.80; H. ix. 85.2）。

[4] 關於兩人刺殺僭主之事，參見第十八章及注釋。

[5] 軍事執政官所主持的這些活動都與軍事和作戰有關，儘管他本身從西元前五世紀便已被剝奪軍事職能，但由他主持軍事方面的紀念活動卻延續了下來。

[6] 稅負平權僑居民，這類僑居民相對於普通僑居民享有一定的經濟特權，被稱為「稅負平等權」（*ἰσοτέλεια*, *isoteleia*）：獲得這類特赦權的僑居民可以免交僑居費以及其他針對僑居民設立的稅費，在履行其他義務方面享受公民待遇，如繳納同等的財產稅和服同樣的兵役等。

[7] 司法平權僑居民（該詞在古希臘語中同時也含有「代理人」之義，並且以後者更為常見，參見第五十四章第三節及注釋），他們擁有與公民同樣的司法權力（*προξενία*, *proxenia*）。無論是公共訴訟還是私人訴訟，司法平權僑居民可以在法庭上以原告身分提起訴訟；在私人訴訟中，普通僑居民只能作為被告，而不能作為原告出席法庭。

[8] 本節只提到了關於僑居民的私人訴訟，第五十七章第三節也只是提到了關於僑居民被殺的公共訴訟，這兩處都未曾提到僑居民殺人的公共訴訟：像公民一樣，僑居民殺人案也要由王者執政官提請民眾法庭，交由帕拉笛昂法庭審理（Rhodes, 655）。

[9] 儘管雅典設有僑居民登記制度，但僑居民普遍集中在皮雷埃夫斯港和雅典城，而不像公民那樣被大致平均分到每個部落；所以，僑居民的私人案件只能統一提交給軍事執政官，然後再由他透過抽籤形式平均分給每個部落。其後的訴訟程序則與公民的訴訟程序相同，參見第四十八章第五節、第五十三章第一至三節。

[10] 外邦人在註冊成為僑居民之時，必須選擇一個公民做他的保護人（*προστάτης*, *praostates*）為他們擔保；僑居

民和保護人之間應該存在著一定的依附關係，但古典文獻並未保存其具體內容。同時，如果僑居民放棄他的保護人（*ἀποστασίου, apostasiou*），並未及時找到新的保護人或沒有選擇公民成為他的保護人（*ἀπροστασίου, aprostasiou*），他將會被起訴，並會因此被變賣為奴。

〔11〕此句肯尼譯文為「事實上，總的來說，在所有案件中」。

第五十九章

1. 法律官的職責首先是制定民眾法庭的日程表，其次是將法庭分配給官員，後者必須服從他們的分配。[1]

2. 並且，他們作爲提案人負責呈遞在公民大會上提出的檢舉案件[2]、所有關於撤職的投票表決以及對褻瀆罪的指控（*προβολή, probole*，其複數形式爲 *προβολαί, probolai*）[3]，提起針對違法法令或與城邦利益相違背的法律的公訴[4]、對會議主持或總主席[5]以及將軍離職報告的檢舉等。

3. 所有需要起訴人繳納保證金的公訴案件[6]，即對隱瞞外國身分、（當有人透過賄賂避免因冒稱公民被起訴時引起的）接受賄賂隱瞞外國身分、惡意起訴、賄賂[7]、誣陷他人爲城邦債務人、在法庭上作僞證、未將已償債的城邦債務人[8]除名、將未償債的城邦債務人除名、通姦（*μοιχεία, moicheia* or adultery）[9]等行爲提出起訴的案件，也要提交給他們。

4. 他們也向民眾法庭提起所有官員的資格審查[10]、德莫否決公民權[11]以及議事會判定有罪[12]的訴訟。

5. 此外，他們還提起某些涉及商業貿易[13]和礦產[14]，或奴隸誹謗自由人[15]的私人訴訟。無論是私人訴訟（*δίκη, dike*，其複數形式爲 *δίκαι, dikai*）還是公共訴訟（*γραφὴ, graphe*，其複數形式爲 *γραφαί, graphai*）[16]，也都由他們抽籤爲各個法庭選派官員。

6. 他們批准與其他城邦簽訂的司法協約，並據此提起訴訟；[17]並且，他們也爲由戰神山議事會提交的作僞證（*ψευδομαρτυρία*, *eudomartyria*, false witness）[18]案件提起訴訟。

7. 透過抽籤，九位執政官分別從各自的部落中選出陪審員，法律官書記員從第十個部落中選出陪審員。這些便是九位執政官的職責。

◆註解◆

【1】在這兩個程序中，法律官的主觀意志不會對其結果產生影響，更不能左右這兩個程序：他們的作用只能是例行公事，特別是後一程序，它是透過抽籤完成的（Arist. *A.P.* 59.5, 64.1）。

【2】檢舉（*εἰσαγγελία*, *eisangelia*，其複數形式為 *εἰσαγγελίαι*, *eisangeliai*），指控違法情節較為嚴重的一類公共訴訟，該訴訟一般是針對在職官員和政治領袖設置的，任何公民都有權利提起這類訴訟：檢舉案件大致包括四類：損害城邦利益的案件如顚覆民主罪（Arist. *A.P.* 8.4, 29.4, 43.4, 59.2），官員瀆職案（Arist. *A.P.* 45.2），包括虐待父母、虐待孤兒、虐待女繼承人和濫用孤兒財產的案件（Arist. *A.P.* 56.6），以及仲裁人誤判案（Arist. *A.P.* 53.6）。

【3】對褻瀆罪的指控，它屬於公共訴訟的一類，起訴瀆職的官員、惡意起訴的職業起訴人、虛假許諾的政治家以及傷害公職人員和（女）祭司、破壞聖物、阻撓節慶活動、盜用公共資產的普通公民等，便是透過這一程序進行的：例如：狄摩西尼便是因為自己在戴奧尼索斯酒神節上執行公務時被米蒂亞斯（*Μειδίας*, Midias）毆打而透過這一程序對後者提出起訴的。這一訴訟首先要在公民大會上透過投票表決，其判決只是預審，其結果需由法律官提交給民眾法庭進行最終裁決。

【4】即違法法令訴訟（*γραφὴ παρανόμων*, *graphe paranomon* or *παρανόμων γραφή*, paranomon graphe）和違法法律訴訟（*γραφὴ νόμον μὴ ἐπιτήδειον θεῖναι*, *graphe nomon me epitedeion theinai*），二者的起因、訴訟程序和判罰是相同的，只是適用對象不同，違法法令訴訟適用的對象是公民大會討論或通過的議案或法令，而違法法律訴訟適用的對象是立法委員會通過的法律；並且，違法法令訴訟被援用的次數遠遠超出了違法法律訴訟，它在雅典政

治活動中扮演著比後者更為重要的角色。違法法律訴訟產生於西元前四〇三年立法委員會成立之後，而違法法令訴訟的產生則可以追溯到西元前四六二年埃非阿特改革。雅典法律規定，任何公民都有權對正在進行審議的提案或已被通過的法令和法律因違法或損害城邦利益而提起公訴，要求將其廢除；在西元前四世紀，違法法令訴訟成為政治衝突的工具，它被頻繁啓用，進而使民眾法庭成為政治家衝突的第二戰場。提起違法法令訴訟的起訴人若得不到五分之一的票，將會為此受到一千德拉克瑪和剝奪公民權的處罰（Hansen, 205-212）。

[5] 二者的具體職能，請參見第四十四章第二、三節。由於會議主持及其總主席在五百人議事會和公民大會的議程安排和清點投票結果上面都可以將自己的主觀意願夾雜在其中，所以雅典城邦也對他們的行為進行法律約束，以防他們僭越人民意願；儘管對他們的瀆職行為的最高懲罰是死刑，但在實際情況中卻非如此。例如：在西元前四〇六年阿吉紐薩戰役後，判處六位將軍死刑的議案提交到主持議事會和公民大會召開的議事會主席團成員（即會議主持的前身）那裡，一些成員拒絕將其提交公民大會投票表決，但遭到會因此被判處死刑的威脅之後，除了蘇格拉底之外全部成員都贊同將該議案提交公民大會表決；然而，蘇格拉底事實上並未因此被判處死刑（X. *H*. I. 7.14-15）。並且，還有一些政治家公開鼓勵這些主持會議者公然違背民意而作出更為理智的選擇，例如：尼奇亞斯在西元前四一五年公民大會已經投票決定遠征西西里的情況下，勸說主持會議者冒著違法判罪的危險就此問題重新進行表決（Th. vi. 13）。由此看來，相對於法律規定而言，對會議主持及其總主席瀆職的實際懲罰是相對寬鬆的。

[6] 公訴保證金（*παράστασις, parastasis*），即公訴案件起訴人繳納的訴訟費，大概是一德拉克瑪（Sandys, 235）。在雅典，與城邦利益有重大關係的公訴案件的訴訟則是免費的（Is. *Lochit*. 2; Isae. 3.47），但過於私人化的公訴案件也需要原告繳納保證金。大多數私人訴訟是需要繳納訴訟費的，涉案金額低於一百德拉克瑪的訴訟雙方無須繳納訴訟費，涉案金額在一百到一千德拉克瑪之間的案件的訴訟費是三德拉克瑪，超過一千德拉克瑪的案件的訴訟費是三十德拉克瑪。在私人訴訟中，如果原告無力承擔訴訟費，他將不能提起訴訟；同時，在法庭上敗訴的一方則需要承擔全部的訴訟費用，他必須補償勝訴一方所繳納的訴訟費。

[7] 雅典公民可以透過多種訴訟程序對賄賂罪提出起訴或檢舉，參見第四十三章第四節和第四十五章第二節。

[8] 城邦債務人包括兩類：包稅人和繳納財產稅的公民，他們都因需定期向城邦繳納錢款而成為雅典城邦的債務人（*L.C.A.* 165）。

[9] 通姦，也是一項非常嚴重的犯罪。在古希臘，與一個男人的妻子、姐妹、母親和女兒發生非婚姻性行為都被視為通姦或強姦；並且，在古希臘人看來，強姦只是玷汙了女人的身體，被強姦的婦女仍被視為忠於自己的丈夫，而通姦和誘姦同時還敗壞了女人的心靈，這類婦女則會被視為恥辱（Lys. 1.33）。所以，通姦罪或誘姦罪會比強姦罪受到更嚴厲的懲罰，犯了強姦罪的公民只需接受經濟處罰即可；而通姦者和誘姦者如被發現則要受到不同種類的嚴厲懲罰，甚至可以被當場殺死（Arist. *A.P.* 57.3; D. 23.53）。通姦或被誘姦的女人也要受到懲罰，已婚者被丈夫休掉時無權索還嫁妝，並被禁止參加宗教活動，任何人都可以羞辱和毆打她而不必為此負責，未婚者則有可能被自己的父兄賣為奴隸和被殺死（D. 59.87; Aesch. *Tim.* 183; Pl. *Sol.* 23.1-3; Arist. *A.P.* fr. 7）。

[10] 參見第四十五章第三節、第五十五章第二至四節。

[11] 參見第四十二章第一節。

[12] 參見第四十五章第二節。

[13] 提起商業貿易訴訟的原被告都可以是公民、僑居民或外邦人，但如果發生糾紛的地方未與雅典簽訂商業司法條約，該訴訟須在糾紛發生地的法庭審理；若在雅典審理，由於訴訟人有可能不在雅典居住以至於沒有財產做抵押，所以敗訴者將被收押，直至他償清相關款項（Rhodes, 664-665）。

[14] 狄摩西尼也提到礦產訴訟需經由法律官提交給民眾法庭，並且是作為月審案件來審理的（D. 37.2, 34）；其訴訟內容大致是阻撓礦產承包人對礦產進行開採或承包人非法開採礦產等（*L.C.A.* 137-138）。

[15] 在這種訴訟裡，被起訴的是涉案奴隸的主人。至於這類案件為何是透過這一程序提交法庭的，學界尚無答案（Rhodes, 666）。

[16] 公共訴訟和私人訴訟是雅典城邦的兩大訴訟形式。公共訴訟，簡稱「公訴」，它出現在梭倫立法之後，任何公民都可以就危害城邦或個人權益的行為提起訴訟（Arist. *A.P.* 9.1）；私人訴訟，指的是僅由受害人及其親屬提起的訴訟。從訴訟內容上來看，公共訴訟可以涵蓋私人訴訟；儘管兩者的內容有重疊，它們卻因起訴人的身分不同而決定其起訴形式的不同；並且，被告所受到的處罰也不同，前者有可能被判處罰金、財產充公、剝奪公民權、流放和死刑等，而後者只需被判處罰金和對原告的經濟賠償。

[17] 此句為羅德斯譯文，肯尼譯文為「他們批准商業條約，並提起由此引起的訴訟」、拉克漢譯文為「他們批准與

他國簽訂的契約，並向法庭提起由這些契約引起的訴訟」。文中 *σύμβολον*（*symbolon*）指的是「兩個城邦為了保護彼此公民的安全以及解決因商業貿易和其他問題引起的爭端而簽訂的條約」（*G.E.L.* 1676），透過這一條約，本城邦公民可以在另一城邦提起訴訟，以便保護自身權益（Arist. *Pol.* 1275 a 8-11, 1280 a 34-b 5）。

[18] 偽證，在法庭上，證人需要發誓自己提供的證據是真實的，以及被告是有罪的或無辜的；如果公民被證明犯有偽證罪，將會被處以罰金；如果作偽證達到三次，他將被剝奪公民權（Antiphon, *First Tetralogy*, 2.7; And. 1.7; Hyperides, *Against Philippides*, 12）。對偽證罪的審理通常是在當事法庭進行的，唯有發生在戰神山議事會法庭上的偽證罪需要交由法律官轉呈民眾法庭審理（Sandys, 237; Rhodes, 668）。

第六十章

1. 十位競技主管（ἀθλοθέται, *athlothetai* or *athlothetae*，其單數形式爲 ἀθλοθέτης, *athlothetes*）[1]，分別從各個部落抽籤選出一位。在通過資格審查之後，這些官員將任職四年；他們管理泛雅典娜節上的遊行[2]、音樂比賽、體育比賽以及車馬比賽[3]，也負責雅典娜女神法衣的製備，與議事會共同準備油罐[4]，並向競技者[5]頒發橄欖油。油是從聖橄欖樹[6]上採集的。

2. 執政官從種植聖橄欖樹的農田主那裡徵收，每棵樹徵收一杯半（τρί' ἡμικοτύλια, *tri hemikotylia*）[7]的橄欖油。先前，城邦出售聖樹的收成[8]；如果有人挖掘或砍倒聖樹，將會受到戰神山議事會的審判；如果被判有罪，將被處以死刑。但是，自從那些農田主透過購買方式來繳納橄欖油之後，儘管這一法律仍然存在，其審判程序卻被廢棄不用；並且，城邦不再按照橄欖樹的株數，而是按照土地的規模來徵收橄欖油[9]。

3. 當執政官將其任內的橄欖油徵收完畢後，便交由財務官（ταμίαι, *tamiai*，其單數形式爲 ταμίας, *tamias*）[10]存放於衛城之內；並且，他直到將足量的橄欖油交給財務官之後，方能成爲戰神山議事會成員[11]。財務官一直將橄欖油保存在衛城內，直至舉辦泛雅典娜節慶；屆時，他們把橄欖油按量分配好，交給競技主管，後者再將它們頒發給獲勝的競技者。音樂比賽獲勝者的獎品是銀幣和金飾，健美比賽獲勝者的是盾牌，體育比賽和車馬比賽獲勝者的是橄欖油。[12]

圖 24　橄欖油罐[13]

◆註解◆

【1】競技主管，簡體中文商務版為「競技裁判員」、簡體中文顏一本為「主賽人」，其本義「競技中的獎品頒發者、裁判和管理者」（*G.E.L.* 32）。從本文的相關文字來看，競技主管並非單純的賽會裁判，而是要管理所有泛雅典娜節賽會的事務如收繳作為賽會獎品的聖橄欖油、組織比賽、充當裁判和頒發獎品等；甚至其職責還超出了競技事務，涉及節日獻祭事務，如監管雅典娜女神法衣的製備。

【2】參見：Th. vi. 56-58; Arist. *A.P.* 49.3。

【3】泛雅典娜節上的音樂比賽是伯里克里斯設立的，其內容包括演奏長笛（αὐλός, aulos）和琪塔拉琴（*κιθάρα*, kithara，豎琴的一種）以及歌詠比賽（Pl. *Per.* 13.6）。體育比賽包括摔跤、拳擊、賽跑、五項全能和十項全能等。車馬比賽包括賽馬和賽車，即戰車比賽。戰車比賽又分為雙馬戰車賽、四馬戰車賽、雙馬駒戰車賽、四馬駒戰車賽等。

【4】罐（*ἀμφορεύς*, *amphoreus* or *amphora*），或音譯為「安佛拉」，古希臘的一種雙耳瓶或雙耳罐，用於盛放橄欖油或葡萄酒。在泛雅典娜節上盛放橄欖油用於頒發給競技優勝者的安佛拉，是阿提卡盛產的一種圓口雙耳細頸的大陶罐，其容量約為三十八點九升，其外側繪有精美的雅典娜女神像和與獲獎專案相關的圖像（王以欣，《神話與競技》，天津人民出版社，二〇〇八年，第一一九頁）。同時，用於盛放民眾法庭陪審員投票的器物也是安佛拉，不過它們是銅製的和木質的（Arist. *A.P.* 68.3, 69.1）。

【5】此詞的羅德斯譯文為「獲勝的競技者」，此為意譯。

【6】即被指定獻給雅典娜女神的橄欖樹。

【7】杯（*κοτύλεα* or *κοτύλη*, *kotylea* or *kotyle*），古希臘的一種小容器，同時也是一個容量單位，約合二百六十九毫升，一杯半約合四百一十三毫升。

【8】先前，城邦負責種植聖橄欖樹，並且將多餘的橄欖油進行出售；後來，聖橄欖樹變成了私產，城邦便向這些農田主徵收一定量的橄欖油（Kenyon, 179-180）。

【9】即城邦不再按照聖地上聖橄欖樹的棵數，而是改為根據其畝數來徵收聖橄欖油，並且城邦不再考慮聖橄欖樹

收成的好壞以及橄欖油是否產自聖橄欖樹。這一轉變的具體時期尚無從考證，可以確知的是它發生在西元前三九五年之後（Moore, 299）。

[10] 財務官，在本文中，如果沒有定語修飾，它專指「雅典娜財務官」或「雅典娜女神神聖基金財務官」，即「雅典衛城內聖庫的管理者」（*G.E.L.* 1754）：關於該職位的情況，參見本文其他章節（Arist. *A.P.* 4.2, 7.3, 8.1, 30.2, 47.1）。

[11] 即如果執政官在任內未能完成徵收橄欖油的任務，卸任後不能立即成為戰神山議事會成員，必須在徵收夠足量的橄欖油後才能成為戰神山議事會成員。

[12] 各項比賽又可以細化為不同的項目，不同項目的比賽，其獎勵也各不相同。在琪塔拉琴比賽中獲得第一名的選手將獲得一頂價值一千德拉克瑪的鍍金橄欖冠和五百德拉克瑪的銀幣，其後四名的獲勝選手皆能獲得數額遞減的獎金（Sandys, 238; Rhodes, 675）。在西元前四世紀初，健美比賽的獲勝者所得到的獎勵是一頭牛和一百德拉克瑪的金幣，至於何時變成一面盾牌，尚不可考（Moore, 300）。少年組單程賽跑前兩名的獎品是五十罐和十罐橄欖油，青年組和成人組的獎品更為豐厚：成人組雙馬戰車賽的優勝獎是一百四十罐橄欖油，成人組四馬戰車賽的獎品也同樣會更為豐厚（王以欣，《神話與競技》，天津人民出版社，二〇〇八年，第一一九頁）。同時，所有比賽的獲勝者都將獲得一頂橄欖冠。

[13] 在泛雅典娜節競技中，獲勝者將得到一罐橄欖油和一個用聖橄欖樹枝葉編成的花冠。

第六十一章

1.所有軍事官員，皆由舉手表決（*χειροτονία, cheirotonia*）[1]選出。十位將軍先前是從每個部落選出一位，但現在則是從全體公民當中選出。[2]並且，他們每個人的職司是透過舉手表決來決定的：一位統率重裝步兵，負責率領軍隊到阿提卡境外作戰；一位主管國防，負責阿提卡境內的戰事；兩位派駐皮雷埃夫斯，負責皮雷埃夫斯的防務，一位駐防穆尼客阿、一位駐防阿克提[3]；一位主管富民團（*συμμορία, symmoria* or *symmory*，其複數形式爲 *συμμορίαι, symmoriai*）[4]，他負責登記三列槳艦執事[5]名單[6]，安排他們之間的財產交換事宜，並向民眾法庭提交他們的豁免請求[7]；餘者，則在出現突發事件時被委派任務。[8]

2.在每屆主席團任期內，都要對這些官員的任職情況進行一次信任投票。若有被否決者，他將在民眾法庭受審；若被判有罪，法庭將視具體情況對其進行刑事處罰或經濟處罰；若被赦免，他將官復原職。在行軍打仗過程中，將軍們有全權對違令者進行逮捕、公開免職或判處罰金，但後一種權力不得頻繁使用。[9]

3.十位部落將軍（*ταξιάρχοι, taxiarchoi* or *taxiarchs*，其單數形式爲 *ταξίαρχος, taxiarchos* or *taxiarch*）[10]，透過舉手表決的方式從每個部落各選出一位；每位部落將軍統領本部落的軍團，並有權任命連隊長（*λοχαγοί, lochagoi* or *lochagi*，其單數形式爲 *λοχαγός, lochagos*）[11]。

4.兩個騎兵統領（*ἵππαρχος, hipparchos* or *hipparch*，其複數形式爲 *ἵππαρχοι, hipparchoi* or *hipparchs*）[12]，透過舉手表決的方式從全體公民中選出，每人負責統率五個部落的騎兵；他們擁有將軍們在重裝步兵中所擁有的相同權力，也接受同樣的信任投票。

5. 十位部落騎兵統領（*φύλαρχος*, *phylarchos* or *phylarch*，其複數形式爲 *φύλαρχοι*, *phylachs*）[13]，透過舉手表決的方式從每個部落各選出一位，他們像部落將軍統率重裝步兵那樣分別統率本部落的騎兵。

6. 一位駐蘭諾斯[14]騎兵統領，透過舉手表決的方式選出，統率派駐在蘭諾斯島的騎兵[15]。

7. 帕拉魯斯號（*Πάραλος*, Paralus）[16]財務官和阿蒙尼阿斯號（*Ἀμμωνιάς*, Ammonias）[17]財務官，也透過同樣的方式選舉產生。

◆註解◆

[1] 五百人議事會和公民大會的投票表決形式分為兩種：舉手表決和祕密投票（*ψῆφος*, *psephos*），五百人議事會和公民大會通常採用的是舉手表決，民眾法庭採用的則是祕密投票。與投票相對應的是抽籤（*κληρωτός*, *klerotos*）。抽籤是一種非常古遠的決事方式，抽籤任職雖然不是古代民主政治的專有手段，卻是它的一個顯著特徵。與之相對應，寡頭制或貴族政治往往採用投票方式來選任官職。儘管投票制比抽籤制更為科學，但是容易被寡頭派操縱而顯得不公平；為了追求公平，並且隨著民主制度的發展，雅典盡可能地擴大抽籤制適用的領域。但是，雅典人並不完全排斥投票制，在具有較強專業性的職務上面則採用舉手表決方式選任官員，配備通曉專業的奴隸來輔助抽選任職的官員進行工作。

[2] 參見第四章第二節注釋。將軍選任原則的改變即從以部落為單位轉變為從全體公民中選出，反映了雅典人觀念上的兩大轉變：第一，不同地區的雅典人對公民集體的認同感進一步增強和地區本位主義的淡化，克里斯提尼

設立的十部落制度其目的之一是各部落之間的分權與制衡，這一轉變說明雅典人城邦觀念的深化：第二，從某種程度上看，這一轉變是雅典人在大眾政治的基礎上進一步向菁英政治做出了些許的妥協，隨著軍事戰爭的職業化越來越明顯，雅典也需要具有傑出軍事才能的政治家長期穩定地當選將軍來領導軍事事務，而以全體公民為單位要比以部落為單位更能選出有才能的將軍。這一轉變發生在西元前五世紀中期，是否被法律化，尚不可考：普魯塔克提到西元前四六九年或前四六八年尚是按部落選將軍的，而在西元前四四一年或前四四〇年，伯里克里斯和格勞孔（*Γλαύκων*, Glaucon）兩位將軍卻都是來自阿卡曼提斯部落，這種現象從此便開始斷斷續續地出現（*Pl. Cim.* 8.8）。不過，儘管有這樣的轉變，但從長期看，將軍的人選基本上仍然是相對平均地分布在各個部落。

[3] 參見第四十二章第三節注釋。

[4] 富民團，該詞本義為「團體、同伴」（company），它在西元前四世紀成為一個專有名詞，內涵並經歷了一次重大變化。據現存資料可知，雅典城邦在西元前三七八年或前三七七年組織最富有的，即擁有三塔蘭特以上財產的公民，成立一個繳納財產稅（*eisphora*）的團體，它被稱為「富民團」。西元前三五七年或前三五六年，雅典城邦通過了佩里安達提出的提案，對富民團進行改組，使之成為用於籌備海軍的組織：該組織由一千兩百名最富有的公民組成，並被分成二十組來共同承擔捐建三列槳艦的義務，費用均攤在每個人身上。西元前三五四年或前三五三年，狄摩西尼提議將其人數擴大到兩千名，成員根據個人財產的多寡來承擔相應的費用：按照十塔蘭特負責裝備一艘戰船為標準，財產多者則多捐，少者則少捐，財產不足十塔蘭特者則結合起來履行這項義務；不過，這一提案直至西元前三四〇年才獲得透過（D. 18.99-104, 21.80, 154-161, 47.21-22; Rhodes, 679-682; *G.E.L.* 1680）。

[5] 希臘城邦的政府收入普遍相對匱乏，雅典長久以來是透過徵募公民財力來籌備海軍的（參見第七章第三節注釋），很有可能在克里斯提尼改革之後，籌建海軍變成了一種定期履行的公益捐助。但它也可以臨時進行攤派，例如：在西元前四八三年，狄密斯托克利斯提議將勞里安銀礦所得的一百塔蘭特平分給一百位最富有的公民，讓他們分別建造一百艘三列槳艦。一般來講，雅典城邦主要負責提供戰船的船身和桅杆，船上的其他設備和戰船的維護則由負責該項工作的三列槳艦執事個人出資負責。至於船員的酬金，名義上由城邦提供，但它事實上並不能滿足需要，其中一部分費用仍需三列槳艦執事私人負擔；有時，三列槳艦執事還親自擔任該艦的艦

長。這項義務至少要花費四十米那至一塔蘭特不等，可謂耗費繁重。隨著雅典在伯羅奔尼撒戰爭中逐漸失利，從海戰中獲得的戰利品逐漸減少，從而更加凸顯了這一義務的繁重；所以，自西元前四一一年起，城邦允許兩個公民來承擔一條戰船的費用，以便減輕捐助者的經濟負擔。但是，巨額的花費、公民精神的墮落和相對於西元前五世紀的貧窮，導致那些富有公民仍然有意透過捐助節日慶典的途徑來避開它（D. 20.19）。到了西元前四世紀五〇、四〇年代，雅典城邦對這項公益捐助制度進行了改革，成立了一個籌備海軍的富民團（參見上注）來共同分擔其高額的經濟開支；其中，狄摩西尼曾經擔任多年的富民團長（*συμμοριάρχης*），並承擔了他所在小組的五分之一的義務（D. 21.157, 27.7, 28.4）。

[6] 本文作者並未講明在成立了富民團之後，該將軍是如何負責登記三列槳艦執事名單的；如果富民團的成員是固定的或短期固定的，則不需要每年都對三列槳艦執事進行重新登記。要麼是雅典城邦會定期對這些成員進行財產評估，來更新富民團成員名單，但沒有明確史料證明雅典存在著一個專門的財產評估機構。

[7] 參見第五十六章第三節注釋。

[8] 西元前五世紀，將軍們之間並沒有具體的分工，只有在出現危機的情況下才由公民大會選派具體任務；文中所說的情況可能是在西元前四世紀中期或西元前三三四至前三二五年之間出現的（Rhodes, 678; Moore, 301）。同時，長期以來盛傳的「首席將軍」之說，它經常和伯里克里斯聯繫起來；但事實證明，此說純屬子虛烏有之事（參見：晏紹祥，《雅典首席將軍考辨》〔發表於《歷史研究》二〇〇二年第二期〕，輯於：晏紹祥，《古代希臘歷史與學術史初學集》，湖北人民出版社，二〇〇三年，第一三九至一六四頁）。按照慣例，十將軍實行的是平等的集體領導，所有問題都由全體將軍共同商議，且每個將軍只有一張投票權，最終決策根據少數服從多數的原則決定；並且，十個將軍輪流當值，每人一天，輪值將軍在這一天主事，或許他具有較多的發言權，僅此而已。但是，不當值的將軍若德高望重，他仍能左右最終的決策和輪值將軍的人選。在馬拉松戰役期間，亞里士泰迪斯發現米爾泰德斯的戰略部署非常行之有效，便在自己當值這一天讓米爾泰德斯擔任輪值將軍，並成功說服其他將軍也放棄擔任輪值將軍的權利，以保證米爾泰德斯的戰略能夠得到徹底貫徹執行（Pl. *Arist.* 5.1-2）。並且，集體領導、少數服從多數的原則一直延續了下來，例如：尼奇亞斯、阿爾西比亞德和拉馬庫斯（*Λάμαχος*, Lamachus）三個將軍率領艦隊遠征西西里途中進行戰略決策之時便遵從了這一原則（Th. vi. 47-50）。

【9】西元前五世紀之時，將軍在行軍打仗期間甚至有權不經過審判便可以將違令者處死（Moore, 301）。

【10】部落將軍，該職位產生於西元前四九〇年之後，更具體地講，部落將軍是因將軍之職在西元前四八七年成為最高（軍事）官職而產生的，他們代替了將軍們先前所扮演的角色（Th. viii. 92.4）；在此之前，軍事執政官是雅典城邦的最高軍事官員，他是將軍們的首領，各位將軍只負責統率各自部落的軍隊，這一狀況在馬拉松戰役中得到了充分體現（H. vi. 109-111; Pl, *Arist.* 5.1-4）。

【11】連隊長，簡體中文商務版為「中隊長」、顏一本為「百夫長」（或連隊長官）。儘管其他古典文獻也曾提及這一官職，但是都未提供更多的資訊。此外，柏拉圖還提到過介於部落將軍和連隊長之間的職務——三一區長（*τριττύαρχος*, *trittyarch*），即統率一個三一區或一個部落三分之一重裝步兵的軍事將領（Plat. *Rep*. 475 a 9-10）。根據修昔底德提供的資料，雅典一線重裝步兵為一萬兩千名（Th. ii. 13.6）；那麼，部落將軍大概統率一千人，三一區長統率三百人，連隊長統率一百人。

【12】騎兵統領，每人分管五百名騎兵。

【13】部落騎兵統領，他們統率本部落大約一百名騎兵；同時，該詞還有部落長之義（H. v. 69.2）。

【14】蘭諾斯，愛琴海東北部的一座島嶼，古希臘人的殖民地，現在的面積為四百七十六平方公里。西元前五世紀後半期波斯帝國崛起之時，曾將其占領；西元前五百年前後，色雷斯凱爾索尼斯半島僭主米爾泰德斯（即西蒙之父，參見第二十六章第一節注釋）將其奪回，隨著米爾泰德斯後來回歸雅典，該地便被雅典視為其海外領土，用於殖民；西元前四〇四年雅典因戰敗而失去該地，但又在西元前三九二年重新獲得，直至後來馬其頓人將其武力奪走（參見：H. vi. 41, 104.1; And. *Pace*. 12; D. S. xiii. 107.4）。

【15】其職責在於保護雅典派往蘭諾斯的軍事移民（*Cleruchs*）。

【16】帕拉魯斯號和阿蒙尼阿斯號是兩艘三列槳艦的名稱，這兩艘船是西元前四世紀雅典城邦的兩艘「神聖的三列槳艦」（sacred *trireme*），它們專門負責運送雅典城邦派出的神務使團（*Θεωρίαι*, *Theoriai*，即代表城邦請求神諭或參加阿提卡之外的宗教活動的使節）和政務使團，而其他三列槳艦則是用於軍事目的；另外一個特殊之處是，一般的三列槳艦是透過公益捐助形式公私共建，而這兩艘船則完全是由雅典城邦用公款修建和維護的，水手也全部是從雅典公民當中選出的，它們的速度也是最快的。從西元前五世紀開始，雅典城邦便把薩拉米尼亞號（*Σαλαμινία*, Salaminia）和帕拉魯斯號作為聖船使用（Th. iii. 77.3, viii.73.5; Ar. *Av.* 1204; D. 21.171）；但是，

這類三列槳艦的具體起源時間尚不能確定。其中，薩拉米尼亞號的名字來源於紀念以雅典艦隊為主體的希臘海軍在西元前四八〇年薩拉米海戰中的勝利，雅典城邦曾在西元前四一五年派薩拉米尼亞號載使者去逮捕前往西西里島遠征的將軍阿爾西比亞德（Th. vi. 53.1, 61.4; Ar. *Av.* 147）；該船後來不知所終，它最後一次明確被色諾芬（X. *H.* vi. 2.14）提到的時間是西元前三七三年，狄摩西尼曾提到西元前三五一年前後馬其頓國王腓力二世曾在馬拉松登陸時俘獲過雅典的一艘聖船（D. 4.34），但古今學者普遍認為它是帕拉魯斯號而非薩拉米尼亞號（*Demosthenes*, *I*, Cambridge, Mass.: Harvard University Press, 1998, p. 88; Rhodes, 687-688）。

[17] 阿蒙尼阿斯號何時出現以及薩拉米尼亞號是否是它的舊稱，學界尚無定論（Kenyon, 185; Sandys, 245; Moore, 302; Rackham, 169; Rhodes, 687）；不過，它的名字來源埃及西瓦（Siwa）的阿蒙神廟（the temple of Ammon）則在學界達成共識。這個阿蒙神廟在西元前五世紀便為雅典人乃至希臘人熟知，神廟中的阿蒙神被希臘人等同為他們信奉的宙斯神；西元前四五一年或前四五〇年，雅典將軍西蒙在遠征賽普勒斯時曾向這個神廟中的阿蒙神詢問過自己的壽命（Pl. *Cim.* 18.6-7）。在西元前四世紀，這個阿蒙神廟的影響力甚至超越了德爾菲神廟，到此地求問神諭的希臘人已經具有不小的規模，其中最著名的朝聖者是亞歷山大大帝；亞歷山大在西元前三三二年或前三三一年征服埃及之後，便不辭辛苦長途跋涉到此地來向阿蒙神求神諭（Arrian, *Anabasis Alexandri*, 3. 3-4; Pl. *Alex.* 18.1-4）。阿蒙尼阿斯號的終點站是北非的一個希臘人的殖民地基里尼（*Κυρήνη*, Cyrene），它所運輸的大多數乘客都是朝聖者，他們由基里尼登陸前往離該地不遠的西瓦綠洲（Siwa Oasis）的阿蒙神廟求神問卜。同時，阿蒙尼阿斯號三列槳艦本身有三個相似的稱呼，「阿蒙尼阿斯」（*Ἀμμωνιάς*, Ammonias）在抄本中為「阿蒙諾斯」（*Ἄμμωνος*, Ammonos），肯尼根據弗提烏斯（*Φώτιος*, Photius）等人的寫法將該詞翻譯為「阿蒙尼阿斯」，摩爾根據阿爾波克拉提昂等人的寫法將其稱為「阿蒙尼斯」（*Ἀμμωνίς*, Ammonis），拉克漢和羅德斯則將該詞翻譯為「阿蒙號」（the ship of / named after Ammon）（參見：Kenyon, 185; Moore, 201; Rackham, 169; Rhodes, 687）；其中，肯尼的「阿蒙尼阿斯」譯法最為流行。

第六十二章

1.在透過抽籤選出的官員當中，包括九位執政官在內的一部分官員是以部落爲單位進行抽選的，另一部分現在則是在特修斯廟[1]中選出的官員，先前是以德莫爲單位來分配名額的[2]；但由於一些德莫常常出賣他們的公職配額[3]，這部分官員現在也改爲以整個部落爲單位透過抽籤選出，唯有議事會成員和船塢護衛[4]例外，他們仍以德莫爲單位選任。

2.公職報酬情況如下。首先，公民大會成員，參加普通會議的報酬爲一德拉克瑪，參加最高會議的報酬爲九俄勃爾；其次，民眾法庭陪審員的報酬爲三俄勃爾；[5]再次，議事會成員的爲五俄勃爾，且主席團成員額外領取一俄勃爾的伙食補助[6]。九位執政官每人領取四俄勃爾的伙食補助，並配有一名傳令官和一名吹笛手；派駐薩拉米的執政官每天領取一德拉克瑪。在舉辦泛雅典娜節慶典的赫卡圖姆巴昂月[7]，競技主管從該月第四日[8]起在市政廳[9]吃飯。派往提洛島的近鄰同盟代表每人每天一德拉克瑪，從提洛金庫[10]中支取。派往薩摩斯[11]、史基洛斯[12]、蘭諾斯和因布洛斯（Ἴμβρος, Imbros）[13]的所有官員，也都領取伙食補助。[14]

3.軍事職務可以由一人擔任多屆[15]，但其他職務僅能一人擔任一屆[16]，而議事會成員除外，可以由一人擔任兩屆[17][18]。

◆註解◆

【1】參見第十五章第四節注釋。按照文字內容推測，本文儘管未提及第一部分官員的抽籤地點，但作者傾向於認為他們在另一個地方選任：但伊斯基尼斯認為雅典所有抽籤選任的官員都是在特修斯廟選出的（Aesch. *Ctes.* 13）。儘管現代學者對這兩種記載進行了長期的辨析，但並未形成權威觀點（Kenyon, 186; Sandys, 246; Rhodes, 690）。不過，隨著抽籤機的引入，執政官的抽選是在公民大會上進行的。抽籤機有縱橫各十個凹槽，總共一百個，一百名候選人的牌證（*πινάκιον*, *pinakion*，其複數形式為 *πινάκια*, *pinakia*，詳見第六十三章第四節注釋）以部落為單位規則插入其中：每次向抽籤機投入十顆小球，九黑一白，白球代表當選。第一輪抽籤選出十位候選人之後，還要進行第二輪抽籤，用於確定各個候選人的職司。第二輪抽籤是用兩臺各有十個凹槽的抽籤機進行的，一臺用於放置十位執政官候選人的牌證，另一臺用於放置十個寫有職務名稱的牌子。根據輪流執政原則，當第一臺抽籤機選定一個候選人時，另一臺抽籤機則在排除其所在部落曾經擔任過的具體職務之後再釋放小球選定該候選人應該擔任的職務（E. S. Staveley, *Greek and Roman Voting and Election*, London: Thames and Hudson, 1972, pp. 68-69）。

【2】「以德莫為單位來分配名額」指的是按照德莫規模的大小，即人口的多少，對某些公職名額進行差額分配，而不是平均分配。需要指出的是，這種「以德莫為單位」的做法首先是在「以部落為單位」的原則下進行的，它是對後一原則的補充而非修改：例如：五百人議事會成員分給每個部落的名額為均等的五十人，各個部落則根據所轄德莫的實際情況有所差別地分給各個德莫。五百人議事會成員的選任首先從德莫開始，由各個德莫提出候選人，然後按照部落為單位集中到特修斯神廟裡進行抽籤：抽籤，是為了決定誰是正式議事會成員，誰是候補成員，兩者的比例為一比一。不過，在每個議事會成員的背後都有若干個候補成員等待接替其職務，每個候補成員也可以接替多個議事會成員的職務：如果議事會成員未能通過入職資格審查、在任期內死亡或被除名，則由這些候補成員及時補上（P. J. Rhodes, *Athenian Boule*, Oxford: Oxford University Press, 1972, p. 9; Hansen, 248）。同時雅典城邦長期以來原則上規定只有前三個等級有資格參加選任，但隨著民主制度的進一步發展和人民主權意識的增強，這個最初的規定在實際操作過程中基本失效，所有等級的年滿三十歲的公民都有資格參與議事會成員的選任。

[3] 伊斯基尼斯曾經諷刺狄摩西尼不是透過抽籤而是透過賄賂和陰謀當選議事會成員的（Aesch. *Ctes*. 62）。

[4] 原文為 *φρουρῶν*（*φρουροὶ*, *phrouroi*，護衛，其單數形式為 *φρουρός*, *phrouros*），肯尼認為它便是第二十四章提到的 "*φρουροὶ νεωρίων*"，而將其 *φρουροὶ* 直接翻譯為「船塢護衛」；桑迪斯、拉克漢和羅德斯等也都肯定了肯尼的理解，但都未將其反映在譯文中，而是謹慎地將其翻譯為「護衛」。該組織的具體人數已無從考證，或許如前文所說的那樣，由五百人組成（Kenyon, 186; Sandys, 246; Rhodes, 691）。

[5] 至於為何民眾法庭陪審員的報酬不像其他公職人員的報酬隨著物價和工資水準的提高而有所增加，這個問題尚無肯定的答案；一個較為合理的解釋是，儘管雅典城邦實施津貼制旨在提高公民的參政積極性，但其最終目的不是讓參與政治完全變成公民的謀生手段。儘管如此，事實上，這點錢對那些年老、體弱的公民的確也是一種養家糊口的資本，或許是唯一可靠的生活來源；所以，陪審員當中上年紀和身體不好的公民會多一些。但是，從整體上看，還是普通民眾占據著陪審員的大多數席位，「民眾法庭」仍然體現著它的民眾性，而不會被富有的少數人操控。另一方面，還有一個非常重要的因素——雅典人參與政治的熱情不能被忽視，一大清早必須趕到指定地點、經過一個多小時的抽選程序、然後是近十小時的聽訟和投票；即便是如此，民眾法庭的門前仍是人頭攢動，我們不能不為雅典公民參與政治的積極性感到驚訝。

[6] 參見第四十三章第三節。

[7] 阿提卡曆法中的第一月，處在西曆的六、七月間。

[8] 肯尼誤譯為「第十四日」。

[9] 參見第三章第五節注釋。

[10] 參見第五十四章第七節注釋。

[11] 參見第二十四章第二節注釋。西元前四〇四年雅典在伯羅奔尼撒戰爭中戰敗後，薩摩斯不久便恢復獨立地位。不過，在西元前三六六年或前三六五年，薩摩斯在雅典將軍提摩西阿斯（*Τιμόθεος*, Timotheus, ?-354B.C.）的圍攻下投降，重新成為雅典直接統治的地區並被派駐軍事移民。西元前三三八年凱羅尼亞戰役之後，腓力二世從雅典手中奪走該島，但在西元前三一九年它又被雅典重新奪回（參見：D. 15.9; Is. *Antid*. 111; Arist. *Rhet*. 1384 b 32-5; D.S. xviii. 56.7）。文中所描述的應該是西元前三六五年至前三三八年這段時期的情況。

[12] 史基洛斯，愛琴海北部島嶼，二百零九平方公里，傳說中雅典國王特修斯的殉難地（參見殘篇六）。史基洛斯

島上的居民長期以來以劫掠為生，西元前四七六年或前四七五年，西蒙率兵攻占該島，將其居民全部變賣為奴，並將所謂的特修斯屍骨迎回雅典（Pl. *Thes.* 36.1-3, *Cim.* 8.3-7; Paus. i. 17.6）。雅典從此開始對該島擁有主權，派出大量軍事移民來到該島；在伯羅奔尼撒戰爭結束後的幾年裡和在西元前四世紀四〇、三〇年代被馬其頓短暫占領外，雅典一直對該島擁有主權，直至後來被羅馬最終剝奪。

[13] 因布洛斯，位於愛琴海東北端，即今天土耳其的哥克切島（*Gökçeada*），面積二百七十九平方公里。最初，其島上的居民為古希臘的原住民佩拉斯吉人；大約與蘭諾斯同時被米爾泰德斯奪取，而後成為雅典的海外領地。

[14] 如偽色諾芬所言，在雅典城邦，並不是所有官職都是有報酬的（Ps. Xen. *A.P.* 1.3）。從本文看，將軍、騎兵統領、財務官等重要官職，這些官職要求候選人必須具備一定財產；由於這些官員的財富能夠負擔起擔任公職帶來的經濟損失，所以他們是不享有報酬的（Arist. *A.P.* 4.2, 62.2）。

[15] 最為著名的是伯里克里斯連選連任十五屆將軍，而弗基昂（*Φωκίων*, Phokion or Phocion, 402?-318B.C.E.）擔任過四十五屆的將軍（Pl. *Per.* 15, *Phoc.* 8）。

[16] 亞里斯多德在《政治學》（1275 a 24-27）中也提到，「政府中的一些官職在任期上有明確限制，一些官職不得由同一人擔任兩次，一些官職只有過了固定的間隔期之後才能由同一人再次擔任；但是，另外一些官職則無任期限制，例如：陪審員和公民大會成員」。

[17] 提馬克斯（*Τίμαρχος*, Timarchus）和狄摩西尼都分別在西元前三四九年和前三四七年兩次出任議事會成員（D. 21.114; Aesch. *Par.* 17）。

[18] 戰神山議事會成員也有兼任其他公職的特權，在兼任其他公職的戰神山議事會成員當中，以狄密斯托克利斯和優伯魯斯最為著名。狄密斯托克利斯是西元前四九三年或前四九二年的名年執政官，然後成為戰神山議事會成員。在此之後，狄密斯托克利斯的政治影響力反而進一步增強。西元前六世紀八〇年代，他透過陶片放逐法將多個政敵放逐，將雅典海軍的規模擴大了一倍；並且，在波斯軍隊進攻希臘本土之際促成了希臘人的聯合，西元前四八〇年作為雅典海軍統帥指揮希臘聯合海軍在薩拉米海戰中大敗波斯海軍，扭轉了希波戰爭的局勢。優伯魯斯是西元前三七〇年或前三六九年的法律執政官，然後進入戰神山議事會，後來成為觀劇基金委員會（the Board for the *Theoric* Fund）中的一員；他是著名的財經專家，由於顯著的經濟貢獻，從而使他在西元前四世紀中期成為雅典政壇上最具有影響力的政治領袖。

第六十三章

1.出席民眾法庭的陪審員[1]，由九位執政官分別從各自的部落中抽籤選出，和由法律官書記員從第十個部落中抽籤選出。[2]

2.法庭[3]有十個入口，每個部落分配一個；二十個抽籤機（κληρωτήρια, *kleroteria* or *cleroteria*，其單數形式爲 κληρωτήριον, *kleroterion* or *cleroterium*）[4]，每個部落兩個，用於抽籤；一百個箱子，每個部落十個；另有其他箱子，用來盛放中籤的陪審員的牌證；此外，還有兩個罐子（ὑδρία, *ydria*，其複數形式爲 ὑδρίαι, *ydriai*）[5]。法庭的每個入口處都放有小棒，其數量與所需的陪審員人數相等；一個罐子裡放著橡實（βάλανος, *balanos*，其複數形式爲 βάλανοι, *balanoi*）[6]，其數量與小棒數相等。橡實上面都刻著字母，從 λ[7]開始，其數目與審案的法庭數目相等。

3.凡年滿三十周歲、不欠國家債務且未曾失去公民權者，皆有資格擔任陪審員[8]一職。若有不具備資格者擔任陪審員，將被起訴，並接受民眾法庭的審判；若被判有罪，民眾法庭將給予此人相應的刑事處罰或經濟處罰；如果被處以罰金，此人將被投入監獄，直至他償清所有被揭發出來的欠款和法庭判處的罰金。

4.每個陪審員都有一個黃楊木製成的牌證[9]，上面寫著他的名字、他父親的名字以及所在德莫的名字；每個牌證上又刻著一個 κ[10]以內的字母，每個部落的陪審員分爲人數大致相等十組，每組有一個對應的字母。

5.當法律官透過抽籤選出所指定的法庭[11]的字母後，會務員便將抽選出來的字母懸掛在選定的法庭上面。……[12]

◆註解◆

[1] 在最初的幾個注本（一八九一年版和一八九二年版的肯注本、一八九三年版和一九一二年版的桑注本）中，本節的句首短語一直是"*τὰ δὲ δικαστήρια*"，其義為「民眾法庭」。不過，肯尼在其一九二〇年的牛津本中將其修正為"*τὰ δὲ τὰ δικαστήρια*"，其義為「出席民眾法庭的人」，即出席民眾法庭的陪審員，羅德斯遵從了此處修訂（Rhodes, 700）：從上下文來判斷，肯尼的修訂是正確的。

[2] 此處文字是對第五十九章第七節的重複。

[3] 法庭位於衛城的西北方向、市場的西南部。

圖25　抽籤機（後中）、陪審員牌證（前左）和判決票（前右）

[4] 抽籤機，早期的譯者一直都錯誤地在用於抽籤的「房間」（rooms）或「投票罐」（Balloting-urns）上面猶豫和選擇（參見：Sandys, 251; Rhodes, 700-701），這一難題直到一九三七年才被斯特林・道爾（Sterling Dow, 1903-1995）解決，他將該詞翻譯為 "allotment-machine"（Sterling Dow, "*Prytaneis: a study of the inscriptions honoring the athenian councillors*", *Hesperia*: Supplement I, 1937, pp.198-215），此譯法為後來的學者遵從。「抽籤機」一詞最早見於亞里斯多芬西元前三九二年左右創作的喜劇《公民大會婦女》（681），抽籤機也大概在此前不久出現和使用。抽籤機和牌證的引入，有利於減少民主政治活動的舞弊行為：本文第六十三至六十七章所提到的各項程序都是為了盡可能減少民眾法庭判案過程中的舞弊行為，在各個程序上都盡可能地平等對待訴訟雙方。

[5] 罐子，泛指各類罐子，安佛拉雙耳罐是其中的一類。

[6] 亞里斯多德時代，所謂的「橡實」更有可能是類似和取代橡實的人工之物，如金屬球（Sandys, 250; Rhodes, 702）。

[7] λ是希臘文中的第十一個字母，法庭則是按照從 λ到 υ 等十個希臘字母分為十組。

[8] 這裡所說的陪審員本質上是預備陪審員（potential jurors）。自從西元前五世紀中期雅典民眾法庭改革之後，雅典城邦每年要從公民集體中抽選出六千名陪審員，每個部落六百名；被選出的這六千人並不是總能參與到民眾法庭的審判而成為正式的陪審員，他們必須在法庭開庭當日經過即時抽籤才有可能成為正式的陪審員。不過，當六千名陪審員被選出之後，他們要進行陪審員宣誓（*ἡλιαστικὸς ὅρκος*, the Heliastic oath）。其誓言大致如下：「我將根據法律和公民大會或五百人議事會頒布的法令，進行投票；如果無法可依，我將根據自己的良知不偏不倚地投票。我將僅就當庭的訴訟進行投票，並公正地聽取起訴人和被起訴人雙方的辯論。……以神王宙斯、太陽神阿波羅和穀物女神蒂美特的名義宣誓，如若違背誓言將遭報應。」（Hansen, 182）。

[9] 牌證，它是雅典公民的身分證明，類似現代國家的身分證，它的主要用途是用於抽籤，如陪審員的抽選和某些官職的抽選（D. 39.12）。這種牌證，不僅有黃楊木製成的，也有青銅製成的；黃楊木的牌證大概未能保存下來，現代出土的是青銅製成的牌證。它們十一釐米長、二釐米寬、二至三毫米厚；牌證上面除了刻有陪審員的姓名、父親的姓名以及所在德莫的名稱之外，還刻有一個代表雅典娜的貓頭鷹或戈爾貢（*Γοργών*, Gorgon，它是對希臘神話中三個蛇髮女妖的合稱，其中最著名的是美杜莎）的頭像。

【10】κ是希臘文中的第十個字母，全體陪審員按照前十個希臘字母（從α到κ）分為十組。

【11】或許，九位執政官和法律官書記員都可以來進行這一操作（Rhodes, 705）。

【12】抄本自此處往後的文字嚴重殘缺，這部分文字經過桑迪斯、肯尼和羅德斯等學者的努力，已經基本修復；但從此處至第六十四章前的文字，至今仍未被修復。

第六十四章

1. 那放在各個部落入口前的十個箱子，上面分別刻著從 α 到 κ 中的一個字母。[1] 首先，每個陪審員將他的牌證投入與其牌證上面刻有同樣字母的箱子裡面；然後，會務員將它們徹底搖亂；再後，法律官[2] 從每個箱子裡抽出一個牌證。

2. 牌證被抽出的人被稱爲插牌員（*ἐμπήκτης, empectes*），其職責是將從箱子中抽出的牌證插到抽籤機上，該抽籤機和箱子上刻著相同的字母。插牌員是透過抽籤選出的，如果總是由同一個人擔任，他可能會篡改抽籤結果。每個抽籤機上有五列凹槽，用於插放抽選出的牌證。

3. 當他把骰子放好後，名年執政官便用抽籤機爲該部落抽籤。[3] 骰子是銅製的，分爲黑、白兩色；一個骰子代表五個牌證，根據需要選出的陪審員數目，放入數目與之相稱的白骰子，然後根據同樣的原則放入黑骰子[4]。當執政官抽出骰子時，傳令員便立即傳喚中籤者，插牌員也在中籤者行列。[5]

4. 被傳喚的陪審員應答後，從罐子中取出一個橡實，橡實上的字母朝上，首先給名年執政官查看；查看完畢後，他便將此人的牌證投入與橡實有相同字母的箱子裡，以便陪審員進入透過抽籤分配的法庭而不是自己選擇的法庭，從而使人不可能將他選擇的陪審員集中到指定的法庭裡。[6]

5. 執政官的旁邊放著箱子，其數目和當天所要開的法庭數目相等，每個法庭都標著抽籤指定的字母。

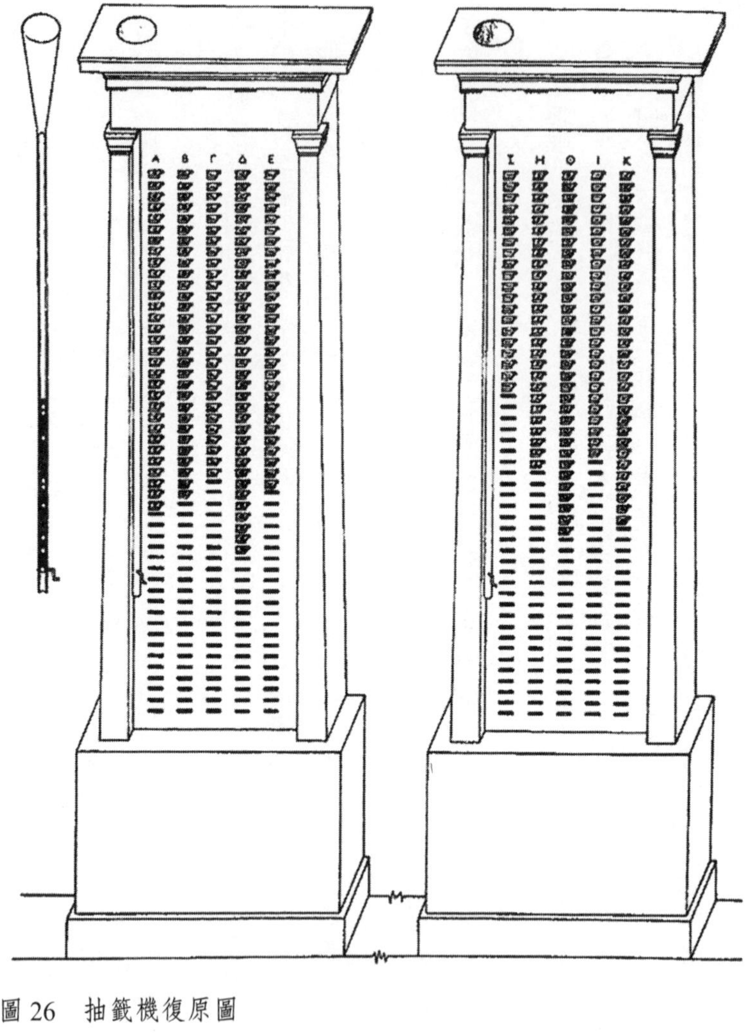

圖 26　抽籤機復原圖

◆註解◆

【1】為了能夠及時趕上入庭程序，一些住在較為偏遠地區的公民不得不在天未亮之時便起床向法庭進發（Ar. *Vesp.* 104-124）。

【2】此詞肯尼譯文為「名年執政官」。

【3】此處表述有缺失，九位執政官和法律官書記員分別為每個部落抽選陪審員，參見第六十三章第一節。

【4】即一個黑骰子代表五個被否定的陪審員。

【5】本章的第二、三節是根據羅德斯的企鵝本譯出的。抄本在此處存在嚴重殘缺，肯尼、桑迪斯、羅德斯等人都試圖復原，但只是大致復原而已，各家的復原文字在細節上存有較大差異。

【6】即杜絕訴訟人將他賄賂的陪審員集中到審理他的案件的那個法庭。除非他將所有的陪審員全部都賄賂了，這一系列的入庭程序才對他無效。

第六十五章

1.陪審員又拿著橡實給會務員查看，然後透過柵欄門（*κιγκλίδος*, *kigklidos* or *kigclidos*，其複數形式爲 *κιγκλίδες*, *kigklides*）[1]進入法庭。會務員發給他一根小棒，其顏色與所要進入法庭的顏色相同，以確保他進入透過抽籤指定的法庭；如果他進入了其他法庭，小棒的顏色將暴露他走錯了地方。

2.因爲，每個法庭的門楣上都有特定的顏色。陪審員帶著他的小棒，進入顏色與小棒顏色相同、字母與橡實字母相同的法庭。當進入法庭時，他從門口的官員那裡領取一個憑證（*σύμβολον*, *symbolon*, tokens）[2]，這一官員是透過抽籤指派的。

3.被選中的陪審員就這樣完成了入庭程序，他們帶著自己的小棒和橡實在法庭就座。未被選中的陪審員，從插牌員那裡取回他們的牌證。

4.來自每個部落的公共會務員搬運箱子，每個法庭放置一個，裡面放著每個部落就座於這個法庭的成員牌證[3]；並且，他們將這些牌證交給由抽籤指定的官員[4]，這些官員的職責是歸還每個法庭的陪審員的牌證，他們以此進行點名並發放陪審員的報酬。

◆註解◆

[1] 柵欄門，它只是包括十個法庭在內的民眾法庭的外門，會務員會在此處發給陪審員一根小棒，指示他到哪個具體的法庭去判案。

[2] 憑證，該處的憑證可能用於指示陪審員到法庭內某個位置就座，它與第六十八章第二節所提到的那個憑證作用不同。

[3] 原文為「名字」（*ὀνόματα*），因牌證上面刻有陪審員的名字，故該詞代指牌證。

[4] 在抄本中，這些官員的具體數字有缺損。肯尼和拉克漢都未曾確定其具體人數，摩爾和羅德斯皆認為此數字為「五」。這幾個官員應該會被配備從事文祕的公共奴隸，由後者來負責點名。在亞里斯多芬時代，負責發放審判費的官員名稱為「司庫官」（參見第七章第三節注釋），但沒有理由相信他們在西元前四世紀還繼續存在（Sandys, 255）。

第六十六章

1.當所有法庭的出席人員全部到齊之後，便在第一法庭[1]裡放置兩個抽籤機、一些與法庭顏色相同的銅骰子以及上面刻著主事官[2]名字的骰子。由抽籤選定的兩個法律官[3]分別將骰子塡入兩個抽籤機：一人將帶顏色的銅骰子投入其中的一個抽籤機，另一人則把刻有主事官名字的骰子投入另一個抽籤機。哪個主事官被抽中，傳令員[4]便加以宣布，首先被抽中者被分配到第一法庭。其次被抽中者，則被分配到第二法庭；餘者，依此類推。設此程序的目的是爲了防止任何人知道他們將指派到哪個法庭，每個人必須去主事官抽籤指定的法庭。

2.當陪審員進入並就座於抽籤指定的法庭之後，每個法庭的主事官便從每個箱子裡抽出一個牌證，共抽出十個，每個部落一個，並將其投進另一個空箱子裡。然後，他從這個箱子裡抽出五個牌證，指派其中一人掌管計時水漏（*κλεψύδρα, klepsydra* or *clepsydra*，其複數形式爲 *κλεψύδραι, klepsydrai* or *clepsydrai*）[5]，其餘四人負責唱票。這是爲了預防任何人預先對計時水漏管理人或唱票人行賄，以保證在這些事情上不至於出現舞弊現象。

3.那五個沒有被選中擔任這些職務的人負責發布通告，內容包括陪審員如何領取報酬、一些部落的陪審員履行完職責後在法庭單獨集合的地點；這樣做，爲的是使陪審員可以分爲多個小組，以便於領取他們的報酬，而不至於擠在一起，相互妨礙。

◆註解◆

[1] 亦即帶有 λ 標記的法庭。

[2] 主事官，即主持法庭會務的官員，他們由九位執政官和法律官書記員擔任。需要指出的是，主事官不是法官，更不是主審法官或首席法官，在案件審理上沒有發言權和表決權；他或許一度擁有被動投票權，即：當訴訟雙方得票數相等之時，他有權為被告投上支持票（參見第六十八章第一節注釋和第六十九章第一節）。

[3] 此外，名年執政官、王者執政官和軍事執政官以及法律官書記員中的任何一個人都可以參與這一程序（Rhodes, 715）。

[4] 每個法庭裡都有這樣一個專門負責喊出抽籤結果的會務人員，參見第六十八章第四節和第六十九章第一節。

[5] 計時水漏，亞里斯多芬在《馬蜂》（93）中曾提到過它，此處文字對計時水漏的描述比較模糊。其實，計時水漏是由兩個水缸組成，一高一低；高處的水缸底部有一個洞，它接著一根導水管，高處水缸裡的水透過它流入低處的水缸。

第六十七章

1. 這些預備工作完成後，訴訟開始進行。如果這一天審理私人案件，私人訴訟人被傳召。法律規定，每類案件只限審理四宗，訴訟人宣誓：所要發言的內容只與該案相關。[1]如果這一天審理公共案件，公共訴訟人被傳召，並只審理一宗。[2]

2. 法庭上備有計時水漏，其上有一個導水管，水由此注入，用來計算各方發言的時間。金額超過五千德拉克瑪的訴訟，給予十扣斯（*χοῦς, chous*，其複數形式爲*χόες, choes*）[3]水的發言時間；第二輪發言，各方則用五扣斯水。金額在一千至五千德拉克瑪之間的訴訟，給予七扣斯水的發言時間，第二輪發言，各方則用兩扣斯水。金額少於一千德拉克瑪的訴訟，則分別爲五扣斯水和兩扣斯水。有六扣斯水的發言時間用於對訴訟雙方的要求進行裁決，且只有這一輪裁決。

3. 當書記員要宣讀一項決議、法律或一份證詞、條約時，被抽籤選出掌管計時水漏的官員用手按住導水管。[4]不過，當訴訟在該日規定時限內進行時，他不會停止供水，但各方所得到的水量應該是相等的。

4. 標準時長是波賽頓月[5]內的天長時間，[6]因爲這一規定可以適用於其他月分。使用十一扣斯水，並按固定比例分配：掌管計時水漏的陪審員擺放三扣斯水用於投票，訴訟各方平均分享剩餘的水量。先前，起訴人常常熱衷於給被訴人餘留極少的時間配額，以至於被訴人不得不應對剩餘水量到底是多少[7]；但是，在今天則設置了兩個獨立的容器，一個用於起訴人，另一個用於被訴人。

5. 在早些時候，掌管計時水漏的陪審員常常會減損第二輪投票的時間配額。判處監禁、死刑、流放、剝奪公民權或財產充公的案件採用標準日來審理。

◆ 註解 ◆

【1】狄摩西尼在《訴歐布里德》（*Against Eubulides*）中反覆提到訴訟人的這一誓言是法定的（D. 57.7, 33, 59, 60, 63, 66）。

【2】這樣做為的是能夠在當天結案，但沒有充分的史料證明每一宗訟案必須在一天內結案。

【3】扣斯，古希臘的容量單位，約合三公升。計時水漏中的一扣斯水大約流淌三或四分鐘。

【4】參見：Lys. 23.14。

【5】波賽頓月，阿提卡曆中的第七月，大致從西曆的十二月中旬到一月的中旬，它是為了紀念海神波賽頓而命名的。波賽頓月是雅典白天時長最短的一個月，所以這一個月的天長時間作為標準時長，可以適用於其他所有月份。

【6】抄本中此後至第六十八章第一節的內容被嚴重損壞，柯林和霍默爾對其進行了全面復原，本書中的相關譯文主要根據羅德斯的企鵝本譯出（Aristotle, *The Athenian Constitution*, trans., by P. J. Rhodes, London: Penguin Books, 1984, pp. 112-113）。

【7】如此一來，被訴人很難做出充分的發言。

第六十八章

1.大多數法庭由五百[1]名陪審員組成……有必要由一千名陪審員組成的民眾法庭審理公共案件時，兩個法庭便合在一起；所有至關重要的案件，都需一千五百名陪審員或三個法庭合在一起審理。[2]

2.判決票（*ψῆφος, psephos*，其複數形式爲 *ψῆφοι, psephoi*）[3]由銅製成[4]，有一個軸從其中心穿過；其中，一半的軸爲空心的，另一半的軸爲實心的。當辯論結束後，透過抽籤指定保管判決票的官員便向每位陪審員分發兩個判決票，一爲空心軸判決票、一爲實心軸判決票。分發判決票時，所有訴訟人都看得一清二楚，以確保沒有人收到兩個空心軸判決票或實心軸判決票。然後，負責此項工作的官員[5]從陪審員那裡取走他們的小棒，而在他們投票時發給他們一個標有數字「三」的銅製憑證（因爲，他交出這個憑證後，才能得到三俄勃爾）。這樣做，是爲了使所有人都參與投票，因爲，不投票便得不到銅製憑證。

3.法庭內設有兩個罐子[6]，一爲銅罐、一爲木罐；它們被分開放置，以防有人祕密投票。陪審員便是將判決票投入這些罐子裡的，銅罐盛放有效判決票，木罐盛放不用的判決票；並且，銅罐有一個帶孔的蓋子，透過該孔僅能投進一個判決票，以防有人一次投進兩個判決票。

4.在陪審員準備投票時，傳令員首先問訴訟人是否還有針對任何證據的反證[7]；如果開始進行投票，任何反證都將不被接受。然後，他接著宣布，「空心軸判決票代表支持起訴人，實心軸判決票代表支持被訴人」。當陪審員從臺上走下時，他用手遮掩中軸，以使訴訟人看不出他拿的是空心軸判決票還是實心軸判決票，然後將其用於表決的判決票投進銅罐、另一個投進木罐。

◆註解◆

[1] 在多個注本和譯本中，唯獨羅德斯認定該數字為五百零一。五百與五百零一，以及一千與一千零一、一千五與一千五百零一，所要所指的法庭規模是一樣的；因為，作為主事官的九位執政官和法律官書記員中的一位擁有不充分的投票權，當支持訴訟雙方的票數相等之時，每個法庭的主事官才擁有投票權。同時，從第六十九章第一節的記述看，法庭主事官的投票權在亞里斯多德時代可能被剝奪了。

[2] 羅德斯的譯文是「審理公共案件的陪審團由五百零一人組成，它用於審理不重要的案件；當審理較為重要的案件時，需要一個一千人的法庭，即民眾法庭中兩個陪審團合併在一起；審理至關重要的案件，需要三個陪審團合併在一起組成一個一千五百人的法庭」。法庭的人數規模以五百人為單位遞增直至六千人，其中西元前四一五年的赫爾墨斯神像毀瀆案便是由六千人組成的法庭審理的，而對蘇格拉底的審判則是用了一個五百人的法庭來審理的。

圖 27　陪審員投票模擬圖

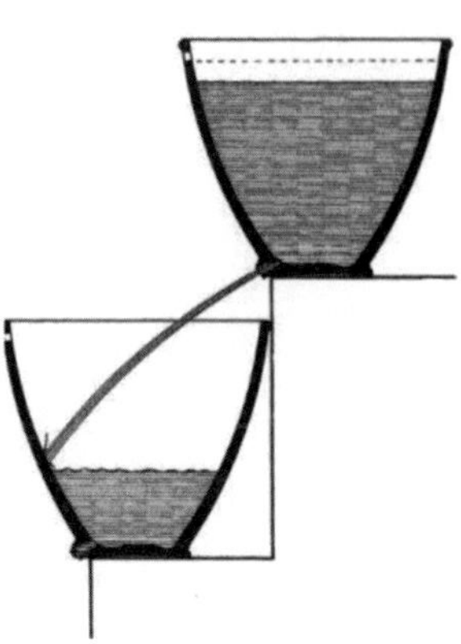

圖 28　計時水漏復原圖

[3] 判決票，該詞的最基本詞義為「鵝卵石」：「判決票」是從「鵝卵石」之義引申而來，因為鵝卵石是最初用於投票表決之物。此處陪審員用於投票的器物是帶中軸的圓片，將其譯作「投票球」或「投票珠」似有強譯之嫌。

[4] 銅製判決票是在西元前四世紀初出現在民眾法庭上的，在此之前，採用的是鵝卵石。西元前五世紀，在民眾法庭上，每個陪審員都會被發給一個鵝卵石，用作投票之用。投票箱是兩個前後擺放的罐子，前面的罐子盛放支援原告的鵝卵石，後面的罐子則盛放支援被告的鵝卵石（Ar. *Eq.* 1332, *Vesp.* 94, 109, 332, 349, 987-992; X. *H.* i.7.9）。為了達到祕密投票的目的，雅典人還設計了一個不透明的、上窄下寬的網兜，將兩個罐子罩起來；有網兜的遮擋，就可以阻止其他人觀察到鵝卵石投向了哪個罐子，從而實現投票的祕密性（*Hesperia*, 30.1963, pp. 367-368）。

[5] 該官員有可能與第六十五章第二節提到的那個官員是同一人。

[6] 見第六十章第一節。這一時期的罐子，很有可能不是先前使用的那種普通的陶罐，而是一種特製的投票箱（Rhodes, 731）。

[7] 這一程序是針對作偽證設置的，以便它能夠被及時發現；關於偽證罪，參見第五十九章第六節注釋。

第六十九章

1. 所有陪審員投票完畢後，會務員取走盛著有效判決票的罐子，並將判決票放在計票板上；計票板上面的凹槽與判決票的數目相等，以使帶有空心軸或實心軸的有效判決票能夠清楚地排列並便於計數。抽籤選出的計票員將空心軸判決票排列成一組，實心軸判決票排列成另一組；接著，傳令員宣布判決票的數量，空心軸判決票爲起訴人的贊成票、實心軸判決票爲被訴人的贊成票。得票多者勝訴，若票數相等，則爲被訴人勝訴。

2. 然後，如果有必要定罪，陪審員將以同樣方式再次投票。[1]他們首先歸還他們的報酬憑證並領回他們的小棒。[2]在半扣斯水的時間內，訴訟人就如何判罰進行發言。最後，當所有程序依法完成後，陪審員便按照抽籤指定的

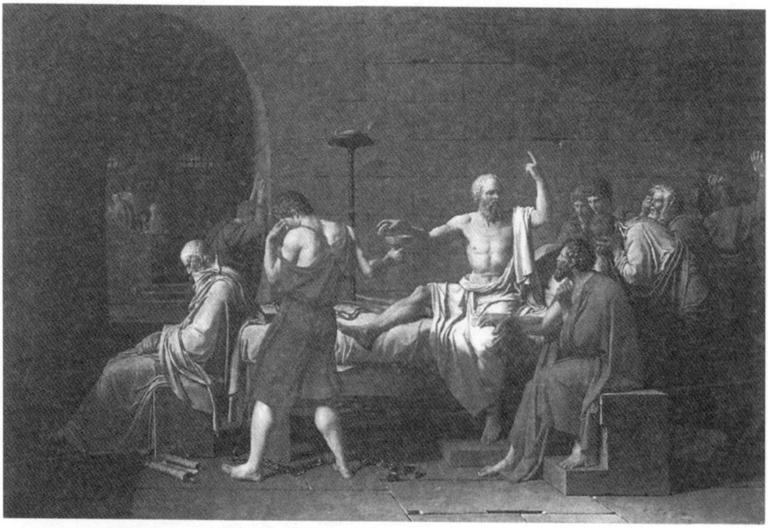

圖 29　〈蘇格拉底之死〉[3]

順序領取他們的報酬。

◆註解◆

[1] 陪審員的第一輪投票是決定訴訟雙方的勝負，如果被訴人被宣布勝訴，本訴訟就此結束；若被宣布敗訴，法庭便要按照第一輪的程序進行第二輪發言和投票，來裁決對被訴人的判罰（Plat. *Apol.* 35 e 1-38 b 9; Arist. *Pol.* 1268 a 1-6, b 11-22）。在半扣斯水的時間裡，起訴人提出一個較重的處罰要求，被訴人提出一個較輕的處罰要求；在第二輪投票中，陪審團在兩個要求之中選擇其一。西元前三九九年，蘇格拉底在第一輪投票中被判敗訴，陪審團在第二輪投票中選擇了起訴人判處蘇格拉底死刑的要求，否決了蘇格拉底提出的繳納一百德拉克瑪罰金的要求（D.L. ii.40-44）。蘇格拉底提出這個罰金金額，本身便是對民眾法庭的諷刺：因為，涉案金額達到一百德拉克瑪的案件交由仲裁人審理即可，而他所面對的卻是一個由五百名陪審員組成的大法庭。

[2] 這樣做，以確保陪審員重新投票，否則便得不到陪審員的三俄勃爾報酬（Arist. *A.P.* 68.2）。

[3] 法國畫家雅克・路易・大衛（Jacques-Louis David, 1748-1825）繪於一七八七年，現藏於美國紐約大都會藝術博物館（Metropolitan Museum of Art）。

附篇　色諾芬雅典政制

這篇名爲〈雅典政制〉的短文，一直以來被視爲色諾芬的作品，直到十九世紀才被學界認定爲僞作；根據這篇文章的言論基調，學界認爲它出自某個寡頭派演說家之手。在英語學界，自從一八九七年吉爾伯特・默雷在《古希臘文學史》裡公開以〈老寡頭〉（*Old Oligarch*）代替〈雅典政制〉來命名這篇文章（Gilbert Murray, *A History of Ancient Greek Literature*, London: Heinemann, 1897, pp. 167-169）之後，〈老寡頭〉的篇名逐漸流行。作者之所以被冠以「老寡頭」而非「小寡頭」（young oligarch）之名，已難竟其源，概因學者好惡之故，而非其本身爲年老之人（J. L. Marr and P. J. Rhodes, *The 'Old Oligarch': The Constitution of the Athenians Attributed to Xenophon*, Oxford: Aris & Phillips, 2008, pp.1-2）。學界除了將〈色諾芬雅典政制〉稱爲〈老寡頭〉之外，還將其稱爲〈僞色諾芬〉（*Pseudo-Xenophon*）或〈僞色諾芬雅典政制〉（*The Constitution of the Athenians Attributed to Xenophon*）。

僞色諾芬是雅典人還是僑居民？學界對這個問題仍有爭議，不過認爲他是雅典人的觀點已成爲主流。不管僞色諾芬是雅典人還是僑居民，毋庸置疑，他是一個寡頭派。他寫作這篇短文是爲了在一定場合下進行演說，而非對雅典的政治體制進行純粹的學術研究，這是它與《亞里斯多德雅典政制》的一個最顯著區別。儘管這位寡頭派演說家出於階級立場和政治理念反對雅典實行民主制，但他卻有別於傳統寡頭派（a conventional oligarch）；在文中，他一再強調雅典民主制的合理性、優越性和牢固性，菁英主義者不應該再抱有能夠推翻它的幻想，而應該積極順應政治形勢，對雅典民主制做一些有益的改良，以使雅典社會的各個階層都能各取所欲、各得其利。這是本文中的最大亮點。

由於西元前五世紀後半期雅典寡頭派中的開明分子都有可能懷有這種主張，並且文中只是籠而統之地提到了當時的歷史事件，這就使得學界難以確定它的具體成文時間。不過，大部分學者的觀點認爲，它是在西元前四四六年之後，稍早於西元前四二四年寫成的；文章的第三章第十一節提到了西元前四四六年雅典在波也奧西亞的失敗，而西元前四二四年斯巴達傑出將領布拉西達斯（*Βρασίδας*, Brasidas, ?-422B.C.）成功穿越色薩利攻占雅典大後方的軍事重鎮安菲伯里斯，進而使雅典在伯羅奔尼撒戰爭中由主動陷入被動，它從事實上否定了作者在第二章第五節所提到的觀點。

本篇譯文主要參考了鮑爾索克的〈僞色諾芬〉（G. W. Bowersock, “Pseudo-Xenophon”, *Harvard Studies in Classical Philology*, vol. 71, 1967, pp. 33-55）和《色諾芬雅典政制》（G. W. Bowersock, *The Constitution of the Athenians*, in *Xenophon*, vii, Harvard University Press, London. 1984）、摩爾的《僞色諾芬雅典政制》（J. M. Moore, *Aristotle and Xenophon on Democracy and Oligarchy*, Berkeley: University of California Press, 1975）、格雷的《色諾芬論雅典政制》（Vivienne J. Gray, *Xenophon on Government*, Cambridge: Cambridge University Press, 2007）以及瑪律和羅德斯的《老寡頭·僞色諾芬雅典政制》（J. L. Marr and P. J. Rhodes, *The ‘Old Oligarch’: The Constitution of the Athenians Attributed to Xenophon*, Oxford: Aris & Phillips, 2008）等。

第一章

1.現在，讓我們來談談雅典人的政治體制。我並不贊同他們所選擇的憲法類型，正是這一選擇才使得下等階層比上等階層生活得更舒適。我重申一遍，直到現在，我仍不贊同這套體制。但是，既然他們事實上已經擁護這套體制，那麼我就講講他們是如何維護它並處理其他相關事務的；在這些問題上，其他希臘人則批評他們犯了大錯。

2.首先，我認爲，雅典的貧下民眾（*πένης, penes*）[1]和人民比富貴階層生活得舒適，乃天經地義之事。因爲，人民裝備了海軍，這才使得國家的實力強大起來。舵手、水手長、艦長助理、船首的瞭望兵、造船匠——這些人都來自人民，正是他們使國家變得強大，而那些重裝步兵和出身高貴之人所發揮的作用卻遠遜於此。鑑於此，將國家公職向所有人開放，使他們透過抽籤和舉手表決當選[2]；並且，每一個人都被賦予演說的權利，只要願意，他絕不會受到任何限制。似乎只有如此做，才合乎正義。

3.另一方面，有許多官職，如果選人恰當，便能保證人民的安全；如果選人失當，則會給人民帶來危險。基於上述原因，在這些官職的選任上，人民放棄了人人皆有權利當選的做法；例如：將軍或騎兵統領之類的職務，他們認爲並非每個人都能勝任，放棄親自出任這些官職、讓更有能力的公民來擔任，這樣做更有利。不過，他們熱切希望當選另一些官職，這些官職能夠帶來報酬和增加個人財富。

4.其次，國家在各個方面給予底層民眾——即窮人和平民——的照顧都多於貴冑之室，有些人對此事頗爲不解。如大家所看到的那樣，如此做，並非是有違常理的奇異之事，反而是確保民主的基石。正是這些窮苦大眾，這些平民百姓，這些烏合之眾，隨著人數的增多，他們得了勢，增強了民主的實力。倘若貴冑之室高高在上，平民大眾便會形成一支與之對抗的強大力量。[3]

5.菁英分子（*ὁ βέλτιστος, ho beltistos* or the best）[4]反對民主政治，整個世界都是如此。這是很自然之事。因爲，他們很少放縱無度、行不義之事，並且小心謹慎地追求至善；而平民大眾則是極端愚昧無知、桀驁不馴、行止無方，貧窮更是誘使他們行卑劣之事，更不用說這些群氓缺乏教育、不辨是非以及無以謀生。

6.或許會有人提出異議，不應該讓所有人都有權在公民大會和議事會上發言，這應該是屬於最智慧的社會菁英的特權。但是，大家在此又會發現，他們將演說的權利授予平民大眾，是明智選擇；因爲，假如只有菁英們有權在公民大會和議事會上發言，那麼只有這些人才能夠從中獲益，而平民大眾則只能反受其害。但現在的情況是，任何一個貧民，只要願意，他便可以站出來爲他本人及其群體利益發言。

7.有人會反駁，「這類人有何德何能，來爲自己或他人謀福利？」雅典人對這一反駁的回答是，在他們看來，這類人的無知、卑賤和善意結合在一起，要比你們這些高貴之人的美德、智慧和惡意結合在一起，更爲有價值。[5]

8.這一做法不會使雅典變成最好的國家，但它卻是雅典人維護民主政治的最佳途徑。因爲，國家若被治理得井然有序，人民便會在其中受奴役，這是他們不希望看到的。人民渴望自由和成爲主人[6]，而不在乎政體的好壞。事實上，你們所認爲的壞政體恰恰是人民獲得力量和自由的源泉。

9.如果你們想要追求好的政體，你們首先會發現，菁英階層會爲自己的利益進行立法。其次，菁英階層會懲罰平民大眾，壟斷國家的決策權，將平民大眾拒於議事會和公民大會的大門之外。這樣做的確能夠將國家治理得井然有序，但是人民卻會迅速淪爲奴隸。

10.另外，在雅典，奴隸和僑居民享有太多的特許權；毆打他們便屬於犯法，奴隸也不會在街上給你讓道。我會解釋雅典人爲什麼這樣做。如果奴隸被自由人毆打是合法的，或者僑居民或被釋奴[7]被公民毆打是合法的；那麼，雅典人會頻繁地被誤當做奴隸或僑居民而遭到毆打。因爲，雅典人的衣著並不比奴隸或僑居民華麗，長相也不比他們漂亮。

11.事實上，如果雅典允許奴隸奢華地生活的話，你們將會驚奇地發現，有些奴隸的確會過上優雅高貴的生活。可以看出，這樣做是有其特定目的的。我們擁有強大的海軍，但必須僱用奴隸來划船，以便從他們的勞動中獲利，這就必然使奴隸獲得自由。[8]我們擁有富裕的奴隸，但它將不再是我們的優勢；我的奴隸本應該懼怕你，而事實並非如此。在斯巴達，我的奴隸卻是懼怕你的。[9]但是，如果你的奴隸懼怕我的話，他將願意拿出自己的錢財，以便避免自己的身體和生命受到傷害。

12.出於這一原因，我們在奴隸和自由人以及僑居民和公民之間確立了平等原則。國家需要僑居民來從事各種各樣的經濟活動以及爲海軍提供服務。所以，賦予僑居民以平等的權利是理所應當的。

13.在雅典，你找不到投身於體育鍛鍊和音樂活動的平民；他們認爲這些活動不適合他們（因爲這些活動超出了他們的負擔能力）[10]。在訓練合唱隊、組織體育競技和裝備三列槳艦等事宜上，富人出資訓練合唱隊，平民參加合唱隊成爲被訓練者；富人出資裝備三列槳艦和組織體育活動，平民只需親身參與其中即可。總而言之，平民認爲從這些活動中獲利是他們的權利，結果，富人變得越來越窮。並且，在法庭上也同樣如此，他們主要關心的不是正義而是個人利益。[11]

14.接下來談談盟邦的問題。正如人們所說的那樣，雅典派出的使者會指控（盟邦的）[12]貴族並且憎恨他們。他們意識到，被統治者必然憎恨統治者；如果富貴階層在這些國家掌權，那麼雅典人民的統治[13]將會很快終結。那些貴族爲何會被剝奪公民權、褫奪財產、驅逐出國和判處死刑，而那些平民的利益卻因此得到提升，原因便在於此。另一方面，雅典的貴族則爲盟邦的貴族撐起保護傘。因爲他們認識到，保護那些國家的菁英分子，始終符合他們自身的利益。

15.或許有人會得出結論，雅典之所以強大，有賴於他們的盟邦繳納盟金的能力[14]。但是，在平民們看來，雅典人獲取盟邦的財富，似乎更爲有利；這樣可以使盟邦僅有餘財度日，而沒有力量策劃反叛的陰謀。

16.雅典人強迫盟邦航行到雅典來審理他們的訟案，這被認爲是一項錯誤的政策。[15]但雅典人卻可以理直氣壯地回答道：雅典人民能夠從這項政策中獲得諸多利益。首先，整年裡，他們能夠從訴訟費裡獲得穩定的報酬。其次，他們能夠在國內處理盟邦的事務，而無須耗資遠航。再次，他們能夠保護民主政治的擁護者，並透過法律手段消滅民主政治的反對者。如果盟邦在本國內審理他們的訟案，他們往往會受到反雅典情緒的煽動，處死公民集體內的一些成員，這些成員是親雅典的骨幹分子。

17.盟邦的訟案在雅典審理，雅典還能獲得其他益處。首先，皮雷埃夫斯港按百分之一稅率徵收的關稅[16]，這會增加國家收入；其次，擁有房屋、馱獸和奴隸的人，可以透過租賃來獲得更多的利潤；再次，外邦人在雅典的逗留，會使信差使這個群體越發興旺。

18.假如盟邦的訟案不在雅典審理，他們只會尊重雅典派出的官員，如將軍、艦長和使官；但現在的情況是，盟邦中的每一個人都必須奉承雅典人民，因爲他知道，他必須到雅典接受審判，在法庭上是否能夠勝訴完全取決於雅典人民，這的確是雅典的法律。在法庭上，他必須將自己扮演成爲一個哀求者；當陪審員進入法庭時，他需要牢牢抓住他們的手哭訴哀求。[17]這樣一來，盟邦反而越來越被雅典人民奴役。

19.此外，由於雅典人在海外擁有財產且要到海外出任官職，他們和他們的隨從便不知不覺掌握了航海技能。一個不斷出海航行的人必須會划槳、掌握駕船技術，他和他的隨從都不例外。

20.於是，雅典透過廣泛的航行歷練和實踐，培養了一大批技藝嫻熟的水手。他們掌握了航海技藝，有的能駕駛小艇，有的能爲商船掌舵，另外一些人更爲有能力，他們能夠在戰船上服務。由於他們終生都在進行著航海訓練，大多數人一上船便能划槳開船。

◆註解◆

[1] 貧下民眾，參見《亞里斯多德雅典政制》第二章第一節「平民」注。

[2] 有關雅典官職的選任情況，參見：Arist. *A.P.* 43.1-44.2。

[3] 即社會上層越是有權有勢，社會下層便會在政治領袖的領導下與他們進行更為強烈的對抗。

[4] 菁英分子，即社會上層或貴族。

[5] 從這一辯護來看，作者本人仍懷有貴族優越論的觀點（參見本章第五節），認為社會下層只有可能是善良的，不可能是有能力的。伯里克里斯則在這方面超越了他，他相信平民和貧民中也同樣會存在著有才能的人，「選任公共職務時，依據的是真才實幹而反門第出身。一個人只要有能力為國家服務，他絕不會因為自身貧窮而被排斥在政治之外」（Th. 2.37.1）。

[6] 即有權利擔任公職和治理國家。

[7] 被釋奴，自由人的一種；被釋奴的地位類似於僑居民，但要受到更多的限制。雅典的奴隸往往會透過三種途徑獲得自由：奴隸主作為對奴隸忠實能幹的回報，如狄密斯托克利斯的奴隸西辛努斯（*Σίκιννος*, Sicinnus）、銀行家帕西昂，以及帕西昂的奴隸佛米歐（*Φορμίον*, Phormio）便是透過這種方式獲得自由的；城邦對奴隸的忠勇行動表示感謝，如參加西元前四九〇年馬拉松戰役和在伯羅奔尼撒戰爭末期響應城邦號召參加作戰的一批奴隸，在作戰結束之後便獲得自由；奴隸或他人透過金錢贖買，如一些奴隸透過貢獻自己的積蓄獲得自由、一些男性自由人出於對某個漂亮的女奴，特別是妓女的迷戀，而會為其贖身。被釋奴享有四項基本「權利」：作為人的尊嚴、免受非法掠奪或逮捕的權利、自由選擇工作的權利和自由活動的權利。並且，被釋奴可以透過投身於雅典的公益捐助事業來贏得雅典人民的好感，進而獲得公民身分；在這些被釋奴當中，最成功的應該是帕西昂和佛米歐兩人。

[8] 這一句的原文有一處殘缺，不能確定其文義。

[9] 其意思是說，在雅典，奴隸不懼怕自己主人之外的公民；而在斯巴達，奴隸卻是懼怕所有公民的。據色諾芬〈斯巴達政制〉（vi. 1-3）記載，在其他城邦，私人奴隸僅歸其主人一己使用，若無他的允許，任何人不得使用他的奴隸；在斯巴達則是另一種情形，任何公民都有權利使用其他公民的奴隸。

[10] 原文殘缺此句。

[11] 出於階級偏見，作者對平民出身的大多數陪審員進行貶抑。

[12] 括弧內的文字為譯者所加。

[13] 所謂「雅典人民的統治」，指的是提洛同盟：由於雅典對提洛同盟成員實行霸權式的領導，從而使它的領導被貶抑為「統治」（*ἀρχή, arche*）。*arche* 通常被現代學者譯為「帝國」（empire）。筆者認為，不管是從規模還是從建制上來判斷，雅典領導或統治下的提洛同盟並不具備帝國的性質。將雅典對同盟者的領導和控制或者被貶稱為統治理解為帝國統治是古史研究現代化的產物，但由於沒有一個更恰當的詞語來徹底取代「帝國」，學界目前仍然普遍接受將 *arche* 翻譯為「帝國」的做法。

[14] 參見《亞里斯多德雅典政制》第二十三章第五節「盟金」注。

[15] 作者在此處所要表達的真實想法是存在爭議的。

[16] 亞里斯多芬在西元前四二二年上演的《馬蜂》中提到當時雅典的關稅是百分之一（Ar. *Vesp.* 658）。西西里遠征軍在西元前四一三年遭遇滅頂之災後，雅典決定不再對盟邦徵收盟金，而將關稅提升為百分之二，以彌補財政的不足（And. *Myst.* 133-134）。

[17] 亞里斯多芬曾在《馬蜂》中對被訴人如何乞求陪審員寬大為懷進行了生動的刻畫（參見：Ar. *Vesp.* 550-575）；同時，他還在《鳥》中諷刺雅典人剝奪盟邦司法主權的做法（參見：Ar. *Av.* 1422-1425）。

第二章

1.重裝步兵是雅典軍事力量中的軟肋。事情是這樣的。他們認識到這樣一個事實：與敵對的國家[1]相比，他們重裝步兵的實力遠不如人，即便在數量上占據優勢也同樣是如此；但相對於那些向他們納貢的盟邦而言，他們的重裝步兵卻堪稱強大。並且，他們相信，只要保持這樣的優勢，他們的重裝步兵便足以應對各種情況。

2.還有另外一個因素也在促成他們形成這種觀點。陸地上的僕從國能夠將幾個小國家的軍隊組織起來參加共同的作戰（來挑戰其盟主的權威）[2]。但是，海上的僕從國，由於是一群海島國家，它們便不可能聯合起來統一行動，因爲大海將它們阻隔開來；所以，它們的盟主一定會成爲海上主宰。即便是那些海上的僕從國能夠祕密地在某個島嶼集合起來，然而，它們這樣做的唯一後果是因補給不足而滅亡。

3.在雅典的僕從國當中，有些是陸地上的國家，它們之間的大國因爲恐懼而不得不受制於雅典，那些小國則完全是出於貧窮而不得不如此。因爲，沒有一個國家能夠不依賴進口和出口而維持生存；並且，這些國家如果不聽從海上盟主的吩咐，它們將會遭到制裁。

4.其次，海洋強國能夠做陸上強國無法做到的事情；例如：他們可以劫掠一個實力更爲強大的國家。因爲，他們總能夠沿著海岸線航行到沒有敵人或敵人較少的地方登陸；並且，如果有敵人的重兵衝擊過來，他們可以上船離去。[3]海軍可以輕而易舉地進行這類打擊，而派重裝步兵從陸地上出擊則相當困難。

5.再次，主宰海洋的強國，可以棄自己的國土於不顧，隨心所欲地航行到任何一個地方進行攻擊。然而，陸上強國卻不能在距離本國國土有數天行程之外的地方行軍打仗；因爲，在陸地上行軍相當緩慢，隨身攜帶的糧食也不能維持他們長時間的持續行軍。若要如此，他們要麼必須是從友邦那裡借道行軍，要麼必須在行軍途中不斷打敗敵人。[4]與之相對，艦隊可以憑藉自身優勢在任何地方登陸；若不能如此，它也可以沿岸航行，航行至友邦或敵國弱於防守的地帶登陸。[5]

6.第四，針對農作物的病禍蟲災會像天譴神罰一樣，猛烈地降臨到大陸國家的身上，但它們卻幾乎不會影響到海上國家。因爲，這樣的災害不會同時降臨到世界的每個角落，海上霸主能夠從欣欣向榮的地區獲得補給。

7.一些不太重要的結果也應該被提到。首先，正是因爲雅典是海上霸主，它才能與不同的國家進行交往，獲得了諸多高品質的生活樂趣。[6]西西里和義大利的，賽普勒斯、埃及和利底亞的，朋都斯[7]或伯羅奔尼撒的，或者其他任何地區出產的精美物品，海上霸主[8]都能將它們匯集到同一個地方。其次，在與來自各個地區的人交往時，雅典人總是會取其精華爲己所用。以至於，當其他希臘人都在陶醉於自身獨特的語言風格、生活習慣以及服裝樣式的時候，雅典人卻採取了相容並包的態度來對待整個希臘世界乃至希臘之外的世界。

8.人民也意識到，不可能讓每個人都來獻祭犧牲、舉辦節慶、修建聖域，以及管理這個繁榮昌盛的國家。但是，他們找到了一個解決方法，來獻祭犧牲、主持儀式、舉辦節慶、修建聖域。國家用公款來購置大量犧牲，人民享受宴飲，並透過抽籤方式分到屬於自己的祭品。

9.一些富人擁有私人的體育館、浴池和化妝室，人民卻用公款建了許多摔角場、化妝室和公共浴池；於是，普通大眾，而非那些菁英分子或者富人們，從這些設施中得到了最大的益處。

10.在希臘人以及異邦人當中，只有雅典人特別有能力擁有財富。如果某個國家擁有豐富的造船木材，除了說服海上霸主與它做交易之外，它還能從哪裡找到市場？如果某個國家擁有豐富的鐵礦、銅礦或者亞麻，除了說服最大的海上勢力與它做交易，它還能找誰來進行交易？然而，這些東西也正是我們的船隻所需要的。我們必須從一個國家獲得木材，從另外一個國家獲得鐵，從第三個國家獲得銅，從第四個國家獲得亞麻[9]，從第五個國家獲得蜂蠟[10]等。

11.除此之外，他們也禁止這些國家將這些資源出口到任何與我們爲敵的國家，違者將不得在海洋上航行。如此一來，我們不費吹灰之力，便能從陸地上取得並擁有所有這些資源，因爲我們擁有海上優勢。然而，其他任何一個國家都不能擁有其中的兩種；例如：一個國家不可能既擁有木材又擁有亞麻，因爲一個盛產亞麻的國家必定土地平坦，不適合生長參天大樹。一個國家甚至不可能同時生產銅和鐵，或者其他資源中的兩種或三種；只能是，一個地方生產這一種資源，另一個地方生產那一種資源。

12.在以上所講之外，海上霸主還擁有另一個優勢。每個大陸都擁有海岸線，那裡要麼有突出的海角，要麼有相鄰的島嶼，要麼有狹窄的海峽，諸如此類；所以，只有海上霸主才能夠到達這些地方停泊，並能向大陸居民施以打擊。[11]

13.對雅典人來說，有一件事是美中不足的。[12]如果他們是生活在島嶼上的海洋統治者，他們將有實力肆意爲害，便不會遭到惡報；只要控制著海洋，他們既不用擔心他們的土地會遭到蹂躪，也不用害怕敵人的到來。事實上，當強敵壓境之時，那些農田主和富人只好準備著媾和；然而，人民非常清楚，他們所擁有的一草一木都不會受到損傷，既不會遭到砍伐，也不會受到焚燒；他們自由自在地生活著，既無警報攪擾，也無須締結城下之盟。

14.除此之外，如果生活在島國，他們也不會受到另一種恐懼侵擾：擔心他們的國家不知何時會被本國寡頭派出賣，城門被突然打開，敵人霎時間如潮湧入。如果他們以島爲家，這類事變怎麼會發生在他們身上呢？還有，如果他們居住在島上，將不會發生反對人民的暴亂；即便是發生內亂，動亂分子也只能寄希望於從大陸上引入敵人。因此，如果生活在島上，他們便無須有這種擔心。

15.不過，鑑於他們從最初便沒有選擇居住到島上去，他們現在可以這樣做：憑藉他們控制海洋的能力，將財產轉移到海島上去，面對阿提卡的土地遭受蹂躪而能泰然處之。[13]他們知道，如果對此感到痛惜，他們將會失去更爲寶貴的財產。

16.進而言之，實行寡頭統治的國家必須履行盟約、遵守盟誓；如果他們未能履行盟約或違背盟誓，這些過錯將會由那幾個少數人[14]承擔。但是，如果民主國家簽訂盟約，那些提出議案或要求付諸表決的個人很容易受到人民的指責；並且，另一些人會聲明，他們不在場，或者他們不同意公民大會通過的決議。在公民大會上徵求意見時，如果他們不同意其中的任何一個議案，便會立即想出數以萬計的理由來爲他們不想做的事情辯護。如果人民批准的決議在執行過程中被證明是錯誤的，人民會很自然地聳聳肩，擺脫與之相關的任何關係，轉而控告那幾個少數人，是他們在破壞人民利益、將人民引入歧途；但是，如果決議執行後的結果是有益的，人民會立刻將其歸功於他們自身。

17.他們禁止在喜劇舞臺上對人民進行諷刺，以便聽不到關於自己的壞話。如果有人非常想諷刺某個具體的個人，他們任其隨心所欲；他們十分清楚，這個人在喜劇裡諷刺的對象通常不會是人民和平民中的成員，而通常會是某個富人、貴族或有權勢的人。事實上，只有幾個窮人和平民遭到了喜劇作家的諷刺，這些人之所以會遭到諷刺是因爲他們總是愛干涉他人事務和努力擺脫他所處的階級；當這些人在喜劇裡被諷刺的時候，人民並不會被惹惱。

18.我敢斷言，雅典人民能夠毫不費力地判斷出，哪些公民品德高尚、哪些公民稟性卑劣；並且，認識到，後者可以爲他們所用、對他們有益。所以，他們傾向於喜歡小人而憎惡君子。[15]在他們看來，天性高尚者並不能給人民帶來福祉，而只能帶來災禍。與此相對的是，有些人並非出生於人民階層，但他們卻的確站在了人民的立場上。

19.就我而言，我不會譴責人民選擇了民主政治。任何人都會爲他自己牟利，這是可以理解的。但是，如果有人並非人民出身，他卻喜歡生活在民主制國家裡而不喜歡生活在寡頭制國家；那麼可以斷定，這個人是想爲自己行不義之事鋪平道路。他知道，與生活在寡頭制國家裡的壞人相比，生活在民主制國家裡的壞人更容易從正義之神的指縫裡溜掉。

◆註解◆

【1】特指斯巴達。
【2】括弧內文字為譯者所加。
【3】伯里克里斯為雅典人制定的戰略方針，以及雅典人在伯羅奔尼撒戰爭初期所執行的戰略（Th. i. 143.3, ii. 23.1）便如文中所述。
【4】西元前四二四年，斯巴達傑出將領布拉西達斯率領軍隊成功穿越色薩利，來到薩爾馬克灣地區，並迅速占領雅典位於該地區的軍事重鎮安菲伯里斯，從而使雅典在伯羅奔尼撒戰爭中由主動陷被動，它從事實上否定了作者在第二章第五節所提到的觀點。
【5】此句文中有殘缺。
【6】伯里克里斯在西元前四三一年冬的國葬演說中也提到了雅典的這種情況（參見：Th. 38）。
【7】朋都斯（*Πόντος*, Pontos or Pontus），今為黑海南部海岸地區，該地名稱來源於黑海的希臘名「好客海」（*Εὔξεινος Πόντος*, Euxeinos Pontos or Hospitable Sea）：在古典時代，該地名所指範圍並不固定，概指黑海地區，該地區是古希臘人的一個重要的海外殖民地區，並與希臘本土——尤其是雅典——保持著緊密的商業聯繫，用糧食來交換手工製品。
【8】即雅典。
【9】亞麻可以用來編織成船纜。
【10】蜂蠟可以作為黏合劑和保護性塗料應用於造船。
【11】參見本章第四節和第五節。
【12】雅典是一個濱海國家而非海島國家，這是雅典的戰略缺陷。這個觀點與伯里克里斯的觀點相吻合（參見：Th. i. 143.4-5）。
【13】在伯羅奔尼撒戰爭爆發後，雅典人便遷居到雅典城和皮雷埃夫斯港，並將他們的財產轉移到尤比亞島上，任斯巴達的重裝步兵對阿提卡的農村進行破壞而不派兵阻止（參見：Th. ii. 14.1, 23.1）。

【14】即掌握國家政權的那幾個人。

【15】文中的「稟性卑劣者」、「小人」和「品德高尚者」、「君子」，也可以分別翻譯為「平民」和「貴族」。作者本著唯出身論的觀點認為，出身高貴者必然道德高尚，出身卑賤者必然道德敗壞。

第三章

1. 我再重複一遍，我不贊同雅典人選擇的政體；但是，自從他們選擇了民主制，他們似乎透過我所講過的方式成功地維護了它。[1]但是，我發現，有人對雅典人提出了其他的批評。他們告訴我，一個人即便等待了一整年，議事會[2]或公民大會也不可能為他處理一件事務。這種情況，時常在雅典發生。不是因為別的原因，只是因為他們手頭的事務太多，以至於他們不能處理完所有事務而只好將其推遲。

2. 他們如何做的呢？首先，他們這些雅典人擁有如此之多的節日慶典；在整個希臘，哪個國家能比得上？當然，在舉辦這些節日慶典期間，他們更不可能處理任何國家事務。其次，他們需要裁決如此之多的訟案——什麼私人訴訟、什麼公共訴訟、什麼帳目審計等，其數目超過了人類世界其餘部分的總和。同時，議事會需要就媾和與宣戰提出種種建議，制定稅收方案，制定法律，決定繁瑣的日常國事，處理與盟邦相關的不盡問題，監管盟金的徵收事務，監管船塢以及神廟等。他們能夠處理如此繁多的事務，卻沒有能力處理任何一個人的個人私事，這難道不令人驚詫嗎？

3. 有人會說，「如果你帶著錢去議事會或公民大會，你所求之事便會得到考慮」。我同意這種說法。在雅典，許多事情是需要透過送錢來完成的；並且，腰包掏得越多，達到的目的便會越多。不過，有一件事，我非常清楚：這個國家沒有能力滿足所有人提出的要求，即便是將世界上所有的黃金白銀拿來打通門路，也同樣是如此。

4.有一些訟案必須作出判決，有人未能裝備船隻[3]，必須對此作出判決；有人在公共土地上建造了房屋[4]，必須對此作出判決。並且，由誰來擔任戴奧尼索斯酒神節、塔爾格里亞節、泛雅典娜節、普羅米修斯節（*Προμήθια*, Promethia or Prometheia）[5]和赫淮斯提亞節[6]上的演出執事，這也需要每年裁決一次。每年都會有四百人被指定來擔任三列槳艦執事[7]，如果有人提出異議，他們也同樣需要進行判決。此外，官員們的資格審查以及與此相關的糾紛需要裁決，孤兒的實際情況需要核查，監獄看守[8]需要任命。

5.這些事務，每年都需要處理一次。並且，他們還需要時不時地審判逃避兵役的案件和其他意想不到的案件，它包括突發性的暴力事件和瀆神行爲。還有其他方面的事情，我不再一一列舉。我所講過的事情都是最重要的，其中對盟金的估算，它每四年進行一次。

6.有人會提出，能不能不審理這麼多的案件？如果按照他說的去做，那麼又怎麼確定哪些案件不應該審理，哪些案件應該審理？另一方面，如果我們承認所有這些案件都有必要審理的話，那麼就必然會一年到頭都在爲這些案件忙碌。因爲，即便現在整年忙於審理案件也不能阻止所有的犯罪，犯罪的人實在太多了。

7.這樣一來，有人會說，「他們確實需要審理案件，但只需要少數幾個人來審理它們即可」。但是，如果這樣的話，那麼，在不能減少法庭數目的情況下，必然需要減少每個法庭的陪審員人數；這樣會讓訴訟人更容易操縱訴訟、賄賂整個陪審團，使得法庭的審判更加背離正義。

8.除此之外，我們不得不承認，雅典人還要舉辦他們的節日慶典，在此期間，法庭是不工作的。事實上，雅典人舉辦節日慶典的次數是其他任何國家的兩倍；並且，即便是我將那些國家中最少數人參加的節日慶典活動計算在內，也同樣是如此。既然如此，我認為，雅典的未來時局不可能與現在有什麼變化，無非是零敲碎打的細微調整，不可能出現改變民主制的實質性變革。

9.毋庸置疑，許多措施都被證明是有利於改良國體的；但問題是，如何才能做到在改良國體的同時又能確保民主制不受損害。除非按照我剛才所講的，在各種不重要的細微之處做一定程度的或益或損的調整；否則，就難以找到一個更好的途徑。

10.還有另外一點，雅典人似乎做得不明智：在一些國家發生內爭之時，他們支持下等階層。他們這樣做是經過慎重思考的。如果他們支持上等階層，那麼他們將要支持與自身觀點和利益相衝突的階層。因為，任何一個國家的菁英分子都不會支持雅典人民；與此相反，每個國家的下等階層卻擁護雅典人民。物以類聚、人以群分，雅典人選擇了擁護他們的一派。

11.無論他們何時試圖站在那些國家上等階層的一邊，結果都會證明這樣做對他們有百害而無一利。他們支持波也奧西亞的貴族派時，當地的人民便受到了一段時期的奴役[9]；類似的事情也發生在米利都，當他們支持米利都的貴族時，這些人不久便起來反叛，大肆屠殺當地的人民[10]；他們支持拉西第夢人反對麥西尼亞人[11]時，拉西第夢人沒有用多久的時間便鎮壓了麥西尼亞人，然後便向雅典開戰。

12.或許有人反駁：「在雅典，難道沒有人被不公正地剝奪了公民權嗎？」我的回答是，確實有人被不公正地剝奪了公民權，但遭遇這種不公的人卻屈指可數。然而，在雅典攻擊民主制度需要擁有大量的人手；並且，如果想攻擊民主制度，就不能指望那些被公正地剝奪公民權的人，而只能指望那些被不公正地剝奪了公民權的受害者。

13.但是，在人民掌握著最高權力的雅典，怎麼竟然會有人認爲有許多人會被不公正地剝奪了公民權呢？在雅典，若有人被剝奪公民權，那一定是因爲他們濫用職權、在言行上有不正直的表現以及其他類似情況。考慮到這些情況之後，就不會有人認爲，被剝奪公民權的人會給雅典帶來什麼危險。

◆註解◆

【1】參見第一章第一節。

【2】即雅典的五百人議事會。

【3】此項訟案是關於三列槳艦捐助方面的糾紛。

【4】參見《亞里斯多德雅典政制》第四十六章第一節和第五十章第一節。

【5】普羅米修斯節，是為紀念人類恩主普羅米修斯將火從天上盜取送到人間而設立的一個宗教節日，其中最著名的節日活動是舉行火炬賽跑。

【6】有關戴奧尼索斯酒神節、塔爾格里亞節、泛雅典娜節和赫淮斯提亞節的情況，請參見《亞里斯多德雅典政制》第五十四章第七節和第五十六章第三至五節及其注釋。

【7】文中的「四百人」或許應該改為「三百人」，在伯羅奔尼撒戰爭初期雅典的海軍規模應為三百艘三列槳艦（Th. ii. 13.8）。

【8】或許指的是警吏，參見《亞里斯多德雅典政制》第二十四章第三節「監獄看守」注和第七章第三節「警吏」注。

[9] 作者所說的是西元前四五七年至前四七七年這段時期的波也奧西亞局勢。在西元前四五七年的塔那格拉戰役之後，斯巴達放棄支持底比斯的政策，雅典趁勢控制了底比斯之外的所有波也奧西亞地區，並驅逐了其中的一部分貴族派，但絕大多數史料並未提到當時波也奧西亞的政體形式，唯有亞里斯多德在《政治學》（1302 b 29-31）中提到雅典扶植當地的寡頭派推翻民主制建立寡頭制，這一說法卻與西元前四四七年波也奧西亞流亡貴族掀起貴族革命在邏輯上相矛盾。文中的言論很可能是錯誤的，至少部分是錯誤的。

[10] 米利都，位於小亞細亞地區的著名希臘城邦，著名哲學家泰利斯（*Θαλῆς*, Thales, 624/623-548/545B.C.）便是米利都人，該地處於希臘文明和兩河文明的交匯處，商業發達、文化繁榮、勢力強大，直至波斯帝國入侵，該地區才衰落下來，淪為波斯帝國的屬邦；在波斯帝國被驅逐出希臘世界之後，它轉而成為提洛同盟成員，受制於雅典。西元前四五二年，米利都的貴族趁著雅典遠征埃及遭受嚴重挫折之際宣布脫離同盟，遭到鎮壓，但雅典並未改變米利都的寡頭制；西元前四四六年，米利都又一次借著雅典在希臘大陸，尤其是波也奧西亞地區陷入困境之時宣布脫離同盟。文中所言之事大概指的便是此事，不過，作者所講的「屠殺當地的人民」可能是對處死米利都親雅典民主派的誇大之詞。

[11] 麥西尼亞人（*Μεσσηνιακός*, Messeniakos or Messenian），屬於多利安人（*Δωριεῖς*, Dorians）的一支，與斯巴達人同宗同祖。在多利安人入侵希臘時，他們占據了伯羅奔尼撒半島西南部，與斯巴達占領的里阿科尼亞毗鄰；斯巴達人覬覦於麥西尼亞的肥沃土地，便向同族發動侵略，最終在西元前八世紀末將麥西尼亞攻占，絕大部分麥西尼亞人變為斯巴達的國家奴隸黑勞士，少部分人驅趕到偏遠的山區讓他們從事商業貿易，這批人被稱為邊區民。西元前四六四年，斯巴達發生大地震，黑勞士趁機掀起了大規模的武裝暴動，並在伊湯姆建立了牢固據點。西元前四六二年，雅典人受斯巴達邀請前往協助鎮壓，但斯巴達害怕雅典軍隊來到之後散播民主革命精神，便將雅典援軍遣返。由此，雅典和斯巴達在西元前四八一年至前四七九年反波斯戰爭中建立的同盟關係徹底破裂。隨後，雙方爆發了第一次伯羅奔尼撒戰爭（西元前四六〇年至前四四五年）。西元前四五五年，當斯巴達與暴動者達成和解，准許後者離開時，雅典接收了這批黑勞士，將其安置在諾帕克特斯（*Ναύπακτος*, Naupactus）（參見：Th. i. 101-103）。文中言論，部分失實。

附錄一　雅典諸王、執政官及大事年表

時間	人名	重大事件
	王（下同）	
一五五六—一五〇六年（西元前，下同）	Cecrops I	據傳說，科克洛普斯一世設立了戰神山法庭，將阿提卡分為十二個市鎮；並且，雅典娜在這一時期開始成為雅典的保護神
一五〇六—一四九七年	Kranaus	
一四九七—一四八七年	Amphictyon	
一四八七—一四三七年	Erichthonius	據傳說，艾力克托尼奧斯創立了泛雅典娜節
一四三七—一三九七年	Pandion I	
一三九七—一三四七年	Erechtheus	
一三四七—一三〇七年	Cecrops II	
一三〇七—一二八二年	Pandion II	
一二八二—一二三四年	Aegeus	
一二三四—一二〇三或一二〇四年	Theseus	據傳說，特修斯統一了阿提卡的十二個市鎮，此事件被視為雅典城邦的形成
一二一三—一一九一年或一二〇四—一一八一年	Menestheus	據傳說，墨涅斯透斯率領雅典人參加了特洛伊戰爭
一一九一或一一八一—一一四七年	Demophon	
一一四七—一一三五年	Oxyntes	

時間	人名	重大事件
一一三五—一一三四年	Apheidas	
一一三四—一一二六年	Thymoetes	
一一二六—一〇八九年	Melanthus	
一〇八九—一〇六八年	Codrus	
	終身執政官（下同）	
一〇六八—一〇四八年	Medon	據傳說，雅典王政結束
一〇四八—一〇一二年	Acastus	
一〇一二—九九三年	Archippus	
九九三—九五二年	Thersippus	
九五二—九二二年	Phorbas	
九二二—八九二年	Megacles	
八九二—八六四年	Diognetus	
八六四—八四五年	Pherecles	
八四五—八二五年	Ariphron	
八二四—七九七年	Thespieus	
七九六—七七八年	Agamestor	
七七八—七五五年	Aeschylus[1]	

時間	人名	重大事件
七五五—七五三年	Alcmaeon	
	十年執政官（下同）	
七五三或七五二—七四四或七四三年	Charops	
七四三或七四二—七三四或七三三年	Aesimides	
七三三或七三二—七二四或七二三年	Clidicus	
七二三或七二二—七一四或七一三年	Hippomenes	執政官的選任開始向全體貴族開放
七一三或七一二—七〇四或七〇三年	Leocrates	
七〇三或七〇二—六九四或六九三年	Apsander	
六九三或六九二—六八四或六八三年	Eryxias	
	名年執政官（下同）	
六八三或六八二年	Creon	
六八二或六八一年	待考	

時間	人名	重大事件
六八一或六八〇年	Lysiades [2]	
六八〇或六七九年	Tlesias	
六七九或六七八—六七二或六七一年	待考	
六七一或六七〇年	Leostratus	
六七〇或六六九年	待考	
六六九或六六八年	Pisistratus	
六六八或六六七年	Autosthenes	
六六七—六六四年	待考	
六六四或六六三年	Miltiades [3]	
六六三—六五九年	待考	
六五九或六五八年	Miltiades	
六五八—六四午年	待考	
六四五或六四四年	Dropides	
六四四—六三九年	待考	
六三九或六三八年	Damasias	
六三八—六三四年	待考	

時間	人名	重大事件
六三四或六三三年	Epaenetus（?）	
六三三或六三二年	待考	
六三二或六三一年	Megacles	庫隆試圖建立僭主政治
六三一—六二一年	待考	
六二一或六二〇年	Aristaechmus	德拉古改革
六二〇—六一五年	待考	
六一五或六一四年	Heniochides	
六一四—六〇五年	待考	
六〇五或六〇四年	Aristocles	
六〇四—六〇〇年	待考	
六〇〇或五九九年	Critias	
五九九—五九七年	待考	
五九七或五九六年	Cypselus	
五九六或五九五年	Telecles	
五九五或五九四年	Philombrotus	
五九四或五九三年	Solon	梭倫改革，雅典確立了民主發展方向
五九三或五九二年	Dropides	

時間	人名	重大事件
五九二或五九一年	Eucrates	
五九一或五九〇年	Kimon	
五九〇或五八九年	無執政官	
五八九或五八八年	Phormion	
五八八或五八七年	Philippus	
五八七或五八六年	待考	
五八六或五八五年	無執政官	
五八五—五八二年	待考	
五八二或五八一年	Damasias	
五八一或五八〇年	Damasias	
五八〇或五七九年	Damasias[4]	
五七九或五七八年	無執政官	
五七八或五七七年	待考	
五七七或五七六年	Archestratidas	
五七六—五七〇年	待考	
五七〇或五六九年	Aristomenes	
五六九—五六六年	待考	

時間	人名	重大事件
五六六或五六五年	Hippocleides	
五六五—五六一年	待考	
五六一或五六〇年	Comeas	佩希斯特拉特斯建立僭主統治
五六〇或五五九年	Hegestratus	梭倫去世（編按：西元前五五八年或五五九年）
五五九—五五六年	待考	
五五六或五五五年	Hegesias	佩希斯特拉特斯被放逐，但很快返回雅典重新建立僭政
五五五或五五四年	Euthidemus	
五五四—五四八年	待考	西元前五五〇年前後，佩希斯特拉特斯又一次離開雅典
五四八或五四七年	Erxicleides	
五四七或五四六年	Thespieus	
五四六或五四五年	Phormion	佩希斯特拉特斯第三次建立僭政
五四五—五三六年	待考	
五三六或五三五年	Phrynaeus	
五三五—五三三年	待考	
五三三或五三二年	Thericles	
五三二—五二八年	待考	
五二八或五二七年	Philoneus	佩希斯特拉特斯逝世，其子希皮亞斯繼承僭主統治

時間	人名	重大事件
五二七或五二六年	Onetorides	
五二六或五二五年	Hippias[5]	
五二五或五二四年	Cleisthenes	
五二四或五二三年	Miltiades[6]	
五二三或五二二年	Calliades	
五二二或五二一年	Pisistratus[7]	
五二一—五一八年	待考	
五一八或五一七年	Hebron	
五一七—五一一年	待考	希巴克斯於西元前五一四年被刺身亡
五一一或五一〇年	Harpactides	佩希斯特拉特斯僭政被推翻
五一〇或五〇九年	Scamandrius	
五〇九或五〇八年	Lysagoras	
五〇八或五〇七年	Isagoras	克里斯提尼改革，雅典民主制確立（編按：應在西元前五〇八年）
五〇七或五〇六年	Alcmeon	
五〇六—五〇四年	待考	
五〇四或五〇三年	Acestorides	
五〇三或五〇二年	待考	

時間	人名	重大事件
五〇一或五〇〇年	Hermocreon	
五〇〇或四九九年	Smyrus	
四九九或四九八年	Lacratides	
四九八或四九七年	待考	
四九七或四九六年	Archias	
四九六或四九五年	Hipparchus	
四九五或四九四年	Philippus	
四九四或四九三年	Pythocritus	
四九三或四九二年	Themistocles	在狄密斯托克利斯指導下，雅典開始注重發展海軍
四九二或四九一年	Diognetus	
四九一或四九〇年	Hybrilides	
四九〇或四八九年	Phaenippus	馬拉松戰役（編按：應為西元前四九〇年）
四八九或四八八年	Aristides	
四八八或四八七年	Anchises	陶片放逐法第一次實施
四八七或四八六年	Telesinus	執政官選任改革
四八六或四八五年	Ceures	
四八五或四八四年	Philocrates	

時間	人名	重大事件
四八四或四八三年	Leostratus	
四八三或四八二年	Nicodemus	
四八二或四八一年	待考	
四八一或四八〇年	Hypsichides	溫泉關戰役
四八〇或四七九年	Calliades	薩拉米海戰，亞里士泰迪斯、狄密斯托克利斯擔任將軍（編按：應為西元前四八〇年）
四七九或四七八年	Xanthippus[8]	普拉提亞戰役（編按：約為西元前四七九年）
四七八或四七七年	Timosthenes	提洛同盟建立
四七七或四七六年	Adimantus	
四七六或四七五年	Phaedon	
四七五或四七四年	Dromoclides	
四七四或四七三年	Acestorides	
四七三或四七二年	Menon	
四七二或四七一年	Chares	
四七一或四七〇年	Praxiergus	
四七〇或四六九年	Demotion	
四六九或四六八年	Apsephion	

時間	人名	重大事件
四六八或四六七年	Theagenides	
四六七或四六六年	Lysistratus	
四六六或四六五年	Lysanias	
四六五或四六四年	Lysitheus	
四六四或四六三年	Archedemides	
四六三或四六二年	Tlepolemus	
四六二或四六一年	Conon	埃非阿特改革及其本人被刺殺（編按：應為西元前四六一年）
四六一或四六〇年	Euthippus	
四六〇或四五九年	Phrasicles or Phrasikeleides	
四五九或四五八年	Philocles	
四五八或四五七年	Habron	
四五七或四五六年	Mnesitheides	第三等級軛牲階級獲得執政官的選任資格（編按：應為西元前四五七年）
四五六或四五五年	Callias	
四五五或四五四年	Sosistratus	
四五四或四五三年	Ariston	

時間	人名	重大事件
四五三或四五二年	Lysicrates	
四五二或四五一年	Chaerephanes	
四五一或四五〇年	Antidotus	伯里克里斯公民權法令頒布
四五〇或四四九年	Euthydemus	
四四九或四四八年	Pedieus	雅典與波斯簽訂《卡利亞斯和約》，正式結束希波戰爭（編按：應為西元前四四九年）
四四八或四四七年	Philiscus	伯里克里斯提議召開泛希臘大會
四四七或四四六年	Timarchides	雅典在波也奧西亞地區遭遇失敗
四四六或四四五年	Callimachus	
四四五或四四四年	Lysimachides	雅典與斯巴達締結《三十年和約》（編按：約為西元前四四五年）
四四四或四四三年	Praxiteles	
四四三或四四二年	Lysanias	貴族派領袖修昔底德斯被陶片法放逐，伯里克里斯從這一年開始連選連任十五屆將軍
四四二或四四一年	Diphilus	
四四一或四四〇年	Timocles	
四四〇或四三九年	Morychides	
四三九或四三八年	Glaucinus	

時間	人名	重大事件
四三八或四三七年	Theodorus	
四三七或四三六年	Euthymenes	
四三六或四三五年	Lysimachus	
四三五或四三四年	Antiochides	
四三四或四三三年	Crates	
四三三或四三二年	Apseudes	
四三二或四三一年	Pythodorus	西元前四三一年春，伯羅奔尼撒戰爭爆發
四三一或四三〇年	Euthydemus	西元前四三一年冬，伯里克里斯國葬演說：西元前四三〇年，雅典爆發瘟疫
四三〇或四二九年	Apollodorus	
四二九或四二八年	Epameinon	伯里克里斯病逝（編按：應為西元前四二九年）
四二八或四二七年	Diotimus	
四二七或四二六年	Eucles	
四二六或四二五年	Euthynus	
四二五或四二四年	Stratocles	尼奇亞斯、悲劇作家索弗克里斯擔任將軍
四二四或四二三年	Isarchus	克里昂、歷史學家修昔底德擔任將軍
四二三或四二二年	Aminias	克里昂擔任將軍

時間	人名	重大事件
四二二或四二一年	Alcaeus	克里昂擔任將軍
四二一或四二〇年	Aristion	雅典與斯巴達締結《尼奇亞斯和約》
四二〇或四一九年	Astyphilus	阿爾西比亞德擔任將軍
四一九或四一八年	Archias	
四一八或四一七年	Antiphon	
四一七或四一六年	Euphemus	
四一六或四一五年	Arimnestus	雅典發動西西里遠征
四一五或四一四年	Charias	阿爾西比亞德擔任將軍，遠征西西里途中逃往斯巴達
四一四或四一三年	Tisandrus	
四一三或四一二年	Cleocritus	雅典的西西里遠征軍覆滅，尼奇亞斯被捕殺
四一二或四一一年	Callias of Scambonides	
四一一或四一〇年	Mnasilochus & Theopompus	民主制被推翻，四百人政府成立並存在了四個月，民主制隨後恢復
四一〇或四〇九年	Glaucippus	
四〇九或四〇八年	Diocles	安尼特擔任將軍
四〇八或四〇七年	Euctemon	
四〇七或四〇六年	Antigenes	阿爾西比亞德回歸雅典，擔任將軍

時間	人名	重大事件
四〇六或四〇五年	Callias Angelides	雅典在阿吉紐薩戰役中獲勝，指揮作戰的將軍卻被判處死刑
四〇五或四〇四年	Alexias	雅典在羊河戰役慘敗（編按：應為西元前四〇四年），斯巴達統帥里桑德拉斯入主雅典
四〇四或四〇三年	Pythodorus	三十人僭政建立
四〇三或四〇二年	Eucleides	三十人僭政被推翻，民主制得以重建
四〇二或四〇一年	Micon	
四〇一或四〇〇年	Xenaenetus	
四〇〇或三九九年	Laches	
三九九或三九八年	Aristocrates	蘇格拉底被判處死刑（編按：應為西元前三九九年）
三九八或三九七年	Euthycles	
三九七或三九六年	Souniades	
三九六或三九五年	Phormion	
三九五或三九四年	Diophandus	雅典參加反斯巴達的科林斯戰爭
三九四或三九三年	Ebulides	
三九三或三九二年	Demostratus	
三九二或三九一年	Philocles	
三九一或三九〇年	Nicoteles	

時間	人名	重大事件
三九〇或三八九年	Demostratus	
三八九或三八八年	Antipatrus	
三八八或三八七年	Pyrgion	
三八七或三八六年	Theodotus	《大王和約》簽訂，科林斯戰爭結束
三八六或三八五年	Mystichides	
三八五或三八四年	Dexitheus	
三八四或三八三年	Dietrephes	
三八三或三八二年	Phanostratus	
三八二或三八一年	Evandrus	
三八一或三八〇年	Demophilus	
三八〇或三七九年	Pytheas	
三七九或三七八年	Nicon	雅典與底比斯聯合，向斯巴達開戰
三七八或三七七年	Nausinicus	
三七七或三七六年	Calleas	
三七六或三七五年	Charisandrus	
三七五或三七四年	Hippodamas	
三七四或三七三年	Socratides	

時間	人名	重大事件
三七三或三七二年	Asteius	
三七二或三七一年	Alcisthenes	
三七一或三七〇年	Phrasicleides	斯巴達重裝步兵在留克特拉（*bτὰ Λεῦκτρα*, Leuctra）被底比斯重創，斯巴達霸權最終衰落，雅典轉而支持斯巴達
三七〇或三六九年	Dyscinitus	
三六九或三六八年	Lysistratus	
三六八或三六七年	Nausigenes	
三六七或三六六年	Polyzelus	
三六六或三六五年	Ciphisodorus	
三六五或三六四年	Chion	
三六四或三六三年	Timocrates	
三六三或三六二年	Charicleides	
三六二或三六一年	Molon	雅典和斯巴達聯軍在門丁尼亞（*Μαντίνεια*, Mantinea）被底比斯打敗
三六一或三六〇年	Nicophemus	
三六〇或三五九年	Callimides	
三五九或三五八年	Eucharistus	

時間	人名	重大事件
三五八或三五七年	Ciphisodotus	
三五七或三五六年	Agathocles	
三五六或三五五年	Elpines	
三五五或三五四年	Callistratus	
三五四或三五三年	Diotemus	
三五三或三五二年	Thudemus	
三五二或三五一年	Aristodemus	
三五一或三五〇年	Theellus	
三五〇或三四九年	Apollodorus	
三四九或三四八年	Callimachus	
三四八或三四七年	Theophilus	
三四七或三四六年	Themistocles	
三四六或三四五年	Archias	
三四五或三四四年	Ebulus	
三四四或三四三年	Lyciscus	
三四三或三四二年	Pythodotus	
三四二或三四一年	Sosigenes	

時間	人名	重大事件
三四一或三四〇年	Nicomachus	
三四〇或三三九年	Theophrastus	
三三九或三三八年	Lysimachides	
三三八或三三七年	Xaerondas	雅典與底比斯聯軍在凱羅尼亞戰役中被馬其頓打敗（編按：應為西元前三三八年）
三三七或三三六年	Phrynichus	
三三六或三三五年	Pythodilus	
三三五或三三四年	Evaenetus	
三三四或三三三年	Ctisicles	
三三三或三三二年	Nicocrates	
三三二或三三一年	Nicites	
三三一或三三〇年	Aristophanes	
三三〇或三二九年	Aristophon	
三二九或三二八年	Ciphisophon	
三二八或三二七年	Euthicritus	
三二七或三二六年	Hegemon	
三二六或三二五年	Chremes	

時間	人名	重大事件
三二五或三二四年	Andicles	
三二四或三二三年	Hegesias	
三二三或三二二年	Ciphisodorus	亞歷山大大帝病逝（編按：應為西元前三二三年），雅典糾集其他希臘城邦反抗馬其頓的統治，在拉米亞戰役（The Lamian War）中戰敗，民主鬥士狄摩西尼自殺
三二二或三二一年	Philocles	雅典民主制被推翻，公民權只授予擁有兩千德拉克瑪以上財產的雅典人
三二一或三二〇年	Archippus	
三二〇或三一九年	Neaechmus	
三一九或三一八年	Apollodorus	
三一八或三一七年	Archippus	
三一七或三一六年	Demogenes	提彌特羅在馬其頓的扶植下成為雅典的獨裁者，公益捐助制度被廢除

◆註解◆

【1】西元前七六六年第一屆奧林匹亞賽會的召開，標誌著希臘歷史開始有了確切的紀年。此前的紀年和人物完全是古希臘人根據神話譜系排列而成，它們只能反映古希臘人是如何認識自身歷史的：這些資料和人物包含有歷史因素，但更多是個人或集體想像。並且，關於此前的紀年，古希臘人為後世留下了兩套譜系：卡斯托—優撒比烏斯（Kastor-Eusebius）紀年和帕羅斯銘文（Marmor Parium）紀年：後者的紀年時間比前者大約早一代人的時間，但在阿爾克邁昂那裡獲得一致，而學界傾向於使用前者，本表遵此。

【2】羅伯特・德夫林認為應該是「西元前六八二年或前六八一年」（Robert Develin, *Athenian Officials 684-321 BC*, Cambridge: Cambridge University Press, p. 28）。

【3】古希臘人的姓氏制度相對不完善，重名的人非常多，即便是著名的歷史人物也同樣是如此，本表中也存在著這一現象，重名的兩個人有可能是來自同一家族。

【4】這一年在任兩個月後被十執政官取代。

【5】僭主希皮亞斯。

【6】即西蒙之父米爾泰德斯。

【7】僭主佩希斯特拉特斯之孫，第二代僭主希皮亞斯之子（Th. vi. 54.6-7）。

【8】伯里克里斯的父親。

附錄二　主要引用文獻縮略語

一、古典文獻

Aesch. *Ctes.* = Aeschines, *Against Ctesiphon*. （伊斯基尼斯，《訴克提西豐》）

Aesch. *Par.* = Aeschines, *On the Embassy*. （伊斯基尼斯，《論使團》）

Aesch. *Tim.* = Aeschines, *Against Timarchus*.（伊斯基尼斯，《訴提馬庫斯》）

And. *Alc.* = Andocides, *Against Alcibiades*.（安多吉德斯[1]，《訴阿爾西比亞德》）

And. *Myst.* = Andocides, *On the Mysteries*.（安多吉德斯，《論祕儀》）

And. *Pace.* = Andocides, *On the Peace with Sparta*.（安多吉德斯，《論與斯巴達的和平》）

And. *Red.* = Andocides, *On the Return*.（安多吉德斯，《論回歸》）

Apoll. = Pseudo-Apollodorus, *Bibliotheca*. (*Βιβλιοθήκη*)（偽阿波羅多洛斯，《文庫》）

Ar. *Ach.* = Aristophanes, *Acharnenses* or *Acharnians*. (*Ἀχαρνεῖς*)（亞里斯多芬，《阿卡奈斯》）

Ar. *Av.* = Aristophanes, *Aves* or *Birds*. (*Ὄρνιθες*)（亞里斯多芬，《鳥》）

Ar. *Eccl.* = Aristophanes, *Ecclesiazusae* or *Assemblywomen*. (*Ἐκκλησιάζουσαι*)（亞里斯多芬，《公民大會婦女》）

Ar. *Eq.* = Aristophanes, *Equites* or *The Knights*. (*Ἱππεῖς*)（亞里斯多芬，《騎士團》）

Ar. *Lys.* = Aristophanes, *Lysistrate* or *Lysistrata*. (*Λυσιστράτη*)（亞里斯多芬，《李西斯特拉底》）

Ar. *Nub.* = Aristophanes, *Nubes* or *The Clouds*. (*Νεφέλαι*)（亞里斯多芬，《雲》）

Ar. *Pax.* = Aristophanes, *Peace* or *Pax*. (*Εἰρήνη*)（亞里斯多芬，《和平》）

Ar. *Plut.* = Aristophanes, *Plutus* or *Wealth*. (*Πλοῦτος*)（亞里斯多芬，《財神》）

Ar. *Ran.* = Aristophanes, *Ranae* or *The Frogs*. (*Βάτραχοι*)（亞里斯多芬，《蛙》）

Ar. *Vesp.* = Aristophanes, *Vespae* or *The Wasps*. (*Σφῆκες*)（亞里斯多芬，《馬蜂》）

Arist. *A.P.* = Aristotle, *Athenian Politeia*. （亞里斯多德，《雅典政制》）

Arist. *Oec.* = Aristotle, *Oeconomica* or *Economics*. (*Οἰκονομικά*)（亞里斯多德，《家政學》）

Arist. *Pol.* = Aristotle, *Politics*. (*Πολιτικά*) （亞里斯多德，《政治學》）

Arist. *Rhet.* = Aristotle, *Rhetoric*. (*Ῥητορική*) （亞里斯多德，《修辭學》）

Ath. = Athenaeus, *Deipnosophistae*. (*Δειπνοσοφισταί*)（阿特那俄斯，《哲人燕談錄》〔又譯《智者之宴》〕）

D. 4. = Demosthenes, *Philippic I* or *First Philippic*.（狄摩西尼，《腓力辭一》）

D. 14. = Demosthenes, *On the Navy Boards* or *On the Symmories*. (*Περὶ τῶν Συμμοριῶν*)（狄摩西尼，《論海軍籌備會》〔又譯《論富民團》〕）

D. 15. = Demosthenes, *For/on the Liberty of the Rhodians*. (*Ὑπὲρ τῆς Ροδίων ἐλευθερίας*)（狄摩西尼，《為羅德島人的自由聲辯》）

D. 18. = Demosthenes, *On the Crown*. (*Ὑπὲρ Κτησιφῶντος περὶ τοῦ Στεφάνου*)（狄摩西尼，《論金冠》）

D. 20. = Demosthenes, *Against Leptines*. （狄摩西尼，《訴勒普提尼斯》）

D. 21. = Demosthenes, *Against Meidias*. (*Κατὰ Μειδίου*)（狄摩西尼，《訴米狄奧》）

D. 23. = Demosthenes, *Against Aristocrates*.（狄摩西尼，《訴阿里斯托克拉底》）

D. 24. = Demosthenes, *Against Timocrates*.（狄摩西尼，《訴提摩克拉底》）

D. 27. = Demosthenes, *Against Aphobus I*.（狄摩西尼，《訴阿弗布斯一》）

D. 28. = Demosthenes, *Against Aphobus II*.（狄摩西尼，《訴阿弗布斯二》）

D. 37. = Demosthenes, *Against Pantaenetus*.（狄摩西尼，《訴潘特涅圖斯》）

D. 39. = Demosthenes, *Against Boeotus I*.（狄摩西尼，《訴彼奧圖斯一》）

D. 47. = Demosthenes, *Against Evergus*.（狄摩西尼，《訴伊沃戈斯》）

D. 49. = Demosthenes, *Against Timotheus*.（狄摩西尼，《訴提摩西阿斯》）

D. 57. = Demosthenes, *Against Eubulides*.（狄摩西尼，《訴猷布里底司》）

D. 59. = Demosthenes, *Against Neaera*.（狄摩西尼，《訴尼俄拉》）

D.L. = Diogenes Laertius, *Lives*.（第歐根尼・拉爾修，《名哲言行錄》）

D.S. = Diodorus Siculus, *Library*.（狄奧多魯斯，《文庫》，或譯《歷史文庫》）

Din. *Aristog*. = Dinarchus, *Against Aristogiton*.（狄那庫斯，《訴阿里斯托基冬》）

Din. *Dem*. = Dinarchus, *Against Demosthenes*.（狄那庫斯，《訴狄摩西尼》）

H. = Herodotus, *Histories*.（希羅多德，《歷史》）

Is. *Antid*. = Isocrates, *Antidosis*. (*ἀντίδοσις*)（艾蘇格拉底，《論交換》）

Is. *Areop*. = Isocrates, *Areopagiticus*.（艾蘇格拉底，《戰神山議事會辭》）

Is. *Call*. = Isocrates, *Against Callimachus*.（艾蘇格拉底，《訴卡利馬庫斯》）

Is. *Euth*. = Isocrates, *Against Euthynus*.（艾蘇格拉底，《訴優提努斯》）

Is. *Hel*. = Isocrates, *Helen*.（艾蘇格拉底，《海倫頌》）

Is. *Lochit.* = Isocrates, *Against Lochites*.（艾蘇格拉底，《訴羅基提斯》）

Is. *Pace.* = Isocrates, *On the Peace*.（艾蘇格拉底，《論和平》）

Isae. 3. = Isaeus, *On the Estate of Pyrrhus*.（伊薩俄斯，《論皮魯斯的財產》）

Isae. 6. = Isaeus, *On the Estate of Philoctemon*.（伊薩俄斯，《論斐洛克特蒙的財產》）

Isae. 7. = Isaeus, *On the Estate of Apollodorus*.（伊薩俄斯，《論阿波羅多魯斯的財產》）

Isae. 11. = Isaeus, *On the Estate of Hagnias*.（伊薩俄斯，《論哈格尼阿斯的財產》）

Just. = Justin（Marcus Junianus Justinus Frontinus，西元二世紀）, *Epitome of the Philippic History of Pompeius Trogus*.（查士丁，《龐培烏斯·特洛古斯〈腓力歷史〉摘要》）

Lys. 1. = Lysias, *On the Murder of Eratosthenes*.（呂西阿斯，《論謀殺埃拉托斯特尼》）

Lys. 2. = Lysias, *Funeral Oration*.（呂西阿斯，《悼詞》）

Lys. 6. = Lysias, *Against Andocides*.（呂西阿斯，《訴安多吉德斯》）

Lys. 7. = Lysias, *Before the Areopagus Defence in the Matter of Olive-stump*.（呂西阿斯，《戰神山議事會上為橄欖樹樁事宜辯》）

Lys. 13. = Lysias, *Against Agoratus*.（呂西阿斯，《訴阿格拉圖斯》）

Lys. 14. = Lysias, *Against Alcibiades I*.（呂西阿斯，《訴阿爾西比亞德一》）

Lys. 16. = Lysias, *In Defense of Mantitheus*.（呂西阿斯，《為馬蒂菲奧斯辯》）

Lys. 18. = Lysias, *On the Confiscation of the Property of the Brother of Nicias*.（呂西阿斯，《論尼西阿斯兄弟財產充公》）

Lys. 21. = Lysias, *Defense Against a Charge of Taking Bribes*.（呂西阿斯，《為被訴受賄辯》）

Lys. 22. = Lysias, *Against the Corn-Dealers*.（呂西阿斯，《訴穀物商人》）

Lys. 23. = Lysias, *Against Pancleon*.（呂西阿斯，《訴潘克里昂》）

Lys. 24. = Lysias, *On the Refusal of a Pension to the Invalid*.（呂西阿斯，《論拒絕為病殘者發放補助》）

Lys. 25. = Lysias, *Defense Against a Charge of Subverting the Democracy*.（呂西阿斯，《為被訴顛覆民主辯》）

Lys. 26. = Lysias, *On the Scrutiny of Evandros*.（呂西阿斯，《論對伊萬多魯斯的調查》）

Lys. 31. = Lysias, *Against Philon*.（呂西阿斯，《訴菲羅》）

Lys. 33. = Lysias, *Olympic Oration*.（呂西阿斯，《奧林匹亞節慶上的演說》）

Paus. = Pausanias, *Description of Greece*.（波桑尼阿斯，《希臘行紀》）

Pl. *Alc*. = Plutarch, *Alcibides*.（普魯塔克，《阿爾西比亞德傳》）

Pl. *Alex*. = Plutarch, *Alexander*. (*Life of Alexander*)（普魯塔克，《亞歷山大傳》）

Pl. *Arist*. = Plutarch, *Aristeides*.（普魯塔克，《亞里士泰迪斯傳》）

Pl. *Cim*. = Plutarch, *Cimon*.（普魯塔克，《西蒙傳》）

Pl. *Nic*. = Plutarch, *Nicias*.（普魯塔克，《尼奇亞斯傳》）

Pl. *Per*. = Plutarch, *Pericles*.（普魯塔克，《伯里克里斯傳》）

Pl. *Phoc*. = Plutarch, *Phocion*.（普魯塔克，《弗基昂傳》）

Pl. *Sol.* = Plutarch, *Solon.*（普魯塔克，〈梭倫傳〉）

Pl. *Them.* = Plutarch, *Themistocles.*（普魯塔克，《狄密斯托克利斯傳》）

Pl. *Thes.* = Plutarch, *Theseus.*（普魯塔克，《特修斯傳》）

Pl. X. *Or.* = Pseudo-Plutarch, *The Lives of the Ten Orators.*（偽普魯塔克，《十大演說家傳》）

Plat. *Alc.* i. = Plato, *Alcibides I.*（柏拉圖，《阿爾西比亞德篇一》）

Plat. *Apol.* = Plato, *Apology.*（柏拉圖，《申辯篇》）

Plat. *Gorg.* = Plato, *Gorgias.*（柏拉圖，《高爾吉亞篇》）

Plat. *Leg.* = Plato, *Laws.*（柏拉圖，《法律篇》）

Plat. *Menex.* = Plato, *Menexenus.*（柏拉圖，《美涅克塞努篇》）

Plat. *Phaed.* = Plato, *Phaedo.*（柏拉圖，《斐多篇》）

Plat. *Rep.* = Plato, *Republic.*（柏拉圖，《理想國》或《國家篇》）

Poll. = Pollux, *Onomasticon.*（波路克斯，《辭類彙編》）

Polyaen. = Polyaenus, *Strategemata.*（波律埃努斯，《戰爭策略》）

Ps. Plat. *Hipp.* = Pseudo-Plato, *Hipparchus.*（偽柏拉圖，《希巴克斯篇》）

Ps. Xen. *A.P.* = Pseudo-Xenophon, *Athenian Politeia.*（偽色諾芬，《雅典政制》）

Strab. = Strabo (*Στράβον*), *Geographica* (*Γεογραφικά*).（斯特拉波，《地理志》）

Th. = Thucydides, *The Peloponnesian War.*（修昔底德，《伯羅奔尼撒戰爭史》）

X. *H.* = Xenophon, *Hellenica.*（色諾芬，《希臘史》）

X. *M.* = Xenophon, *Memorabilia* (*Ἀπομνημονεύματα*).（色諾芬，《回憶錄》）

Xen. *Anab.* = Xenophon, *Anabasis.*（色諾芬，《遠征記》）

Xen. *Hipparch.* = Xenophon, *On the Art of Horsemanship.*（色諾芬，《論騎術》）

Xen. *L.P.* = Xenophon, *Lakedaimonion Politeia.*（色諾芬，《拉西第夢政制》〔又譯《斯巴達政制》〕）

Xen. *Symp.* = Xenophon, *Symposium.*（色諾芬，《會飲篇》）

◆註解◆

[1] 安多吉德斯（*Ἀνδοκίδης*, Andocides, 440-390B.C.），古希臘邏輯學家、演講撰稿人、演說家。

二、現代論著

C.A.H. = *The Cambridge Ancient History*, Cambridge: Cambridge University Press, 2006.（《劍橋古代史》第二版）

Davies, = J. K. Davies, *Athenian Propertied Families 600-300 B.C.*, Oxford: Clarendon Press, 1971.（J. K.大衛斯，《雅典的富有家族——西元前六百年至三百年》）

D.G.R.A. = William Smith ed., *Dictionary of Greek and Roman Antiquities*, Boston: Little Brown and Company, 1870.（威廉・史密斯，《古希臘羅馬辭書》）

G.E.L. = H. G. Liddell and Robert Scott ed., *A Greek-English Lexicon*, Oxford: Clarendon Press, 1996.（《希英辭書》）

Hansen, = M. H. Hansen, *The Athenian Democracy in the Age of Demosthenes*, trans. by J. A. Crook, Oxford: Blackwell, 1991.（M. H. 漢森，《狄摩西尼時代的雅典民主》）

Hignett, = C. Hignett, *A History of the Athenian Constitution to the End of the Fifth Century B.C.*, Oxford : Clarendon, 1952.（希格內特，《西元前五世紀末的雅典憲政史》）

Kenyon, = F. G. Kenyon, *Aristotle on the Athenian Constitution*, Oxford: Clarendon Press, 1892.（F. G. 肯尼，《亞里斯多德雅典政制》）

L.C.A. = Douglas Maurice MacDowell, *The Law in Classical Athens*, London: Thames and Hudson, 1978.（道格拉斯・莫里斯・麥克道爾，《雅典古典時期的法律》）

Moore, = J. M. Moore, *Aristotle and Xenophon on Democracy and Oligarchy*, Berkeley: University of California Press, 1975.（J. M. 摩爾，《亞里斯多德和色諾芬論民主制和寡頭制》）

O.C.D. = *The Oxford Classical Dictionary*, 3rd ed., Oxford: Oxford University Press, 1996.（《牛津古典辭書》第三版）

O.E.D. = *The Oxford English Dictionary*, 2nd ed., Oxford: Clarendon Press, 1989.（《牛津英語辭書》第二版）

Rackham, = H. Rackham, "The Athenian Constitution", *Aristotle,* XX, Cambridge Mass.: Harvard University Press, 1935.（H. 拉克漢，《雅典政制》，輯於《亞里斯多德全集》第二十卷）

Rhodes, = P. J. Rhodes, *A Commentary on the Aristotelian Athenaion Politeia*, New York: Oxford University Press, 1981.（P. J. 羅德斯，《〈亞里斯多德雅典政制〉注疏》）

Sandys, = J. E. Sandys, *Aristotle's Constution of Athens*, London: Macmillan and Co., 1912.（J. E. 桑迪斯，《亞里斯多德雅典政制》）

W.A. = Joint Association of Classical Teachers, *The World of Athens: An Introduction to Classical Athenian Culture*, Cambridge: Cambridge University Press, 1990.（古典學教師聯合會，《雅典的世界：雅典古典時期文化入門》）

Worley, = Leslie J. Worley, *Hippeis: The Cavalry of Ancient Greece*, Oxford: Westview Press, 1994.（萊斯利 J. 沃利，《騎士：古希臘騎兵》）

附錄三　主要參考文獻

一、西文文獻

(一) 古典文獻

1. Aeschines, *Against Ctesiphon*.
2. Aeschines, *Against Timarchus*.
3. Aeschines, *On the Embassy*.
4. Andocides, *Against Alcibiades*.
5. Andocides, *On the Mysteries*.
6. Andocides, *On the Peace with Sparta*.
7. Andocides, *On the Return*.
8. Antiphon, *First Tetralogy*.
9. Antiphon, *On the Murder of Herodes*.
10. Aristophanes, *Equites*.
11. Aristophanes, *Acharnenses*.
12. Aristophanes, *Aves*.
13. Aristophanes, *Ecclesiazusae*.
14. Aristophanes, *Lysistrate*.
15. Aristophanes, *Nubess*.
16. Aristophanes, *Peace*.
17. Aristophanes, *Plutus*.
18. Aristophanes, *Ranae*.
19. Aristophanes, *Vespae*.
20. Aristotle, *Athenian Politeia*.
21. Aristotle, *Magna Moralia*.
22. Aristotle, *Oeconomica*.
23. Aristotle, *Politics*.
24. Aristotle, *Rhetoric*.
25. Athenaeus, *Deipnosophistae*.
26. Demosthenes, *Against Aphobus I*.
27. Demosthenes, *Against Aphobus II*.
28. Demosthenes, *Against Aristocrates*.
29. Demosthenes, *Against Boeotus I*.
30. Demosthenes, *Against Eubulides*.
31. Demosthenes, *Against Evergus*.
32. Demosthenes, *Against Leptines*.
33. Demosthenes, *Against Meidias*.

34. Demosthenes, *Against Neaera.*
35. Demosthenes, *Against Pantaenetus.*
36. Demosthenes, *Against Timocrates.*
37. Demosthenes, *Against Timotheus.*
38. Demosthenes, *For the Liberty of the Rhodians.*
39. Demosthenes, *On the Crown.*
40. Demosthenes, *On the False Embassy.*
41. Demosthenes, *On the Navy-Boards.*
42. Demosthenes, *Philippic I.*
43. Dinarchus, *Against Demosthenes.*
44. Dinarchus, *Against Aristogiton.*
45. Diodorus Siculus, *Library.*
46. Diogenes Laertius, *Lives.*
47. Euripides, *Cyclops.*
48. Euripides, *Ion.*
49. Euripides, *Medea.*
50. Euripides, *The Suppliants.*
51. Herodotus, *Histories.*
52. Hesiod, *Works and Days.*
53. Homer, *Iliad.*
54. Homer, *Odysseus.*
55. Hyperides, *Against Philippides.*
56. Isaeus, *On the Estate of Apollodorus.*
57. Isaeus, *On the Estate of Hagnias.*
58. Isaeus, *On the Estate of Philoctemon.*
59. Isaeus, *On the Estate of Pyrrhus.*
60. Isocrates, *Against Callimachus.*
61. Isocrates, *Against Euthynus.*
62. Isocrates, *Against Lochites.*
63. Isocrates, *Antidosis.*
64. Isocrates, *Helen.*
65. Isocrates, *On the Peace.*
66. Justin, *Epitome of the Philippic History of Pompeius Trogus.*
67. Lysias, *Against Agoratus.*
68. Lysias, *Against Alcibiades I.*

69. Lysias, *Against Andocides*.
70. Lysias, *Against Pancleon*.
71. Lysias, *Against Philon*.
72. Lysias, *Against the Corn-Dealers*.
73. Lysias, *Areopagiticus*.
74. Lysias, *Before the Areopagus*.
75. Lysias, *Defense Against a Charge of Subverting the Democracy*.
76. Lysias, *Defense Against a Charge of Taking Bribes*.
77. Lysias, *Funeral Oration*.
78. Lysias, *In Defense of Mantitheus*.
79. Lysias, *Olympic Oration*.
80. Lysias, *On the Confiscation of the Property of the Brother of Nicias*.
81. Lysias, *On the Murder of Eratosthenes*.
82. Lysias, *On the Refusal of a Pension to the Invalid*.
83. Lysias, *On the Scrutiny of Evandros*.
84. Nepos, *Thrasybulus*.
85. Pausanias, *Description of Greece*.
86. Plato, *Alcibides I*.
87. Plato, *Apology*.
88. Plato, *Euthyphro*.
89. Plato, *Gorgias*.
90. Plato, *Laws*.
91. Plato, *Menexenus*.
92. Plato, *Phaedo*.
93. Plato, *Republic*.
94. Pliny, *Naturalis Historia*.
95. Plutarch, *Alcibides*.
96. Plutarch, *Alexander*.
97. Plutarch, *Aristeides*.
98. Plutarch, *Cimon*.
99. Plutarch, *Coriolanus*.
100. Plutarch, *De garrulitate*.

101. Plutarch, *Nicias*.
102. Plutarch, *Pericles*.
103. Plutarch, *Phocion*.
104. Plutarch, *Solon*.
105. Plutarch, *Themistocles*.
106. Plutarch, *Theseus*.
107. Pollux, *Onomasticon*.
108. Polyaenus, *Strategemata*.
109. Pseudo-Apollodorus, *Bibliotheca*.
110. Pseudo-Plato, *Hipparchus*.
111. Pseudo-Xenophon, *Athenian Politeia*.
112. Quintus Curtius Rufus, *Historiae Alexandri Magni*.
113. Sophocles, *Electra*.
114. Strabo, *Geographica*.
115. Thucydides, *The Peloponnesian War*.
116. Xenophon, *Anabasis*.
117. Xenophon, *Hellenica*.
118. Xenophon, *Lakedaimonion Politeia*.
119. Xenophon, *Memorabilia*.
120. Xenophon, *On the Art of Horsemanship*.
121. Xenophon, *Symposium*.

(二) 現代論著

1. *A Greek-English Lexicon*, H. G. Liddell and Robert Scott ed., Oxford: Clarendon Press, 1996.
2. Aristotle, *The Athenian Constitution*, trans. by P. J. Rhodes, London: Penguin Books, 1984.
3. *Athenian Democracy Speaking through Its Inscriptions*, Athens, 2009.
4. Bengtson, Hermann, *History of Greece: from the Beginnings to the Byzantine Era*, trans. by Bloedow, Edmund F., Ottawa: University of Ottawa Press, 1988.
5. Bury, J. B. and Meiggs, R., *A History of Greece to the Death of Alexander the Great*, London: Macmillan, 1975.
6. Davies, J. K., *Athenian Propertied Families 600-300 B.C.*, Oxford: Clarendon Press, 1971.
7. Davies, J. K., *Democracy and Classical Greece*, London: Fontana Press, 1993.
8. Develin, Robert, *Athenian Officials 684-321 B.C.*, Cambridge: Cambridge University Press, 2003.
9. *Dictionary of Greek and Roman Antiquities*, William Smith ed., Boston: Little Brown and Company, 1870.
10. Dymes, Thomas J., *Aristotle's Constitution of Athens*, London: Seeley and Co., Limited, 1891.
11. Fine, John V. A., *The Ancient Greeks: A Critical History*, Cambridge Mass.: Harvard University Press, 1983.
12. Finley, M. I., *Politics in the Ancient World*, Cambridge: Cambridge University Press, 1983.
13. Finley, M. I., *The Ancient Greeks*, New York: Penguin Books, 1977.

14. Fornara, Charles W., *Athens from Cleisthenes to Pericles*, Berkeley: University of California Press, 1991.
15. Glotz, G., *The Greek City and Its Institutions*, London: Routledge, 2006.
16. Green, Peter, *Diodorus Siculus Greek History 480-404 B.C.*, Austin: University of Texas Press, 2006.
17. Grote, George, *A History of Greece*, Bristol: Thoemmes Press, 2000.
18. Hammond, N. G. L., *A History of Greece to 322 B.C.*, Oxford: Oxford University Press, 1984.
19. Hansen, M. H., *Aspects of Athenian Society in the Fourth Century B.C.*, trans. by Judith Hsiang Rosenmeier, Odense: Odense University Press, 1975.
20. Hansen, M. H., *The Athenian Assembly in the Age of Demosthenes*, Oxford: Basil Blackwell, 1987.
21. Hansen, M. H., *The Athenian Democracy in the Age of Demosthenes*, trans. by J. A. Crook, Oxford: Blackwell, 1991.
22. Herman, Gabriel, *Ritualised Friendship and the Greek City*, Cambridge: Cambridge University Press, 1987.
23. Hignett, C., *A History of the Athenian Constitution to the End of the Fifth Century B.C.*, Oxford: Clarendon, 1952.
24. Humphreys, S. C., *Anthropology and the Greeks*, London: Routledge, 2004.
25. Joint Association of Classical Teachers, *The World of Athens: An Introduction to Classical Athenian Culture*, Cambridge: Cambridge University Press, 1990.
26. Jones, A. H. M., *Athenian Democracy*, Oxford: Basil Blackwell, 1957.

27. Jowett, B., *The Politics of Asritotle*, Oxford: Clarendon Press, 1885.
28. Keaney, John J., *The Composition of Aristotle's Athenaion Politeia*, Oxford: Oxford University Press, 1992.
29. Kenyon, F. G., *Aristotelis Atheniesium Respublica* (Oxford Classical Texts), Oxford: Oxford University Press,1920.
30. Kenyon, F. G., *Aristotle on the Athenian Constitution*, London: George Bell and Sons, 1891.
31. Kenyon, F. G., *Aristotle on the Athenian Constitution*, Oxford: Clarendon Press, 1892.
32. F. G., Kenyon, *Atheniesium Respbulica* (in *The Works of Aristotle*, vol. 10, translated into English under the editorship of W. D. Ross), Oxford: Oxford University Press, 1928.
33. MacDowell, D. M., *The Law in Classical Athens*, London: Thames and Hudson, 1978.
34. Mikalson, Jon D., *Ancient Greek Religion*, Oxford: Blackwell Publishing Ltd., 2005.
35. Moore, J. M., *Aristotle and Xenophon on Democracy and Oligarchy*, Berkeley: University of California Press, 1975.
36. Ober, Josiah, *Mass and Elite in Democratic Athens*, Princeton: Princeton University Press, 1989.
37. Ober, Josiah, *Political Dissent in Democratic Athens: Intellectual Critics of Popular Rule*, New Jersey: Princeton University Press, 1998.
38. Ostwald, Martin, *From Popular Sovereignty to the Sovereignty of Law*, Berkeley and Los Angeles: University of California Press, 1986.

39. Ostwald, Martin, *Nomos and the Beginnings of the Athenian Democracy*, Westport, Conn.: Greenwood, 1979.
40. Poste, E., *Aristotle on the Constitution of Athens*, London: Macmillan and Co., 1891.
41. Rackham, H., "The Athenian constitution", *Aristotle,* XX, Cambridge Mass.: Harvard University Press, 1935.
42. Rhodes, P. J., *A Commentary on the Aristotelian Athenaion Politeia*, New York: Oxford University Press, 1981.
43. Rhodes, P. J., "Athenian Democracy after 403 B.C.", in *Classical Journey*, vol. 75, no. 4, 1980.
44. Rhodes, P. J. ed., *Athenian Boule*, Oxford: Oxford University Press, 1972.
45. Rhodes, P. J. and Osborne, Robin ed., *Greek Historical Inscriptions: 404-323 B.C.*, Oxford: Oxford University, 2003.
46. Sandys, J. E., *Aristotle's Constution of Athens*, London: Macmillan and Co., 1912.
47. Sickinger, James P., *Public Records and Archives in Classical Athens*, Chapel Hill: University of North Carolina Press, 1999.
48. Sinclair, R. K., *Democracy and Participation in Athens*, Cambridge: Cambridge University Press, 1988.
49. Staveley, E. S., *Greek and Roman Voting and Election*, London: Thames and Hudson, 1972.
50. Stochton, David, *The Classical Athenian Democracy*, Oxford: Oxford University Press, 1991.
51. Strauss, Barry S., *Athens after the Peloponnesian War: Class, Faction and Policy, 403-386 B.C.*, London:

Croom Helm, 1986.
52. *The Cambridge Ancient History*, Cambridge: Cambridge University Press, 2006.
53. *The Oxford Classical Dictionary*, 3rd ed., Oxford: Oxford University Press, 1996.
54. *The Oxford English Dictionary*, 2nd ed., Oxford: Clarendon Press, 1989.
55. Thorley, John, *Athenian Democracy*, New York: Routledge, 1996.
56. Worley, Leslie J., *Hippeis: The Cavalry of Ancient Greece*, Oxford: Westview Press, 1994.

二、中文文獻

(一) 漢譯古典著作

1. 〔古希臘〕阿里斯托芬，《阿卡奈人·騎士》（希漢對照本），羅念生譯，上海人民出版社，二〇〇六年。
2. 〔古希臘〕阿里斯托芬，《地母節婦女·蛙》（希漢對照本），羅念生譯，上海人民出版社，二〇〇六年。
3. 〔古希臘〕阿里斯托芬，《雲·馬蜂》（希漢對照本），羅念生譯，上海人民出版社，二〇〇六年。
4. 〔古希臘〕柏拉圖，《柏拉圖全集》，王曉朝譯，人民出版社，二〇〇三年。
5. 〔古希臘〕柏拉圖，《理想國》，郭斌和、張竹明譯，商務印書館，一九八六年。

6. 〈古希臘〉柏拉圖，《遊敘弗倫・蘇格拉底的申辯・克力同》，嚴群譯，商務印書館，一九八三年。

7. 〈古希臘〉荷馬，《荷馬史詩——奧德賽》，王煥生譯，人民文學出版社，二〇〇三年。

8. 〈古希臘〉荷馬，《荷馬史詩——伊利亞特》，羅念生、王煥生譯，人民文學出版社，二〇〇三年。

9. 〈古希臘〉赫西俄德，《工作與時日——神譜》，張竹明、蔣平譯，商務印書館，一九九一年。

10. 〈古希臘〉普魯塔克，《希臘羅馬名人傳》（上冊），黃宏煦主編，陸永庭等譯，商務印書館，一九九〇年。

11. 〈古希臘〉色諾芬，《回憶蘇格拉底》，吳永泉譯，商務印書館，一九八四年。

12. 〈古希臘〉色諾芬，《經濟論——雅典的收入》，張伯健、陸大年譯，商務印書館，一九六一年。

13. 〈古希臘〉希羅多德，《歷史》，王以鑄譯，商務印書館，一九五九年。

14. 〈古希臘〉修昔底德，《伯羅奔尼撒戰爭史》，徐松岩譯，廣西師範大學出版社，二〇〇四年。

15. 〈古希臘〉修昔底德，《伯羅奔尼撒戰爭史》，謝德風譯，商務印書館，二〇〇七年。

16. 〈古希臘〉亞里斯多德，《尼各馬可倫理學》，廖申白譯，商務印書館，二〇〇三年。

17. 〈古希臘〉亞里斯多德，《雅典政制》，日知、力野譯，生活・讀書・新知三聯書店，一九五七年。

18. 〈古希臘〉亞里斯多德，《雅典政制》，日知、力野譯，商務印書館，一九九九年。

19. 〈古希臘〉亞里斯多德，《雅典政制》，日知、力野譯，上海人民出版社，二〇一一年。

20.（古希臘）亞里斯多德，《雅典政制》，顏一譯，輯於苗力田主編，《亞里士多德全集》（第十卷），人民大學出版社，一九九七年。
21.（古希臘）亞里斯多德，《雅典政制》，顏一譯，輯於《亞里斯多德選集》（政治學卷），人民大學出版社，一九九九年。
22.（古希臘）亞里斯多德，《政治學》，吳壽彭譯，商務印書館，一九六五年。

(二) 現代論著

1.（德）恩格斯，《馬克思恩格斯選集》（第四卷），中共中央編譯局編譯，人民出版社，一九九五年。
2.（英）芬利（主編），《希臘的遺產》，張強等譯，上海人民出版社，二〇〇四年。
3.（法）古郎士，《希臘羅馬古代社會研究》，李玄伯譯，上海文藝出版社，一九九〇年。
4.（前蘇聯）涅爾謝相茨，《古希臘政治學說》，蔡拓譯，商務印書館，一九九一年。
5.（前蘇聯）塞爾格葉夫，《古希臘史》，繆靈珠譯，高等教育出版社，一九五六年。
6.（美）伊蒂絲．漢密爾頓，《希臘方式：通向西方的文明源流》，徐齊平譯，浙江人民出版社，一九八八年。
7. 崔麗娜，《古典時期雅典的投票選舉制度》，首都師範大學出版社，二〇〇七年。
8. 馮金朋，《公民社會的起源：希臘城邦制度》，長春出版社，二〇一〇年。
9. 顧准，《希臘城邦制度》，中國社會科學出版社，一九八二年。

10. 何元國，《亞里斯多德〈雅典政制〉漢譯舉誤》，《安徽史學》，二〇〇一年第六期。
11. 黃洋，《希臘城邦的公共空間與政治文化》，《歷史研究》，二〇〇一年第五期。
12. 黃洋，《雅典民主政治新論》，《世界歷史》，一九九四年第一期。
13. 黃洋、晏紹祥，《古希臘史研究入門》，北京大學出版社，二〇〇八年。
14. 李天祜，《古代希臘史》，蘭州大學出版社，一九九一年。
15. 劉家和、廖學盛，《世界古代文明史研究導論》，高等教育出版社，二〇〇一年。
16. 日知（主編），《古代城邦史研究》，人民出版社，一九八九年。
17. 王敦書，《貽書堂文集》，中華書局，二〇〇三年。
18. 王以欣，《神話與歷史：古希臘英雄故事的歷史文化內涵》，商務印書館，二〇〇六年。
19. 王以欣，《神話與競技》，天津人民出版社，二〇〇八年。
20. 王以欣，《英雄與民主——古代雅典民主政治剖析》，《世界歷史》，二〇〇七年第四期。
21. 徐大同（主編），《西方政治思想史》，天津教育出版社，二〇〇五年。
22. 晏紹祥，《古代希臘歷史與學術史初學集》，湖北人民出版社，二〇〇四年。
23. 晏紹祥，《民主還是暴政——希臘化時代與羅馬時代思想史中的雅典民主問題》，《世界歷史》，二〇〇四年第一期。
24. 晏紹祥，《梭倫與平民》，《華中師範大學學報》（哲社版），一九九四年第三期。
25. 晏紹祥，《演說家與希臘城邦政治》，《歷史研究》，二〇〇六年第六期。
26. 楊巨平，《古希臘烏托邦思想的起源與演變》，《世界歷史》，二〇〇三年第六期。

27. 楊巨平、王志超，《試論演說家與雅典民主政治的互動》，《世界歷史》，二〇〇七年第四期。
28. 于可、王敦書，《關於城邦研究的幾個問題》，《世界歷史》，一九八二年第五期。

附錄四　索引[1]

[1] 索引表中，xx.yy 代表第 xx 章第 yy 節、xx.yy&n 代表第 xx 章第 yy 節及其注釋、fr.x 代表殘篇 x、fr.x&n 代表殘篇第 xx 章及其注釋；另外，本索引表末將《色諾芬雅典政制》中的關鍵字列入其內。

後記

儘管從事希臘史的學習近十年之久，我仍然只是一個初學者，對古希臘的認知只停留在知之皮毛的水準，尚無力開啓西方古典學這個知識殿堂的大門，只能透過門扉的縫隙窺得其中些許景況。

古人云「皓首窮經」，注疏工作似乎只有老先生們才有能力來做；對於我這個剛剛叩啓西方古典學大門的初學者來說，承擔這項工作，的確有點不自量力。然而，西方古典文獻的注疏工作已經變得非常緊迫。我國學界對西方古典文獻的翻譯已經取得豐碩成果，但注疏工作卻遠遠落後於翻譯進程。重翻譯、輕注疏的傳統使我們遠遠不能充分理解西方古代經典，並且常常會造成誤解、鬧出笑話；這種現象不僅發生在末學淺知之輩身上，鴻師碩儒也在所難免。胡適先生曾經誤認為醫神阿斯克勒庇俄斯（Asclepius）是一個凡人，蘇格拉底囑託他的學生將一隻雞還給這個「凡人」；這一誤解又被其他人進一步放大，將阿斯克勒庇俄斯稱為蘇格拉底的鄰居，並且廣泛流傳。如果最初翻譯《斐多篇》的先生們能在當時探問一下「阿斯克勒庇俄斯究竟是誰」的話，或許就不會使這個謬誤廣泛傳播了。胡適先生晚年曾對此事痛惜不已。

對《雅典政制》的翻譯和注疏，起源於讀不懂它。十多年前上大學時，我曾試圖通讀亞里斯多德《雅典政制》，結果其中不斷出現的術語、人名、地名等讓人如墜雲霧，不得不匆匆放棄；多年以來，不敢再碰。後來選擇了古希臘史專業進一步學習，又頗為喜歡古希臘的政治文化，《雅典政制》像一塊巨石再一次橫在了前行的道路上。從五、六年前起，我開始慢慢地「啃」這塊石頭；為了將它消化掉，我也開始嘗試著根據多家譯本將它翻譯出來。三年前，劉訓練兄得知我在做這項工作後，鼓勵以注疏本形式完成，並答應協助出版此書。這三年來，我一邊查找資料，進行注疏；一邊揣摩多種文本，修改譯文，最終草成此書。

停筆掩卷之際，回顧這段寫作歷程，須感謝眾多師長在我學習和生活道路上的關懷與指導。首先感謝楊巨平、王以欣兩位恩師對我這棵幼苗無微不至的培育。師恩如山，我只能不斷自我鞭策，以點滴收穫回報。感謝王敦書、劉家和二位先生的耳提面命，二位先生的教誨，我當終身踐行。感謝劉澤華、陳志強、哈全安、孫衛國、葉民等諸位先生和老師的教導，使我在南開園渡過了充實而又愉快的求學時光。感謝侯建新院長以及劉景華、王亞平、李學智、龍秀清、孫立田、田濤等師長，師大歷史文化學院成爲了我人生的新起點，家一般的溫馨讓我很快適應新的角色，厚重的凝聚力讓人產生眞切的歸屬感；唯有努力工作，方不負學院厚愛。感謝徐大同先生、馬德普老師的指導和教誨，使我在政治學方面的學習獲益匪淺。感謝劉小楓先生在西方古典學方面給予的指導和幫助，拓寬了我學習和研究的視野。感謝陳瑩師妹和關小舟師弟在古希臘語方面給予的諸多幫助，彌補了書中的諸多不足。最後尤其需要感謝的是劉訓練兄和陳徯編輯，他們在本書的寫作和出版過程中付出了諸多努力和耐心。

二〇一一年冬　記於興文樓

圖 30　阿提卡圖

濱海區（*Παραλία*, Paralia）；城區（*ἄστυ*, Asty）；內陸區（*τα Μεσόγεια*, Mesogeios）；阿菲德納（*Ἄφιδνα*, Aphidna）；阿卡奈（*Ἀχαρναί*, Acharnae）；阿克提（*Ἀκτή*, Acte）；阿羅匹斯（*Ἀλωπεκῆθεν*, Alopekethen or Alopece）；阿那菲斯圖斯（*Ἀνάφλυστος*, Anaphlystus）；埃愛提昂尼亞（*Ἠετιωνεία*, Eetionea）；艾盧西斯（*Ἐλευσίς*, Eleusis）；艾盧西斯灣（Gulf of Eleusis）；安菲阿剌俄斯聖殿（Sanctuary of Amphiaraus）；奧羅匹亞（*ὁ Ὠρωπός*, Oropia）；北長牆（Northern Long Wall）；皮雷埃夫斯（*Πειραιεύς*, Peiraeus or Piraeus）；波也奧西亞（*Βοιωτία*, Boeotia）；布勞倫（*Βραυρών*, Brauron）；德蓋亞（Decelea）；法勒蘭（*Φάληρον*, Phalerum）；寇里圖斯（*Κολλυτός*, Collytus）；科洛諾斯（*Κολωνός*, Colonus）；克拉梅斯（*Κεραμεῖς*, Cerameis）；拉姆諾斯（*Ῥαμνοῦς*, Rhamnus）；里蘭奇阿戴（*Λακιάδαι*, Laciadae）；勞里安（*Λαύριο*, Laurium）；利普敘德里溫（*Λειψύδριον*, Leipsidrion or Lipsydrium）；馬拉松（*Μαραθώνας*, Marathon）；馬若尼依亞（*Μαρώνεια*, Maronea）；穆尼客阿（*Μουνιχία*, Munichia）；南長牆（Southern Long Wall）；帕恩斯山（*Πάρνης*, Parnes）；帕勒尼（*Παλλήνη*, Pallene or Pallinis）；潘特利孔山（*Πεντέλη*, Pentelicon, Mount Pentelicus or Pentelikon）；佩阿尼亞（*Παιανια*, Paiania or Paeania）；薩拉米（斯）島（*Σαλαμίνα*, Salamina，即今Salamis Island）；薩羅尼克灣（*Σαρωνικός κόλπος*, Saronic Gulf）；蘇尼昂（*Σούνιον*, Sunium）；希墨圖斯山（*Υμηττός*, Hymettus）；雅典（*Αθήνα*, Athens）；澤阿（Zea）。

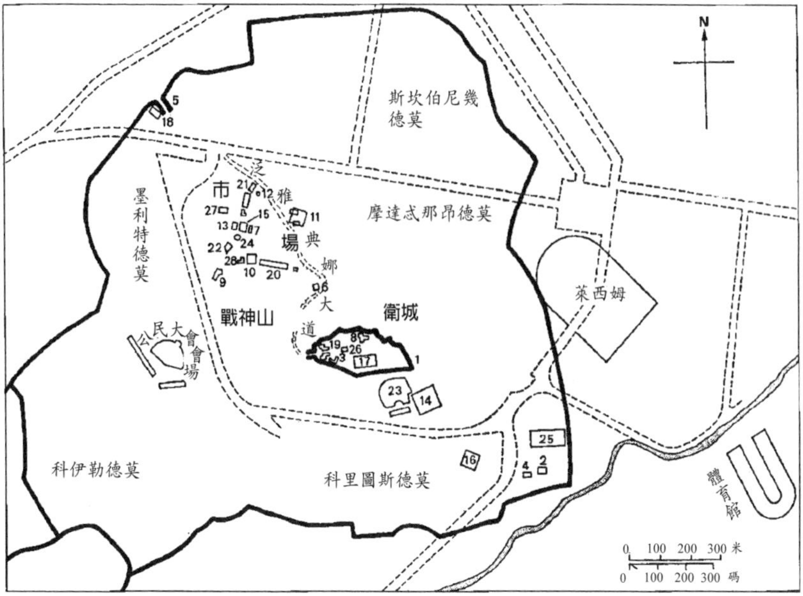

圖 31 雅典城復原圖

主要名稱：市場（*ἀγορά*, Agora）；衛城（*ἀκρόπολις*, Acropolis）；戰神山（*Ἄρειος Πάγος*, Areopagus）；公民大會會場（*Πνύξ*, Pnyx）；泛雅典娜大道（Panathenaic Way）；萊西姆（*Λύκειον*, Lyceum）；體育館（Statium）。

德莫名稱：斯坎伯尼戴（Scambonidai）；庫達特那昂（*Κυδαθήναιον*, Cydathenaeum or Kydathenaion）；墨利特（*Μελίτη*, Melite）；科伊勒（*Κοίλη*, Coele）；寇里圖斯（*Κολλυτός*, Collytus or Kollytos）。

數字代表名稱：

1. 阿格勞露絲祠（Shrine of Aglaurus）；2.德爾菲尼烏斯（Temple of Apollo Delphinius）；3.布勞倫尼昂（Brauronium）；4.德爾菲尼昂法庭（Caourt at the Delphinium）；5.狄佩隆門（*Δίπυλον*, Dipylon Gate）；6.埃琉西尼昂（Eleusinium）；7.部落名祖雕像（Statues of Eponymi）；8.埃瑞克透斯廟（Erechtheum）；9.監獄（Gaol）；10.舊民眾法庭（*Ἡλιαία*, *Heliaia* or Heliaea）；11.民眾法庭（*δικαστήριον*, *Dikasterion* or Dikasteria）；12.勒奧斯三女祠（*Λεωκόρειον*, Leocoreum or Leokoreion）；13.新議事廳（New Bouleuterium）；14.音樂廳（*Ὡδεῖον*, Odeum）；15.地母廟（即舊議事廳，Metroum = Old Bouleuterium）；16.帕拉笛昂法庭（Court at the Palladium）；17.帕德嫩神廟（*Παρθενών*, Parthenon）；18.龐佩溫（Pompeum）；19.門廊（*Προπύλαια*, propylaea, propylea or propylaia）；20.南柱廊（South Stoa）；21.王者柱廊（Stoa of the Basileus, *βασίλειος στοά* or *βασιλική στοά*，即 Basileios Stoa 或 Basilike Stoa）；22.將軍官邸（Strategeum）；23.戴奧尼索斯酒神劇場（Theater of Dionysus）；24.圓頂廳（*θόλος*, Tholos）；25.宙斯・奧林皮烏斯神廟（Temple of Zeus Olympius）；26.衛鋒之神雅典娜神像（Statue of Athena Promachus）；27.特修斯廟（*Θησεῖον*, Theseion or Theseum, Temple of Hephaestus；Theseum = Hephaesteum，亦即赫淮斯托斯神廟）；28.水井坊（Fountain Houses）。

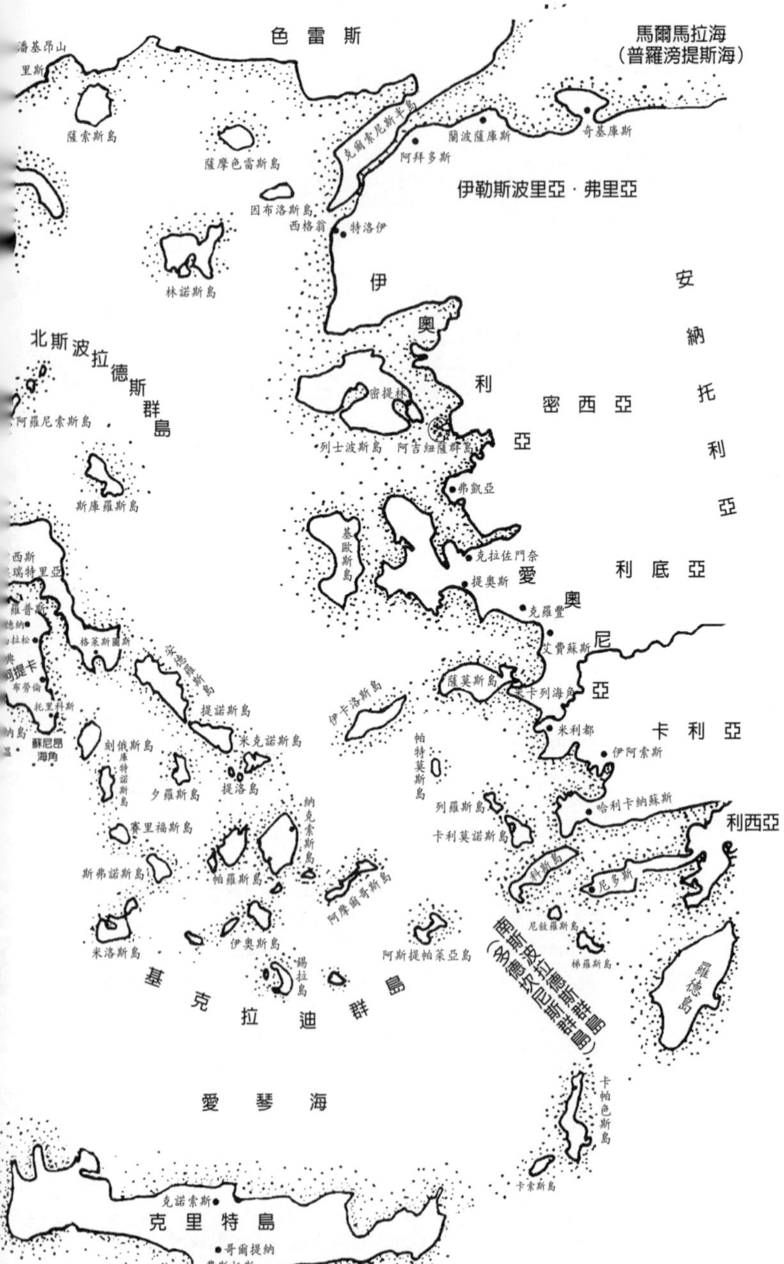
色雷斯
馬爾馬拉海
(普羅滂提斯海)
潘基昂山
里斯
薩索斯島
薩摩色雷斯島
克爾索尼斯半島
蘭波薩庫斯
奇基庫斯
阿拜多斯
伊勒斯波里亞・弗里亞
因布洛斯島
西格翁
特洛伊
林諾斯島
伊
安
奧
納
北斯波拉德斯群島
密提林
利
密西亞
托
阿羅尼索斯島
列士波斯島
阿吉紐薩群島
亞
利
斯庫羅斯島
弗凱亞
亞
基歐斯島
克拉佐門奈
愛
利底亞
提奧斯
奧
克羅豐
尼
艾費蘇斯
薩莫斯島
米卡列海角
亞
伊卡洛斯島
提諾斯島
米利都
卡利亞
米克諾斯島
帕特莫斯島
伊阿索斯
蘇尼昂海角
提洛島
列羅斯島
哈利卡納蘇斯
利西亞
賽里福斯島
卡利莫諾斯島
納克索斯島
科斯島
斯弗諾斯島
帕羅斯島
尼多斯
阿摩爾哥斯島
尼敘羅斯島
米洛斯島
伊奧斯島
阿斯提帕萊亞島
梯羅斯島
錫拉島
羅德島
基克拉迪群島
南斯波拉德斯群島
(多德坎尼斯群島)
卡帕色斯島
愛琴海
卡索斯島
克諾索斯
克里特島
哥爾提納
費斯托斯

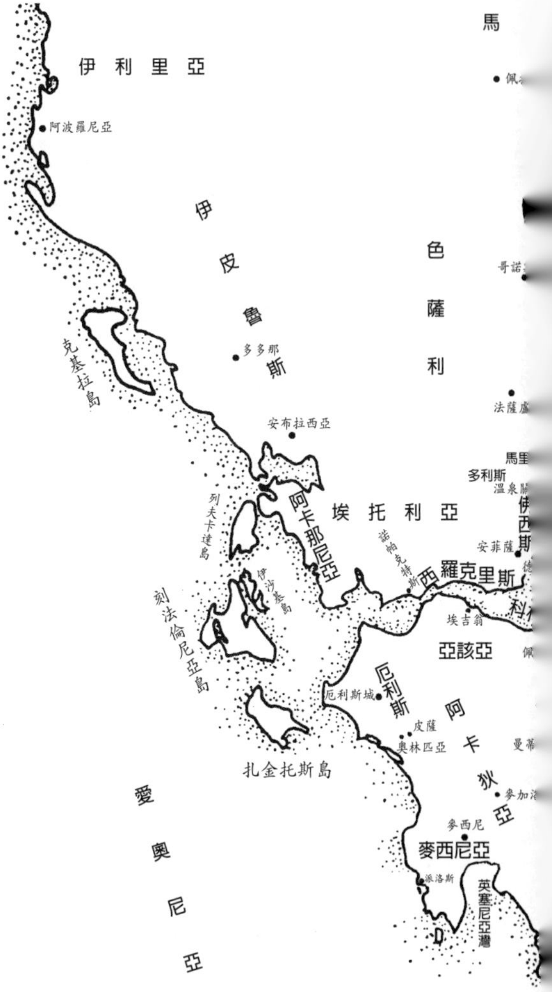

馬
伊利里亞
阿波羅尼亞
伊皮魯斯
色薩利
多多那
克基拉島
安布拉西亞
馬里
多利斯
埃托利亞
阿卡那尼亞
列夫卡達島
諾帕克特斯
西羅克里斯
安菲薩
伊沙基島
刻法倫尼亞島
埃吉翁
亞該亞
厄利斯城
厄利斯
阿卡狄亞
皮薩
奧林匹亞
扎金托斯島
愛奧尼亞海
麥西尼
麥西尼亞
派洛斯
英塞尼亞灣

圖 32 希臘愛琴海世界

希臘半島：

阿波羅尼亞（*Ἀπολλωνία*, Apollonia）；阿各斯（*Ἄργος*, Argos，或譯「阿爾哥斯」）；阿菲德納（*Ἄφιδνα*, Aphidna）；阿戈利斯（*Ἀργολίς*, Argolis）；阿卡狄亞（*Αρκαδία*, Arcadia）；阿卡那尼亞（*Ακαρνανία*, Acarnania）；亞該亞（*Αχαΐα*, Achaea）；阿堪托斯（*Ἄκανθος*, Acanthus）；阿提卡（*Αττική*, Attica）；埃托利亞（*Aἰτωλία*, Aetolia）；愛昂（*Ἠϊών*, Eion）；安布拉西亞（*Ἀμπρακία*, Ambrakia or Ambracia，或譯為「安布拉基亞」）；安菲薩（*Ἄμφισσα*, Amphissa）；奧普斯（*Ὀποῦς*, Opus）；奧利斯港（*Αὐλίς*, Aulis）；奧林匹亞（*Ὀλυμπία*, Olympia）；奧林圖斯（*Ὄλυνθος*, Olynthus）；奧羅普斯（ὁ Ὠρωπός, Oropus）；波也奧西亞（*Βοιωτία*, Boeotia）；布勞倫（*Βραυρών*, Brauron）；德爾菲（*Δελφοί*, Delphoi or Delphi）；東羅克里斯（Opuntian Locris）；多多那（*Δωδώνα*, Dodona）；多利斯（*ἡ Δωρίς*, Doris）；艾盧西斯（*Ἐλευσίς*, Eleusis）；厄琉特賴（*Ἐλευθεραί*, Eleutherae）；伊庇道魯斯（*Ἐπίδαυρος*, Epidaurus）；佛西斯（*Φωκίδα*, Phocis）；哥諾斯（*Γόννος*, Gonnus）；霍墨勒（Homele）；科羅尼亞（*Κορώνεια*, Coronea）；哈基迪西半島（*Χαλκιδική*, Chalcidice）；凱羅尼亞（*Χαιρώνεια*, Chaeronea）；寇里法西翁（Coryphasion）；科林斯（*Κόρινθος*, Corinth）；拉瑞薩（*Λάρισα*, Larissa）；勒巴狄亞（*Λιβαδειά*, Lebadea）；勒納（*Λέρνη*, Lerna）；馬格尼西亞（*Μαγνησία*, Magnesia）；馬拉松（*Μαραθώνας*, Marathon）；馬里斯（*Μαλιεῖς*, Malians or Malis）；馬其頓（*Μακεδονία*, Macedonia）；美加拉（*Μέγαρα*, Megara）；麥加洛波里斯（*Μεγάλη πόλις*, Megalopolis）；麥托涅（*Μεθώνη*, Methone）；邁錫尼（*Μυκῆναι*, Mycenae）；曼蒂尼（*Μαντίνεια*, Mantinea）；麥西尼（*Μεσσήνη*, Messene）；麥西尼亞（*Μεσσηνία*, Messenia）；諾帕克特斯（*Ναύπακτος* , Nafpaktos or Naupactus）；奈米亞（*Νεμέα*, Nemea）；尼西亞（*Νίσαια* or *Νισαία,* Nisaea or Nisaia）；帕伽賽（*Παγασαί*, Pagasae or Pagasai）；柏特拉（*Πάτρα*, Patrae or Patras）；佩拉（*Πέλλα*, Pella）；佩勒涅（*Πελλήνη*, Pellene）；皮薩（*Πίσα*, Pisa）；派洛斯（*Πύλος*, Pylos）；普拉提亞（*Πλάταια* or *Πλαταιαί*, Plataea）；色薩利（*Θεσσαλία*, Thessaly or Thessalia）；斯巴達（*Σπάρτη*, Sparta）；斯庫萊溫（*Σκύλλαιον*, Scyllaeum）；梯林斯（*Τίρυνς*, Tiryns）；塔納格拉（*Τανάγρα*, Tanagra）；特爾蒙（Thermos or Thermon or Thermum）；特拉波涅（*Θεράπνη*, Therapne）；特羅曾（*Τροιζή*, Troezen）；托里科斯（*Θορικός*, Thoricus）；底比斯（*Θῆβαι*, Thēbai or Thebes）；特傑亞（Τεγέα, Tegea）；特斯佩亞（*Θεσπιαί,* Thespiae）；溫泉關（*Θερμοπύλαι*, Thermopylae）；西羅克里斯（*Ὀζολία Λοκρίς*, Locris Ozolis）；西庫昂（*Σικυών*, Sicyon）；雅典（*Αθήνα*, Athens）；伊皮魯斯（*Ἤπειρος*, Epirus）；厄利斯（*Ἠλιδα*, Elis）；厄利斯城（*Ἠλιδα*, Elis）。

愛琴海：

阿羅尼索斯島（*Αλόννησος*, Alonissos or Alonisos）；阿摩爾哥斯島（*Αμοργός*, Amorgos）；阿斯提帕萊亞島（*Ἀστυπάλαια*, Astypalaea）；愛吉納島（*Αἴγῑνα*, Aegina）；安德羅斯島（*Ἄνδρος*, Andros）；菲斯托斯（*Φαιστός*, Phaestus）；哥爾提納（*Γόρτυνα*, Gortyna or *Γορτύν*, Gortyn）；卡帕色斯島（*Κάρπαθος*, Karpathos or Carpathus）；卡利莫諾斯島（*Κάλυμνος*, Kalymnos or Calymnos）；卡索斯島（*Κάσος*, Casos）；基歐斯島（*Χίος*, Chios）；科斯島（*Κως*, Kea or Cos）；克里特島（*Κρήτη*, Crete）；克諾索斯（*Κνωσός*, Cnossos or Cnossus）；刻俄斯島（*Κέα*, Ceos）；庫特諾斯島（Cythnos）；列羅斯島（*Λέρος*, Leros）；林諾斯島（*Λήμνος*, Lemnos）；列士波斯島（*Λέσβος*, Lesbos）；密提林（*Μυτιλήνη*, Mytilene）；羅德島（*Ρόδος*, Rhodes）；米洛斯島（*Μῆλος*, Melos）；米克諾斯島（*Μύκονος*, Myconos）；納克索斯島（*Νάξος*, Naxos）；尼敘羅斯島（*Νίσυρος*, Nisyros）；帕羅斯島（*Πάρος*, Paros）；帕特莫斯島（*Πάτμος,* Patmos）；薩拉米島（*Σαλαμίνα*, Salamina，即今 Salamis Island，薩拉米斯島）；薩摩色雷斯島（*Σαμοθράκη*, Samothrace or Samothraki or Samothracia）；薩莫斯島（*Σάμος*,

Samos）；賽里福斯島（*Σέριφος*, Serifos or Seriphos）；斯弗諾斯島（*Σίφνος*, Siphnos）；史基洛島（*Σκύρος*, Scyros）；薩索斯島（*Θάσος*, Thasos or Thassos）；提洛島（*Δήλος*, Delos）；提諾島（*Τήνος*, Tenos or Tinos）；梯羅斯島（*Τῆλος*, Tilos or Telos）；錫拉島（*Θήρα*, Thira or Thera；Santorini，桑托里尼島）；夕羅斯島（*Σύρος*, Syros）；伊奧斯島（*Ἴος*, Ios or Io or Nio）；因布洛斯（*Ἴμβρος*, Imbros）；尤比亞島（*Εύβοια*, Euboia or Euboea）；格萊斯圖斯（*Γεραιστός*, Geraestus）。

色雷斯海岸：
阿爾特米西昂（*Ἀρτεμίσιον*, Artemisium or Artemision）；愛昂（*Ἠϊών*, Eion）；安菲伯里（*Ἀμφίπολις*, Amphipolis）；色雷斯（*Θράκη*, Thrace）；克爾索尼斯半島（*Χερσόνησος τη Καλλίπολης*, Chersonese；又稱 Gallipoli peninsula，即加利波利半島）；潘基昂山（*Παγγαῖ* Pangaion, Pangaeum or Pangaeus）。

愛奧尼亞海：
克基拉島（*Κόρκυρα*, Corcyra）；刻法倫尼亞島（*Κεφαλονιά*, Cephalonia）；列夫卡達（Λευκάδα, Lefkada，又稱Leucas, Lefkas or Leukas）；伊沙基島（*Ιθάκη*, Ithaca, Ithaki o Ithaka）；扎金托斯島（*Ζάκυνθος*, Zacynthus）。

小亞西海岸：
阿拜多斯（*Ἄβυδος*, Abydus）；阿吉紐薩（*Ἀργινούσαι*, Arginusae）；愛奧尼亞（*Ἰωνία*, Ionia）；弗凱亞（*Φώκαια*, Phocaea or Phokaia）；哈利卡納蘇斯（*Ἁλικαρνᾱσσός*, Halicarnassus）；伊勒斯波里亞・弗里亞（*Ἑλλησποντιακὴ Φρυγία*, Hellespontine Phrygia）；奇基庫斯（*Κύζικος* Cyzicus）；卡利亞（*Καρία*, Caria）；克拉佐門奈（*Κλαζομεναί*, Klazomenai or Clazomenae）；克羅豐（*Κολοφών*, Colophon）；尼多斯（*Κνίδος*, Knidos or Cnidus）；蘭波薩庫斯（*Λάμψακος*, Lampsacus）；利底亞（*Λυδία*, Lydia）；利西亞（*Λυκία*, Lycia）；米卡列海角（*Μυκάλη*, Mycale）；米利都（*Μίλητος*, Miletus）；密西亞（*Μυσία*, Mysia）；特洛伊（*Τροία*, Troy）；提奧斯（*Τέως*, Teos）；西格翁（*Σίγειον*, Sigeum）；羊河（*Αἰγὸς Ποταμοί*, Aegospotami）；伊阿索斯（*Ἴασος*, Iasus）；伊奧利亞（*Αἰολίς*, Aeolia or Aeolis）；艾費蘇斯（*Ἔφεσος*, Ephesus）。

亞里斯多德生平年表

Αριστοτέλης, Aristotle，西元前三八四年—西元前三二二年三月七日

年代	生平記事
西元前三八四年	亞里斯多德，出生於美麗的愛琴海西北岸的治爾西迪斯（chalcidice）半島上之斯塔吉拉（Stagira）。他的父親尼高馬丘斯曾經擔任馬其頓國王亞米塔斯二世的御用醫師。（亞米塔斯二世即為亞里斯多德的學生之一——亞歷山大大帝的祖父。） 亞里斯多德自幼就父母雙亡，由他的姐姐及姐夫撫養長大。
西元前三六七年	十七歲的亞里斯多德讀到了《柏拉圖的對話錄》，深深為這些對話所吸引，於是他就離開故鄉來到當時希臘的世界文化中心——雅典，並在柏拉圖創辦的「柏拉圖學校」讀書。他在這所學校就讀的時間很長，共二十年。
西元前三六七年—西元前三四七年	亞里斯多德剛進入學校就讀時，柏拉圖還在西西里島訪問未歸。有一次在學校和雅典另一所名校進行大辯論時，亞里斯多德有力的批判，為學校爭取到莫大的榮譽。這不僅引起柏拉圖的注意，也對他出衆的才智大為肯定，稱讚他為學校的「奴斯」（即nous，是具有心靈、理智之意），還在他的住處題上「讀書人之屋」的文字。後來柏拉圖又提拔他為學校的老師，講授修辭學。 在這二十年的朝夕相處，使亞里斯多德和柏拉圖這對師徒結下了深厚的情誼。雖然亞里斯多德非常敬仰自己偉大的老師，但他並不盲從，仍維持他獨立的見解。當柏拉圖在世時，他就經常提出和老師不同的意見，柏拉圖因此稱他為「小駒」（意為：小馬駒吃飽後就會踢牠的母親）。這種「吾愛吾師，吾更愛真理」的哲理，充分表現在亞里斯多德身上。
西元前三四八年	柏拉圖死後不久，亞里斯多德因為被歸類為「馬其頓派」，同時學校並不重視他所喜愛的生物學。就在學校決定由柏拉圖的侄子史伯西普士繼任主持的時候，亞里斯多德就和好友贊諾克拉底斯（Xenocrates）一起離開到小亞細亞旅遊，順便研究他最喜愛的生物學及博物學。而在這段期間，他也陸續完成動物學、植物學這些浩瀚的著作。

年代	生平記事
	亞里斯多德後來到了特洛德（Troad）的阿棱斯（Assos）建立了柏拉圖學校的分校，並娶了赫米亞士（Hermias）國王的侄女，也是義女琵狄雅斯（Pythias）。 在這裡，他熱心教授哲學、討論宇宙和探討人生的問題。 但不久，赫米亞士國王和馬其頓的菲力普二世國王聯合進攻波斯，卻反被波斯人以詭計擒獲。亞里斯多德只好結束教學，開始過著逃亡的生活。
西元前三四三年	亞里斯多德應馬其頓國王菲力普二世之邀，擔任十三歲王子亞歷山大的老師。三年後，因亞歷山大開始學習軍事，不再熱衷於追求學問，亞里斯多德於是回到他的故鄉——斯塔吉拉。
西元前三三五年	亞歷山大繼承馬其頓王位，接著征服整個希臘半島，於是亞里斯多德又重新回到雅典。
西元前三三五年— 西元前三二三年	亞里斯多德在雅典城東北角城牆外一個叫作「里斯昂」（Lyceum）的地方創辦學校，它和西北角的柏拉圖學校隔城相望。 這時的亞里斯多德已是中老年的年紀，他每天早上和學生們一起在林蔭道上散步、討論學問，人們稱他的學派為「逍遙學派」。 里斯昂學校的設施很齊全，包括圖書館、博物館、動物園等設施，經費大多來自亞歷山大大帝的贊助。這無疑是亞里斯多德一生最鼎盛的時期。在這段期間，他也撰寫了他一生中大部分的重要著作。
西元前三二三年	亞歷山大大帝突然猝死。雅典市民得知消息後都很興高采烈，認為可以脫離馬其頓的統治。這時，反對亞里斯多德的民衆都聯合起來，以褻瀆神明的罪名將他起訴，使得亞里斯多德不得不離開雅典，逃到他母親的家鄉亞佛亞（Evoia）島的洽爾息斯（Chalcis）。
西元三二二年	因為突然遭遇到如此巨大的變故，使亞里斯多德的身心受到巨大打擊，因此染上了傷寒，沒多久就去世了，也結束了他六十二年的人生。

經典名著文庫061

雅典政制

Athenaion Politeia

作　　者 — 亞里斯多德（Aristotle）
譯 注 者 — 馮金朋
發 行 人 — 楊榮川
總 經 理 — 楊士清
總 編 輯 — 楊秀麗
文庫策劃 — 楊榮川
副總編輯 — 劉靜芬
責任編輯 — 黃郁婷、呂伊真、林葭
封面設計 — 姚孝慈
著者繪像 — 莊河源
出 版 者 — 五南圖書出版股份有限公司
地　　址 — 台北市大安區 106 和平東路二段 339 號 4 樓
電　　話 — 02-27055066（代表號）
傳　　眞 — 02-27066100
劃撥帳號 — 01068953
戶　　名 — 五南圖書出版股份有限公司
網　　址 — http://www.wunan.com.tw
電子郵件 — wunan@wunan.com.tw
法律顧問 — 林勝安律師事務所　林勝安律師
出版日期 — 2020 年 1 月初版一刷
定　　價 — 550 元

國家圖書館出版品預行編目資料

雅典政制 / 亞里斯多德 (Aristotle) 著 · 馮金朋譯注 . -- 初版 --
臺北市 : 五南 · 2020.01
面 ; 公分
譯自 : Athenaion Politeia
ISBN 978-957-763-774-1(平裝)

1. 政治思想史　2. 政治制度　3. 古希臘

570.9401　　108019855